"十二五"高等职业教育汽车类专业规划教材

汽车电器检测与维修实训

于洪兵　朱　颖　主编
揭育文　杨慧敏　参编
蒋　芳　主审

中国铁道出版社有限公司
CHINA RAILWAY PUBLISHING HOUSE CO., LTD.

内 容 简 介

本书以汽车常用电器与整车电路的拆装、检查与维修基本操作的基本工艺、基本技能为重点，结合理论知识，进行实践操作。其内容包括：汽车万用表的结构与使用，汽车电源系、启动系、点火系的电路及相关元件的检测与维修，灯光信号、仪表系统的检修，空调系统的检修，刮水器系统、防盗系统及安全气囊系统的检修，ABS 的检修等。内容全面，力求与相应的职业资格标准衔接，反映新知识、新技术、新工艺、新方法。

本书适合作为高等职业院校汽车运用与维修技术等汽车类相关专业的教材，也可作为中等职业学校相关专业学生及职业培训人员学习参考用书。

图书在版编目(CIP)数据

汽车电器检测与维修实训/于洪兵，朱颖主编. —北京：中国铁道出版社，2014. 8(2024. 8 重印)

"十二五"高等职业教育汽车类专业规划教材

ISBN 978-7-113-18329-5

Ⅰ. ①汽… Ⅱ. ①于… ②朱… Ⅲ. ①汽车—电气设备—检测—高等职业教育—教材 ②汽车—电气设备—维修—高等职业教育—教材 Ⅳ. ①U472. 41

中国版本图书馆 CIP 数据核字(2014)第 145717 号

书　　名：汽车电器检测与维修实训

作　　者：于洪兵　朱　颖

策　　划：何红艳　　　　**编辑部电话：**(010) 63560043

责任编辑：何红艳　包　宁

封面设计：付　巍

封面制作：白　雪

责任校对：王　杰

责任印制：樊启鹏

出版发行：中国铁道出版社有限公司（100054，北京市西城区右安门西街 8 号）

网　　址：https://www.tdpress.com/51eds/

印　　刷：天津嘉恒印务有限公司

版　　次：2014 年 8 月第 1 版　　2024 年 8 月第 4 次印刷

开　　本：787 mm×1 092 mm　1/16　**印张：**15. 5　**字数：**369 千

书　　号：ISBN 978-7-113-18329-5

定　　价：32. 00 元

前言

FOREWORD

随着汽车电器与电子技术的迅猛发展，各种现代化的检测设备、诊断仪器和新的维修技术应运而生，因而要求维修人员除需要掌握传统维修技术外，还必须掌握现代汽车电器及电子设备的维修技术。为满足职业教育改革与发展的需要，紧密结合当前汽车维修行业实际需求，针对现有教材与实际维修脱节的问题，我们重新设计了教学内容，本书内容全面、思路清晰、方法实用、易学易用。

作为实训指导教材，本书以行业关键技术操作和技术管理的能力要求为核心，确定专业知识和能力培养目标，在内容选择上注重市场职业岗位对人才的知识、能力要求。根据学生的认知规律，循序渐进地从简单到复杂来安排全书的内容，按照"实训目标—实训内容—实训工具及设备—知识准备"这一思路编排。每个实训都附有一定数量的习题，可帮助学生进一步巩固知识。贯彻"理论够用，注重实践"的原则，力求内容浓缩、精练，突出教材的针对性、典型性和实用性。

本书可作为高等职业院校汽车运用与维修技术等汽车类相关专业的教材，也可作为中等职业学校相关专业学生及职业培训人员学习参考用书。

本书参考学时共72学时，各实训的参考学时，见下面的学时分配表。

学时配分表

实训序号	实 训 内 容	参考学时
一	汽车万用表的结构与使用	4
二	蓄电池的构造与技术状况检查	6
三	交流发电机与调节器的构造与检测	6
四	起动机的构造与检修	6
五	点火系的故障诊断与维修	8
六	汽车照明与信号系统的故障诊断与检修	6
七	仪表与报警系统的构造与检修	10
八	安全气囊的构造与检修	4
九	空调系统的构造与检修	6
十	汽车防盗系统的构造与故障诊断	6
十一	汽车 ABS 系统的构造与检修	6
十二	刮水器与洗涤系统的构造与检修	4
学 时 总 计		72

本书由包头职业技术学院于洪兵、朱颖担任主编。全书共12个实训项目,其中实训一、实训五、实训九~实训十二由于洪兵编写,实训二~实训四、实训六~实训八由朱颖编写。包头市东风风神4S店技术总监揭育文高级技师、北奔重型汽车集团有限公司杨慧敏高级工程师参加了部分编写工作。

本书由包头职业技术学院车辆工程系蒋芳教授担任主审,她对本书提出了许多宝贵的意见。本书编写中得到了多位教师同仁、企业专家的帮助,提出了许多宝贵意见和建议,在此深表谢意。

特色教材的编写是一项探索性的工作,由于时间仓促和水平有限,书中难免存在疏漏和不足之处,敬请广大读者批评指正,以便修订时补充更正。

编　者

2014年4月

目 录

Contents

实训一

汽车万用表的结构与使用

一、实训目标

(1)了解汽车万用表的功能。

(2)能够熟练使用万用表,并能理解测量数据所代表的含义。

二、实训内容

(1)通过使用万用表,了解汽车数字式万用表的基本功能。

(2)使用汽车数字式万用表测量电压、电流、电阻、温度和转速等。

三、实训工具及设备

(1)汽车数字式万用表或其他专用数字万用表若干。

(2)电控发动机若干。

(3)测试用桑塔纳轿车1辆。

四、知识准备

(一)汽车万用表结构

汽车万用表主要由数字量及模拟量显示屏、功能按钮、测试项目选择开关、温度测量座孔、公用座孔(用于测量电压、电阻、频率、闭合角、频宽比和转速等)、搭铁座孔、电流测量座孔等构成,如图1-1~图1-3所示。

(二)汽车万用表功能

在发动机电控系统故障的检测与诊断中,除经常需要检测电压、电阻和电流等参数外,还需要检测转速、闭合角、占空比(频宽比)、频率、压力、时间、电容、电感、温度、半导体器件等。

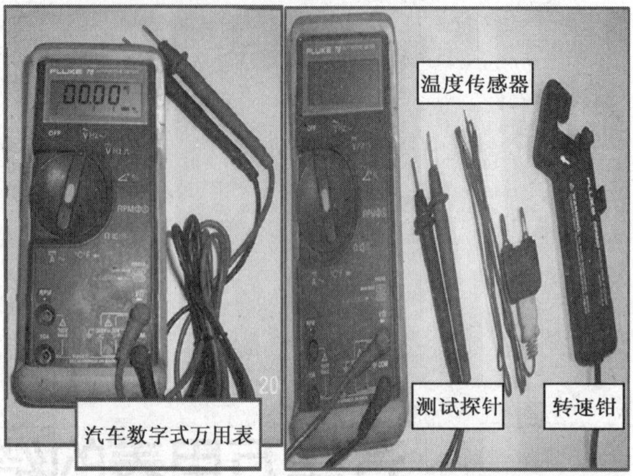

图 1-1　汽车数字式万用表外形及测试用部件

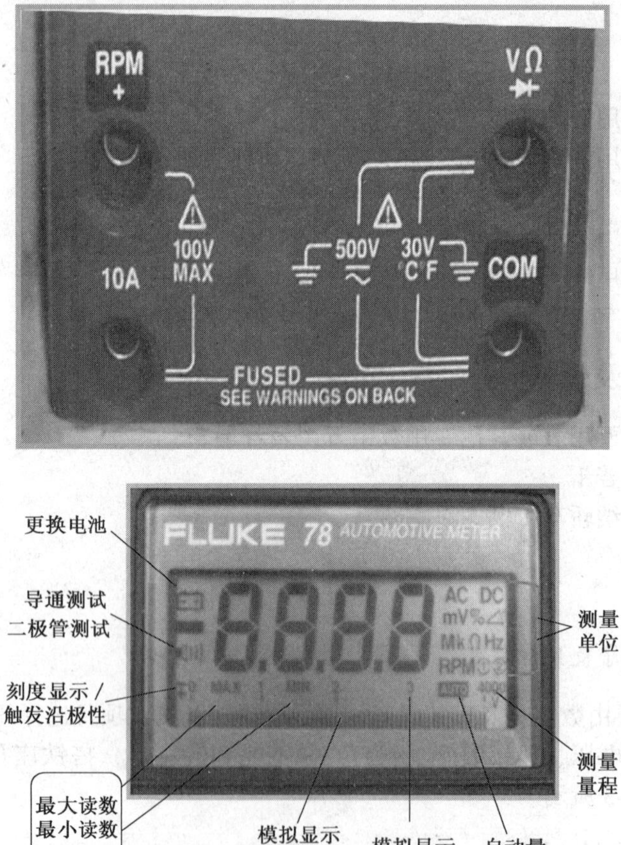

图 1-2　汽车数字式万用表指示说明

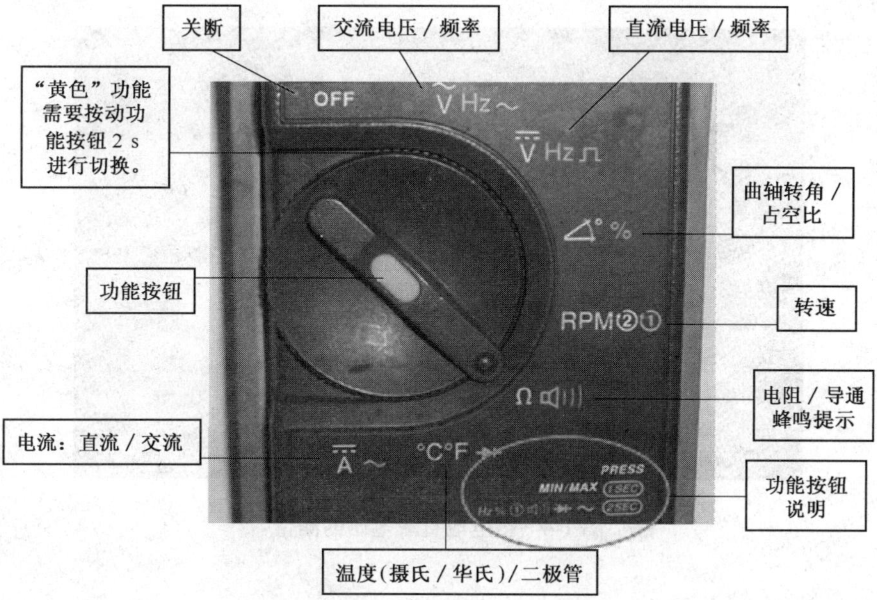

图 1-3　汽车数字式万用表功能按钮

这些参数对于发动机电控系统的故障检测与诊断具有重要意义。但是这些参数用一般数字式万用表无法检测,需用专用仪表,即汽车万用表检测。汽车万用表一般应具备下述功能:

(1)测量交、直流电压。考虑到电压的允许变动范围及可能产生的过载,汽车万用表应能测量大于 40 V 的电压值,但测量范围也不能过大,否则,读数的精度将下降。

(2)测量电阻。汽车万用表应能测量 1 MΩ 的电阻,测量范围大一些使用起来较方便。

(3)测量电流。汽车万用表应能测量大于 10 A 的电流,测量范围再小则使用不方便。

(4)记忆最大值和最小值。该功能用于检查某电路的瞬间故障。

(5)模拟条显示。该功能用于观测连续变化的数据。

(6)测量脉冲波形的占空比和点火线圈一次侧电流的闭合角。该功能用于检测喷油器、怠速稳定控制阀、EGR(Exhaust Gas Recycling,废气再循环)电磁阀及点火系等的工作状况。

(7)测量转速。

(8)输出脉冲信号。该功能用于检测无分电器点火系的故障。

(9)测量传感器输出的电信号频率。

(10)测量二极管的性能。

(11)测量大电流。配置电流传感器(霍尔式电流传感器)后,可以测量大电流。

(12)测量温度。配置温度传感器后可以检测冷却水温度、尾气温度和进气温度等。

五、实训步骤

(一)直流电压的测量

将万用表调至直流电压挡(表盘右上方蓝色区域),如测量蓄电池直流电压,将万用表功能按钮打到直流电压 20 挡，如图 1-4 所示。

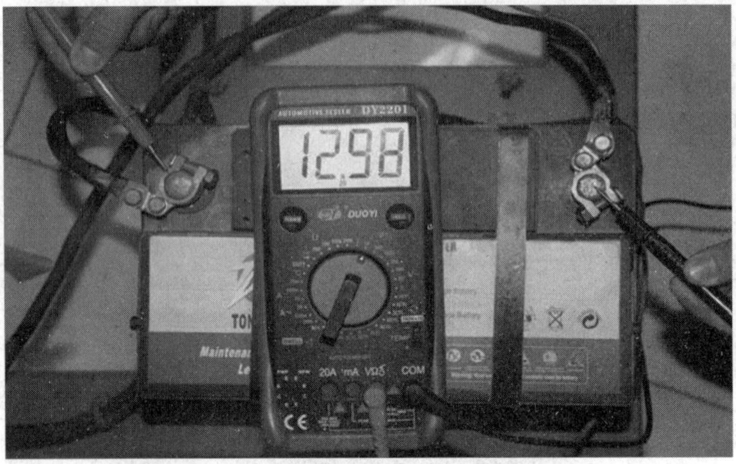

图 1-4　蓄电池直流电压的测量

(二) 电阻的测量

将万用表调至电阻挡(表盘左上方白色区域)；电阻测量时，不可以带电测量，如进气温度传感器电阻的测量，将万用表打到欧姆挡 20 k，如图 1-5 所示。

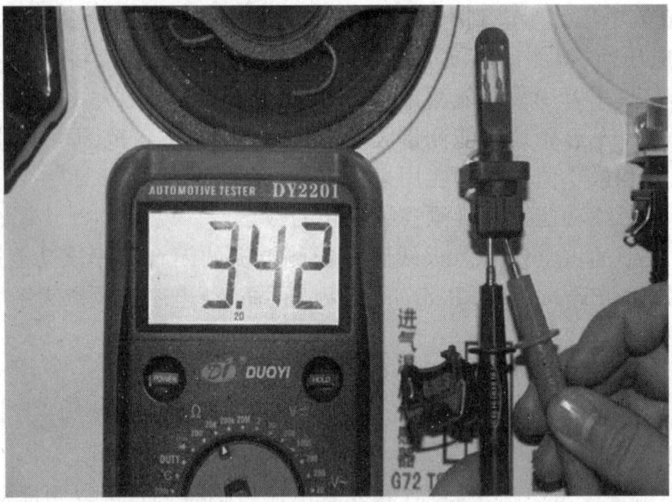

图 1-5　进气温度传感器电阻的测量

(三) 交流电压的测量

将万用表调至交流电压挡(表盘右方黄色区域)，选择合适挡位。如家用交流电压的测量，将万用表功能按钮打到交流电压 700 挡，如图 1-6 所示。

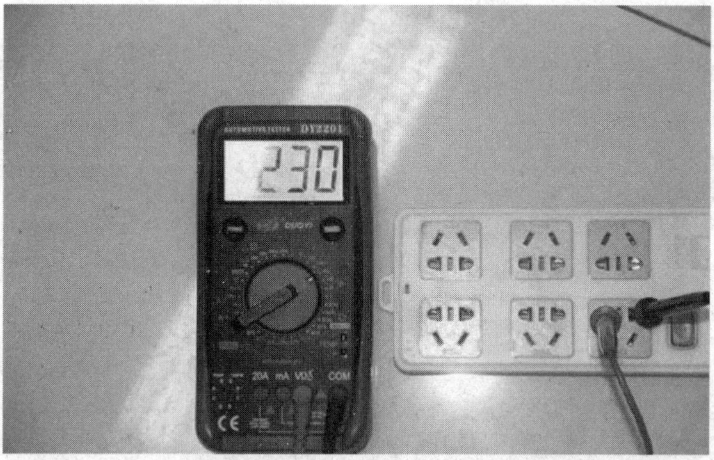

图 1-6　家用交流电压的测量

(四)通断性的测量

将万用表调至通断性挡(表盘左上方黄色挡位),进行导线通断性的测量,如图 1-7 所示,屏幕上会出现通断性图标,同时会有蜂鸣的声音。在实际使用过程中,不要完全依赖通断性,如测量某些导线的搭铁是否良好,最好测量其接触电阻,同时,如果导线电阻超过 80 Ω,则无法测量其导通断通性。

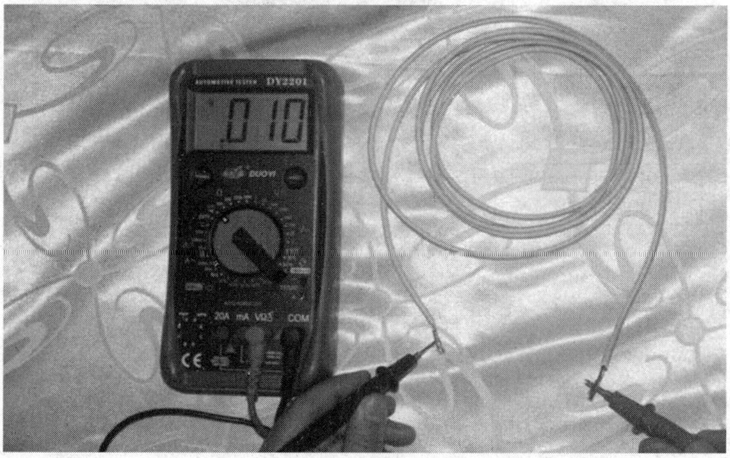

图 1-7　导线通断性的测量

(五)温度的测量

将万用表调至温度挡(表盘左边黄色挡位),如图 1-8 所示。

(六)占空比的测量

将万用表调至测闭合角挡,如图 1-9 所示。

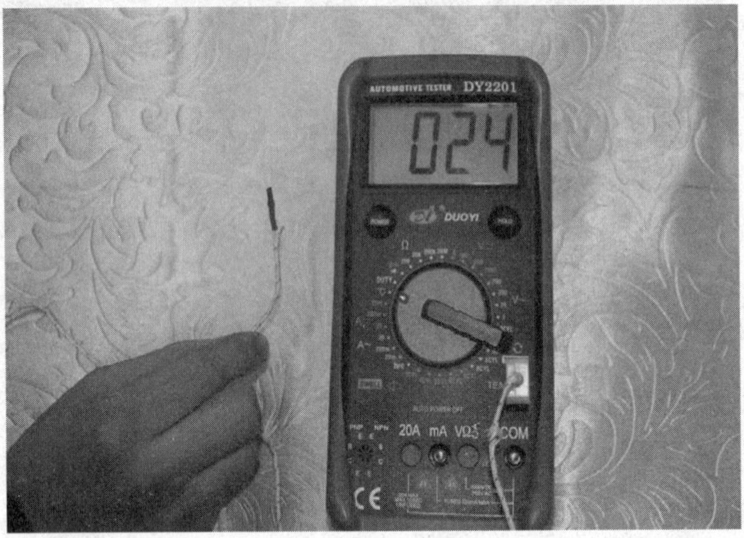

图 1-8 温度测量

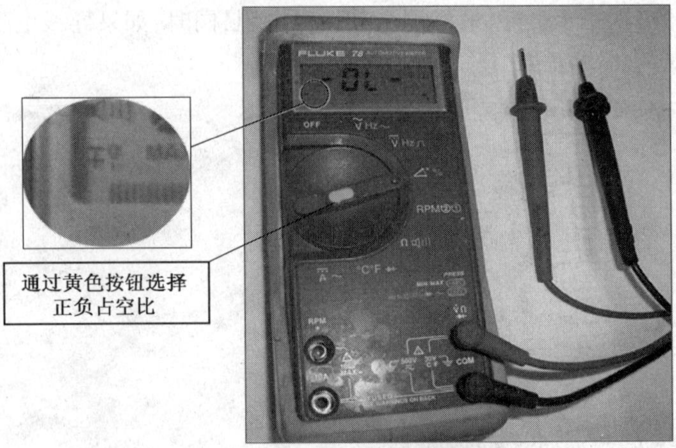

图 1-9 占空比(%)的测量

(七)转速的测量

将万用表调至转速挡。转速测量需用专用信号夹,如图 1-10 所示。

(八)电流的测量

将万用表调至相应电流挡,然后将万用表串联在电路中,如测量扬声器放电电流,将万用表功能按钮打到直流电流 20 挡,将万用表串联在扬声器电路中,按下扬声器按钮,可测得其放电电流,如图 1-11 所示。

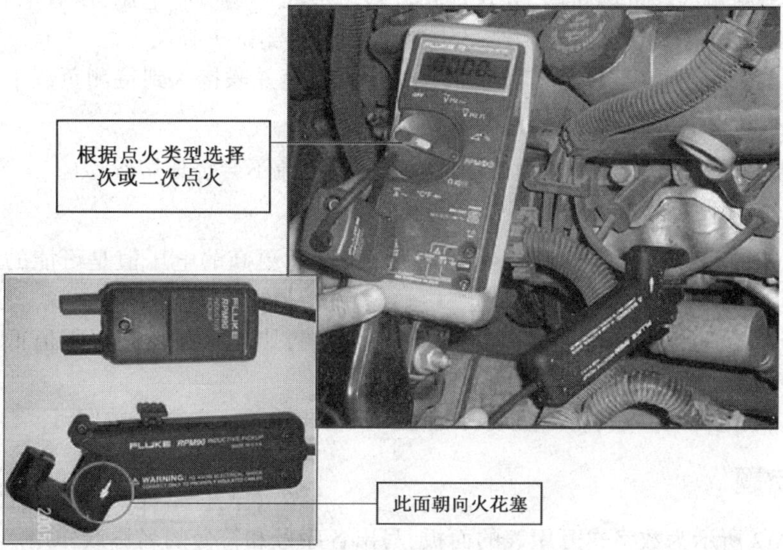

图 1-10　转速测量

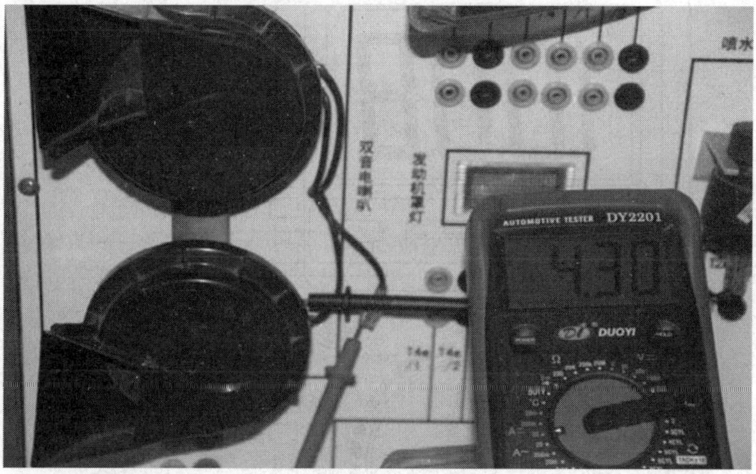

图 1-11　扬声器放电电流的测量

复习与思考

一、判断题

(1)测试笔插孔旁边的“⚠”符号,表示输入电压或电流不应超过指示值,这是为了保护内部线路免受损伤。(　)

(2)对于电阻值大于 1 MΩ 或更高的电阻器,要几秒后读数才能稳定,这是不正常的(　)

(3)在测量直流、交流电流时不许带电换挡。(　)

(4)当检查被测线路的阻抗时,要保证移开被测线路中的所有电源,所有电容器放电。被测线路中,如果有电源或其他储能元件,会影响线路阻抗测试正确性。(　)

(5)将功能开关置于直流电流挡量程,并将测试表笔并联接入到待测负载上,电流值显示的同时,将显示红表笔的极性。(　)

(6)"⚠"表示最大输入电流为 200 mA,过量的电流不会烧坏熔丝。(　)

(7)20 A 量程无熔丝保护,测量时不能超过 15 s。(　)

(8)"⚠"表示不要测量高于 1 000 V 的电压,显示更高的电压值是可能的,但有损坏内部线路的危险。(　)

(9)在蜂鸣挡检测,将表笔连接到待测线路的两端,如果两端之间电阻值低于约 70Ω,内置蜂鸣器发声。(　)

(10)当仪表电源切断后,若要重新开起电源只需再次按下电源开关即可。(　)

二、填空题

(1)图 1-12 所示为数字式万用表的面板,写出各序号和符号的名称或作用。

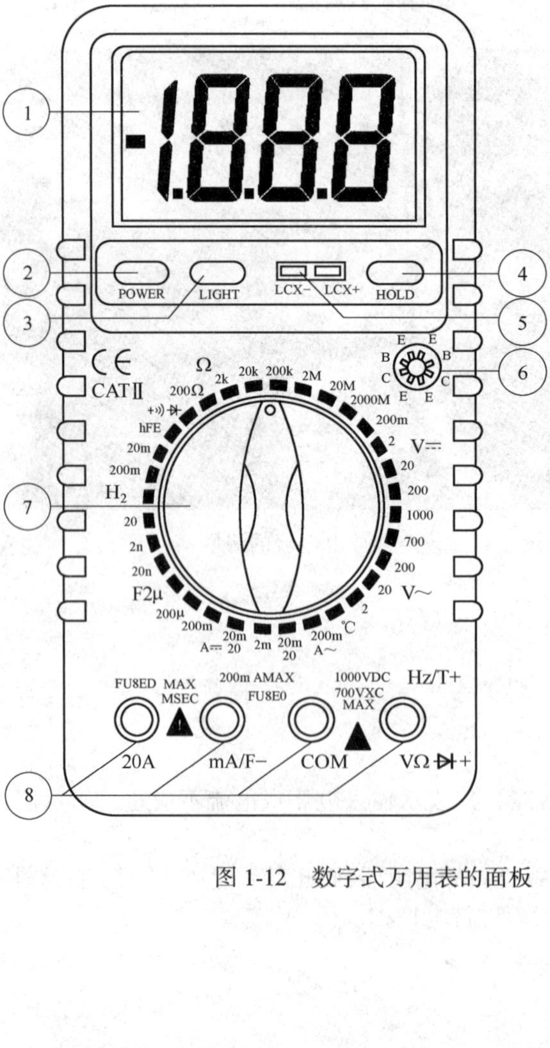

①:＿＿;
②:＿＿;
③:＿＿;
④:＿＿;
⑤:＿＿;
⑥:＿＿;
⑦:＿＿;
⑧:＿＿;
Ω:＿＿;
V⎓:＿＿;
V~:＿＿;
A⎓:＿＿;
A~:＿＿;
·))⯈|:＿＿;
hFE:＿＿;
1000VDC 700VXC MAX ▲:＿＿;
20A:＿＿;
COM:＿＿;
VΩ⯈|:＿＿。

图 1-12　数字式万用表的面板

(2)对于数字式万用表使用时,首先需要进行表笔的连接,________测试表笔的连线应插到"VΩHz"插孔中,________测试表笔应插到"COM"插孔中。

(3)若开启数字式万用表发现屏幕上出现"[- +]"符号,则需要将________更换。

(4)万用表检测内容有以下几种:________的检测;________电流测量;________电流测量;________电压测量;________电压测量;________测试及蜂鸣器的连接性测试。

(5)在使用万用表检测电阻时,如果________超出所选择量程的最大值,将显示过量程"1",应选择________。

(6)被测电阻超出所选择量程最大值,将显示过量程"1",应选择________的量程。

(7)测直流电压时将功能开关置于________量程范围,并将测试表笔以________的方式连接到待测电源(测开路电压)或负载上(测负载电压降)

三、画出下列各元件的图形符号

(1)电源:　　　　(2)灯泡:

(3)电阻器:　　　　(4)电容器:

(5)可调电位器:

四、实际测量

(1)进气温度传感器的测量,根据图1-13进行测量。

(a)外形

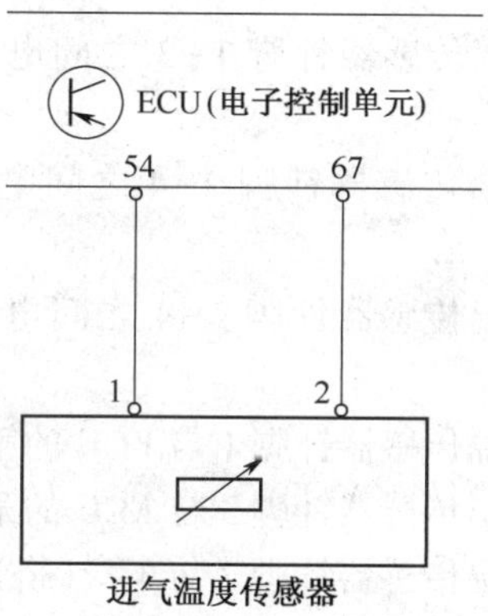

(b)与发动机ECU连接情况

图1-13　进气温度传感器

①进气温度传感器引脚1-2之间电阻测量值________Ω(是否随环境温度的变化而变化?)。

②进气温度传感器引脚1-2之间电压测量值________V(是否随环境温度的变化而变化?)。

③进气温度传感器引脚1与ECU的第54引脚之间电阻为________Ω。

④进气温度传感器引脚2与ECU的第67引脚之间电阻为________Ω。

⑤结果分析__________。

(2)水温及水温表传感器的测量,根据图 1-14 进行测量。

(a) 外形

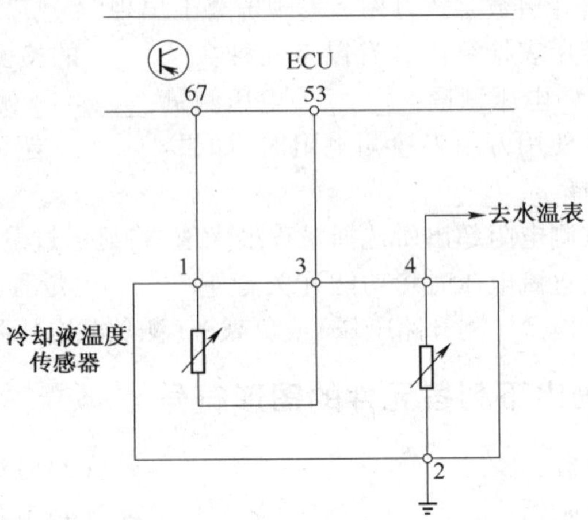

(b) 与发动机ECU连接情况

图 1-14 水温传感器

①水温传感器针脚 1-3 之间电阻的测量值__________ Ω(是否随环境温度的变化而变化?)。

②水温传感器针脚 1-3 之间电压的测量值__________ V(是否随环境温度的变化而变化?)

③水温传感器针脚 2-4 之间电阻的测量值__________ Ω(是否随环境温度的变化而变化?)。

④水温传感器针脚 2-4 之间电压的测量值__________ V(是否随环境温度的变化而变化?)。

⑤水温传感器针脚 1 与 ECU 的第 67 引脚之间电阻为__________ Ω。

⑥水温传感器针脚 3 与 ECU 的第 53 引脚之间电阻为__________ Ω。

⑦水温传感器针脚 2 与车身(搭铁点)之间电阻为__________ Ω。

⑧水温传感器针脚 4 与仪表的 T26/16 引脚之间的电阻为__________ Ω。

⑨结果分析__________。

(3)氧传感器的测量,根据图 1-15 进行测量。

①氧传感器针脚 1-2 之间电阻的测量值__________ Ω。

②氧传感器针脚 1-2 之间电压的测量值__________ V。

③氧传感器针脚 3-4 之间电压的测量值__________ V。

④氧传感器针脚 2 与 ECU 的第 27 引脚之间电阻为__________ Ω。

⑤氧传感器针脚 3 与 ECU 的第 25 引脚之间电阻为__________ Ω。

⑥氧传感器针脚 4 与 ECU 的第 26 引脚之间电阻为__________ Ω。

⑦结果分析__________。

（a）外形

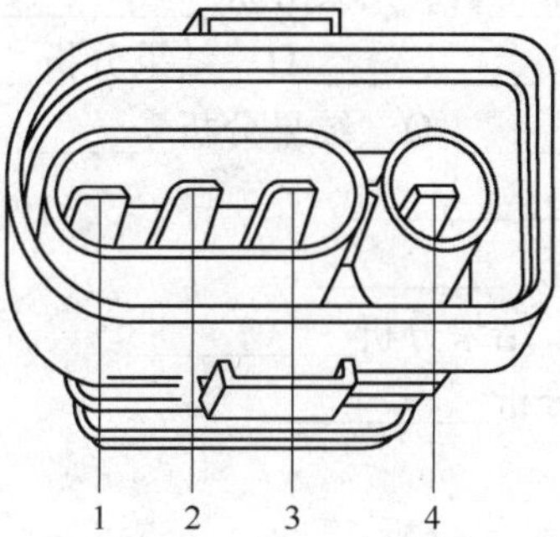

（b）插头

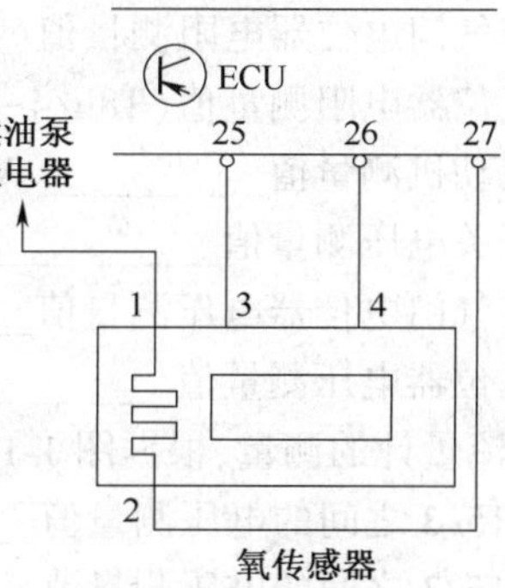

（c）与ECU连接情况

图 1-15　氧传感器

（4）节气门体的测量，根据图 1-16 进行测量。

（a）外形

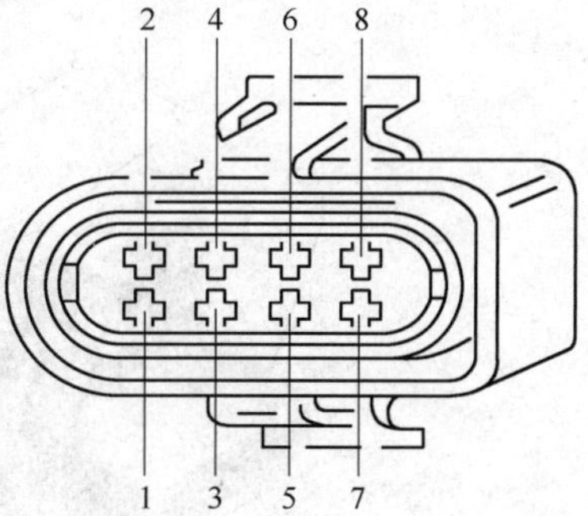

（b）插头

图 1-16　节气门体

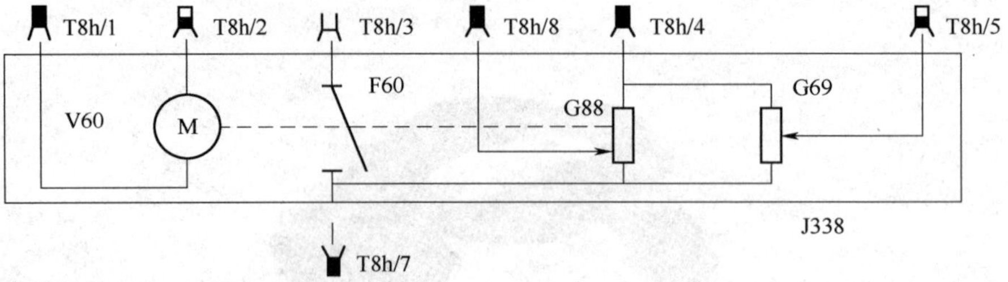

(c) 控制组件电路

图 1-16　节气门体(续)

①怠速电动机电阻测量值(T8h/1-T8h/2)__________Ω,结果分析__________。
②怠速开关电阻测量值(T8h/3-T8h/7)__________Ω。结果分析__________。
③怠速节气门电位器电阻测量值(T8h/4-T8h/8)__________Ω。结果分析__________。
④气门电位器电阻测量值(T8h/4-T8h/7)__________Ω。结果分析__________。
⑤怠速电动机测量值__________V。结果分析__________。
⑥怠速开关电压测量值__________V。结果分析__________。
⑦怠速节气门电位器电压测量值__________V。结果分析__________。
⑧气门电位器电压测量值__________V。结果分析__________。
(5)空气流量计的测量,根据图 1-17 进行测量。
①T5/5-T5/3 之间的电压测量值__________V,结果分析__________。
②T5/4-T5/3 之间的电压测量值__________V,结果分析__________。
③T5/2-T5/3 之间的电压测量值__________V,结果分析__________。
④空气流量计针脚 3 与 ECU 的第 12 针脚之间电阻为__________Ω。
⑤空气流量计针脚 4 与 ECU 的第 11 针脚之间电阻为__________Ω。
⑥空气流量计针脚 5 与 ECU 的第 13 针脚之间电阻为__________Ω。

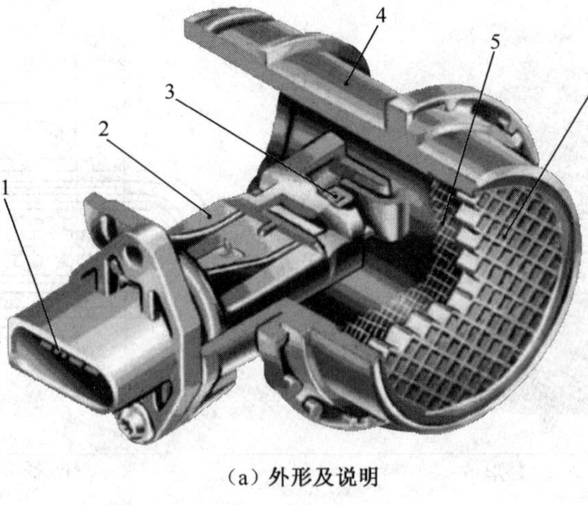

(a) 外形及说明

图 1-17　空气流量计

1—插头;2—混合电路盒;3—金属热膜元件;4—壳体;5—滤网;6—导流格栅

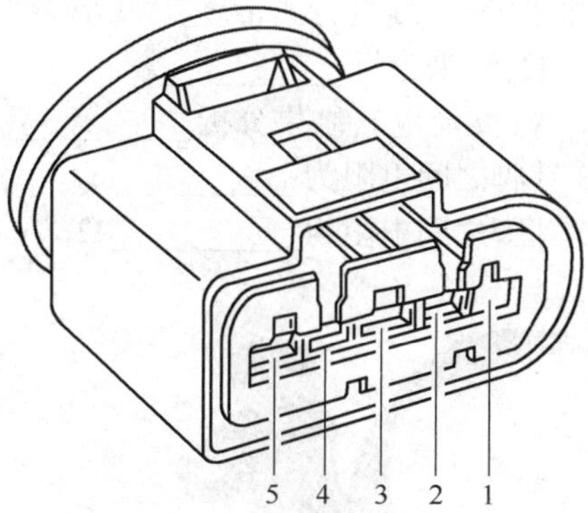

（b）插头

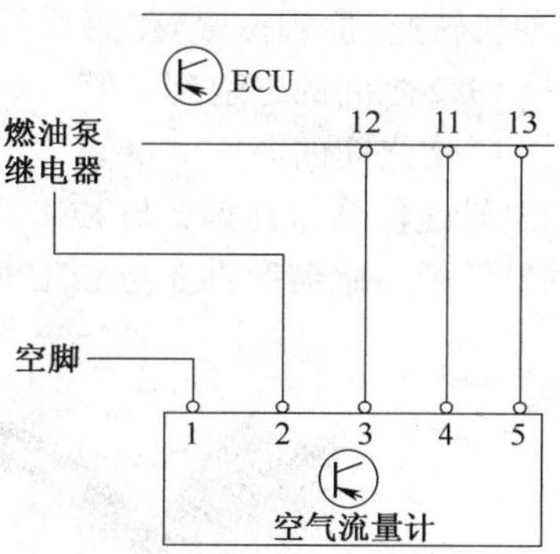

（c）连接电路图

图 1-17　空气流量计(续)

(6)活性炭罐电磁阀的测量,根据图 1-18 进行测量。活性炭罐电磁阀电阻的测量值__________ Ω,结果分析___________。

（a）外形

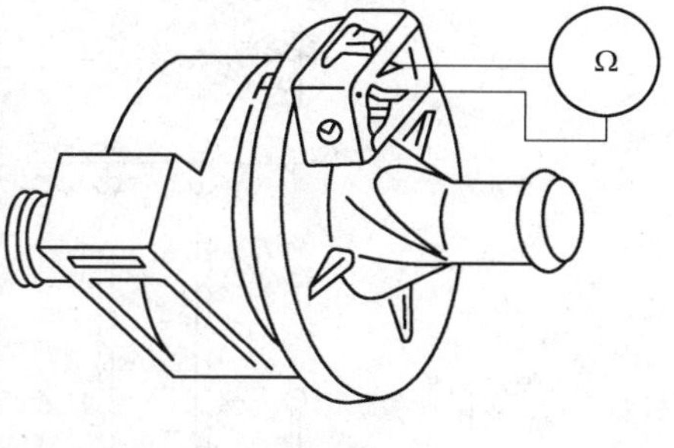

（b）测量

图 1-18　活性炭罐电磁阀

(7)喷油器的测量,根据图 1-19 进行测量。

①喷油器电阻测量值__________ Ω,结果分析__________。

②用测试灯连接插头端子 1 和 2,发动机运转过程中,测试灯__________(闪烁/不闪)。

（a）外形

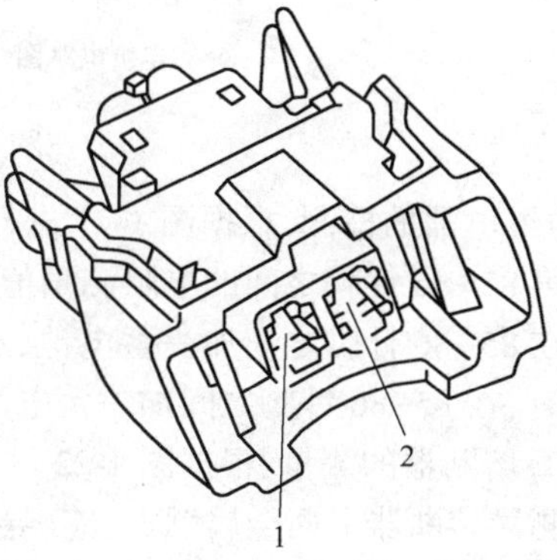

（b）插头

图 1-19　喷油器

(8)发动机转速(曲轴位置)传感器的测量,根据图 1-20 进行测量。

①T3/1-T3/2 之间的电阻测量值__________ Ω,结果分析__________。

②T3/1-T3/2 之间的电压测量值__________ V(交流电),结果分析__________。

③发动机转速传感器针脚 2 与 ECU 的第 63 针脚之间电阻为__________ Ω。

④发动机转速传感器针脚 3 与 ECU 的第 56 针脚之间电阻为__________ Ω。

(a) 外形

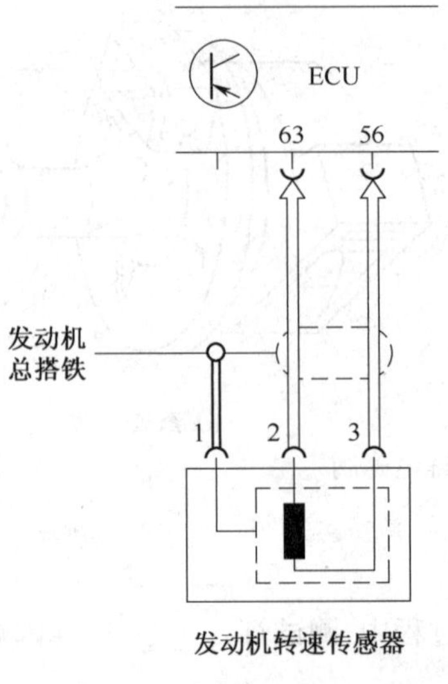

(b) 连接电路图

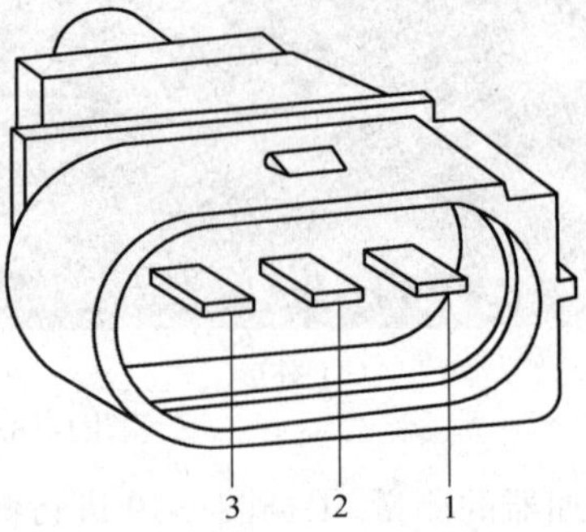

(c) 插头

图 1-20 转速传感器

(9)继电器的检测,根据图 1-21 进行测量。

①第 85-86 针脚之间的电阻测量值__________ Ω,结果分析__________。

②在 85-86 针脚之间加一蓄电池,在第 30 和 87 之间接一有源试灯,则试灯应(闪烁/不闪),同时,在 85-86 针脚之间加一蓄电池的时候,继电器(是/否)有振动。

(10)熔断器的测量,根据图 1-22 进行测量。

①测量熔断器上两金属触点,应(导通/不导通)。

②写出不同颜色的熔断器所允许通过的电流。

（a）外形　　（b）内部构造

图 1-21　继电器

红色______ A；蓝色______ A；黄色______ A；白色______ A；绿色______ A。

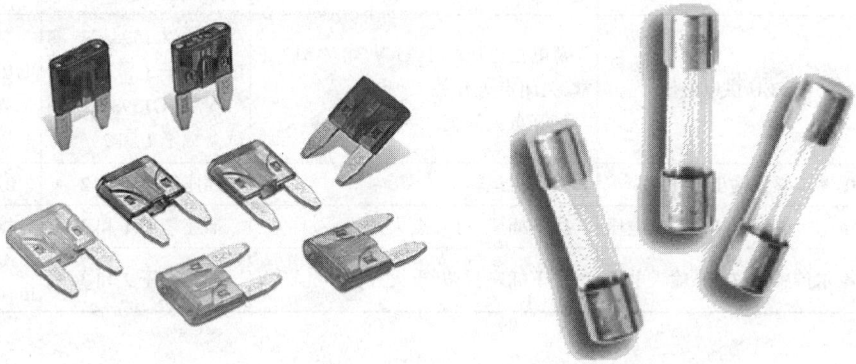

（a）插片式　　（b）熔管式

图 1-22　熔断器的外形

（11）根据标准值查看实际测量值是否合理？思考什么原因导致的？（具体标准参见表 1-1）

表 1-1　桑塔纳 AJR 型发动机电控系统的组件检测说明及标准值

检测步骤	检测项目	检测条件（附加操作）	检测部位	额定值
1	1~4 缸喷油器电阻	关闭点火开关，拔下 1~4 缸喷油器插座	插座两端子	13~18 Ω
2	1~4 缸喷油器供电电压	喷油器插座端子 1 和喷油器熔丝间线路正常	插头端子 1 和发动机搭铁点	蓄电池电压
3	汽油泵继电器	关闭点火开关，从中央拔下汽油泵继电器，测 2 号位继电器上端子 4 和搭铁点	—	接近 12 V

续表

检测步骤	检测项目	检测条件(附加操作)	检测部位	额定值
4	氧传感器(λ传感器)加热装置	关闭点火开关,拔下氧传感器的4个端子的插头	插座端子1和2	1~5Ω(电阻随温度升高而变大)
5	氧传感器输出电压	发动机正常工作,改变工况	插座端子3和4	0.1~0.3 V与0.7~1.1 V间变化
6	氧传感器供电电压	加热正常,打开点火开关	插头端子3和4	蓄电池电压
7	活性炭罐电磁阀(ACF阀)	关闭点火开关,拔下插头	插座两端子	22~30 Ω
8	节气门电位器(G69)	关闭点火开关,拔下插座,再打开点火开关	插头端子5和7	约5 V
9	节气门定位电位器(G88)	关闭点火开关,拔下插座,再打开点火开关	插头端子4和7	约5 V
10	空气质量计(G70)供电电压	汽油泵继电器和熔丝正常	插头端子4和搭铁点	约5 V
11	发动机转速传感器	关闭点火开关,拔下发动机转速传感器插头	插座端子2和3	480~1 000 Ω
12	发动机ECU供电电压	蓄电池电压高于11 V,熔丝517正常,关闭点火开关 打开点火开关	V. A. G1598/22测试盒端子3和2 V. A. G1598/22测试盒端子1和2	接近蓄电池电压 接近蓄电池电压
13	爆燃传感器输出电压	发动机运转	插座端子1和2	0.3~1.4 V
14	霍尔传感器(G40)输出电压	拔下插座,打开点火开关	插座端子1和3	接近5 V
15	霍尔传感器(G40)输入电压	拔下插座,打开点火开关	插头端子2和3	接近蓄电池电压

笔记及心得

实训二

蓄电池的构造与技术状况检查

一、实训目标

(1)加深对课堂上所学的关于蓄电池的构造、技术状况检查、蓄电池的充电、蓄电池常见故障及其排除方法等的理解。

(2)培养学生的分析和对比问题能力、动手操作能力,培养学生严谨的实验作风、良好的实训习惯,以及对本门课程的兴趣等。

二、实训内容

(1)能正确地就车拆装蓄电池。

(2)能对蓄电池进行正确维护。

(3)能对蓄电池进行正确检修。

(4)能对蓄电池进行正确充电。

三、实训工具及设备

(1)铅酸蓄电池、免维护蓄电池若干。

(2)车用数字式万用表若干。

(3)高率放电计、密度计若干。

(4)汽车蓄电池充电机若干。

四、知识准备

(一)蓄电池的构造及工作原理

1. 蓄电池的组成

图 2-1 为普通铅酸蓄电池结构图。

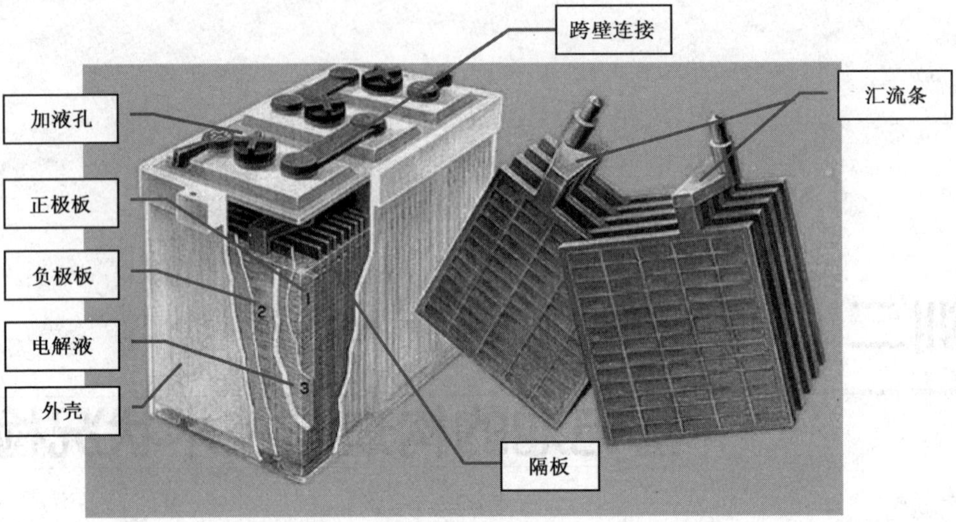

图 2-1　普通铅酸蓄电池结构图

(1)正负极板是由板栅和活性物质组成。正极活性物质主要成分为二氧化铅,负极活性物质主要成分为海绵状铅。

(2)隔板。隔板是由 PVC、PE 塑料、微孔橡胶或玻璃纤维等制成,主要作用是防止正负极板短路;使电解液中正负离子顺利通过;阻缓正负极板活性物质的脱落,防止正负极板因震动而损伤。

(3)电解液。汽车蓄电池采用电解液密度为(1.280±0.01)g/cm^3(25 ℃)的稀硫酸。电解液的作用是参与正负极板的电化学反应;传导电流。

(4)蓄电池的壳体(电池槽、盖)是由 PP 塑料、橡胶等材料制成,是盛放正负极板和电解液等的容器。

(5)其他。蓄电池除上述主要部件外,还有端子、极柱、电眼等零部件。

2. 蓄电池的型号

国产蓄电池的型号一般分为 3 段 5 部分:串联的单格电池数-蓄电池类型和特征-额定容量和特殊性能。

以型号为 6-QA-105a 的蓄电池(见图 2-2)为例,说明如下:

(1) 6 表示由 6 个单格电池组成,每个单格电池电压为 2 V,即额定电压为 1 2 V。

(2) Q 表示蓄电池的用途,Q 为汽车起动用蓄电池、M 为摩托车用蓄电池、JC 为船舶用蓄电池、HK 为航空用蓄电池、D 表示电动车用蓄电池、F 表示阀控型蓄电池。

(3) A 和 W 表示蓄电池的类型:A 表示干荷型蓄电池;W 表示免维护型蓄电池;若不标,则表示普通型蓄电池。

(4)105 表示蓄电池的额定容量(充足电的蓄电池,在常温以 20 h 率放电电流放电 20 h 蓄电池对外输出的电量)为 105 A · h。

(5)a 表示对原产品的第一次改进,名称后加字母 b 表示第二次改进,依此类推。

注:①型号后加 D 表示低温起动性能好,例如,6-QA-110D。

②型号后加 HD 表示高抗振型。

③型号后加 DF 表示低温反装，例如，6-QA-165DF。

图 2-2　蓄电池型号

3.蓄电池的功用

蓄电池使一种可逆的低压直流电源，它既能将化学能转化为电能，也能将电能转换为化学能。蓄电池主要有以下功用：

(1)起动发动机时，向起动机和点火系供电。

(2)发电机不发电或电压较低时向用电设备供电。

(3)发电机超载时，协助供电。

(4)发电机端电压高于蓄电池电压时，将发电机的电能转变为化学能储存起来。

(5)大电容器作用。

4.蓄电池工作原理

如图 2-3 所示，正极反应：$Pb-2e^{-}+SO_4^{2-} \longrightarrow PbSO_4$

负极反应：$PbO_2+2e^{-}+4H^{+}+SO_4^{2-} \longrightarrow PbSO_4+2H_2O$

放电：H_2SO_4浓度下降，正极上的 $PbSO_4$增加，内阻增大，电解液密度下降。

充电：电解液密度增加，内阻减小，电池电压升高，充电后期由于水的电解，电解液中将有大量气泡产生。

(二)蓄电池的使用与维护注意事项

1.蓄电池的储存

(1)新蓄电池的储存。未启用的新蓄电池，其加液孔盖上的通气孔均已封闭，不要通破。保管蓄电池时应注意以下几点：

①存放室温 5~30 ℃，干燥、清洁、通风。

②不要受阳光直射，离热源距离不小于 2 m。

③避免与任何液体和有害气体接触。

④不得倒置或卧放，不得叠放，不得承受重压。

⑤新蓄电池的存放时间不得超过 2 年。

$$\underset{(正极板)}{PbO_2}+\underset{(负极板)}{Pb}+\underset{(电解液)}{2H_2SO_4}\ \underset{充电}{\overset{放电}{\rightleftharpoons}}\ \underset{(正、负极板)}{2PbSO_4}+\underset{(电解液)}{2H_2O}$$

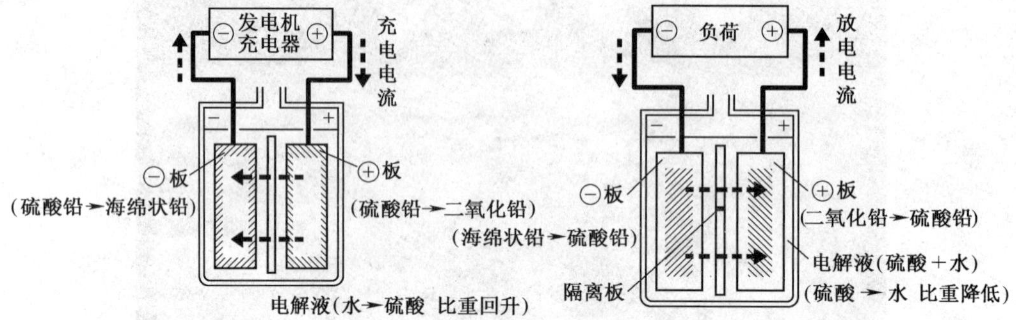

图 2-3 蓄电池工作原理图

(2)暂时不用的蓄电池的储存。采用湿储存法,即先充足电,再把电解液密度调至1.24~1.28 g/cm^3,液面调至规定高度,然后将通气孔密封,存放期不得超过半年,期间应定期检查,如容量降低 25%,应立即补充充电,使电池容量达到饱和状态,交付使用前也应先充足电。

(3)长期停用的蓄电池的储存。采用干储存法,即先将充足电的蓄电池以 20 h 放电率放完电,然后倒出电解液,用蒸馏水反复冲洗多次,直到水中无酸性,晾干后旋紧加液孔盖,并将通气孔密封,存放条件与新蓄电池相同。

2.启用新蓄电池

首先擦净外表面,旋开加液孔盖,疏通通气孔,注入新电解液,静置 4~6 h 后,调节液面高度到规定值,按初充电规范进行充电后即可使用。

干荷电蓄电池在规定存放期(一般为 2 年)内,启用时可直接加入规定密度的电解液,静置 20~30 min 后,校准液面高度,即可使用。若超期存放或保管不当损失部分容量,应在加注电解液后经补充充电方可使用。

3.蓄电池正负极柱的区别

①正极柱比负极柱粗。

②呈深褐色的为正极柱,浅灰色的为负极柱。

③用螺丝刀在极柱上轻划,较为坚硬的为正极柱;反之为负极柱。

④用万用表,把万用表置直流电压 20 V 挡,红黑表笔分别接触蓄电池两个极柱,如果 LED 显示屏上显示为正值,则红表笔接触的为正极柱,黑表笔接触的为负极柱,如图 2-4 所示。

4.蓄电池的维护

(1)保持蓄电池外表面的清洁干燥,及时清除极柱和电缆卡子上的氧化物,并确定蓄电池极柱上的电缆连接牢固。

清洗蓄电池时,最好从车上拆下蓄电池,用苏打水(即碳酸氢钠的水溶液)冲洗整个壳体,如图 2-5(a)所示,然后用清水冲洗蓄电池并用纸巾擦干;对蓄电池托架,可先用泥子刀刮净厚腐蚀物,然后用苏打水清洗托架如图 2-5(b)所示,然后用水冲洗并干燥。托架干燥后,漆上防腐漆。

对极柱和电缆卡子,可先用苏打水清洗,再用专用清洁工具进行清洁,如图 2-6 所示。清

图 2-4　蓄电池电压测量

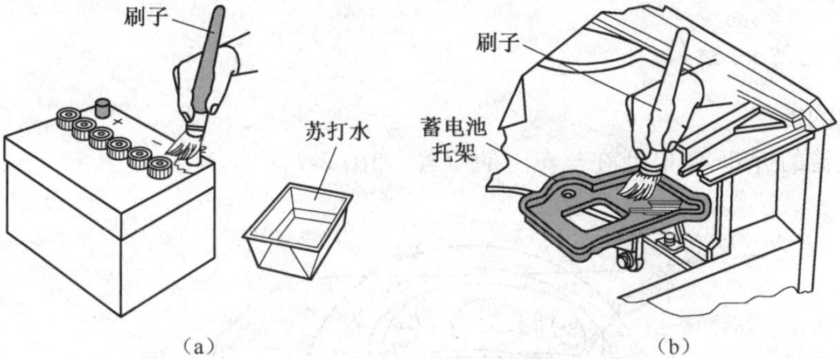

图 2-5　蓄电池的清洁

洗后,在电缆卡子上涂上凡士林或润滑油防止腐蚀。

注意:清洗蓄电池之前,要拧紧加液孔盖,防止苏打水进入蓄电池内部。

(2)保持加液孔盖上通气孔的畅通,定期疏通。

(3)定期检查并调整电解液液面高度,液面不足时,应补加蒸馏水。

(4)汽车每行驶 1 000 km 或夏季行驶 5~6 天,冬季行驶 10~15 天,应用密度计或高率放电计检查一次蓄电池的放电程度,当夏季放电超过 50%,冬季放电超过 25%时,应及时将蓄电池从车上拆下进行补充充电。

(5)根据季节和地区的变化及时调整电解液的密度。冬季可加入适量的密度为 1.40 g/cm^{3}的电解液,以调高电解液的密度(一般比夏季高 0.02~0.04 g/cm^{3}为宜)。

(6)冬季向蓄电池内补加蒸馏水时,必须在蓄电池充电前进行,以免水和电解液混合不均而引起结冰。

(7)冬季蓄电池应经常保持在充足电的状态,以防电解液密度降低而结冰,引起外壳破裂、极板弯曲和活性物质脱落等故障。

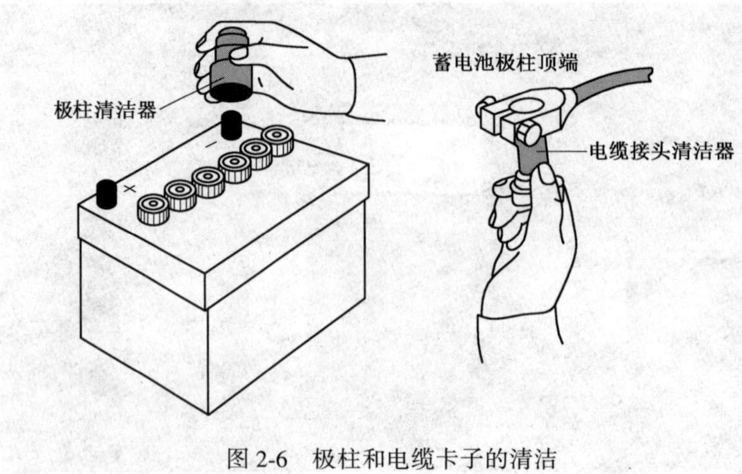

图 2-6　极柱和电缆卡子的清洁

五、实训步骤

(一)蓄电池的检修

1.蓄电池的拆装

(1)蓄电池的拆卸,蓄电池在整车上的位置,如图 2-7 所示。

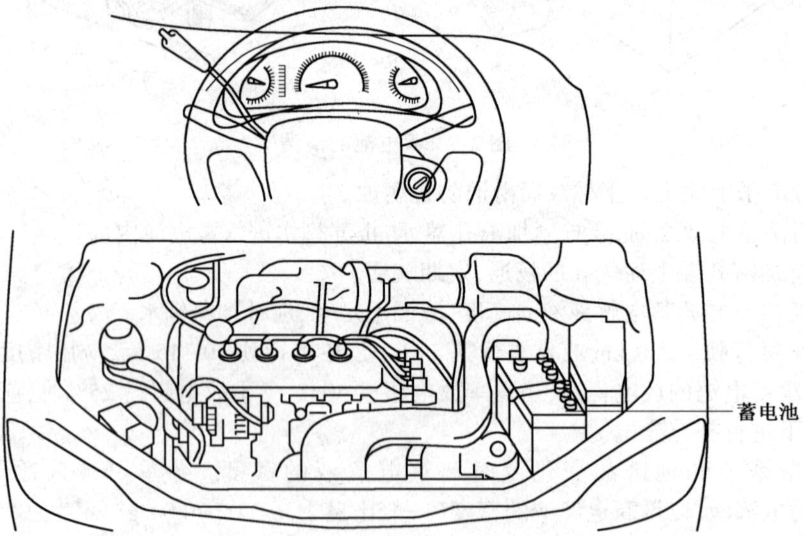

图 2-7　蓄电池在整车上的位置

①将点火开关置于"断开(OFF)"位置。

②拆下蓄电池固定夹板的固定螺钉,取下固定夹板。

③拧松蓄电池正负极柱上的电缆接头固紧螺钉,取下电缆。

④从汽车上取下蓄电池。取下蓄电池时应小心轻放,尽量用蓄电池提把提取。

⑤检查蓄电池壳体上有无裂纹和电解液渗漏痕迹,发现裂纹和渗漏应更换蓄电池。

(2)蓄电池的安装步骤:

①检查蓄电池型号、规格是否适合该型汽车使用。

②检查电解液的相对密度和液面高度是否符合技术要求,否则应予调整。

③按照蓄电池正负极柱和正负电缆端子的相对位置,将蓄电池安放到固定架上。

④用细砂纸或专用清洁器清洁蓄电池的接线柱及连接接线柱夹头;在螺钉、螺母的螺纹上涂凡士林或润滑脂,以防氧化生锈;

⑤在正、负极接线柱及其电缆端子上涂抹一层润滑脂,以防极柱和端子被氧化腐蚀;

⑥安装固定夹板,拧紧夹板固定螺钉。

注意事项:

①在发动机运转情况下,严禁拆卸蓄电池;

②拆卸蓄电池时应使用专用的工具,尽量不要用手直接触摸有酸液的部位。

2.检查蓄电池电解液密度

电解液密度的大小,是判断蓄电池容量的重要标志。测量蓄电池电解液密度时,蓄电池应处于稳定状态。蓄电池充、放电或加注蒸馏水后,应静置0.5 h后再测量。蓄电池充电状态与密度的关系见表2-1。

表2-1　蓄电池充电状态与密度的关系

充电状态/%	100	75	50	25	0
电解液相对密度/(g/cm^3)	1.27	1.23	1.19	1.15	1.11

用吸式密度计测量电解液密度,其测量过程如图2-8所示。测得的密度值应用标准温度(+25 ℃)予以校正(同时测量电解液温度)。

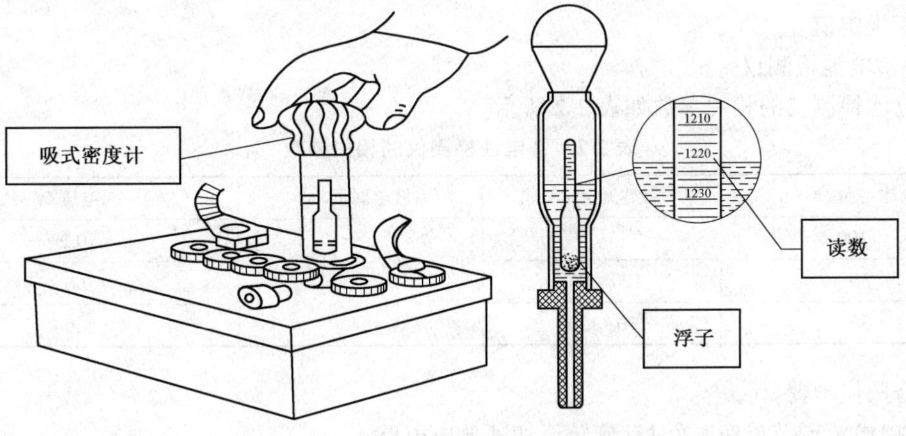

图2-8　吸式密度计测量电解液密度

通过对各个单格电池电解液密度的测量，如图 2-9 所示（用冰点密度计测量），可以确定蓄电池是否失效。如果单格电池电解液的密度相差0.05 g/cm³，则该电池失效。

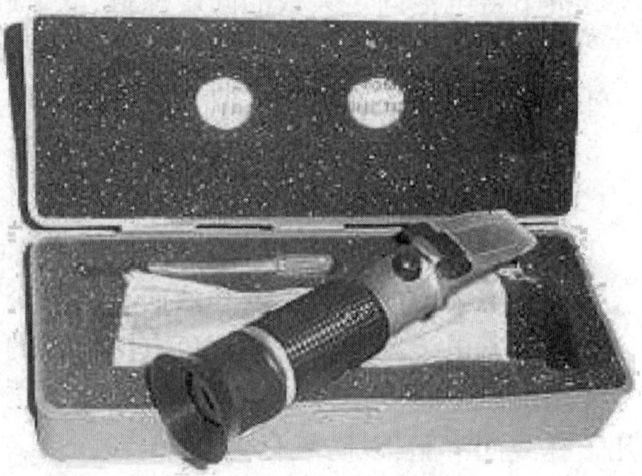

图 2-9　电解液密度测量

3.检测蓄电池电解液液面高度

（1）用玻璃管测量法，如图 2-10 所示。工具：内径为 3～5 mm 的玻璃管。液面高度标准值为 10～15 mm。

（2）液面高度指示线法，如图 2-11 所示。正常液面高度应介于两线之间，液面过低时，应加入蒸馏水进行补充，以恢复正确的液面高度。除非确知电解液溅出，否则不许添加硫酸溶液。

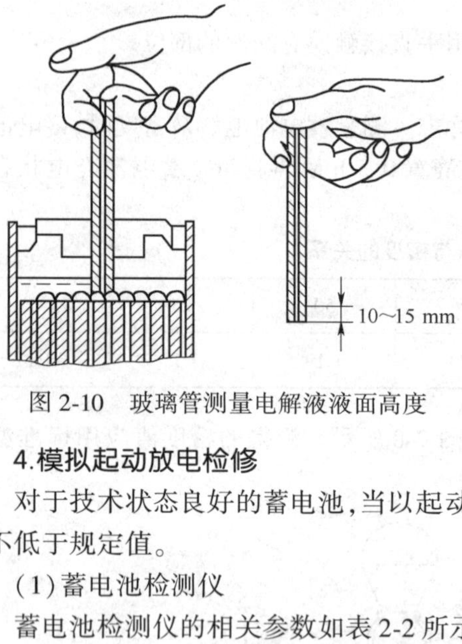

图 2-10　玻璃管测量电解液液面高度

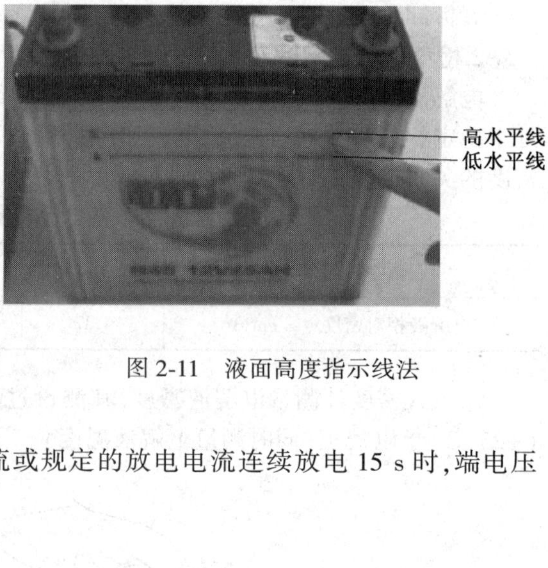

图 2-11　液面高度指示线法

4.模拟起动放电检修

对于技术状态良好的蓄电池，当以起动电流或规定的放电电流连续放电 15 s 时，端电压应不低于规定值。

（1）蓄电池检测仪

蓄电池检测仪的相关参数如表 2-2 所示。

表 2-2　蓄电池检测仪的相关参数

蓄电池容量/A·h	放电电流/A	放电时间/s	端电压/V
>100	200～300		10.2
50	100～170	15	9.6
30	70～120		9.0

检修操作步骤：

①将“电流调节旋钮”逆时针旋转至切断放电电路；

②将电流检测电缆上正（红）、负（黑）夹夹到蓄电池正、负极柱上；

③将电压检测电缆上正(红)、负(黑)夹夹到蓄电池正、负极柱上;

④顺时针转动电流调节旋钮至规定放电电流,放电 15 s;

⑤观察电压表指针位置,判断蓄电池技术状况如表 2-3 所示:

表 2-3　蓄电池技术状况

指 针 位 置	蓄电池状态
蓝色区域	端电压高于 9.6 V,状态良好
红色区域	端电压低于 9.6 V,存电不足
不稳定或电流急剧减小至 0	蓄电池故障

⑥逆时针转动电流调节旋钮,停止放电。

(2)高率放电计。如图 2-12 所示,将两放电针压在蓄电池正负极柱上,保持 5 s,若电压稳定,根据表 2-4 判断放电程度;若电压迅速下降,说明蓄电池已损坏。

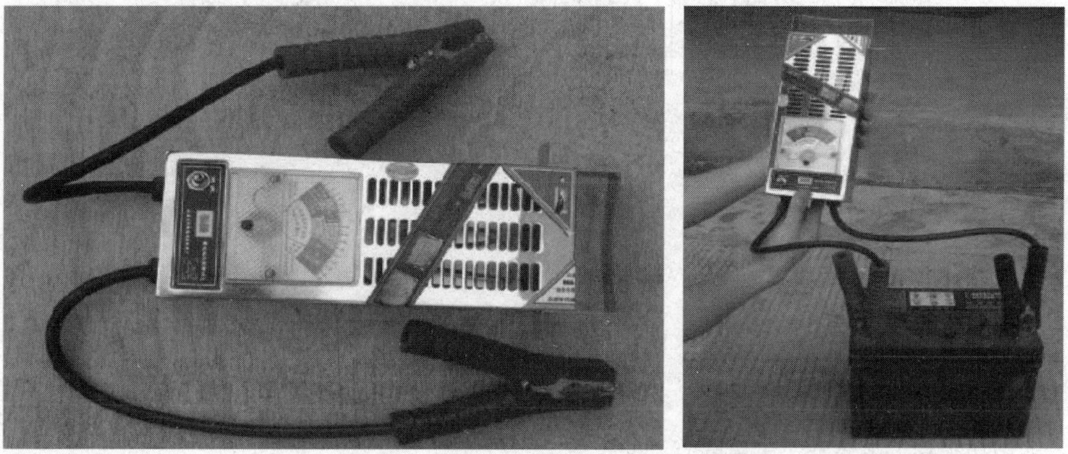

图 2-12　高率放电计测量蓄电池的放电电压

表 2-4　蓄电池电压与放电程度对照表

蓄电池开路电压/V	≥12.6	12.4	12.2	12.0	≤11.7
高率放电计检测蓄电池电压/V	11.6~10.6	9.6~10.6		≤9.6	
高率放电计(100 A)检测单格电压/V	1.7~1.8	1.6~1.7	1.5~1.6	1.4~1.5	1.3~1.4

①测 12 V 蓄电池,蓄电池充满电,密度在 1.24 g/cm^3,接入时间 10~15 s;

②电压能保持在 10.5~11.6 V 以上,存电量为充足,蓄电池无故障;

③电压能保持在 9.6~10.5 V,存电量为不足,蓄电池无故障;

④电压降到 9.6 V 以下,存电量严重不足或蓄电池有故障。

5.就车起动机测试蓄电池的技术状况

若没有高率放电计,在车辆起动系统正常情况下,可用起动机作为试验负荷,具体操作步骤如下:

(1)拔下分电器中央高压线,并将线头搭铁。

(2)将万用表接于蓄电池正负极柱上(选择直流电压合适的挡位)。

(3)接通起动机历时 15 s,读取电压表读数________________。

(4)对于 12 V 蓄电池而言,电压表读数不应低于 9.6 V;否则说明蓄电池存电量不足或有故障。

6.免维护蓄电池的状态检查

图 2-13 所示为免维护蓄电池技术状况指示器。

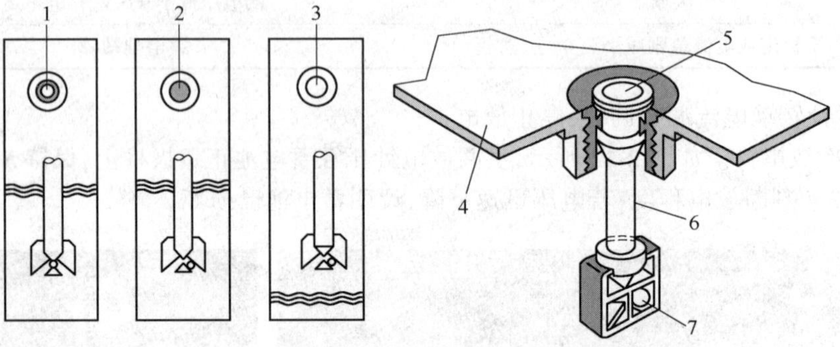

图 2-13　免维护蓄电池技术状况指示器

1—绿色(充电程度为 65%或更高);2—黑色(充电程度低于 65%);3—浅黄色(蓄电池有故障);
4—蓄电池盖;5—观察窗;6—光学的荷电状况指示器;7—绿色小球

(二)蓄电池充电

新蓄电池或使用中的蓄电池及修复后的蓄电池等,由于技术状况不同,采用的充电步骤和规范也不同。

充电种类有初充电、补充充电、去硫化充电、锻炼循环充电和预防硫化与均衡充电等。其中常用的为初充电和补充充电两种。

1.初充电

新蓄电池和修复后的蓄电池的首次充电,称为初充电,初充电采用定流充电方法。

初充电程序为:

(1)加注电解液。新蓄电池在出厂时没有装电解液,电解液是由使用者加注的。要按照制造厂的规定,加注一定密度的电解液,液面高出极板上沿 15 mm;加注电解液后,蓄电池应静置 3~6 h,待温度低于 35 ℃时才能进行充电。

(2)初充电过程。将蓄电池接入充电机,按表 2-5 规范电流值进行充电。第一阶段充电电流约为额定容量的 1/15,充电至电解液中逸出气泡,单格电压为 2.4 V 时终止;第二阶段充电电流减半,充电至电解液沸腾,相对密度和端电压连续 3 h 不变为止,整个初充电时间 60~70 h。

初充电的特点是充电电流小,充电时间较长。当蓄电池的电量不足时,必须进行补充充电。

2.充电方法

(1)恒压充电。恒压充电是指充电过程中,充电电源电压保持恒定的充电方法。恒压充电的接线方法(见图 2-14)。

表 2-5　蓄电池充电规范

型号	初充电				补充充电			
	第一阶段		第二阶段		第一阶段		第二阶段	
	电流/A	时间/h	电流/A	时间/h	电流/A	时间/h	电流/A	时间/h
3-Q-75	5		3		7.5		4	
3-Q-90	6		3		9		5	
3-Q-105	7		4		10.5		5	
3-Q-120	8		4		12		6	
3-Q-135	9		5		13.5		7	
3-Q-150	10	25~35	5	20~30	15	10~11	7	3~5
3-Q-190	13		7		19.5		10	
3-Q-60	4		2		6		3	
6-Q-75	5		3		7.5		4	
6-Q-90	6		3		9		4	
6-Q-105	7		4		10.5		5	
6-Q-120	8		4		12		6	

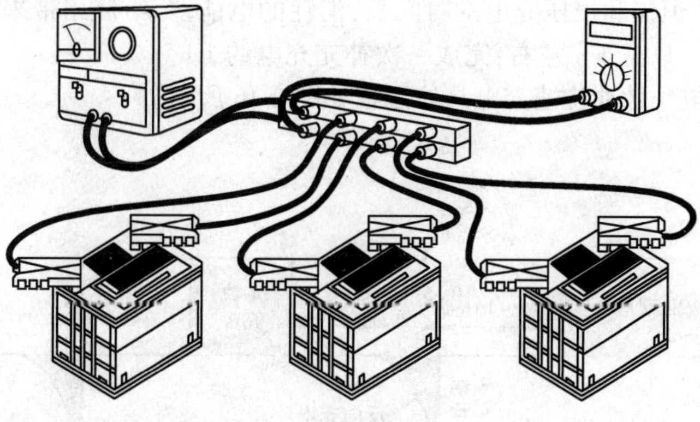

图 2-14　恒压充电的接线方法

若充电电压过高,将导致过充电;若充电电压过低,将导致充电不足。一般单格电池充电电压选为 2.5 V。

在恒压充电初期,充电电流较大,4~5 h 内即可达到额定容量的 90%~95%,因而充电时间较短,而且不需要照管和调整充电电流,适用于补充充电。由于充电电流不可调节,所以不适用于初充电和去硫化充电。

(2)恒流充电。恒流充电指充电电流保持恒定的充电方法。广泛用于初充电、补充充电和去硫化充电等。恒流充电的接线方法如图 2-15 所示。

为了缩短充电时间,充电过程通常分为两个阶段。第一阶段采用较大的充电电流,使蓄电

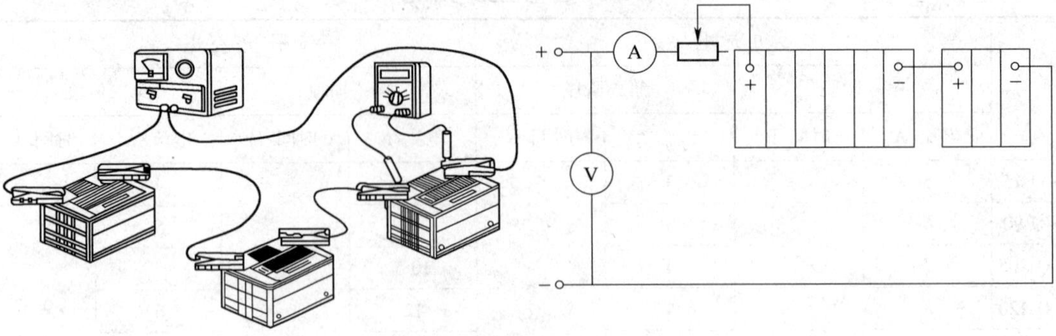

图 2-15 恒流充电的接线方法

池的容量得到迅速恢复,当蓄电池电量基本充足,单格电池电压达到 2.4 V 时,开始电解液产生气泡时,转入第二阶段,将充电电流减小一半,直到电解液密度和蓄电池端电压达到最大值,且在 2~3 h 内不再上升,蓄电池内部剧烈冒出气泡时为止。

恒流充电的适应性强,可任意选择和调整充电电流的大小,有利于保持蓄电池的技术性能和延长使用寿命,其缺点是充电时间长,要经常调节充电电流。

采用恒流充电时,被充电的蓄电池不论是 6 V 或 12 V 都可串联在一起,如图 2-15 所示。所串联的蓄电池最好容量相同,否则充电电流的大小必须按照容量最小的蓄电池来选定,而容量大的蓄电池则充电太慢。

(3)快速充电。恒流和恒压充电的时间长,消耗的电能多,给使用带来不便。利用快速充电,完成一次初充电,只需 5 h 左右;完成一次补充充电约 1 h。

①脉冲快速充电。脉冲快速充电具体过程如图 2-16 所示。

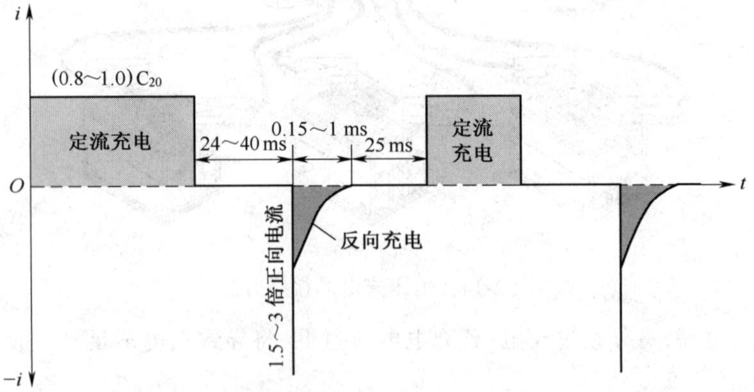

图 2-16 脉冲快速充电的电流波形

充电初期,采用大电流充电(相当于额定电流的(0.8~1.0)C_{20}的电流),使蓄电池在较短时间内达到额定容量的60%左右。当单格电压上升到 2.4 V,电解液开始分解,而冒气泡时,控制电路发生作用,停止大电流充电。

先停止充电 24~40 ms(称为前停充),接着再放电或反充,使蓄电池反向通过一个较大的脉冲电流,以消除极板孔隙中形成的气泡,然后再停止放电 25 ms(称为后停充)。

进行循环脉冲充电。其循环过程是正脉冲充电→前停充→负脉冲瞬间放电→后停充→正脉冲充电→充足。

②博世 CCB 快速充电机充电。如图 2-17 所示为博世 BAT415 型电子充电机。

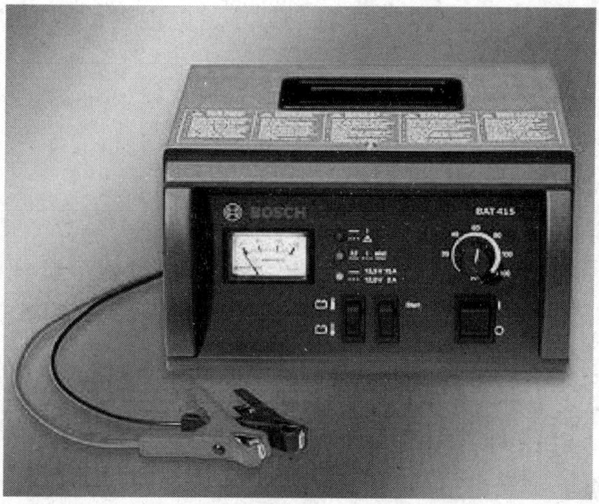

图 2-17　博世 BAT415 型电子充电机

图 2-18 所示为博世 BAT415 型电子充电机的充电特性曲线(其中粗实线 U 为蓄电池电压;粗点画线 I 为充电机充电电流)。它的充电过程分为 3 个阶段:①主充电程序,它为蓄电池提供一个安全恒定的高初始充电电流,从而实现快速充电;②0. 65 s 主充电程序,这个过程使蓄电池的容量达到 100%。这一过程充电机的微型处理器随时监控蓄电池电压,保证不会出现过充电状态;③消充模式。

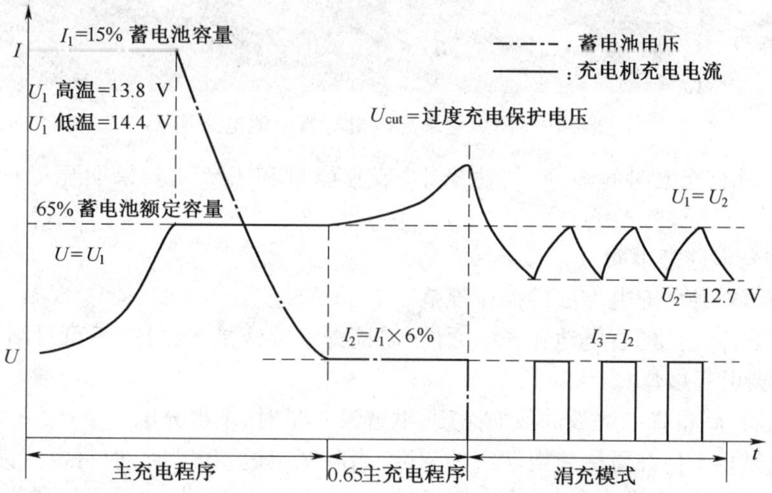

图 2-18　博世 BAT415 型电子充电机的充电特性曲线

第一阶段(主充电程序):

a. 充电电流 I_1是按照蓄电池容量(大约 15%)来调整设定的。

b. 当蓄电池电压达到 U_1 低温/U_1 高温时,此时充电机使蓄电池达到了它额定容量的 65%。

c. 完成这个阶段蓄电池就有了起动功能(67%)。

d. 主充电程序完成后,充电电流 I_1会下降到低于蓄电池容量的 1%(充电状态大约为蓄电池容量的 97%)。

第二阶段(0.65 主充电程序):

a. 充电电流 I_2调整到约为 I_1×6%,并进行充电。

b. 本阶段的充电过程为第一阶段(主充电程序)的 65%。

c. 程序控制充电电压不会高于 U_1 低温/U_1 高温。

第三阶段(涓充模式):此方法能保持蓄电池的性能随时处于最佳性能,保证蓄电池避免过度放电而损伤。例如,在汽车展厅中起动发动机的状态下,涓充模式就相当于具有调节器的车辆发电机系统随时不间断地为蓄电池充电。

a. 当蓄电池电压低于 U_2时,充电程序就会被激活。

b. 当蓄电池电压达到 U_3时,充电电流就会被切断。

图 2-19 所示为博世电子充电机与蓄电池电路连接,及进行快速充电状态。

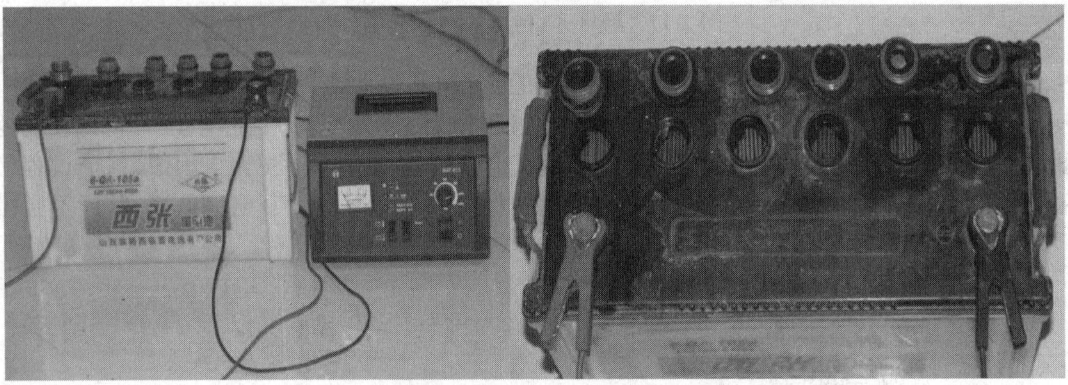

图 2-19 博世电子充电机与蓄电池电路连接

快速充电具有充电时间短、空气污染小、节省能量和去硫化效果明显等特点,已被广泛应用。

3.蓄电池充电注意事项

(1)严格遵守各种充电方法的操作规范。

(2)处于寒冷天气的蓄电池在充电之前,需检查电解液是否结冰,不可对结冰的蓄电池进行充电,否则会引起爆炸。

(3)充电前,需检查电解液的液面高度,电解液不足时,不得充电。

(4)充电过程中应注意测量电解液的温度,当温度超过 40 ℃时,应将电流减半,如果温度继续升高达 45 ℃时,应停止充电,待冷却至 35 ℃以下时再充电。也可采用风冷或水冷的方法来降温。

(5)初充电应连续进行,不可长时间间断。

(6)室内充电时,应旋下加液孔盖,使氢气和氧气能顺利排出。

(7)充电室要安装通风设备,在充电过程中,通风设备应不停地工作,以排出有害气体,以避免爆炸危险及损害操作人员的健康。

(8)充电室要严禁烟火。

(三)汽车应急起动方式

1.起动电源起动车辆

当蓄电池供电不足时,可以依靠外来电源帮助起动发动机。用起动电源起动车辆的流程如下:

(1)用蓄电池接线柱及蓄电池导线接头清洁工具清洁蓄电池接线柱及导线接头。

(2)打开起动电源开关,用起动电源选择开关选择 12 V 直流电源。

(3)在控制面板上选择适当的功率。

(4)将起动电源正极接蓄电池正极,负极接蓄电池负极,先接正极再接负极。

(5)起动发动机,保持发动机怠速运转,拆下起动电源电极连接线。

2.外接蓄电池起动发动机

蓄电池供电不足时,也可以用外接蓄电池起动发动机。用蓄电池提运工具将一个状态良好的蓄电池摆放在教学车旁(见图 2-20),用蓄电池电缆将外接蓄电池的正极与教学车上的蓄电池正极连接,外接蓄电池的负极与教学车蓄电池负极连接,打开点火开关,起动发动机,保持发动机怠速,拆卸蓄电池跨接线,用蓄电池提运工具将外接蓄电池放回原位,关闭点火开关。

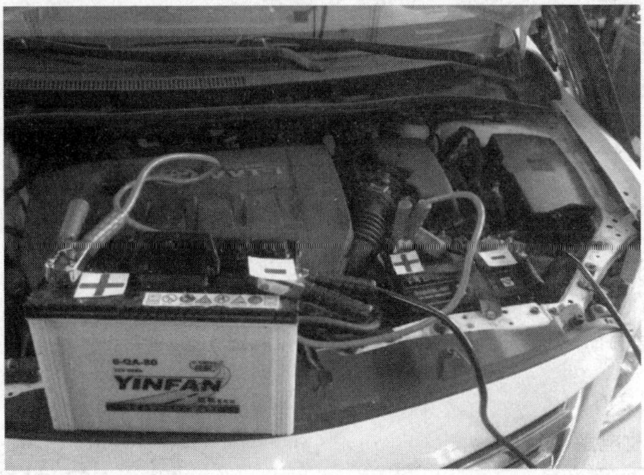

图 2-20　外接蓄电池起动发动机

3. 点火开关故障的跨接起动

有些车辆的起动机故障是由于点火开关触点接触不良所致,解决这些故障可以采用直接给起动电磁线圈供电的方法,流程如下:

(1)在电路图中找到起动电路,拆卸教学车点火开关,在点火开关接头上找到起动电磁线圈供电接头。

(2)将连接线一端连接到点火开关上持续供电接头,另一端连接到起动电磁线圈接头,起动机应该工作，通过这种方法可以判断点火开关所致的起动机故障。恢复教学车为初始状态。

复习与思考

(一)蓄电池的结构认知

根据图 2-21 写出蓄电池的部件名称。

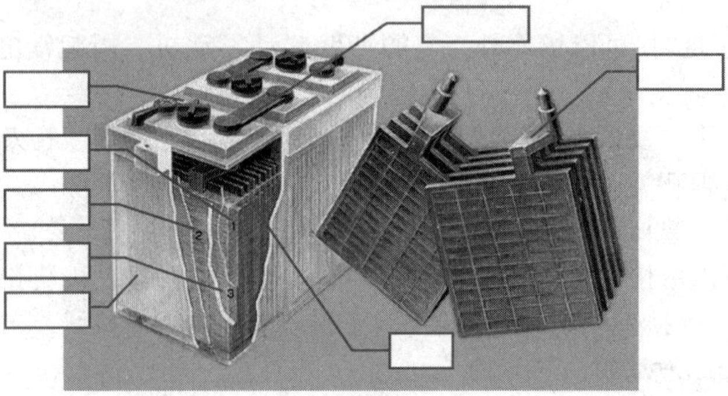

图 2-21　蓄电池结构图

(二)写出拆装蓄电池的流程

(三)蓄电池电解液密度的检测(见图 2-22)

根据条件完成表 2-6。

表 2-6　蓄电池电解密度的检测

温度条件	蓄电池状态	电解液密度/(g/cm^3)
常温下	放电	
	半充电	
	全充电	

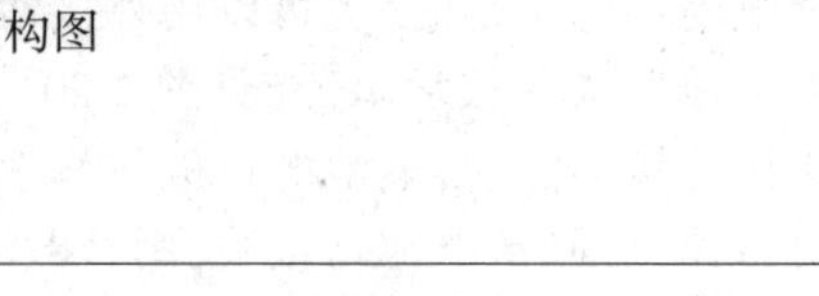

图 2-22　蓄电池电解液密度的检测

(四)蓄电池放电程度的检测(见图 2-23)

根据条件完成表 2-7。

表 2-7　蓄电池放电程度的检测

蓄电池的型号	
额定容量	
被测试蓄电池的指示	
结果分析	

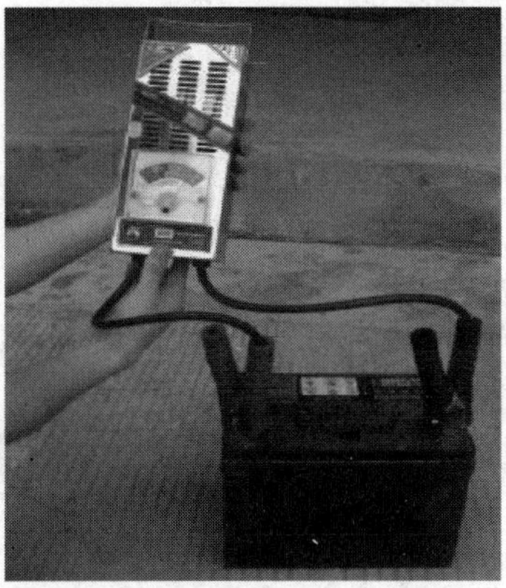

图 2-23　蓄电池放电程度的检测

(五)写出蓄电池的充电方法、充电步骤、充电注意事项。

(1)充电方法

(2)充电步骤(可画简图)

(3)充电注意事项

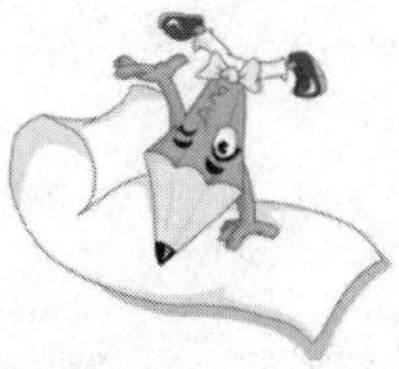

笔记及心得

实训三

交流发电机与调节器的构造与检测

一、实训目标

(1)巩固课堂所学的交流发电机及调节器的构造及检测知识。

(2)巩固培养学生的理论联系实际能力、发现问题能力、观察能力、实训管理能力、动手操作能力等。

(3)掌握交流发电机检测内容和方法。

二、实训内容

(1)能正确地就车拆装发电机。
(2)能掌握发电机的工作原理。
(3)能正确地拆装发电机。
(4)能正确检修发电机转子。
(5)能正确检修发电机定子。
(6)能正确检修发电机整流器。

三、实训工具及设备

(1)桑塔纳2000型轿车整车若干台。
(2)汽车电器实验台若干台。
(3)发电机若干台。
(4)万用表、常用工具等。

四、知识准备

(一)发电机的基本认识

发电机是汽车用电设备的主要电源。在汽车正常运行期间,发电机向除起动机之外的其他用电设备供电，并向蓄电池充电。汽车上所用的发电机大多为三相交流发电机。

1. 交流发电机的安装位置

图 3-1 和图 3-2 所示分别为交流发电机在汽车发动机和汽车整车的安装位置图。

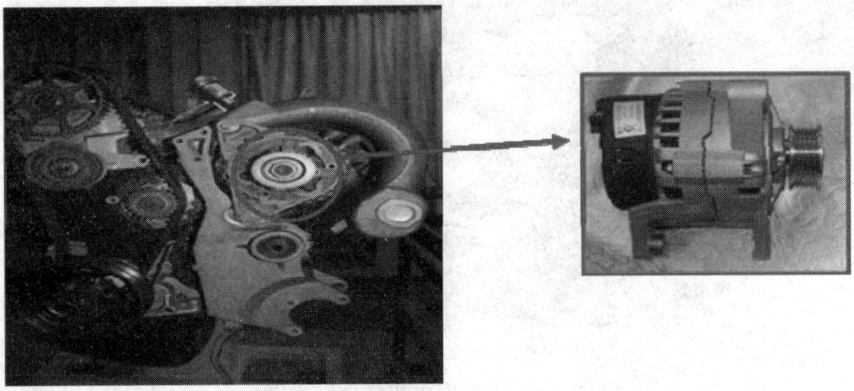

图 3-1　交流发电机与发动机安装位置图

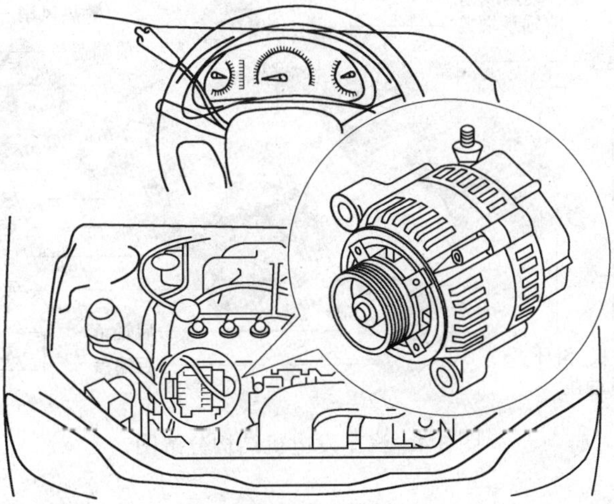

图 3-2　交流发电机在汽车整车上的安装位置图

2.交流发电机整体认识

图 3-3 和图 3-4 所示分别为汽车发电机整体结构图和结构分解图。交流发电机由转子、定子、电刷与滑环机构、三相桥式整流器、轴承、散热风扇和前后端盖等组成。汽车用硅整流交流发电机由三相同步发电机和硅二极管整流器两大部分组成。其工作过程是，交流发电机定子绕组中感应出交变电动势，再经硅二极管整流器整流，输出直流电。

(1)转子。转子的功用是产生旋转磁场。转子由爪极、磁场绕组、集电环、转子轴、转子铁芯等组成，如图 3-5 所示。

(2)定子。定子的功用是产生交流电，其结构如图 3-6 所示。定子由定子铁芯和定子绕组两部分组成。

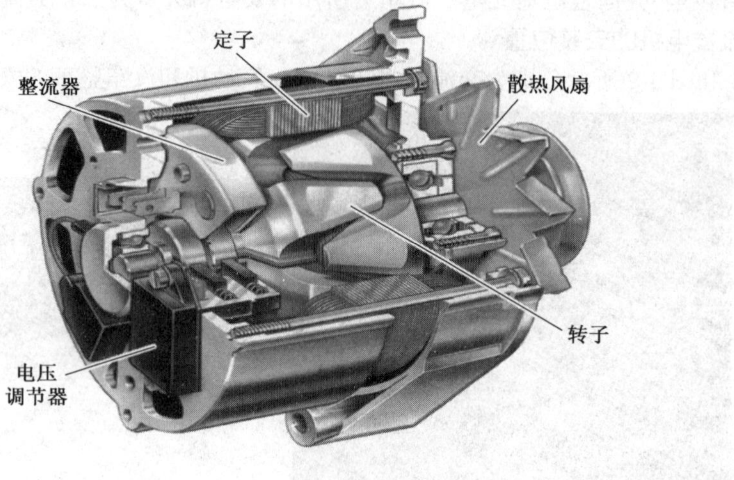

图 3-3　汽车发电机整体结构图

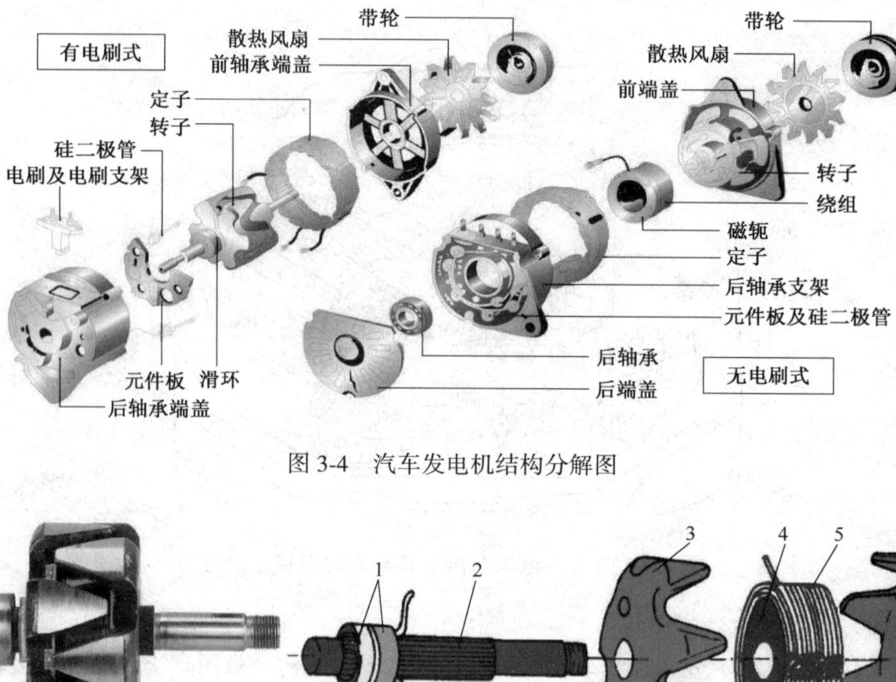

图 3-4　汽车发电机结构分解图

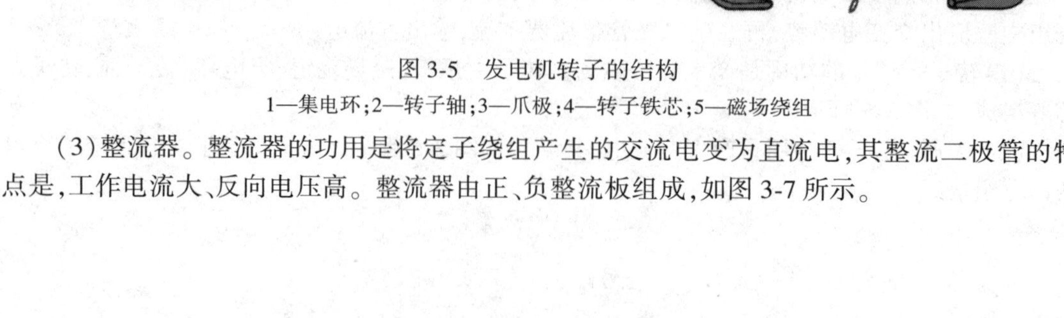

图 3-5　发电机转子的结构

1—集电环；2—转子轴；3—爪极；4—转子铁芯；5—磁场绕组

（3）整流器。整流器的功用是将定子绕组产生的交流电变为直流电，其整流二极管的特点是，工作电流大、反向电压高。整流器由正、负整流板组成，如图 3-7 所示。

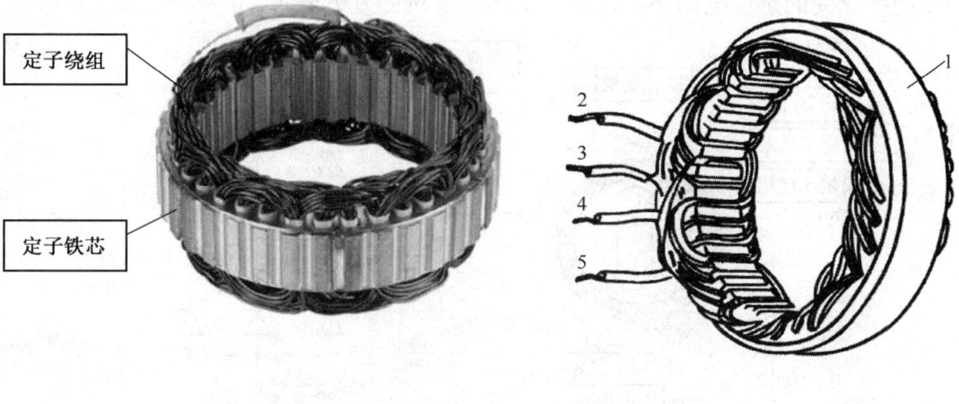

图 3-6　发电机定子的结构

1—定子铁芯；2、3、4、5—定子绕组引线端

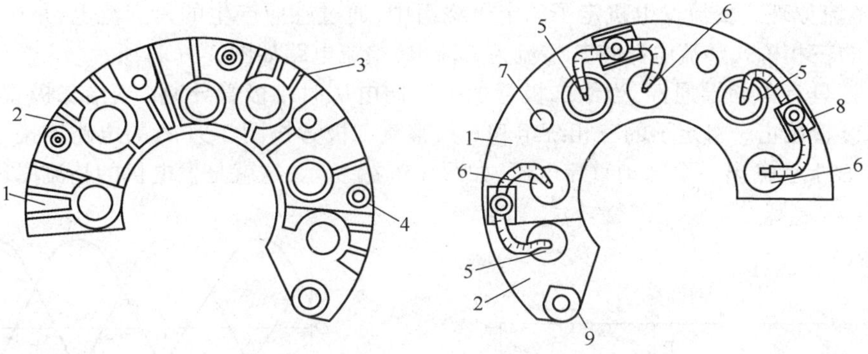

（a）**整流板**　　（b）**整流器总成**

图 3-7　交流发电机整流器总成

1—负整流板；2—止整流板；3—散热片；4—连接螺栓；5—正极管；6—负极管；7—安装孔；8—绝缘垫；9—电枢接柱安装孔

(4)端盖及电刷组件。端盖一般分两部分(前端盖和后端盖),起支承转子、定子、整流器和电刷组件的作用。端盖一般用铝合金铸造,一是可有效地防止漏磁;二是铝合金散热性能好。后端盖上装有电刷组件。

电刷组件由电刷、电刷架和电刷弹簧组成。

电刷的作用是将电源通过集电环引入励磁绕组。两个电刷分别装在电刷架的孔内,借助弹簧压力与集电环保持接触。电刷一般与调节器装为一体。电刷和集电环的接触应良好,否则会因为磁场电流过小,导致发电机发电不足。

3. 交流发电机的工作原理

(1)发电原理。发电机定子的定子绕组按一定规律分布在发电机的定子槽中,内部有一个转子,转子上安装着爪极和励磁绕组。

如图 3-8 所示,当外电路通过电刷使励磁绕组通电时,便产生磁场,使爪极被磁化为 N 极和 S 极。当转子旋转时,磁通交替地在定子绕组中变化,根据电磁感应原理可知,定子的三相绕组中便产生交变的感应电动势。这就是交流发电机的发电原理。

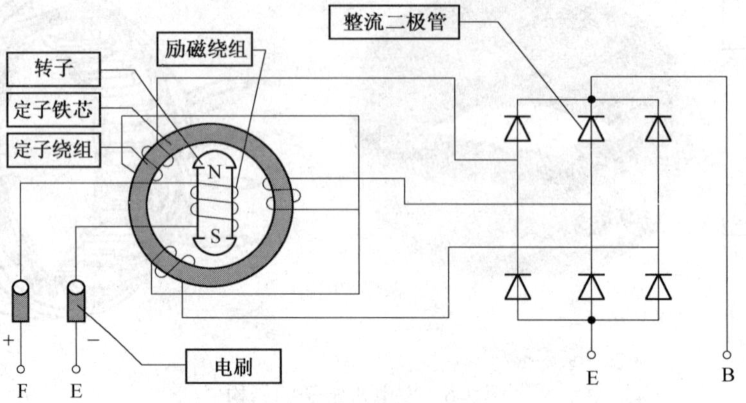

图 3-8　交流发电机发电原理示意图

(2)整流原理。交流发电机定子的定子绕组中,通过感应产生的是交流电,是通过 6 只二极管组成的三相桥式整流电路将其整流为直流电,整流电路如图 3-9(a)所示。

二极管具有单向导通性,当给二极管加上正向电压时二极管导通;当给二极管加上反向电压时二极管截止。将定子的三相绕组和 6 只整流二极管按图 3-9(a)的电路连接,发电机的输出端 B、E 上就输出一个脉动直流电压,如图 3-9(c)所示,这就是发电机的整流原理。

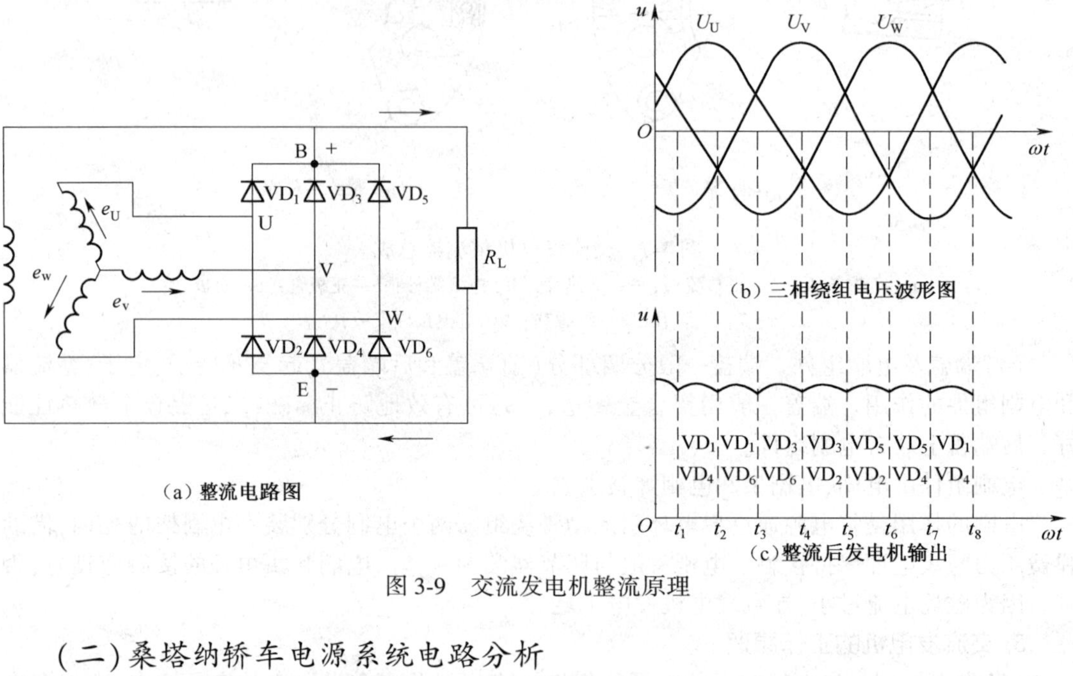

图 3-9　交流发电机整流原理

(二)桑塔纳轿车电源系统电路分析

上海桑塔纳 2000GSI 轿车电源系统电路图(如附录 A 所示)。发电机用 C 表示,电压调节器用 C1 表示,电路编号 2 的细实线表示自身搭铁,D+通过一个双孔插头 T2/1 号插头,通过电路编号 184 位置接仪表板，经二极管后接点火开关，在点火开关断开时 D+无电，而 B+端子为蓄电池电压。点火开关闭合而发动机未起动时，D+端子得电，仪表板内的二极管正向导通，向发电机励磁绕组提供励磁电流，充电指示灯 K2 点亮；发动机起动后，发电机发电，D+端子电压由发电机提供，进入自激，D+端子电位升高后，二极管截止，充电指示灯熄灭。如果在行车中发现充电报警灯亮，说明充电系统有故障，应及时进行检修。

五、实训步骤

（一）交流发电机解体检测

1. 转子的检修

转子的检修如图 3-10 所示。

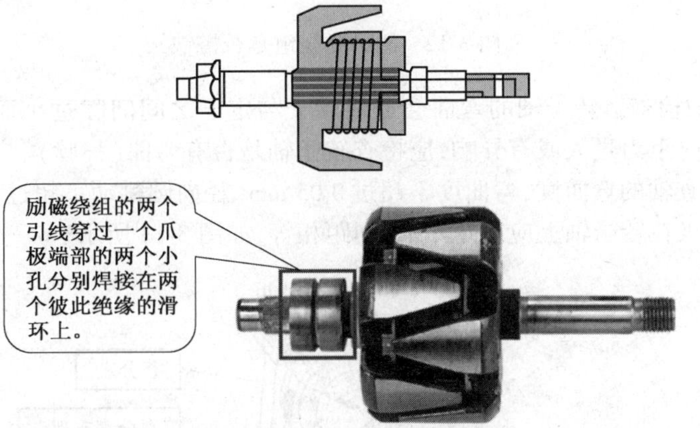

图 3-10　转子的检修

（1）用万用表检测励磁绕组是否短路、断路，如图 3-11 所示。

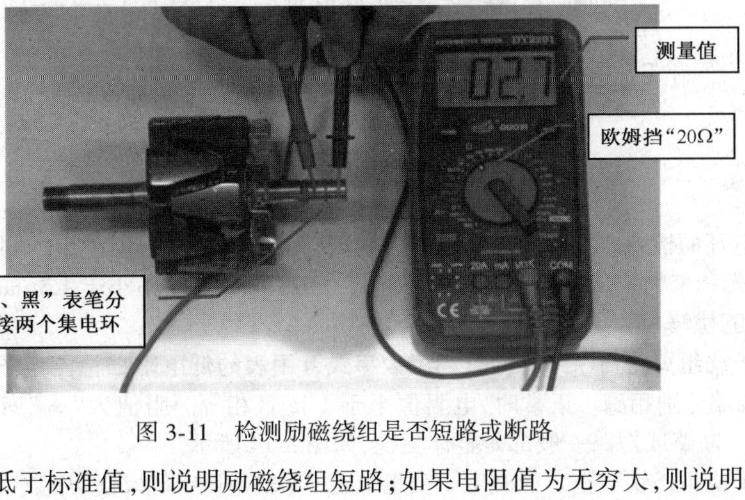

图 3-11　检测励磁绕组是否短路或断路

如果电阻值低于标准值，则说明励磁绕组短路；如果电阻值为无穷大，则说明励磁绕组断路。断路或短路一般都是整体更换。

（2）用万用表检测励磁绕组是否搭铁，如图 3-12 所示。每个集电环与转子轴之间的电阻值都是无穷大,如果电阻值很低,说明励磁绕组搭铁。

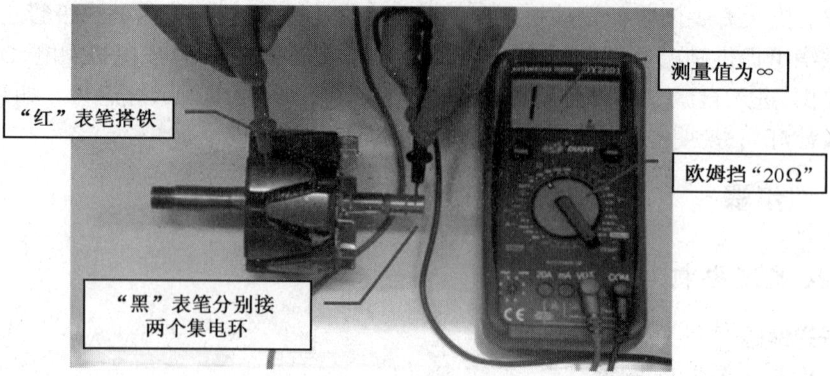

图 3-12 测励磁绕组是否搭铁

(3)转子轴的检查。转子轴的弯曲会造成转子与定子之间间隙过小而摩擦或碰撞,如果发现发电机运转时阻力过大或有异响,应检查转子轴是否有弯曲(扫膛)。

用百分表检查轴的弯曲度,弯曲度不超过 0.05 mm(径向圆跳动不超过 0.1 mm),否则应予以校正。爪形磁极在转子轴上应固定牢靠、间距相等,如图 3-13 所示。

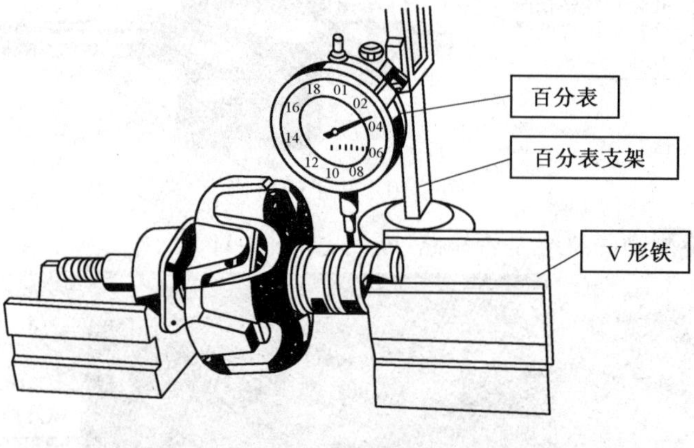

图 3-13 转子轴的检查

(4)集电环的检查。集电环表面应平整光滑,无明显烧损,否则可用 0#砂纸打磨。两集电环间隙处应无积聚物。集电环圆度误差不超过 0.025 mm,厚度不小于 1.5 mm。

2. 定子的检修

(1)定子绕组短路与断路的检查。用数字式万用表的低电阻挡检测定子绕组的 3 个接线端,两两接线端分别相测。正常时,电阻值小于 1 Ω 且相等。阻值为“∞”,说明断路;阻值为 0,说明短路。断路或短路一般都是整体更换,如图 3-14 所示。

(2)定子绕组搭铁检查。检查定子绕组与定子铁芯间绝缘情况。用数字式万用表电阻挡测定子绕组接线端与铁芯间的电阻,若电阻过小(表内发出响声),说明有绝缘不良故障。正常应指示“∞”,如图 3-15 所示。

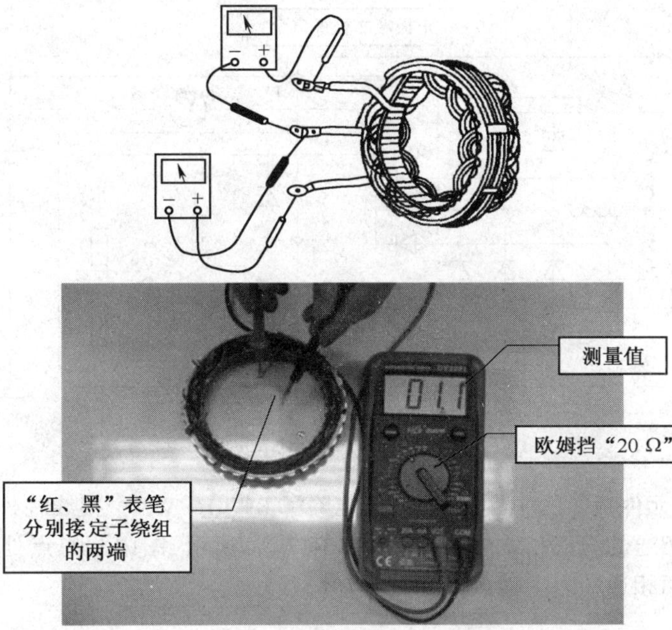

图 3-14　定子的检测

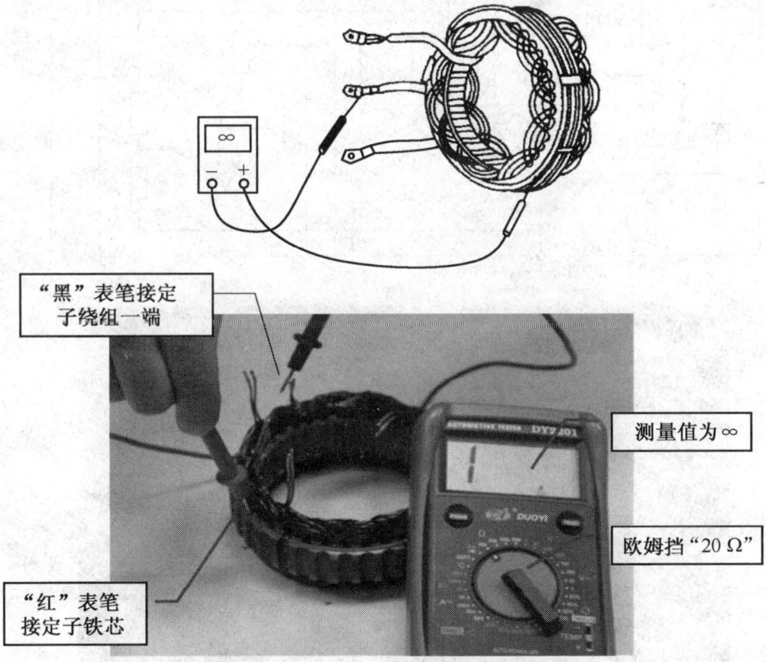

图 3-15　定子绕组搭铁检查

3. 整流器的检修

(1)正极端二极管检修:需把有 B+、D+、W3 个端子面朝上,如图 3-16 中的 VD_1、VD_2、VD_3。

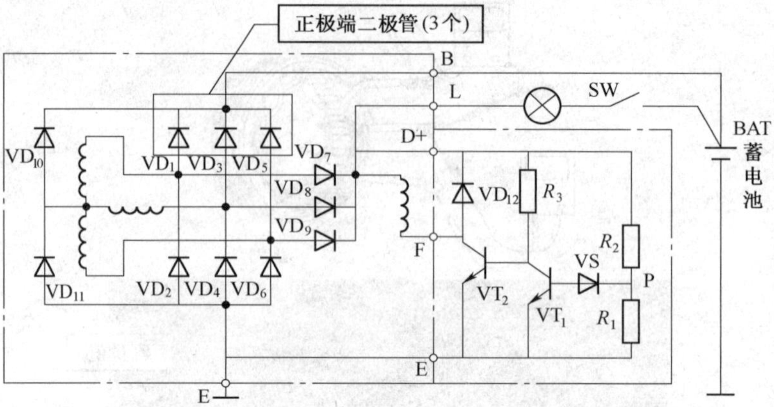

图 3-16　整流器电路原理图(正极端二极管)

①首先要确定元件板上的中性点,元件板上除了 B+、D+、W3 个接线柱外,有 6 个抽头,其中 3 个,两两互不相通的为三相绕组抽头,如图 3-17(a)所示,图中画黑点处的为已拆解分离点,所以不通。两两相通的为中性点,如图 3-17(b)所示。

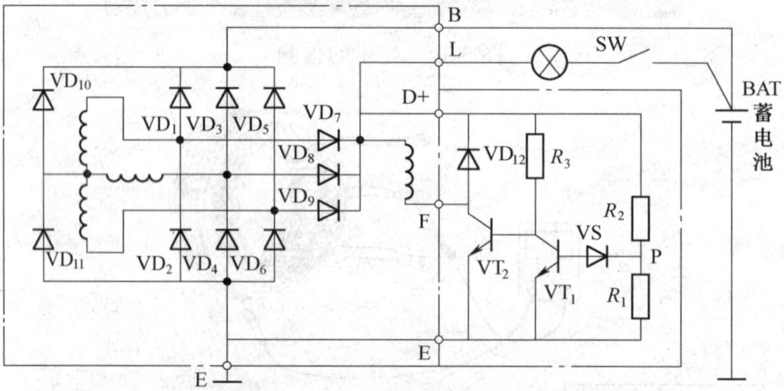

(a)

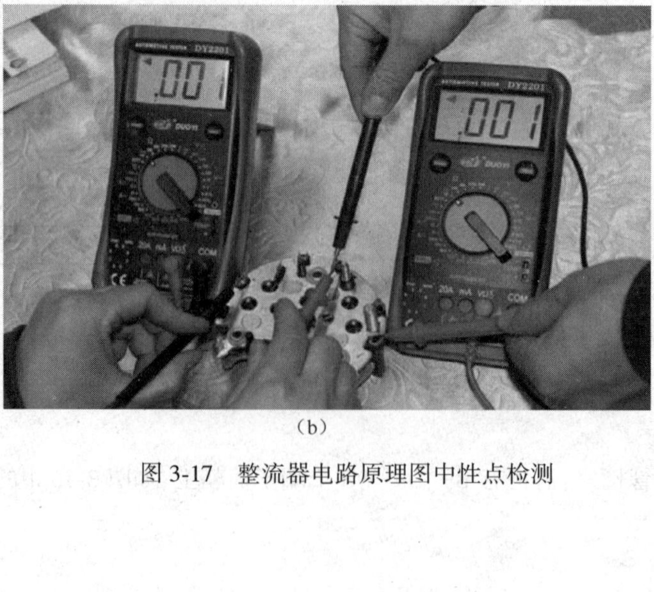

(b)

图 3-17　整流器电路原理图中性点检测

②元件板上有 8 只二极管，其中 4 只，两两相通并与 B+相通的为图 3-16 中的 VD_1、VD_3、VD_5、VD_{10}（VD_{10}为中性点二极管），如图 3-18 所示。

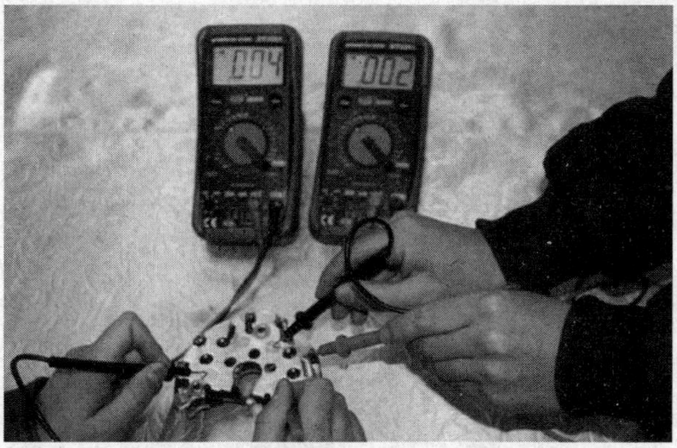

图 3-18　中性点二极管的检测

③元件板上的 8 只二极管，其余 4 只，其中一只和中性点相通，其他 3 只二极管与中性点不通，通的这只二极管是 VD_{11}［不要被图 3-16 所迷惑，现在元件板与三相绕组已分离，如图 3-17（a）所示，只有 VD_{11} 和中性点相连］，如图 3-19 所示。

（a）导通情况　　（b）不导通情况

图 3-19　二极管 VD_{11}的测量

④为了确定 VD_{10}，需用测量 VD_{11}与 VD_{10}的导通性来确定 VD_{10}，如图 3-20 所示。

⑤用数字式万用表的欧姆挡，黑表笔接整流器底板上的粗螺栓（B+接线柱），红表笔分别接整流器二极管结合点，测量出的电阻值（__________）应为标准值（桑塔纳轿车标准值为 50~80 Ω），否则说明该二极管断路，应更换整流器总成；调换两表笔进行测试，此时万用表测量阻值应为无穷大，否则说明二极管短路，亦应更换整流器总成，如图 3-21 所示。

（2）负极端二极管检修，需把有 B+、D+、W 3 个端子朝下。详述如下：

①因负极板是搭铁的，所以可测图 3-16 中的 VD_2、VD_4、VD_6、VD_{11}这 4 只负极端二极管，如图3-22所示。

②用数字式万用表的欧姆挡，红表笔接整流器负极二极管的外壳，黑表笔分别接整流器各结合点，万用表测量的电阻值（__________）应为标准值（桑塔纳轿车标准值为 50~80 Ω），否

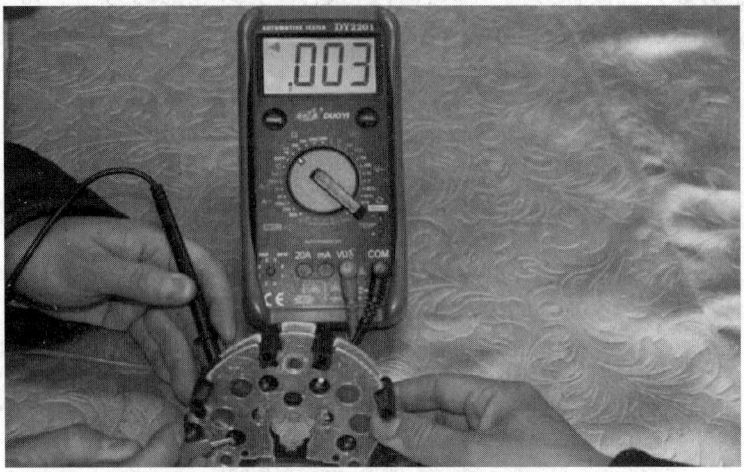

图 3-20　二极管 VD_{10}的检测

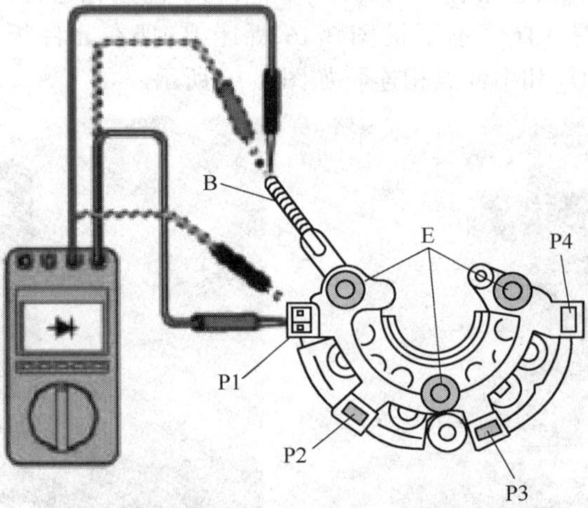

图 3-21　检测正极端二极管

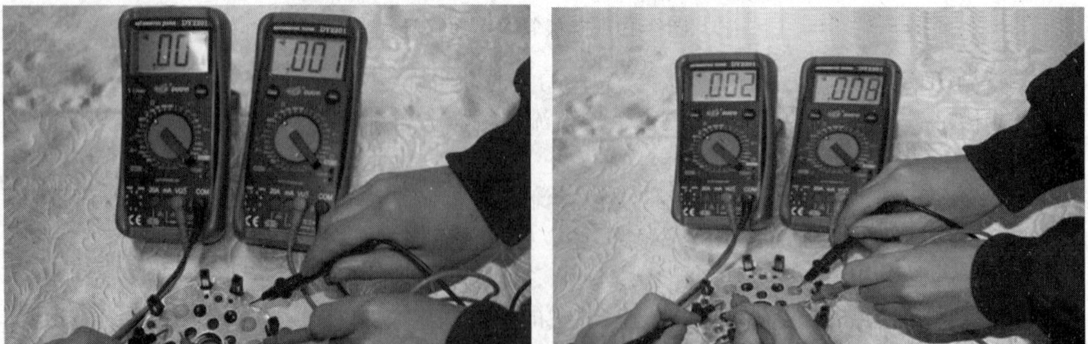

(a)　(b)

图 3-22　负极端二极管的检测

则说明该二极管断路,应更换整流器总成;调换两表笔进行测试,此时万用表测量阻值应为∞,否则说明二极管短路,亦应更换整流器总成,如图 3-23 所示。

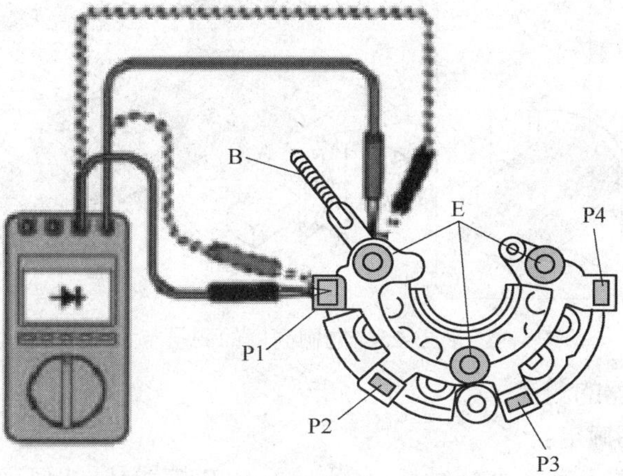

图 3-23　负极管的检测

(3)磁场二极管的检测(见图 3-24),元件板上有 3 个小孔,从小孔处可以看见有 3 只磁场二极管,测量 3 只磁场二极管应与 D+端子导通。

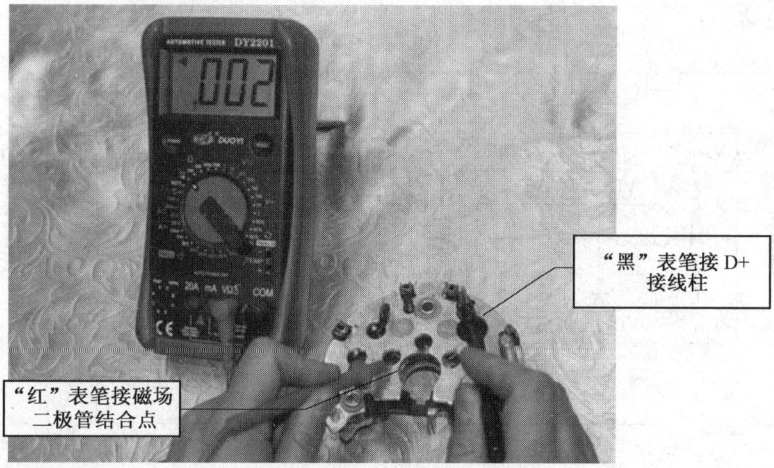

图 3-24　磁场二极管的检测

将数字式万用表置于欧姆挡(20 Ω 挡位),黑表笔接 D+接线柱,红表笔分别接 3 只磁场二极管结合点,每次测量阻值(__________)应为标准值(桑塔纳轿车为 50~80 Ω),否则说明该二极管断路,应更换整流器总成;调换两表笔进行测试,此时万用表测量阻值应为∞,否则说明二极管短路,亦应更换整流器总成。

4. 电刷组件的检查

电刷表面不得有油污,且应在电刷架中活动自如,电刷磨损不得超过原高度的 1/2(标准长度为 10.5 mm);当电刷从电刷架中露出 2 mm 时,电刷弹簧力一般为 2~3 N;电刷架应无烧损,破裂或变形,如图 3-25 所示。

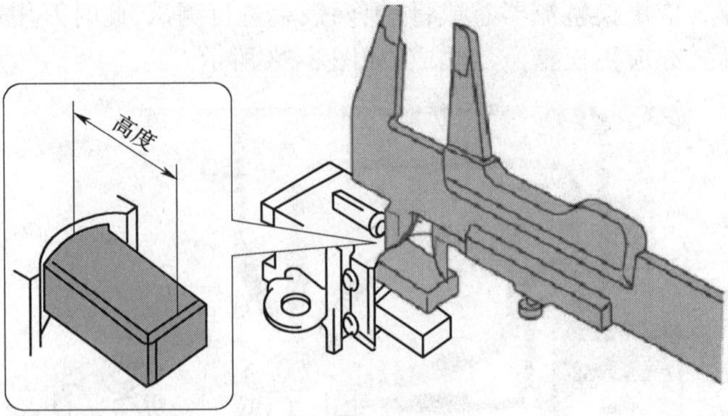

图 3-25　电刷高度的测量

5. 电子电压调节器的测量

(1)各个接线柱的确定：

①电子电压调节器上有 3 个接线柱，分别是+、F、E 接线柱，如何确定这 3 个接线柱？首先，和发电机壳体接触的为“E 接线柱”。

②因磁场绕组在转子内，故与拆解后的发电机元件板上的磁场二极管相通的端子为 D+端子，而 D+端与电子电压调节器的“+接线柱”相接触，如图 3-26(图中带底纹处分别为磁场二极管与 D+端子)所示。

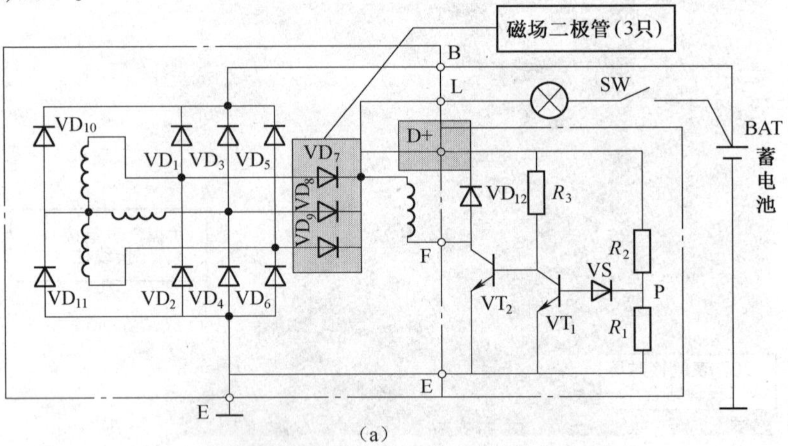

(a)

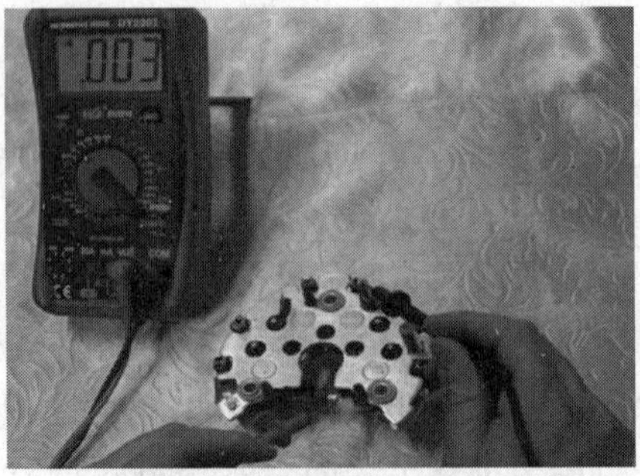

(b) 实测部分(磁场二极管与D+端子相通)

图 3-26　接线柱的检测

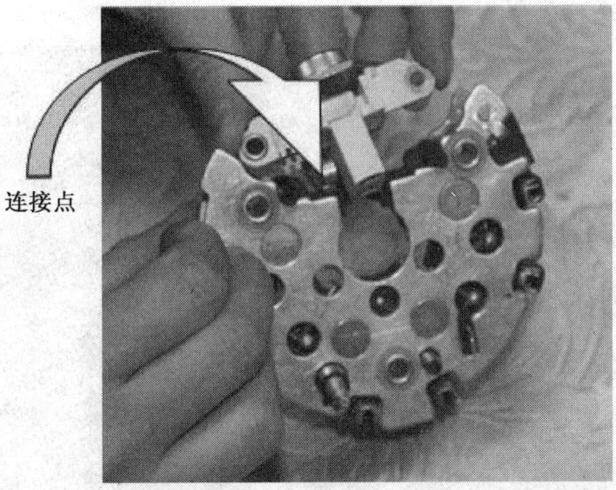

（c）D+端与电子电压调节器的“+接线柱”相接触部分

图 3-26　接线柱的检测(续)

③剩余的一个接线柱为“F 接线柱”。

(2)测量详述如下：

①测量“E 接线柱”和“D+接线柱”之间的电阻,如图 3-27 所示。

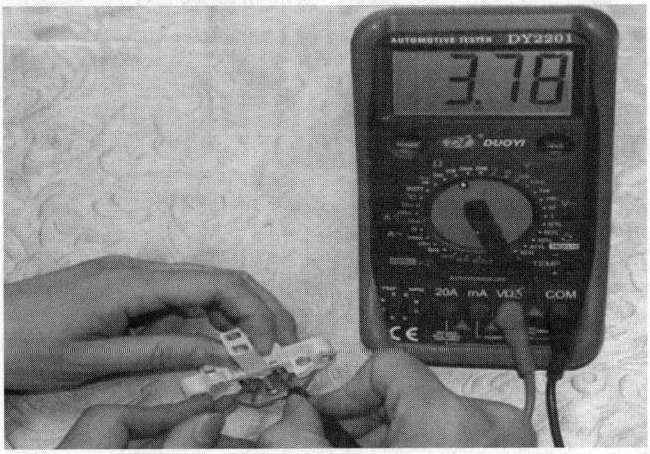

图 3-27　“E 接线柱”和“D+接线柱”之间电阻的测量

②测量“E 接线柱”和“F 接线柱”之间的电阻,如图 3-28 所示。

③测量“F 接线柱”与“D+接线柱”之间的电阻,如图 3-29 所示。

(二)交流发电机不解体检测

(1)外部观察和转动检查。

①检查交流发电机各接线柱有无松动。

②将传动带拆下,并将发电机各接线柱上的导线拆下。用手转动发电机转子,检查转动是否灵活自如,是否有异响和卡滞现象。

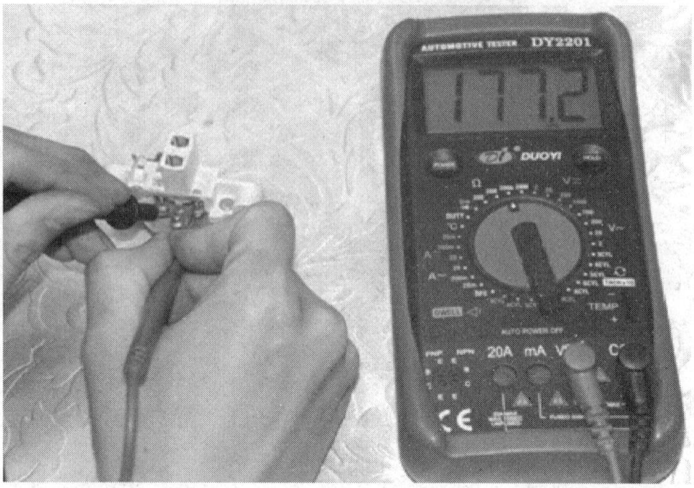

图 3-28 “E 接线柱”和“F 接线柱”之间电阻的测量

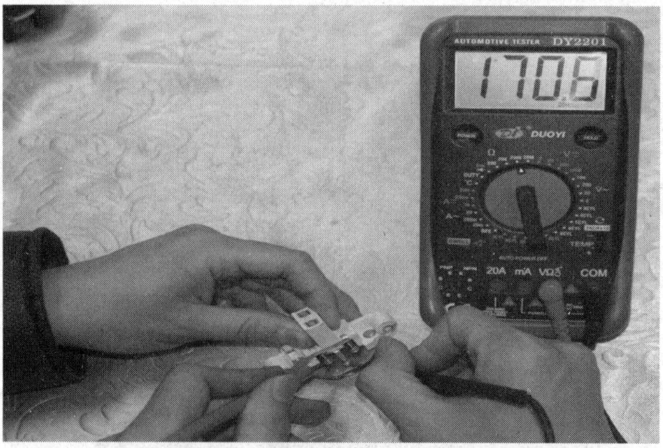

图 3-29 “F 接线柱”与“D+接线柱”之间电阻的测量

(2)使用数字式万用表测量交流发电机各接线柱之间的电阻值：

①测量交流发电机 F 接线柱与 E 接线柱之间的电阻值(__________)，万用表红、黑笔分别接 F 接线柱和 E 接线柱，其阻值应符合标准要求。测量时，用手转动发动机转子，观察电阻值的变化情况。若转动转子时电阻值偏大，则可能是电刷与滑环接触不良、电刷弹簧弹力过小，电刷磨损过短或电刷接线柱松动等原因造成的。

②测量交流发电机 B 接线柱和 E(发电机外壳)接线柱之间的正反向电阻值。

测量正向电阻值：红笔接 B 接线柱，黑笔接 E(发电机外壳)接线柱，此时电阻值(__________)应符合标准要求。

测量反向电阻值：红笔接 E(发电机外壳)接线柱，黑笔接 B 接线柱，此时电阻值(__________)应符合标准要求。

用上述方法,测量 B、D+接线柱之间的正反向电阻(正向电阻值:__________、反向电阻值__________)以及 E、D+接线柱之间的正反向电阻(正向电阻值:__________、反向电阻值__________),电阻值应符合标准要求。

复习与思考

(一)发电机的结构认知(见图 3-30)

根据图 3-30 写出发电机的部件名称。

1. ________ 2. ________ 3. ________ 4. ________ 5. ________ 6. ________
7. ________ 8. ________ 9. ________ 10. ________ 11. ________

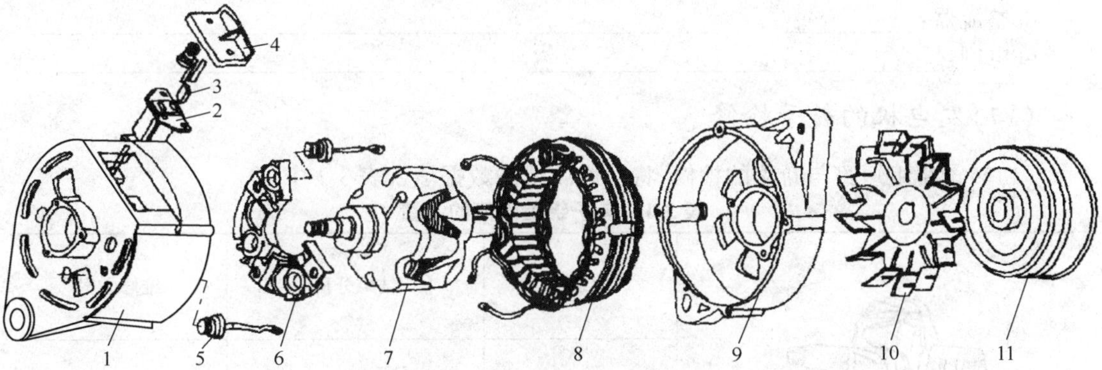

图 3-30 发电机分解图

(二)根据实车操作写出拆装发电机的流程

(三)发电机的拆装

(1)写出发电机的拆装步骤。

(2)分解后试写出以下部件的作用：

①转子：____。

②定子：____。

③整流器：______________________________________。

④电刷：____。

(四)发电机的转子检修

(1)转子绕组短路与断路的检修,将检修测得的数据填入表 3-1 中。

表 3-1　转子绕组阻值的测量

	测量值	结果分析	维修方案
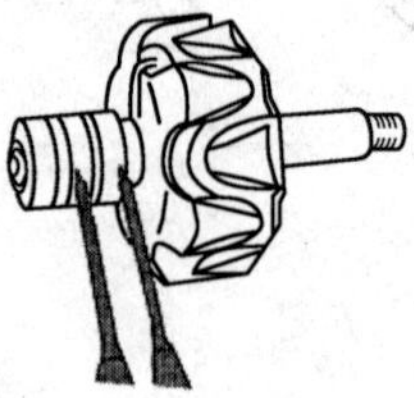			

(2)转子绕组搭铁的检修,将检修测得的数据填入表 3-2 中。

表 3-2　转子绕组搭铁的测量

	测量值	结果分析	维修方案
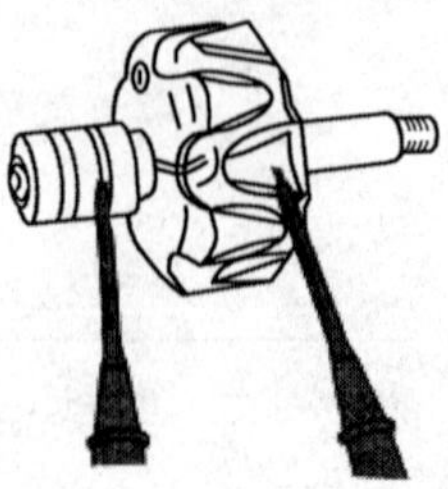			

(3)转子轴、集电环检修,将检修测得的数据填入表 3-3 中。

表 3-3　转子轴弯曲度的测量

	测量值	结果分析	维修方案
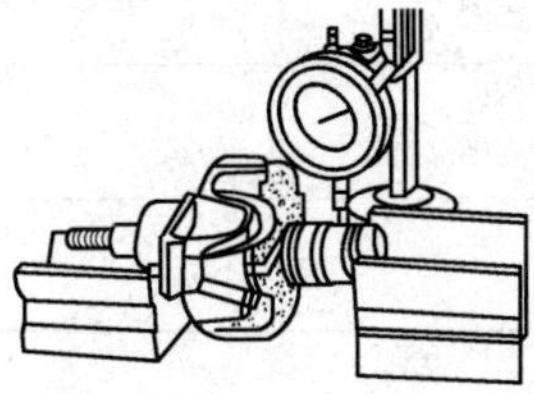			

(4)电刷弹簧弹力检修,将检修测得的数据填入表 3-4 中。

表 3-4　电刷弹簧弹力的测量

	测量值	结果分析	维修方案
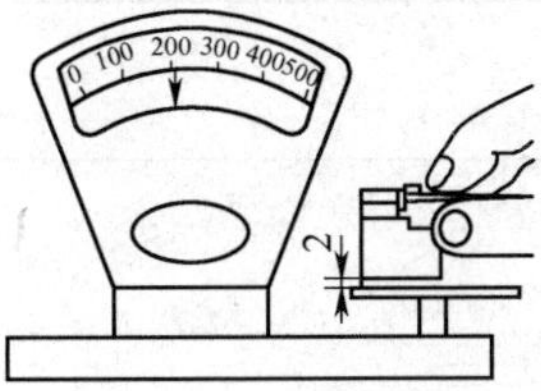			

(五)发电机定子绕组断路与短路的检修

将检修测得的数据填入表 3-5 中。

表 3-5　发电机定子绕组的测量

	测量值	结果分析	维修方案
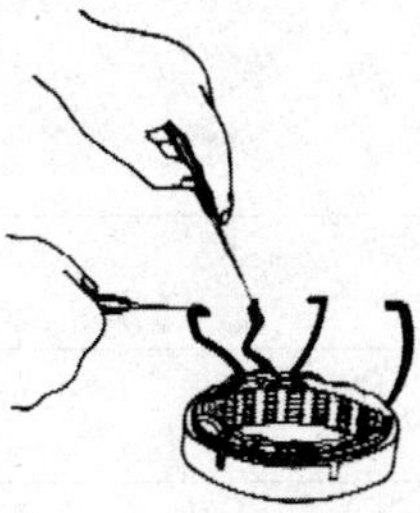			

（六）发电机整流器的检修

将检修测得的数据填入表 3-6、表 3-7 中。

表 3-6　正极管的检修

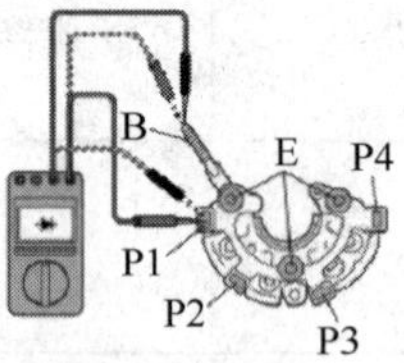	测量值	结果分析	维修方案

表 3-7　负极管的检修

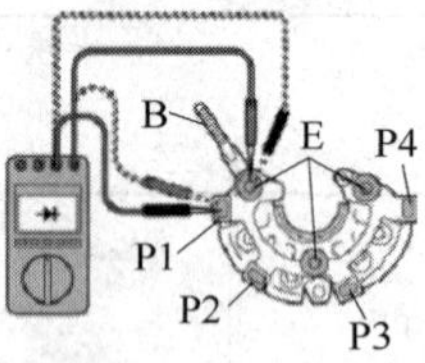	测量值	结果分析	维修方案

（七）发电机的整体结果分析。

笔记及心得

实训四

起动机的构造与检修

一、实训目标

(1)掌握起动机的拆装、检修方法。
(2)训练观察问题、分析问题和解决问题的能力。
(3)了解起动机的功用。

二、实训任务

(1)能正确地就车拆装起动机。
(2)能掌握起动机的工作原理。
(3)能正确分解组装起动机。
(4)能正确检修起动机电枢。
(5)能正确检修起动机定子励磁线圈。
(6)能正确检修起动机电磁开关。
(7)能正确检修起动机通电试验。

三、实训工具及设备

(1)桑塔纳2000型轿车、汽车电器实验台若干。
(2)起动机若干。
(3)万用表、百分表、V形铁、游标卡尺、常用工具若干。
(4)维修手册若干。

四、知识准备

(一)起动机的基础知识

起动机在汽车上的位置,如图4-1(a)和图4-1(b)所示。

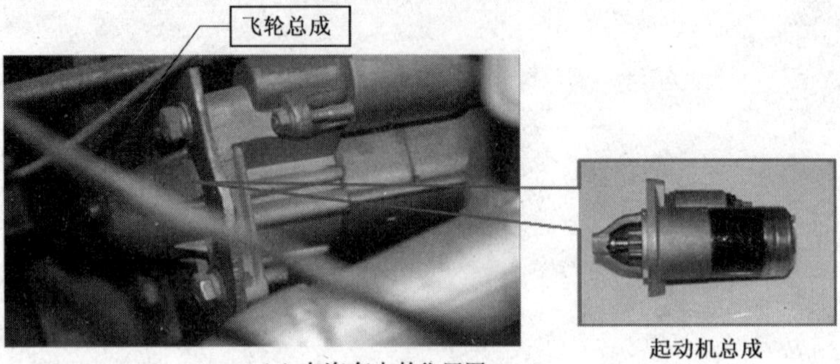

（a）在汽车上的位置图

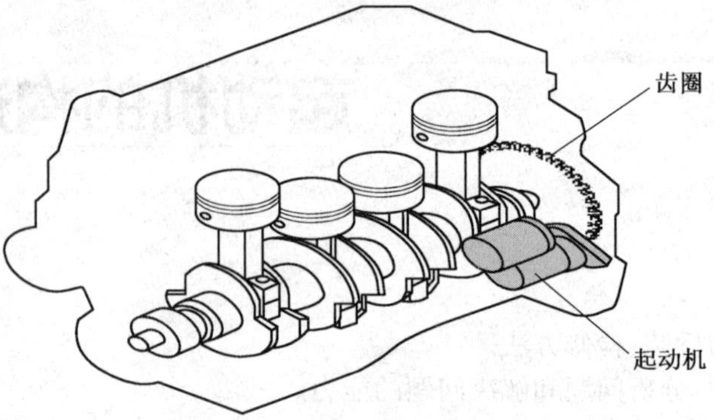

（b）位置示意图

图 4-1 起动机位置

起动机一般由直流电动机、传动机构（又称啮合机构）和控制装置（电磁开关）3 部分组成，外形如图 4-2 所示。

图 4-2 起动机外形图

1. 直流电动机

直流电动机的结构。直流电动机的作用是产生力矩。一般均采用串励直流电动机。“串励”是指电枢绕组与励磁绕组串联。

串励直流电动机主要由机壳、磁极、电枢、换向器及电刷等组成，如图 4-3 所示。

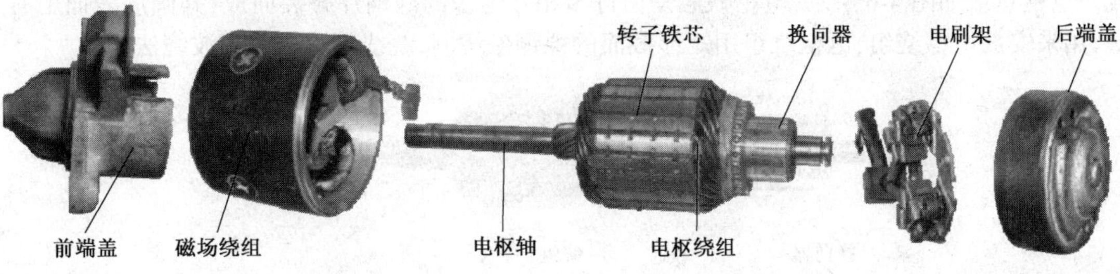

图 4-3　串励直流电动机的组成

①机壳。机壳的作用是安装磁极，固定机件。机壳用钢管制成，一端开有窗口，用于观察和维护电刷和换向器，平时用防尘箍盖住。机壳上只有一个电流输入接线柱，并在内部与励磁绕组的一端相接。壳内壁固定有磁极铁芯和励磁绕组，如图 4-4 所示。

图 4-4　起动机机壳

②磁极。磁极的作用是产生磁场。由固定在机壳上的磁极铁芯和励磁绕组组成，一般是 4 个，两对磁极相对交错安装在电动机定子内壳上，如图 4-5(a)所示。4 个励磁线圈可互相串联后再与电枢绕组串联，也可两两串联后并联再与电枢绕组串联，如图 4-5(b)所示。

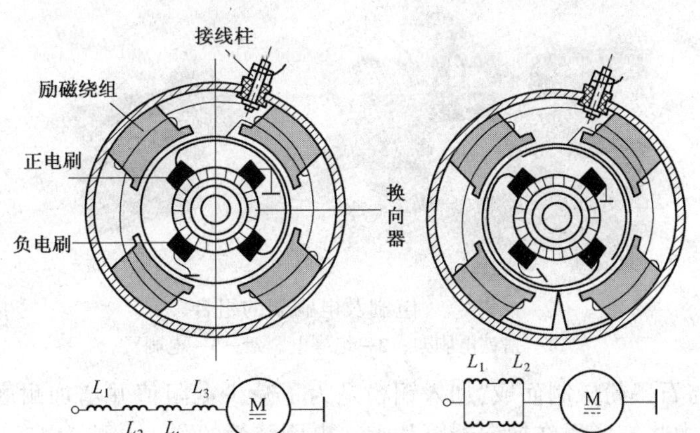

图 4-5　励磁绕组的接法

③电枢。电枢的作用是产生电磁转矩。它主要电枢轴、电枢铁芯、电枢绕组和换向器等组成。电枢总成如图4-6所示,电枢铁芯是由许多相互绝缘的硅钢片叠装而成,其圆周表面上有槽,用来安放电枢绕组,电枢绕组用矩形截面的裸铜条绕制,绕线型式多采用波绕法。

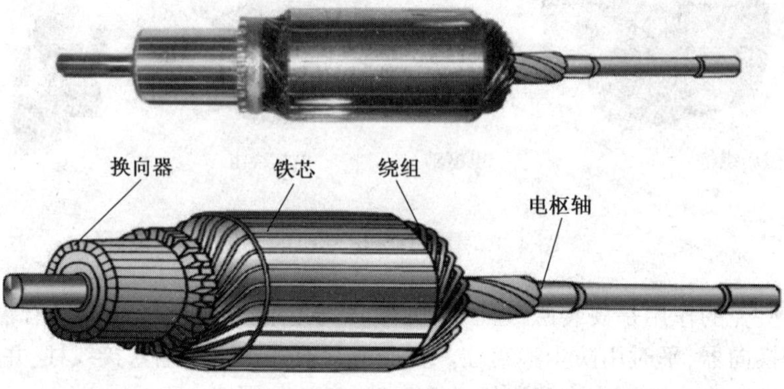

图4-6 电枢总成

④换向器。换向器装在电枢轴上,它由许多换向片组成。换向片嵌装在轴套上,各换向器片之间用云母绝缘。

⑤电刷及电刷架。电刷及电刷架的作用是将电流引入电动机。一般有4个电刷及电刷架,如图4-7所示。电刷架固定在前端盖上,其中两个对置的电刷架与端盖绝缘称为绝缘电刷架;另外两个对置的电刷架与端盖直接铆合而搭铁称为搭铁电刷架。

图4-7 电刷及电刷架的组合

1—搭铁电刷架;2—绝缘电刷架;3—电刷

电刷由铜粉与石墨粉压制而成,加入铜粉是为了减少电阻值并增加耐磨性。电刷装在电刷架中,借弹簧弹力将它紧压在换向器铜片上。电刷弹簧的弹力一般为12~15 N。

⑥端盖。端盖有前、后之分。前端盖一般用钢板压制而成,其上装有4个电刷架,后端盖为灰铸铁浇铸而成。它们分别装在机壳的两端,靠两根长螺栓与起动机机壳紧固在一起。两端盖内均装有青铜石墨轴承套或铁基含油轴承套,以支承电枢轴。

2. 起动机的传动机构

传动机构的作用是把直流电动机产生的转矩传递给飞轮齿圈，再通过飞轮齿圈把转矩传递给发动机的曲轴，使发动机起动后，飞轮齿圈与驱动齿轮自动打滑脱离。传动机构一般由驱动齿轮、单向离合器、拨叉、啮合弹簧等组成，如图 4-8 所示。传动机构中，结构和工作情况比较复杂的是单向离合器，它的作用是传递电动机转矩，起动发动机，而在发动机起动后自动打滑，保护起动机电枢不致飞散。常用的单向离合器主要有滚柱式、摩擦片式和弹簧式等几种。

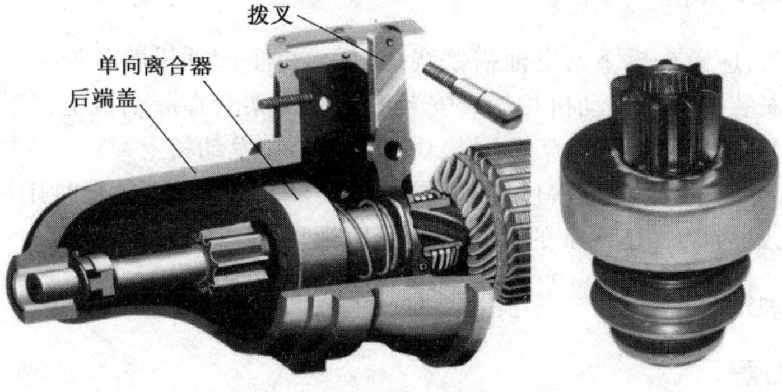

图 4-8　起动机的传动机构

3. 起动机的控制装置

控制装置的作用是控制驱动齿轮和飞轮的啮合与分离，并且控制电动机电路的接通与切断。常用的装置有机械式和电磁式，现代汽车上广泛使用电磁式控制装置（电磁开关），如图 4-9所示。电磁式控制装置主要由吸引线圈、保持线圈、回位弹簧、可动铁芯，接触片等组成。其中，端子 50 接点火开关，通过点火开关再接电源，端子 30 直接接电源。

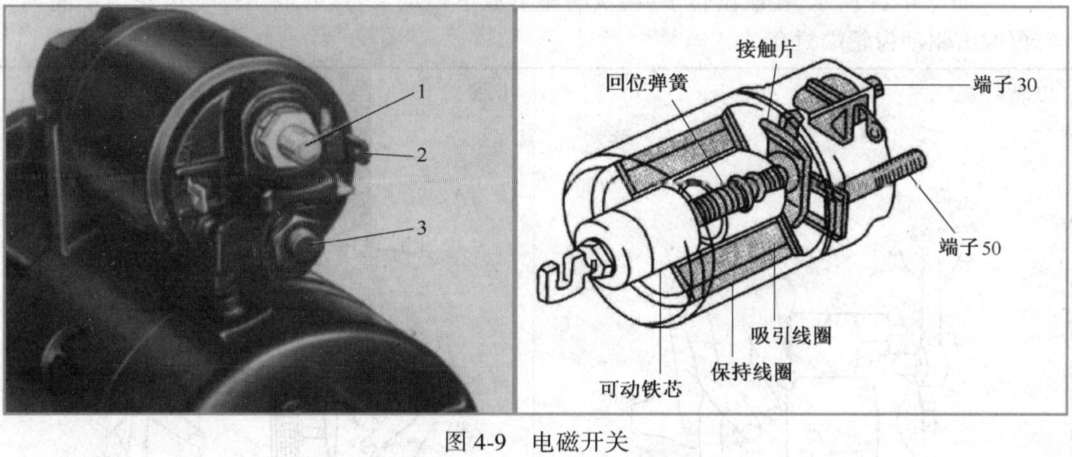

图 4-9　电磁开关

1—30 端子；2—50 端子；3—C 端子

（二）起动机电路分析

上海桑塔纳 2000GSI 起动机电路分析（见附录图 A-1）。起动机用 B 表示，电路编号 9 的细实线表示自身内部搭铁，B/50 接通过两插头 T2/2 与 T3a/1 相连，与中央线路板接点 C18 连接，中央线路板接点 B8 到达点火开关 D/50。当点火开关打到起动位置时，点火开关 D/30 与 D/50 接通（起动挡），接通起动机电磁开关控制电路，电流去向为：蓄电池正极（30）→P_2→D/30→D/50→B8→G8→T3a/1→T2/2→B/50→⑨→蓄电池负极，起动机工作，起动发动机。

五、实训步骤

（一）起动机的拆卸和安装

拆卸起动机时，应首先拆下蓄电池搭铁线，然后再拆下起动机的各连接线。

起动机通过安装支架与发动机相连。安装时先将支架套在起动机上，装上垫片、弹簧垫和螺母（M5），并用力旋紧，然后将支架连同起动机一起装在发动机上。

检查起动机的外壳两个螺栓（M5）是否能在支架槽孔中活动，必要时用锉刀加工，调整起动机到最佳位置，最后以 20 N · m 的力矩拧紧紧固螺母。

（二）起动机的分解

1. 起动机的分解

（1）如图 4-10 所示，用扳手旋下电磁开关的接线柱“30”及“50”的螺母，取下导线。

（2）如图 4-11 所示，旋下起动机贯穿螺钉和衬套螺钉，取下衬套座和端盖，取出垫片组件和衬套。

（3）如图 4-12 所示，用尖嘴钳将电刷弹簧抬起，拆下电刷架及电刷。

（4）如图 4-13 所示，取下励磁绕组后，用扳手旋下螺栓，从驱动端端盖上取下电磁开关总成。

（5）如图 4-14 所示，在取出转子后，从端盖上取下传动叉，然后取出驱动齿轮与单向离合器，再取出驱动齿轮端衬套。

步骤一

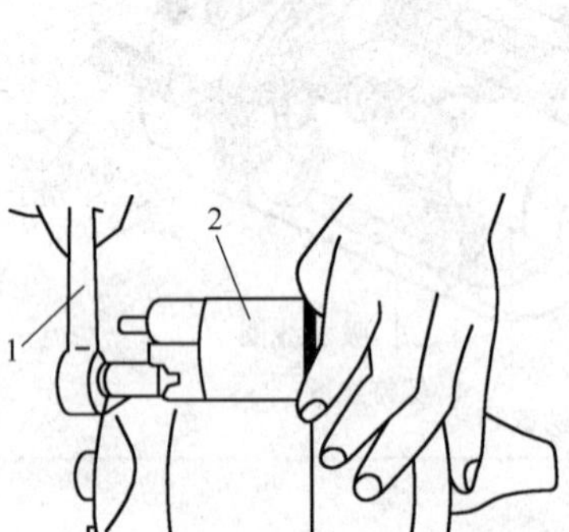

图 4-10　起动机导线的拆卸

1—扳手；2—电磁开关

步骤二

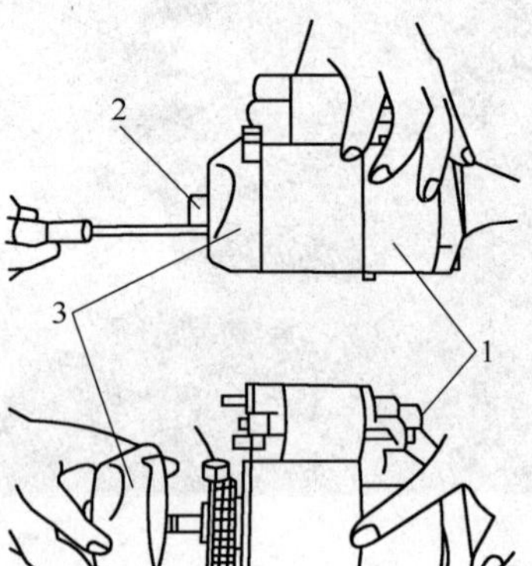

图 4-11　起动机衬套及端盖的拆卸

1—起动机；2—衬套座；3—端盖

步骤三

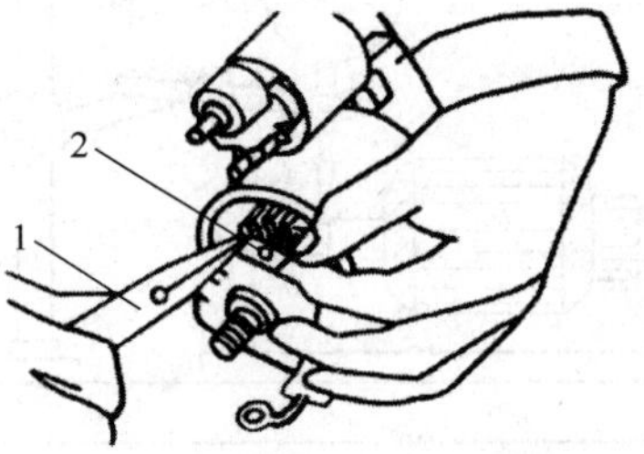

图 4-12 起动机电刷的拆卸

1—尖嘴钳;2—电刷弹簧

步骤四

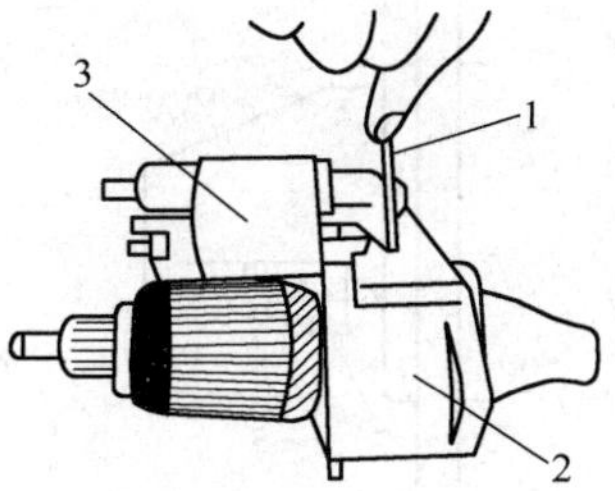

图 4-13 起动机电磁开关的拆卸

1—扳手;2—驱动端盖;3—电磁开关

步骤五

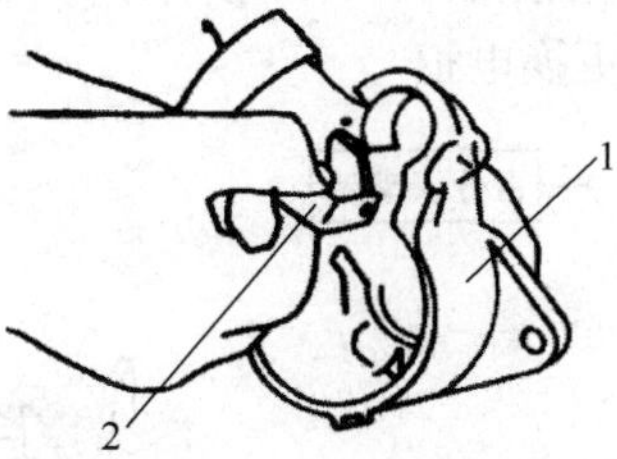

图 4-14 起动机传动叉的拆卸

1—端盖;2—传动叉

2. 起动机的组装

起动机的组装可按起动机的分解相反顺序进行,但应注意以下事项:

(1)安装时,衬套中应涂上润滑脂。

(2)如图 4-15 所示,用止推垫圈调整驱动齿轮的轴向间隙(推到极限位置),标准值为0. 3~1. 5 mm。

3. 起动机零件的检修

(1)电枢轴的检修。用百分表检查起动机电枢轴是否弯曲,如图 4-16 所示。若摆差超过 0. 1 mm,应进行校正。电枢轴上的花键齿槽严重磨损或损坏,应进行修复或更换。

电枢轴轴颈与衬套的配合间隙,不得超过 0. 15 mm。间隙过大,应更换新套,进行铰配。

(2)换向器的检查。检查换向器有无脏污和表面烧蚀,若出现此情况,用 400#砂纸或在车床上修整。

检查换向器的径向圆跳动量,如图 4-17 所示。将换向器放在 V 形架上,用百分表测量圆周上径向跳动量,最大允许径向圆跳动量为 0. 05 mm。若径向圆跳动量大于规定值,应在车床上校正。

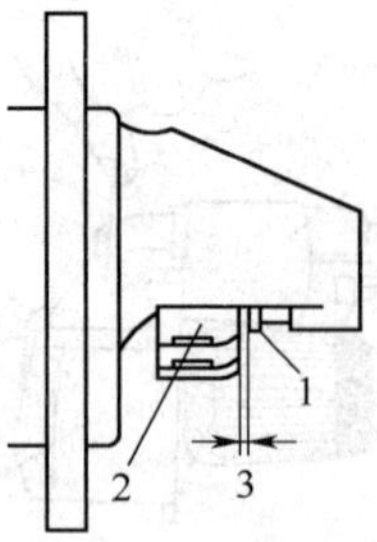

图 4-15 起动机驱动齿轮轴向间隙的调整

1—止推垫圈;2—驱动齿轮;3—驱动齿轮轴向间隙

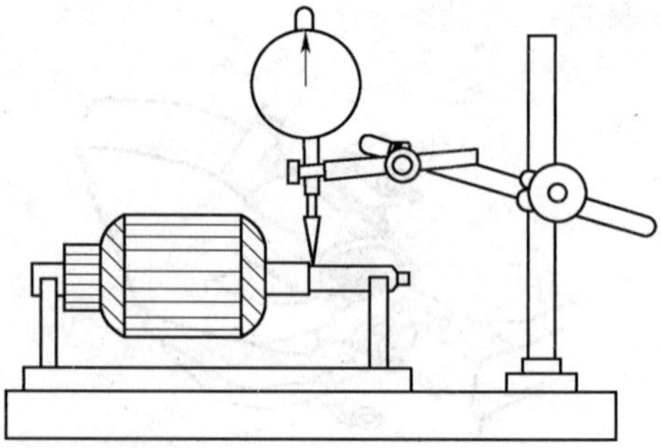

图 4-16 电枢轴弯曲度的检查

用游标卡尺测量换向器的直径,如图 4-18 所示。其标准值为 30.0 mm,最小直径为 29.0 mm。若直径小于最小值,应更换电枢。

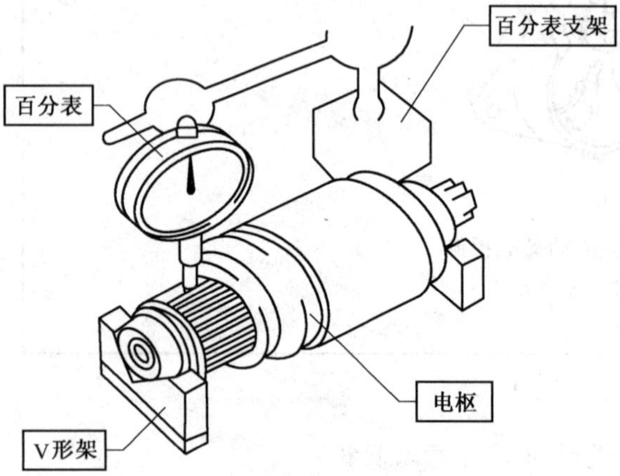

图 4-17 检查换向器径向圆跳动量

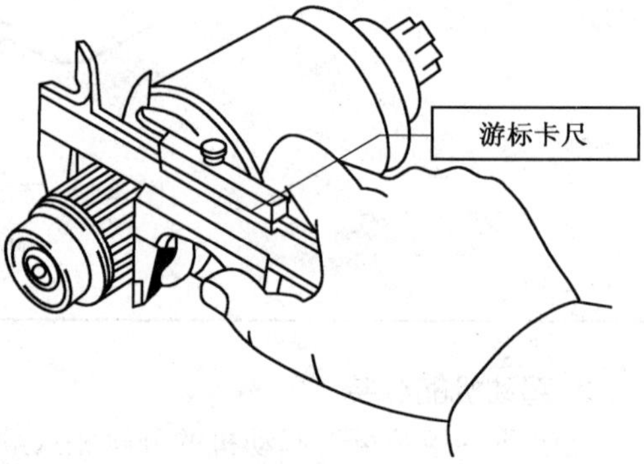

图 4-18 检查换向器直径

检查底部凹槽深度。应清洁无异物,边缘光滑。测量如图 4-19 所示。标准凹槽深度为 0.6 mm,最小凹槽深度为 0.2 mm。若凹槽深度小于最小值,用手锯条修正。

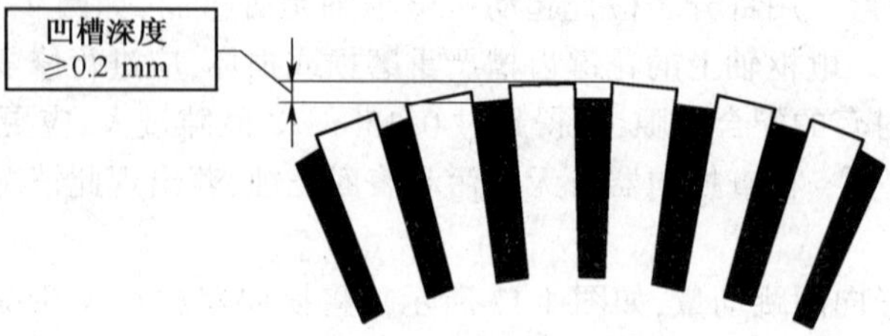

图 4-19 检查换向器底部凹槽深度

(3)电枢绕组的检修。检查换向器是否断路,如图 4-20 所示。用欧姆表检查换向器片之间的导通性,应导通。若换向器片之间不导通,应更换电枢。

检查换向器是否搭铁,如图 4-21 所示。用欧姆表检查换向器与电枢绕组铁芯之间的导通性,应不导通。若导通,应更换电枢。

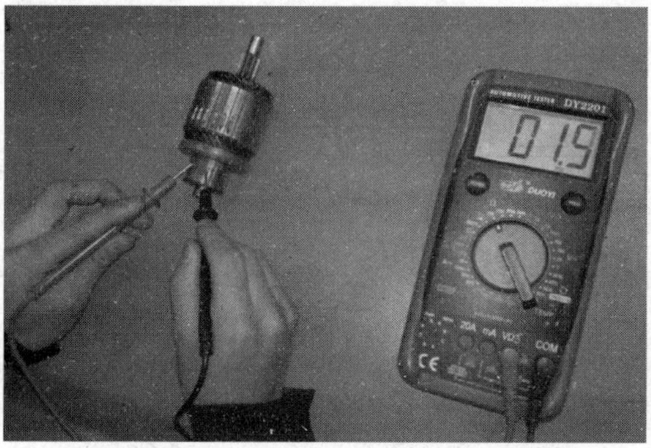

图 4-20 检查换向器是否断路

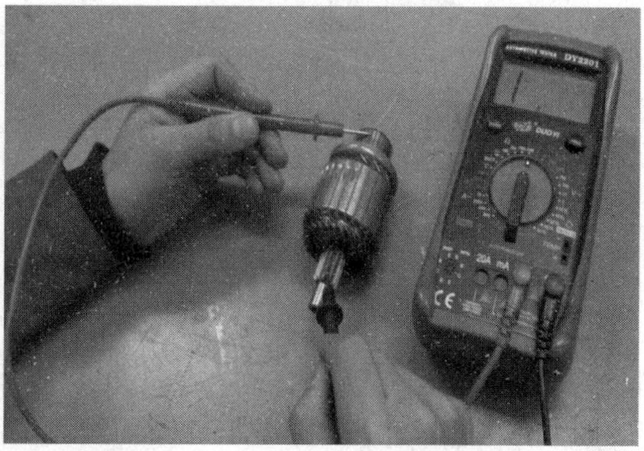

图 4-21 检查换向器是否搭铁

(4)励磁绕组的检查。检查励磁绕组是否断路,如图 4-22 所示。用欧姆表检查引线和磁场绕组电刷引线之间的导通性,应导通。否则,更换磁极框架。现多为永磁式。

检查磁场绕组是否搭铁。用欧姆表检查磁场绕组末端与磁极框架之间的导通性,应不导通,如图 4-23 所示。若导通,修理或更换磁极框架。

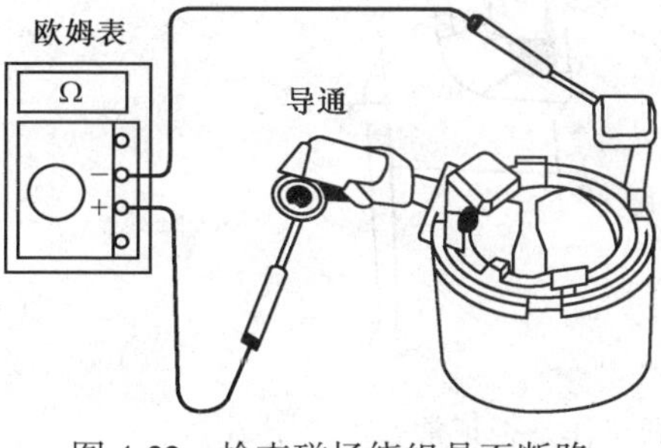

图 4-22 检查磁场绕组是否断路

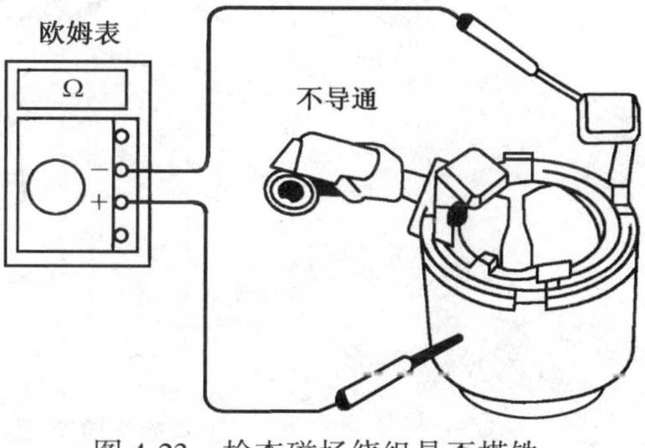

图 4-23 检查磁场绕组是否搭铁

(5)电刷弹簧的检修。检修电刷弹簧,可按如图 4-24 所示,读取电刷弹簧从电刷分离瞬间的拉力计读数。标准弹簧安装载荷为 17~23 N,最小安装载荷为 12 N。若安装载荷小于规定值,应更换电刷弹簧。

(6)电刷架的检修。用欧姆表检查电刷架正极(+)与负极(-)之间的导通性,应不导通,如图 4-25 所示。若导通,修理或更换电刷架。

(7)离合器和驱动齿轮的检修。检查离合器和驱动齿轮是否严重损伤或磨损。如有损坏,应进行更换。

检查起动机离合器是否打滑或卡滞,如图 4-26 所示。将离合器驱动齿轮夹在台虎钳上,在花键套筒中套入花键轴,将扳手接在花键轴上,测得力矩应大于规定值(24~26 N·m),否则说明离合器打滑。反向转动离合器应不卡滞,否则应修理或更换离合器总成。

图 4-24 检查电刷弹簧载荷

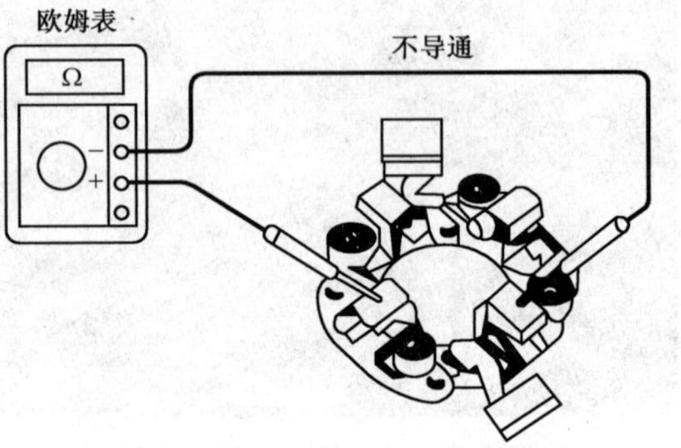

图 4-25 检查电刷架绝缘情况

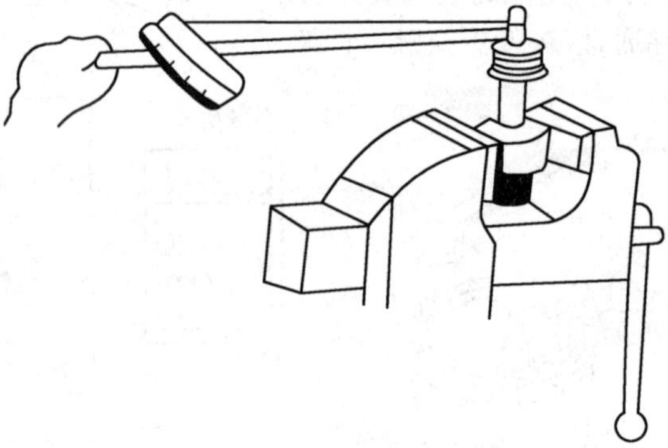

图 4-26 检查起动机离合器工作是否正常

(8)电磁开关的检修：

①将两表笔分别接于励磁接线柱和电磁开关外壳，若有电阻值，说明保持线圈良好；若电阻值为零，则为短路；若电阻值无穷大，则为断路，短路或断路都应更换，如图4-27所示。

②两表笔分别接于励磁接线柱和起动机接线柱，若有电阻值，说明吸拉线圈良好；若电阻值为零，则为短路；若电阻值无穷大，则为断路，短路或断路都应更换，如图 4-28所示。

③用手将接触盘铁芯压住，让电磁开关上的电源接线柱与起动机接线柱连通，测量两接线柱间的电阻值应为零，否则为接触不良。

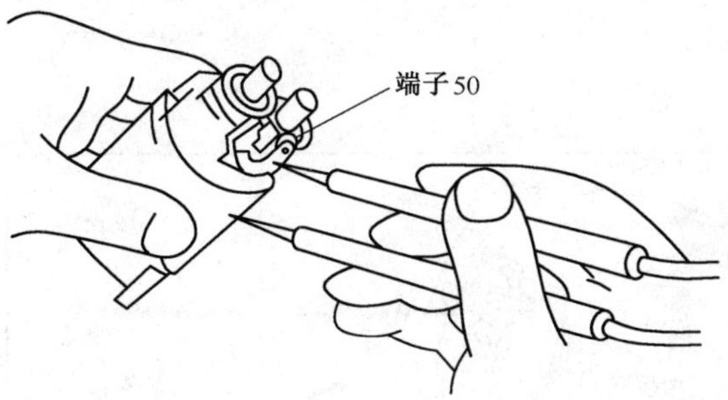

图 4-27　保持线圈的检查

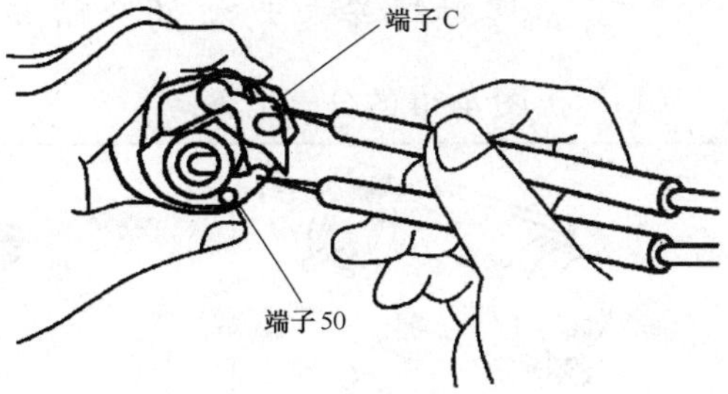

图 4-28　吸拉线圈的检查

复习与思考

(一)桑塔纳轿车起动机的结构认知

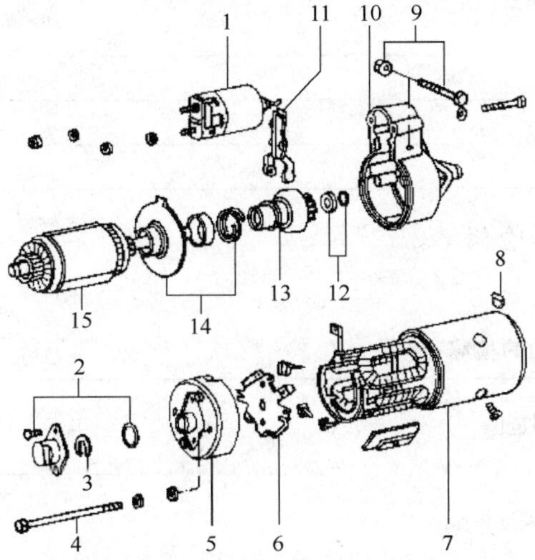

图 4-29　起动机分解图

根据图 4-29 写出起动机的部件名称：

1. ________;2. ________;3. ________;

4. ________;5. ________;6. ________;

7. ________;8. ________;9. ________;

10. ________;11. ________;12. ________;

13. ________;14. ________;15. ________。

(二)根据桑塔纳轿车的实车操作写出拆装起动机的流程

(三)桑塔纳轿车起动机的分解与组装

(1)写出图 4-30 的分解步骤。

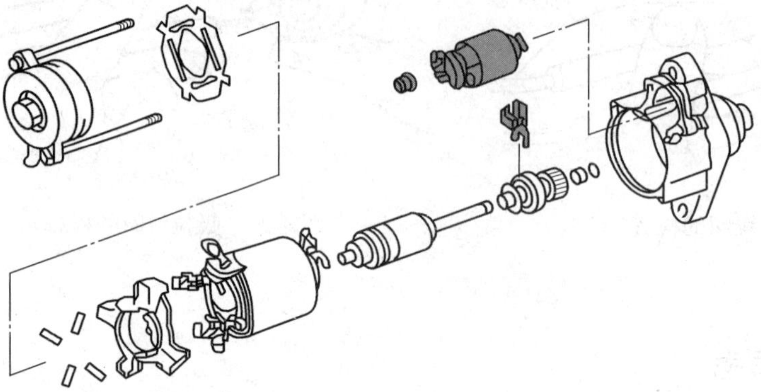

图 4-30 起动机分解步骤图

①

②

③

④

⑤

⑥

⑦

(2)分解后试写出以下部件的作用及工作原理。

①电枢:________________________________。

②磁极:________________________________。

③单向离合器:________________________________。

④电磁开关:________________________________。

(四)桑塔纳轿车起动机电枢及绕组的检修

(1)电枢轴的检修,根据以下条件完成表 4-1。

表 4-1 电枢轴的检修

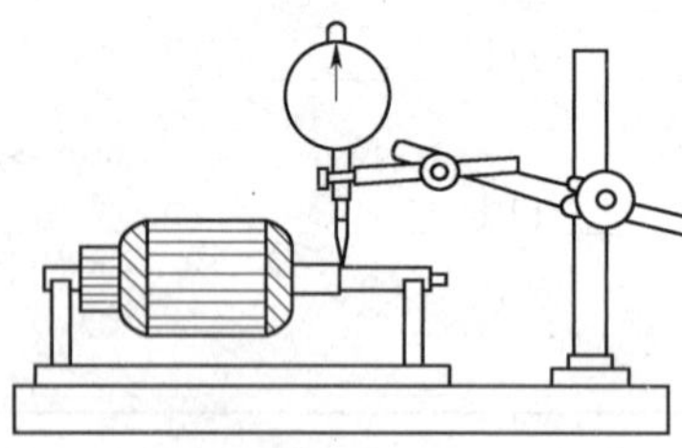	测量值	
	结果分析	
	维修方案	

(2)换向器圆跳动量的检修,根据以下条件完成表 4-2。

表 4-2 换向器圆跳动量的检修

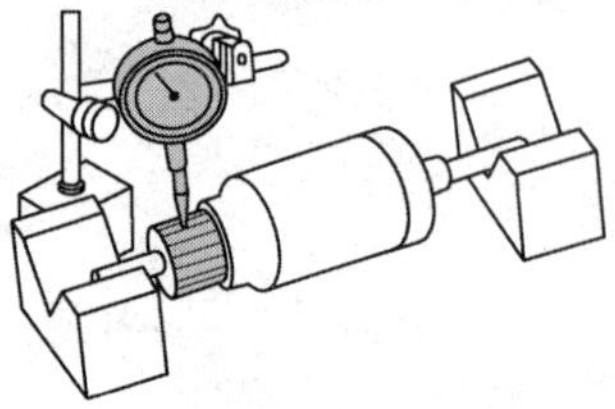	测量值	
	结果分析	
	维修方案	

(3)换向器直径的检修,根据以下条件完成表4-3。

表 4-3　换向器直径的检修

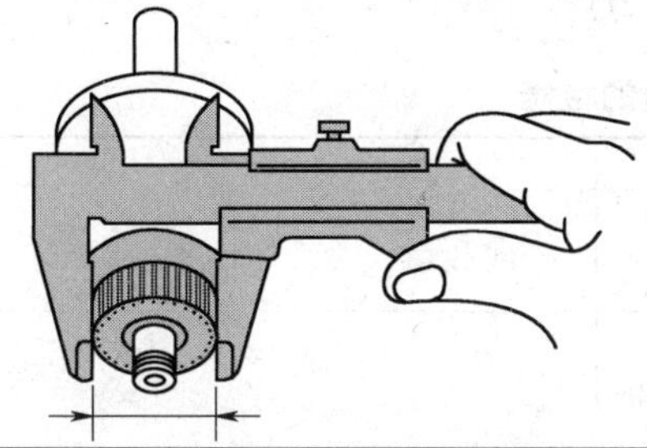	测量值	
	结果分析	
	维修方案	

(4)凹槽深度的检修,根据以下条件完成表4-4。

表 4-4　凹槽深度的检修

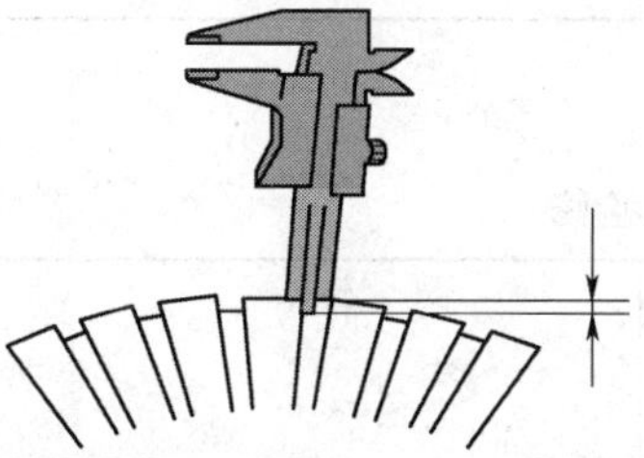	测量值	
	结果分析	
	维修方案	

(5)换向器片的检修,根据以下条件完成表4-5。

表 4-5　换向器片之间的检修

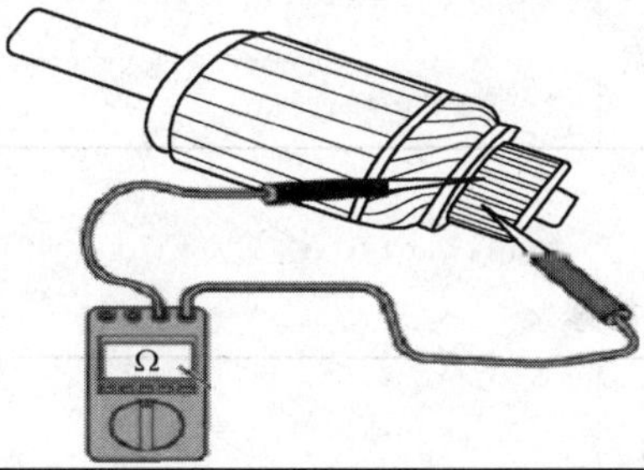	测量值	
	结果分析	
	维修方案	

(6)换向器与电枢的检修,根据以下条件完成表4-6。

表 4-6　换向器与电枢的检修

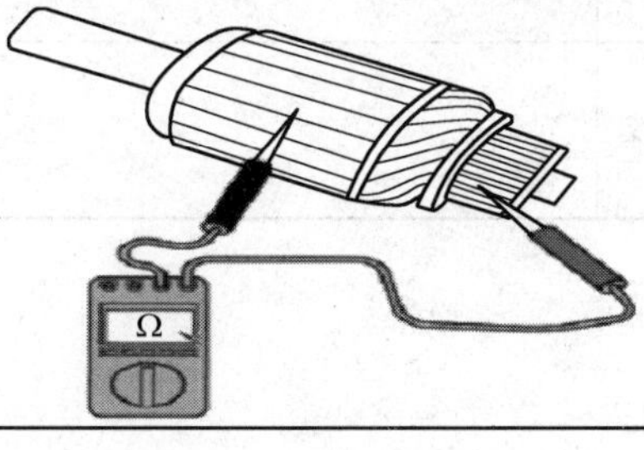	测量值	
	结果分析	
	维修方案	

(五)励磁绕组及电刷的检修

(1)励磁绕组导通的检修,根据以下条件完成表 4-7。

表 4-7　励磁绕组导通的检修

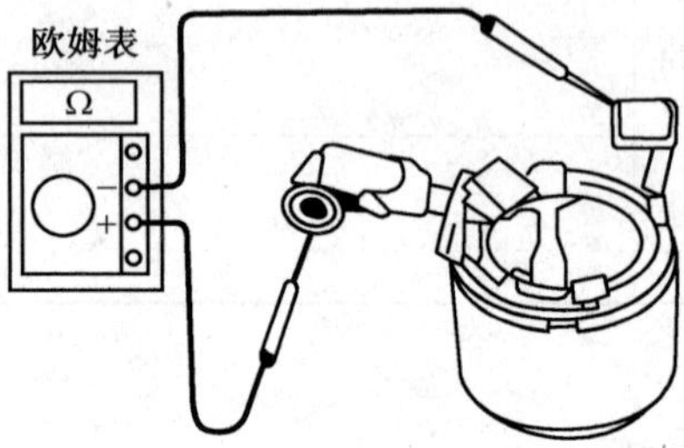	测量值	
	结果分析	
	维修方案	

(2)励磁绕组搭铁的检修,根据以下条件完成表 4-8。

表 4-8　励磁绕组搭铁的检修

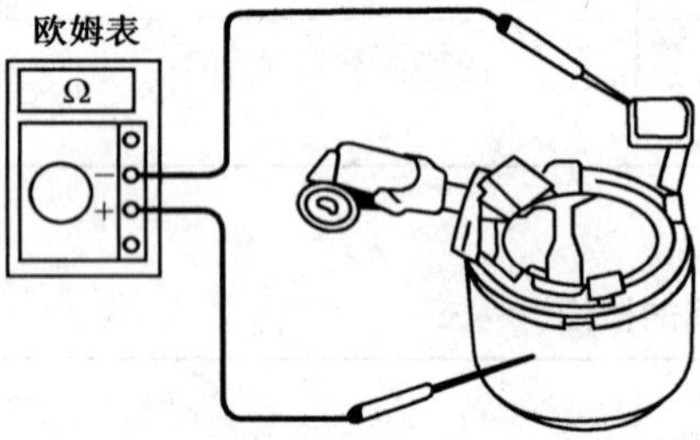	测量值	
	结果分析	
	维修方案	

(3)电刷长度的检修,根据以下条件完成表 4-9。

表 4-9　电刷长度的检修

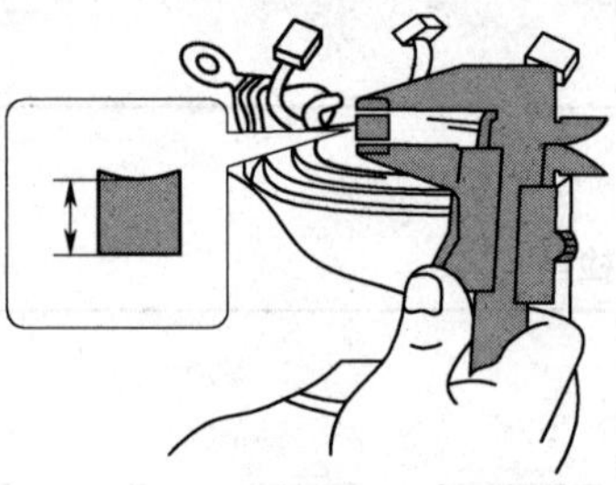	测量值	
	结果分析	
	维修方案	

(4)电刷架的检修,根据以下条件完成表 4-10。

表 4-10 电刷架的检修

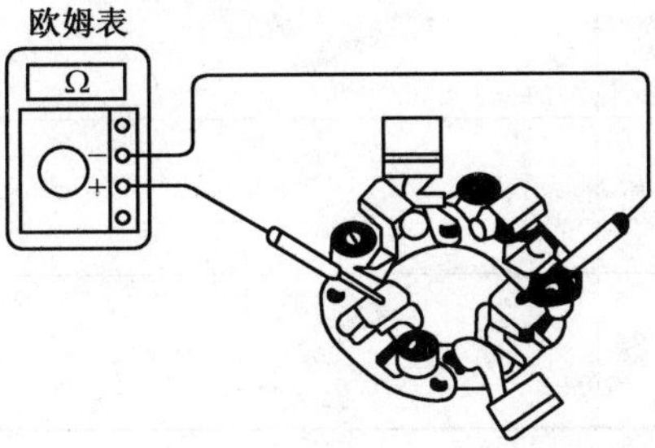	测量值	
	结果分析	
	维修方案	

(六)电磁开关及单向离合器的检修

(1)吸引线圈的检修,根据以下条件完成表 4-11

表 4-11 吸引线圈的检修

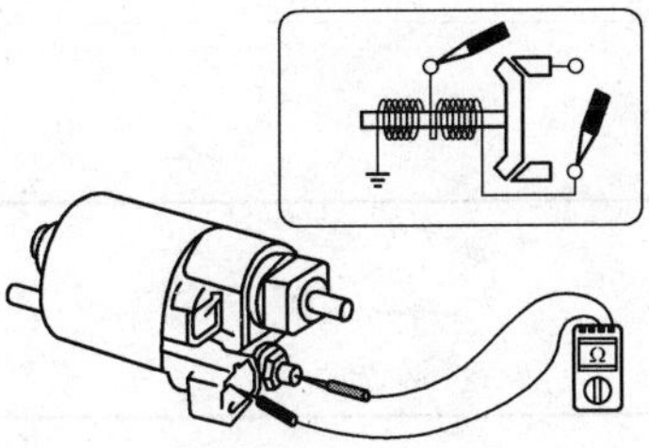	测量值	
	结果分析	
	维修方案	

(2)保持线圈的检修,根据以下条件完成表 4-12。

表 4-12 保持线圈的检修

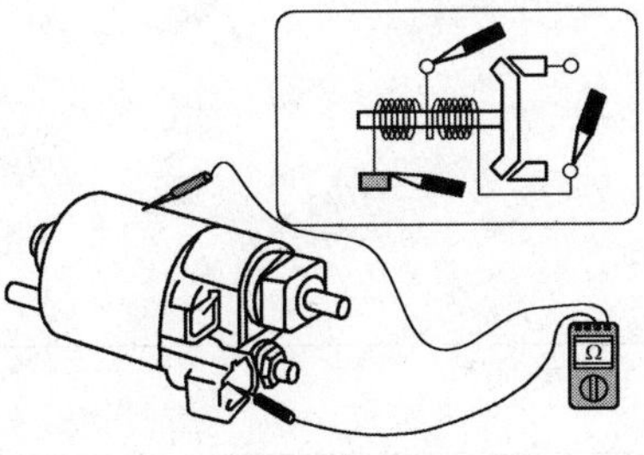	测量值	
	结果分析	
	维修方案	

(3)单向离合器的检修,根据以下条件完成表 4-13。

表 4-13　单向离合器的检修

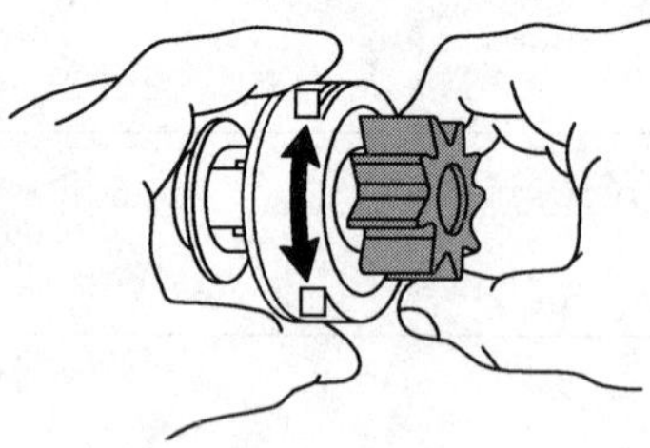	测量值	
	结果分析	
	维修方案	

(4)电磁开关的通电检修,根据以下条件完成表 4-14。

表 4-14　电磁开关的通电检修

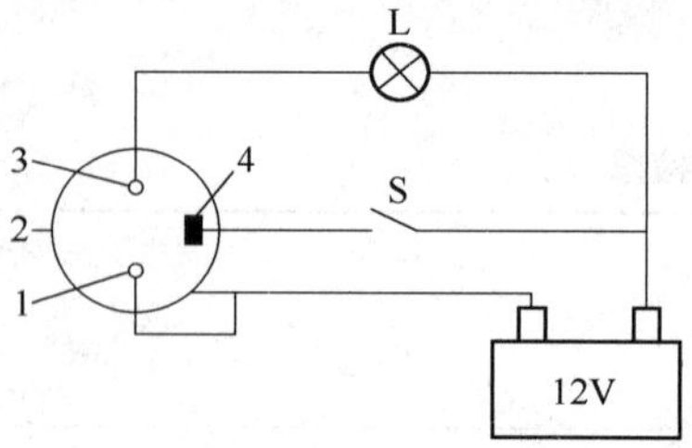	测量值	
	结果分析	
	维修方案	

(七)STN2000 起动机的整体结果分析

笔记及心得

实训五

点火系的故障诊断与维修

一、实训目标

(1)掌握点火系的组成和功用。
(2)掌握点火系主要元件的检测与维修方法。
(3)根据检测数据判断元件的技术状况。
(4)学会使用示波器诊断点火系的故障。
(5)根据电压波形的变化分析点火系各组成部件的故障。
(6)掌握点火系常见故障的诊断与排除方法。

二、实训内容

(1)点火系主要元件的检测与维修方法。
(2)使用点火正时枪、示波器诊断点火系的故障。

三、实训工具及设备

(1)常用工具1套。
(2)汽车电器试验台、电控汽油机实训台1台,桑塔纳轿车1辆。
(3)汽车万用表1块。
(4)游标卡尺1把、塞尺1把、弹簧秤1个、试灯1个。
(5)手动真空泵1个。
(6)钢丝刷1把,火花塞间隙规1个。
(7)W18示波器、点火正时枪各1个。

四、知识准备

(一)汽车点火系的作用、种类及要求

1. 汽车点火系的作用

在汽油发动机中,气缸内的混合气是由高压电火花点燃的,而产生电火花的功能是由点火系来完成的。点火系将电源的低电压变成高电压,再按照发动机点火顺序轮流送至各气缸,点燃压缩混合气;并能适应发动机工况和使用条件的变化,自动调节点火时刻,实现可靠而准确的点火,电子点火系组成如图 5-1 所示。

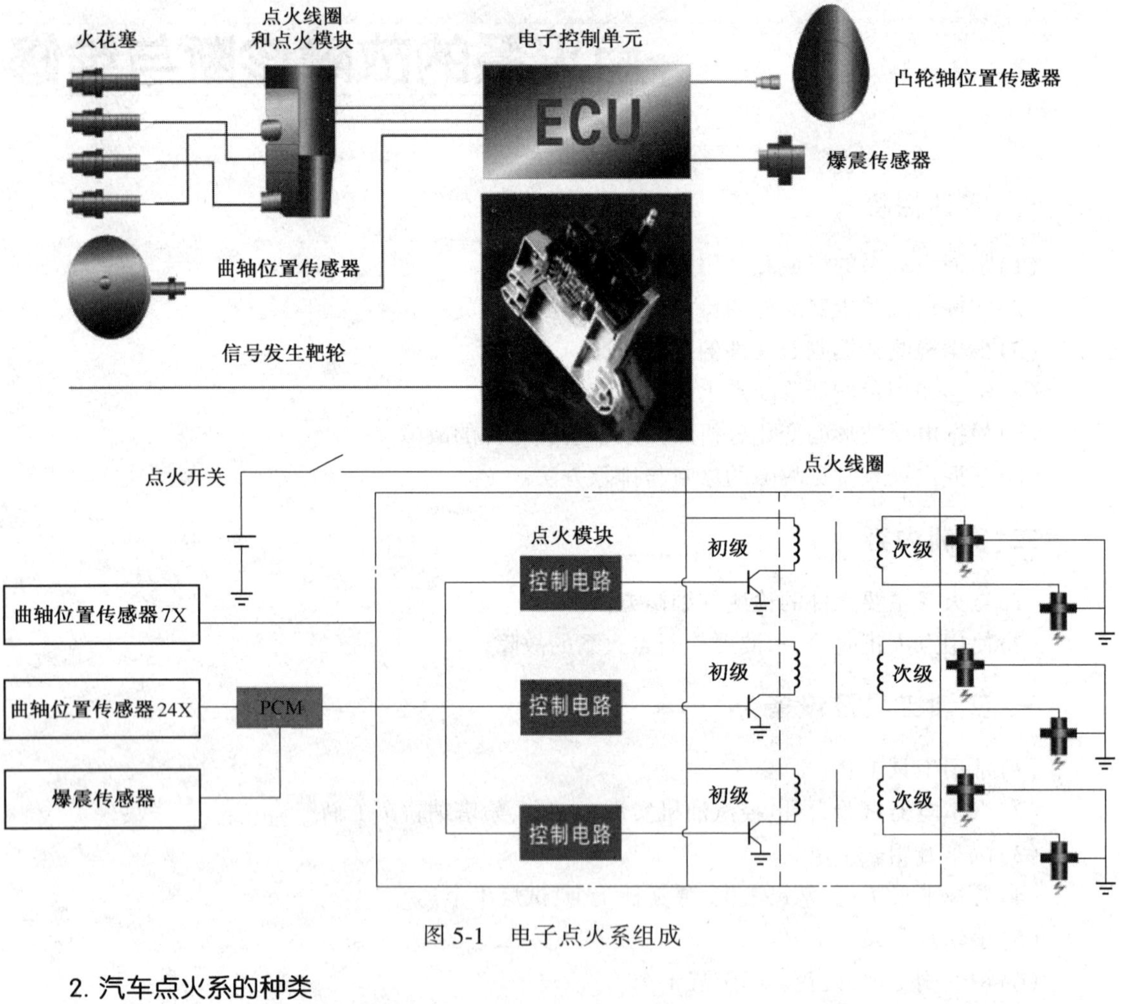

图 5-1 电子点火系组成

2. 汽车点火系的种类

汽车点火系按采用电源不同,可分为蓄电池点火系和磁电机点火系两大类。蓄电池点火系按是否采用电子元件控制可分为传统点火系和电子点火系。

(1)传统点火系。汽车上的蓄电池或发电机向点火系提供电能,机械触点控制点火时刻,

点火时刻的调节采用机械式自动调节机构,储能方式为电感储能。传统点火系结构简单,成本低,是一种应用较早、较普遍的点火系。但该点火系工作可靠性差,点火状况受转速、触点技术状况影响较大,需要经常维修、调整。随着汽车技术的发展,传统点火系越来越不适应现代发动机对点火的要求,正日趋被新的电子点火系所取代。

(2)电子点火系。蓄电池或发电机向点火系提供电能,晶体管控制点火时刻,点火时刻的调节采用机械式调节机构或电子调节机构,储能方式有电感储能和电容储能两种。电子点火系的点火电压和点火能量高,受发动机工况和使用条件的影响小,结构简单,工作可靠,维护、调整工作量小,节约燃油,减小污染,应用日益广泛。

电子点火系按点火信号不同分为3类:磁脉冲式、霍尔式、光电式。

3. 汽车点火系的要求

无论是哪一类的点火装置,均有共同的技术性能要求,即应在发动机各种工况和使用条件下保证可靠而准确地点火,为此应满足以下3个方面的要求。

(1)能产生足以击穿火花塞间隙的电压。

(2)火花应具有足够的能量。

(3)点火时刻应适应发动机的工作情况。

(二)电控点火系的组成

电控点火系一般由4部分组成:电源和点火开关,检测发动机运行状况的传感器,处理信号并发出工作指令的电控单元ECU,执行ECU指令的执行器。

(1)电源和点火开关。电控点火系的电源和点火开关与普通电子点火系相同。电源为蓄电池或发电机,其功用是给点火系提供所需的电能,点火开关则用来接通或断开电源电路。点火开关如图5-2所示。

位置1:点火开关断开,拔出钥匙转向器即可锁住。

位置2:点火开关接通。

位置3:起动发动机。

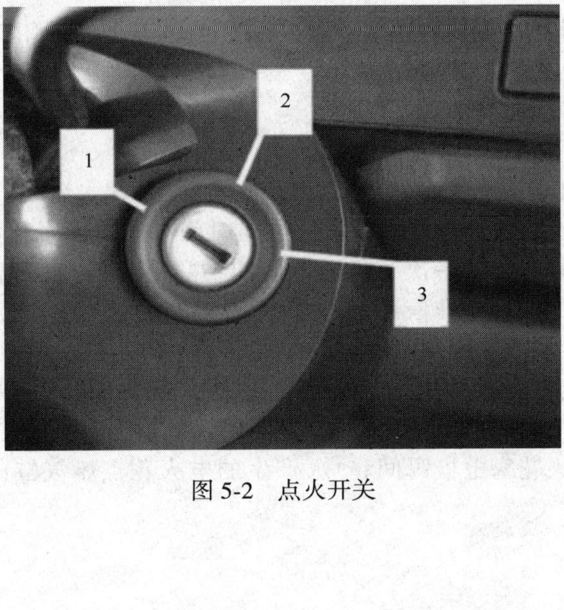

图5-2　点火开关

(2)传感器。电控点火系中的传感器用于检测发动机各种运行参数的变化,为 ECU 提供点火提前角的依据。主要传感器有凸轮轴位置传感器、曲轴位置传感器、爆震传感器等。

(3)电控单元 ECU。电控单元(ECU)是电控点火系的核心。在发动机工作时,ECU 不断地接收各传感器输送来的信号,并按内存的程序对接收到的信号进行运算、存储和分析处理,最后向点火器发出控制指令,以完成对点火提前角、通电时间及爆震的控制,如图 5-3(a)、(b)所示。

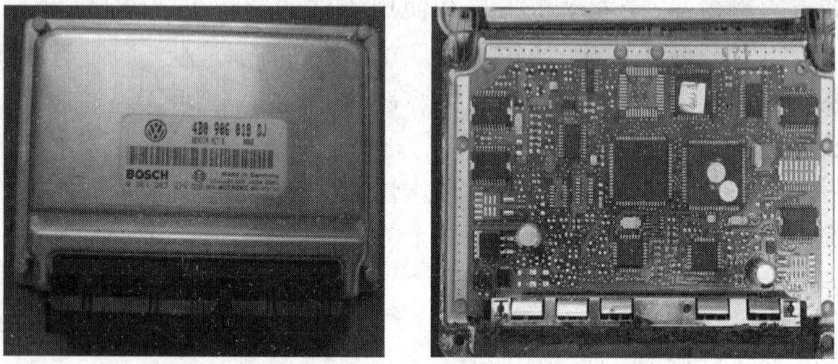

(a) 外形图　　(b) 内部构造

图 5-3　发动机 ECU

(4)执行器。图 5-4 所示为 AJR 型发动机点火系执行器。

①点火器。点火器是电控点火系的执行元件,其功用是对 ECU 输送来的控制指令进行功率放大,以便驱动点火线圈工作。点火器有分立式和组合式两种。

②点火线圈。在电控点火系中,有些只有一个点火线圈(有分电器电控点火系),有些则有多个点火线圈(无分电器电控点火系)。在所有类型的电感储能式点火系中,点火线圈的功用是相同的:在不需要点火时,以磁场能的形式储存点火所需的能量;在需要点火时,释放点火能量,并将电源提供的 12~14 V 的低压电转变为足以击穿火花塞电极间隙的高压电。

③分电器。分电器主要是根据发动机的点火顺序,将点火线圈产生的高压电依次分配给各气缸火花塞。

④火花塞。火花塞的功用与普通电子点火系统相同,主要是利用点火线圈产生的高压电产生电火花,点燃气缸内的混合气体。

(三)电控点火系的工作原理

发动机工作时,ECU 不断采集发动机的转速、负荷、冷却水温度、进气温度等信号,并根据存储器中存放的与点火提前角和初级电路导通时间有关的程序和数据,确定出该工况下的最佳点火提前角和点火线圈一次绕组通电时间,并根据冷却水温和进气水温加以修正,再以曲轴位置传感器的点火基准信号为依据,向点火器发出控制信号。点火器则根据 ECU 的控制指令,控制点火线圈一次绕组回路的接通和切断。当点火线圈一次绕组回路被接通时,点火线圈将点火能量以磁场能的形式储存起来。当一次绕组回路被切断时,在点火线圈二次绕组中就会产生很高的互感电动势(15~20 kV),经分电器或直接送至工作气缸的火花塞。点火能量经火花塞电极瞬间释放,产生的电火花点燃气缸内的混合气体,使发动机完成做功过程。

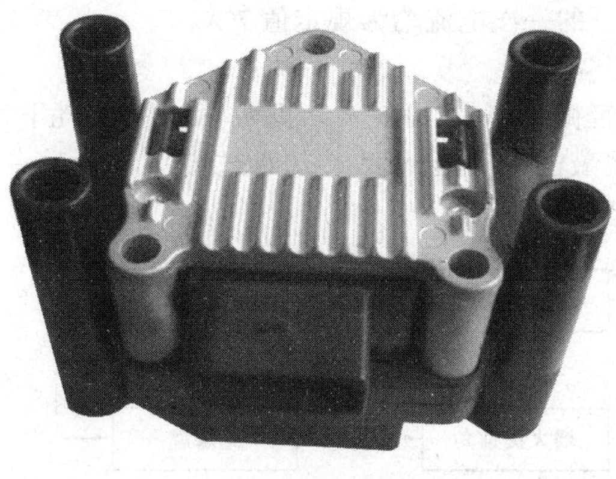

（a）外形图

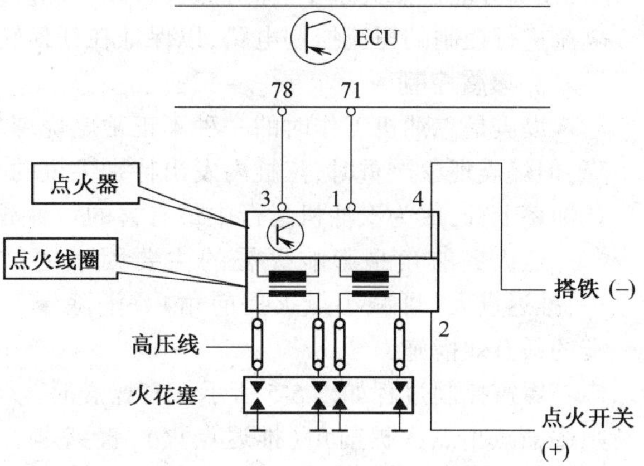

（b）电路接线图

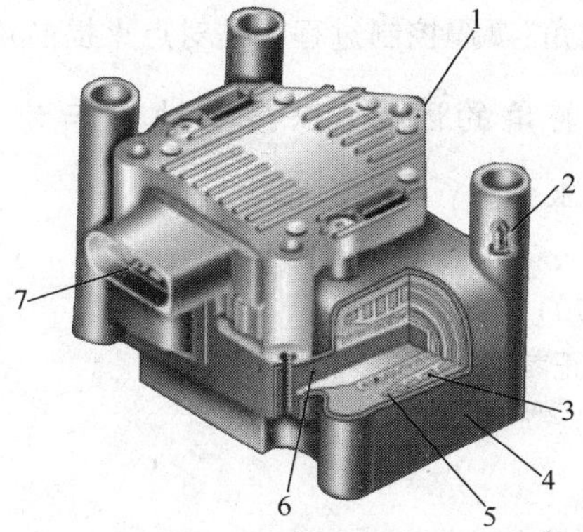

（c）结构

图 5-4　AJR 型发动机点火系执行器模块

1—功率输出驱动级；2—高压端头；3—次级线圈；4—点火线圈壳体；5—初级线圈；6—铁芯；7—插头

在具有爆震控制功能的电控点火系统中，ECU 还根据爆震传感器的信号来判断发动机有无爆震及爆震的强度，并对点火提前角进行闭环控制。

（四）电控点火系的控制功能

1. 点火提前角控制

实际点火提前角 = 初始点火提前角 + 基本点火提前角 + 修正点火提前角

2. 通电时间（闭合角）控制

发动机工作时，由于随蓄电池电压的降低，在相同的通电时间里，点火线圈一次电流所达到的峰值将会减小。因此对通电时间进行控制时，应随蓄电池电压的下降，适当增加通电时间，以保证断开点火线圈一次绕组回路时，能有足够大的一次电流。

在电控点火系中，为了减小转速对二次电压的影响，提高点火能量，采用了一次绕组电阻很小的高能点火线圈，其一次电流最高可达 30 A 以上。为了防止一次电流过大烧坏点火线圈,在部分电控点火系中,除对点火线圈一次绕组的通电时间进行控制外,还增加了对其一次电流进行控制的恒流控制电路,以保证在任何转速下的一次电流均为规定值 7 A。

3. 爆震控制

爆震是汽油机工作时的一种不正常燃烧现象,轻微的爆震,可使发动机功率上升,油耗下降,但爆震现象严重时,汽缸内发出特别尖锐的金属敲击声,且会导致冷却水过热,功率下降,耗油率上升,成为汽油机运行中最有害的一种故障现象。

点火提前角是影响爆震的主要因素之一,推迟点火(即减小点火提前角)是消除爆震的最有效措施。

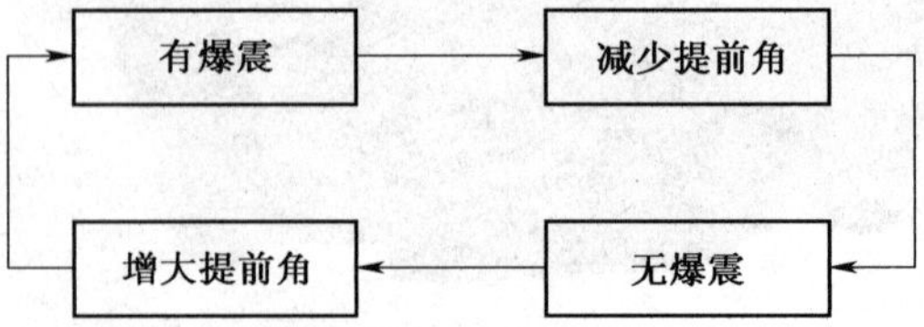

图 5-5 爆震控制过程

爆震控制过程如图 5-5 所示。有爆震时,则逐渐减小点火提前角(推迟点火),直到爆震消失为止。无爆震时,则逐渐增大点火提前角(提前点火),当再次出现爆震时,ECU 又开始逐渐减小点火提前角,爆震控制过程就是对点火提前角进行反复调整的过程。

(五)影响点火提前角的因素(以桑塔纳轿车为例)

1. 主要影响因素(基本参数)

①发动机转速(G28);

②吸入空气流量(G70)。

2. 次要影响因素(修正参数)

①冷却液温度(G62);

②进气温度(G72);

③节气门位置(G69);

④怠速开关信号(F60);

⑤爆燃信号(G61/G66);

⑥第一缸上止点位置信号(霍尔传感器)(G40)。

五、实训步骤

(一)点火系检修

1. 检查注意事项

(1)发动机运转时,不要触摸或拔下点火线。

(2)由于汽油系统是有压力的,松汽油管接头前或松开测试接头前,要注意在接头下面垫布块。

(3)用起动机带动发动机旋转时,应拔下点火线圈插头和所有喷油器插头。

(4)拔下或插上喷油器插头或点火系的插头或测试导线、清洁发动机、拆装蓄电池之前,要关闭点火开关。

2. 点火系技术数据

桑塔纳 2000GSI 轿车点火系的技术数据如表 5-1 所示。

表 5-1 桑塔纳 2000GSI 点火系技术数据表

发动机代号	AJR
点火系形式	具有两个点火线圈的双火花点火系
火花塞扭紧力矩	30 N·m
火花塞电极间隙	0.9~1.1 mm
火花塞插头电阻	约 5 kΩ
点火次序	1-3-4-2
由控制单元切断的最高极限转速	6 400 r/min
点火提前角	不能调整,由发动机控制单元决定

3. 发动机点火系主要组件的检修

(1)具有两个点火线圈的双火花点火系的测试。

AJR 型发动机点火系采用无分电盘双火花直接点火系。点火线圈发生故障,发动机立即熄火或不能起动。ECU 不能检测到该故障信息。如果一个火花塞由于开路使这个点火回路断开,那么和它共用一个点火线圈的火花塞也因电气线路故障而不能跳火,如果一个火花塞由于短路而不能跳火,但电气回路没有断开,那么和它共用一个点火线圈的火花塞仍然能够跳火。图 5-6 为 AJR 型发动机点火系电路接线图。

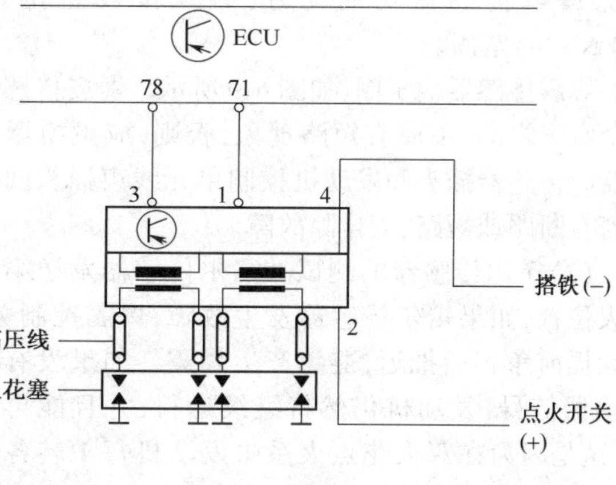

图 5-6 AJR 型发动机点火系电路接线图

拔下点火线圈 4 针插头,用发光二极管测试灯连接蓄电池正极和插头上端子 4,如图 5-7 所示,发光二极管测试灯应亮。如果测试灯不亮,检查端子 4 和接地点的线路是否有断路。

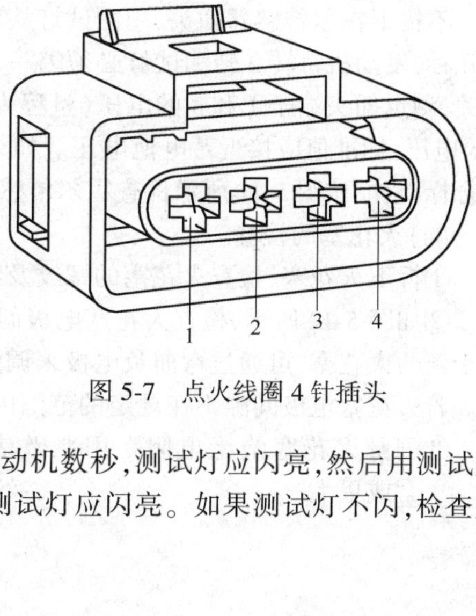

图 5-7 点火线圈 4 针插头

测试点火线圈的供电电压:拔下点火线圈的 4 针插头,用发光二极管测试灯连接在发动机接地点和插头上端子 2 之间,打开点火开关,发光二极管测试灯应亮。如果测试灯不亮,检查中央电器 D 插头 23 端子与 4 针插座端子 2 之间线路是否断路。

测试点火线圈工作:拔下 4 个喷油器的插头和点火线圈的 4 针插头,打开点火开关,用发光二极管测试灯连接发动机接地点和插头上端子 1,接通起动机数秒,测试灯应闪亮,然后用测试灯连接发动机接地点和端子 3,接通起动电动机数秒,测试灯应闪亮。如果测试灯不闪,检查点火线圈插头上端子和发动机控制单元线束的插头间导线是否开路或短路，如果线路正常，应更换发动机ECU。

(2)爆震传感器的测试。桑塔纳2000GSI型发动机采用两爆震传感器，分别安装在气缸体进气管侧第1、2缸和第3、4缸之间。爆震传感器发生故障时，发动机ECU能检测到故障信息，并能使发动机进入紧急状态下运行，此时各缸都相应推迟点火提前角约15°，发动机输入功率明显下降。爆震传感器的连接电路，如图5-8所示。

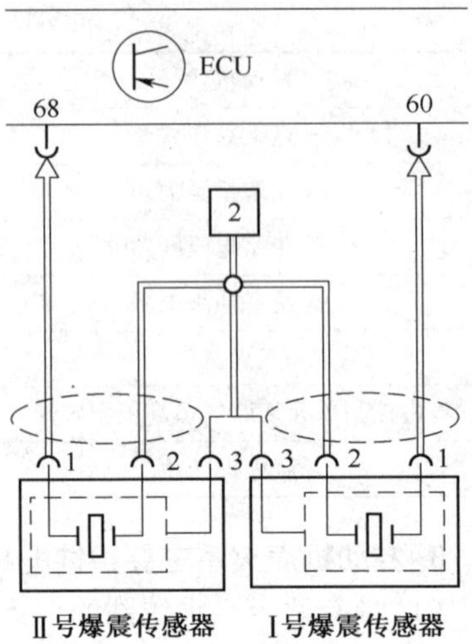

图5-8 爆震传感器连接电路图

为了试验爆震传感器的工作情况，可用08功能“读测量数据块”，选择13、14、15、16显示组。如果在08功能中不能实现爆震传感器的测试，可查询故障代码。为了确保爆震传感器功能完好，必须按规定扭紧力矩(20 N·m)紧固。

爆震传感器端子图，如图5-9所示。爆震传感器的三个端子之间，不应有短路现象，否则，应更换爆震传感器。传感器插头和发动机控制单元线束插头间的线路若有断路或短路，应排除故障。

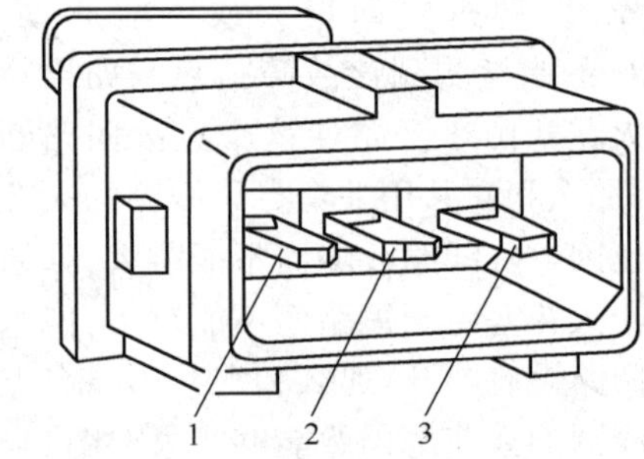

图5-9 爆震传感器端子图
1—ECU连接端子；2、3—搭铁端子

(3)霍尔传感器的测试。霍尔传感器发送第1缸点火位置，如果霍尔传感器发生故障，爆震控制关闭，点火提前角稍微推迟，避免产生爆震。如果没有霍尔传感器信号，发动机仍然将继续运行，并且能再次起动，这是因为在双火花点火系中发动机每1转各缸产生1次火花，不像通常情况每两转各缸产生1次火花。另外，由于没有霍尔传感器信号，只是产生1转的偏差，对喷射来说影响不大。

不拔下霍尔传感器插头，用测试灯从背面连接插头端子1和2(见图5-10)，接通起动发动机几秒，发动机每转2转测试灯必须闪一下，如果测试灯不闪，拔下霍尔传感器插头，打开点火开关，测量插头端子1和3的电压(量程为20 V电压挡)，标准值约为5 V；测量插头端子2和3的电压，标准值应接近蓄电池电压。如果测量值符合标准，更换霍尔传感器；如果测量值不符合标准，应按图5-11所示检查霍尔传感器与控制单元的线路是否有开路或短路现象。

(4)火花塞的检修。

①拆下火花塞，检查火花塞的螺纹及绝缘体(有/无)损坏。如果有异常，应更换火花塞。

②如图5-12所示，检查火花塞电极间隙，AJR型发动机火花塞电极间隙为________ mm。对于新的火花塞，可通过弯曲负电极来调整火花塞电极间隙，使用过的火花塞电极间隙不可调整。若火花塞电极间隙不在规定的范围内，应采用__________(冷/热)型火花塞。

③测量火花塞绝缘电阻。用兆欧表测量火花塞绝缘电阻(见图5-13)，电阻值应为________或更大。

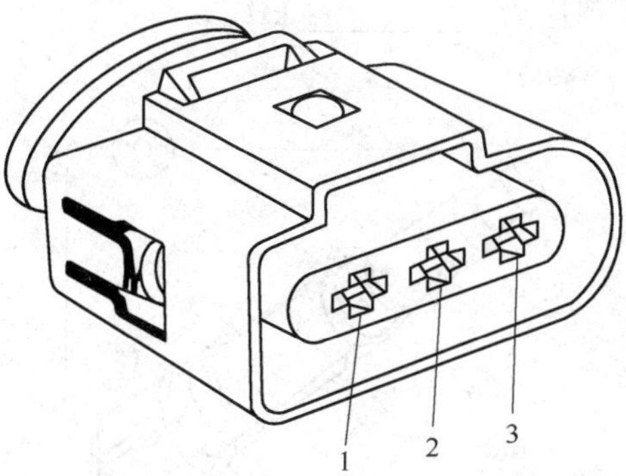

图 5-10　霍尔传感器插头端子图

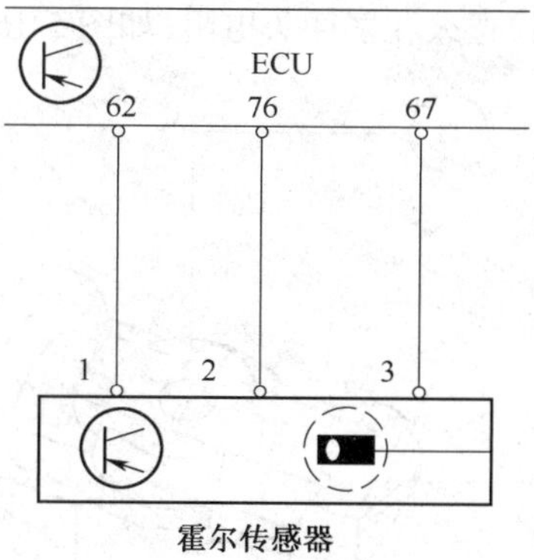

图 5-11　霍尔传感器连接电路图

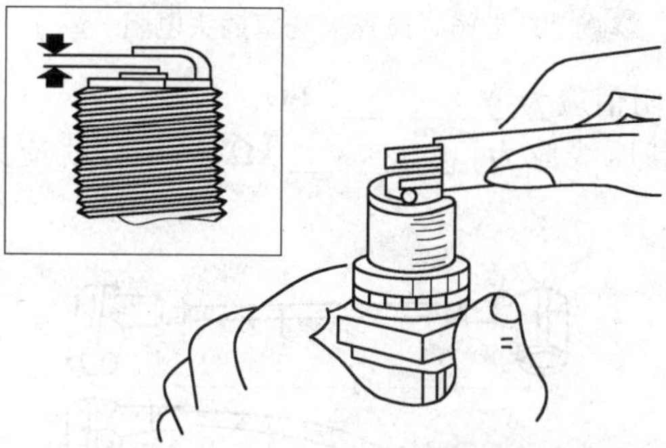

图 5-12　检查火花塞电极间隙

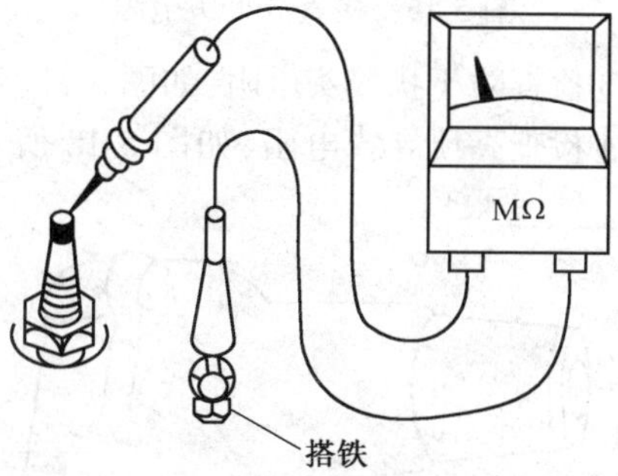

图 5-13　测量火花塞绝缘电阻

(5)点火线圈的检修。点火线圈的初级绕组和次级绕组进行检测,如图 5-14 所示。

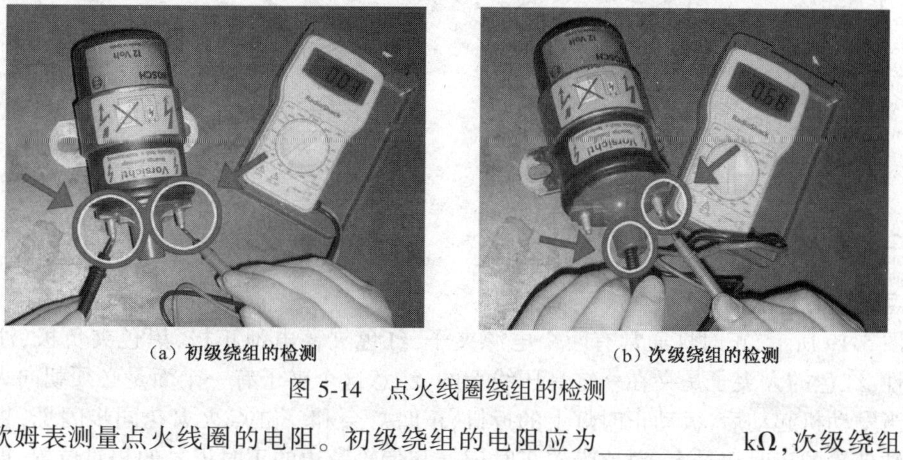

(a) 初级绕组的检测　　(b) 次级绕组的检测

图 5-14　点火线圈绕组的检测

用欧姆表测量点火线圈的电阻。初级绕组的电阻应为__________ kΩ,次级绕组的电阻应为________ kΩ。在点火线圈壳体上标注有 A、B、C、D,分别代表__________、__________、__________、__________缸。

(6)高压回路部件的检修。用欧姆表测量高压回路部件的电阻,若部件的电阻不在规定范围之内,应更换新件。

①检查分火头电阻,如图 5-15 所示,其电阻值应为 __________ kΩ。

②检查火花塞插头电阻，如图 5-16 所示，其电阻值应为 ＿＿＿＿＿ kΩ。

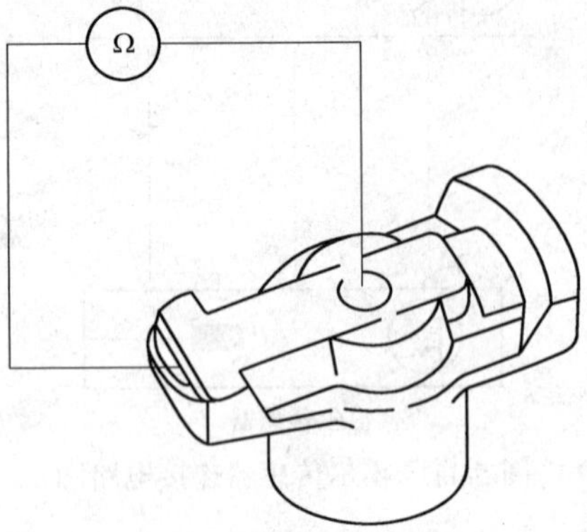

图 5-15　检查分火头电阻

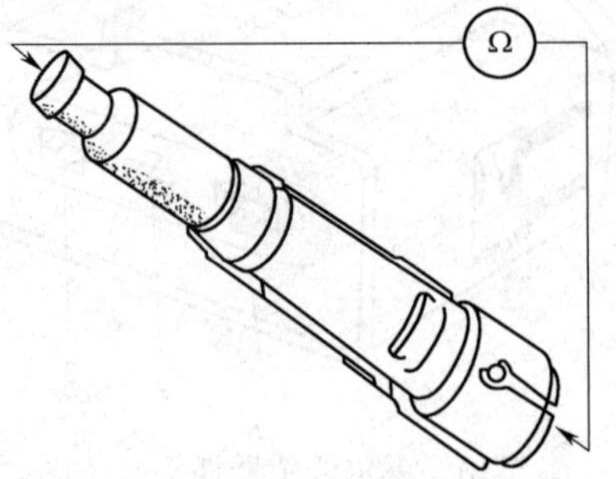

图 5-16　检查火花塞插头电阻

③检查防干扰接头电阻，如图 5-17 所示，其电阻值应为 ＿＿＿＿＿ kΩ。

④检查高压导线电阻，如图 5-18 所示，中央高压线应为 ＿＿＿＿＿ kΩ、高压分线应为 ＿＿＿＿＿ kΩ。

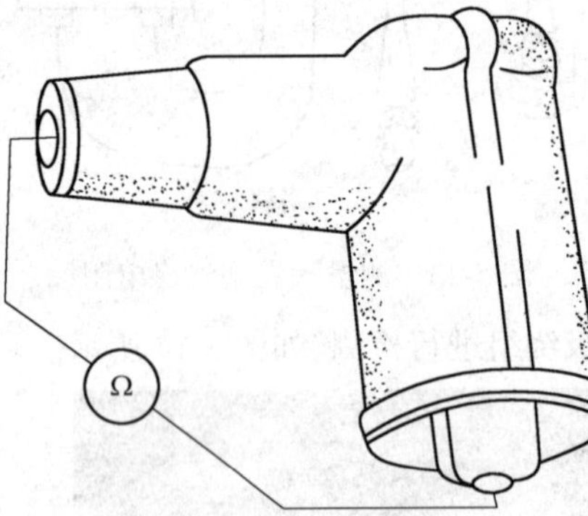

图 5-17　检查防干扰接头电阻

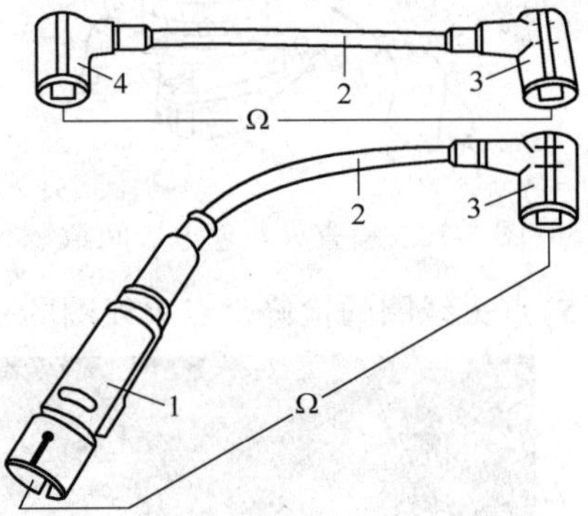

图 5-18　检查高压导线电阻

1—火花塞；2—高压导线；3—分电器；4—点火线圈

（二）点火系仪器的使用

1. 点火正时灯的使用

如图 5-19 所示，正时灯通常有两个电源夹子，红色夹蓄电池正极，黑色夹负极，注意不要夹反极性，红色的大夹子是夹在一缸高压线上的，注意这个夹子有一个面是必须朝向火花塞一端的。当发动机起动后，扳动正时灯上的扳机，正时灯会和一缸点火火花同步闪烁，将此灯光打在曲轴带轮的正时记号上，对比带轮正时记号和带轮旁边的正时记号的相对位置，即可得知点火时间的早晚情况，如果要调整，就通过旋转分电器外壳来实现。通常没有分电器的车辆，点火正时可以检测，但不可以调整。如果点火时刻不随发动机转速、进气歧管压力、水温、进气温度、节气门开度、爆震而改变，应进一步进行点火系相关组件的检测，通常是发动机计算机有问题或者配气正时不对。

图 5-19　点火正时灯外形

2. W18 示波器的使用

(1)爆震传感器(压电晶体)的检测：

①连接方法。连接 W18 和电源延长线,根据被测试车型的蓄电池位置选择蓄电池供电或者点烟器供电,将测试探头接入通道 1(CH1 端口),然后将测试探头上的小鳄鱼夹接蓄电池负极或搭铁,用测试探针接爆震传感器的信号线,如图 5-20 所示。

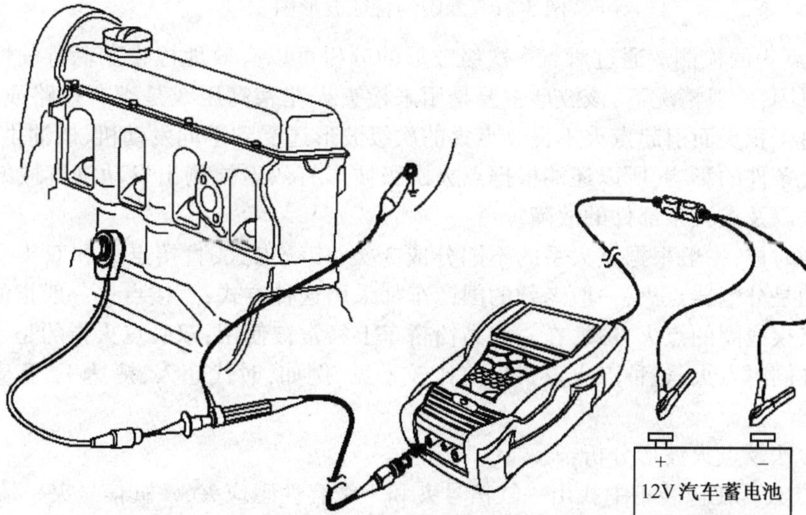

图 5-20　传感器检测连接方法

②测试步骤及波形分析：

a. 按照图 5-20 连接好设备。

b. 打开 W18 电源开关。

c. 在金德仪器主菜单下按上下方向键选择“2. 示波器”,按【Enter】键确认。

d. 在车专用示波器菜单下选择点火系，按【Enter】键进入点火系选择菜单。

e. 选择爆震传感器——压电晶体，按【Enter】键确认。

f. 使用木槌在靠近传感器附近的缸体上敲击以使传感器产生信号，屏幕将会显示波形。

爆震传感器的波形与爆震的程度及原因有直接关系，因此每个波形看起来会有些差异，所以在爆震传感器的测试主要是检查是否有信号出现，对大多数汽车，当 ECU 收到由爆震传感器传来的信号时，会将点火延迟直到爆震消失为止，一般产生爆震的特征波形请参考图 5-21 所示。

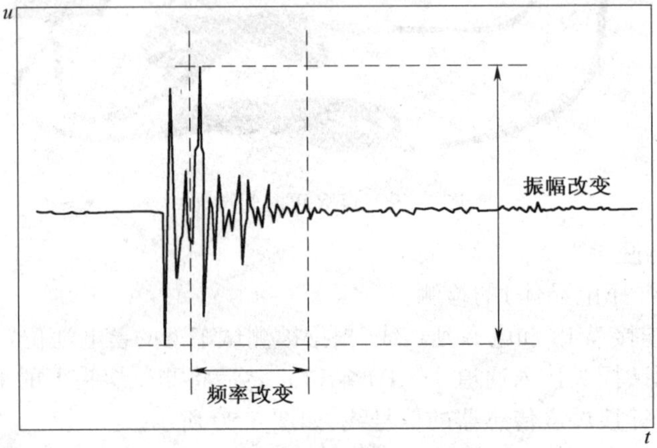

图 5-21　爆震的特征波形图

(2)次级点火的检测。通过对点火次级波形的分析可以有效地检查车辆行驶性能及排放问题产生的原因，一般情况下，该波形主要是用来检查火花塞高压线是否有短路或开路现象，火花塞是否由于积炭而引起点火不良。点火的次级波形还受到不同发动机、燃油供给系统、进气系统和点火条件的影响，所以还能根据点火次级波形有效地检测出发动机机械部件和燃油供给系统部件以及点火系部件的故障。

在检测的时候，一般根据点火系的不同分成 3 类：传统点火、直接点火和双头点火。传统点火一般指的是分电器点火，一般老款的国产车都采用这种方式；直接点火一般指的是一个气缸对应一个点火线圈的点火方式，在一些高档轿车上经常被使用；双头点火指的是一个点火线圈对两个气缸同时点火，这种点火方式目前比较常见，例如，时代超人、捷达王、富康、奥迪 V6 发动机等。

①连接方法及点火波形分析：

a. 直接点火。在包装箱中找出一缸信号夹和一个容性感应夹，一缸信号夹一端接 W18 的 CH3 端口，信号夹夹住发动机一缸的高压线，请查看信号夹上有“此面朝向火花塞”，注意不要夹反；容性感应夹一端接 CH1 端口，然后将容性夹分别夹在各气缸高压线上。

b. 双头点火。在包装箱中找出一缸信号夹和两个容性感应夹，一缸信号夹一端接 W18 的 CH3 端口，信号夹夹住发动机一缸的高压线，请查看信号夹上有“此面朝向火花塞”，注意不要夹反；查看点火线圈的极性，假设一侧是正那么另一侧肯定为负，相同侧的极性相同，共用同一个容性夹，连接方法见图 5-22。

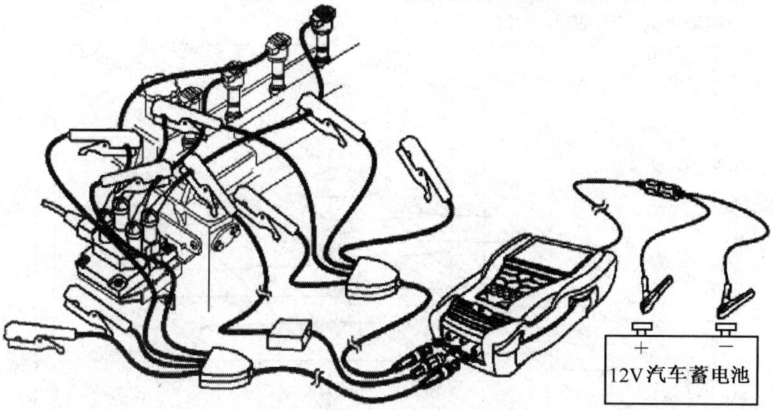

图 5-22　双头点火式次级点火波形检测连接图

②测试步骤：

a. 按照图 5-22 所示连接好设备，打开 W18 电源开关；

b. 在金德仪器主菜单下按上下方向键选择“2. 示波器”，按【Enter】键确认；

c. 在汽车专用示波器菜单下选择“点火系统”，按【Enter】键进入点火系选择菜单；

d. 选择次级点火，按【Enter】键确认；

e. 选择发动机参数设定，按【Enter】键，屏幕显示如图 5-23 所示；

参数设定	
转速灵敏度	低灵敏度
发动机类型	四冲程
气缸数	四缸
点火顺序	1 3 4 2
特殊点火顺序	
点火类型	传统点火
分电盘数	
显示模式	三维波形
上下：选择　左右：调整参数	Esc 退出

图 5-23　发动机的 W18 示波器设置部分显示

f. 根据被测试发动机可以更改参数，按上、下方向键选择需要更改的项目，按左、右方向键可以更改参数，更改完毕，按【Exit】键返回上级菜单；按向下方向键选择次级点火测试，按【Enter】键确认，按照测试条件，屏幕上显示波形。必要时可以通过左右方向键选择模式、周期、参数、幅值等参数，然后按上下方向键改变波形，也可以选择启停，按【Enter】键冻结波形后，选择存储，保存波形，供以后修车参考，如图 5-24 所示。

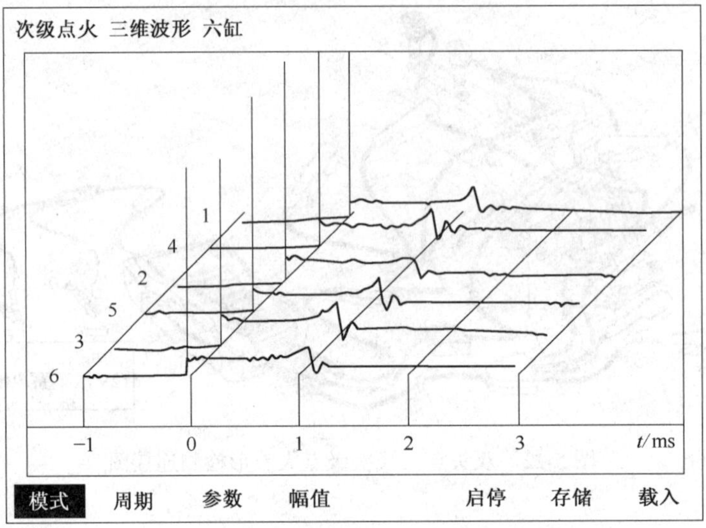

图 5-24 次级点火波形

g. 选择模式,按左、右方向键可以更改次级点火波形的显示模式,例如,三维波形、并列波形、纵列波形和单缸显示;按向右方向键选择参数,按【Enter】键确认,可以返回发动机参数设定界面,重新更改。

复习与思考

(一)照图试做分电器的安装(点火正时的检查与调整)

(1)将飞轮 A 和正时带轮 B 调整到一缸的上止点位置,如图 5-25 所示。

(2)用扳手转动发动机,将 V 形带轮调整到一缸的上止点位置,如图 5-26 所示。

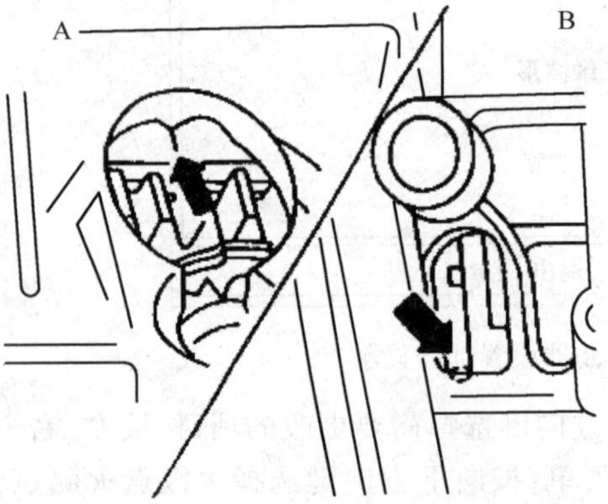

图 5-25 飞轮和正时带轮的标记

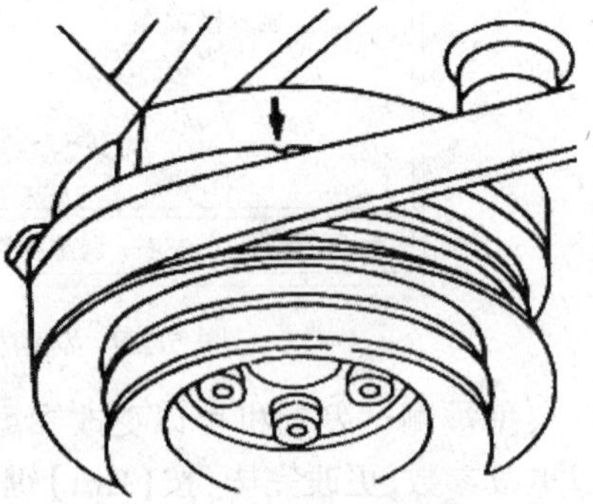

图 5-26 V 形带轮上的正时记号

(3)将凸轮轴正时带轮上的标记与气门罩盖上的箭头对齐,如图 5-27 所示。

(4)装上点火分电器后,分火头的标记应与分电器壳体上标记对齐,如图 5-28 所示。

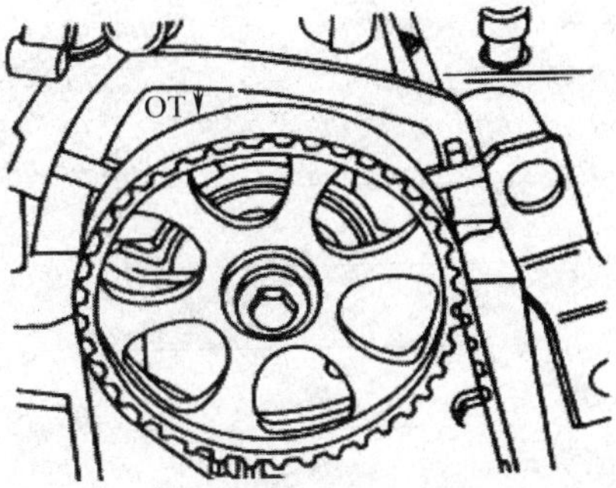

图 5-27　凸轮轴正时带轮上的正标记

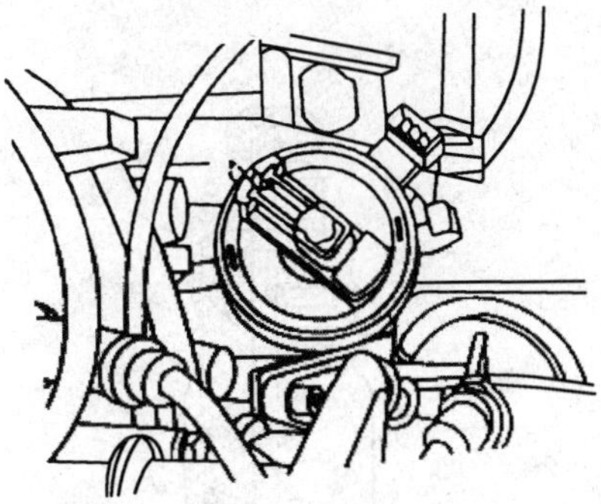

图 5-28　分火头与分电器壳体上标记对齐

(5)安装点火分电器盖,点火分电器盖在安装前要清洗,检测有无泄漏电流造成的裂纹和痕迹,必要时更换。

(二)写出点火正时枪的使用步骤

(三)使用 W18 示波器检测以下传感器

(1)写出凸轮轴位置传感器检测步骤:

(2)写出曲轴位置传感器检测步骤:

（四）根据图 5-29 标注出火花塞结构名称

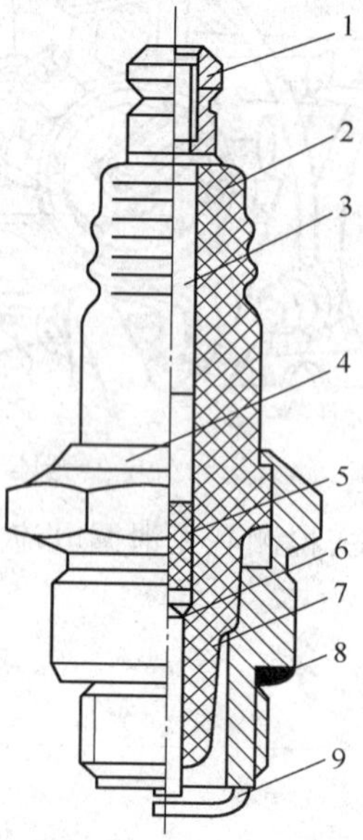

1. ______________________

2. ______________________

3. ______________________

4. ______________________

5. ______________________

6. ______________________

7. ______________________

8. ______________________

9. ______________________

图 5-29　火花塞结构

（五）根据图 5-30 写出点火系工作原理

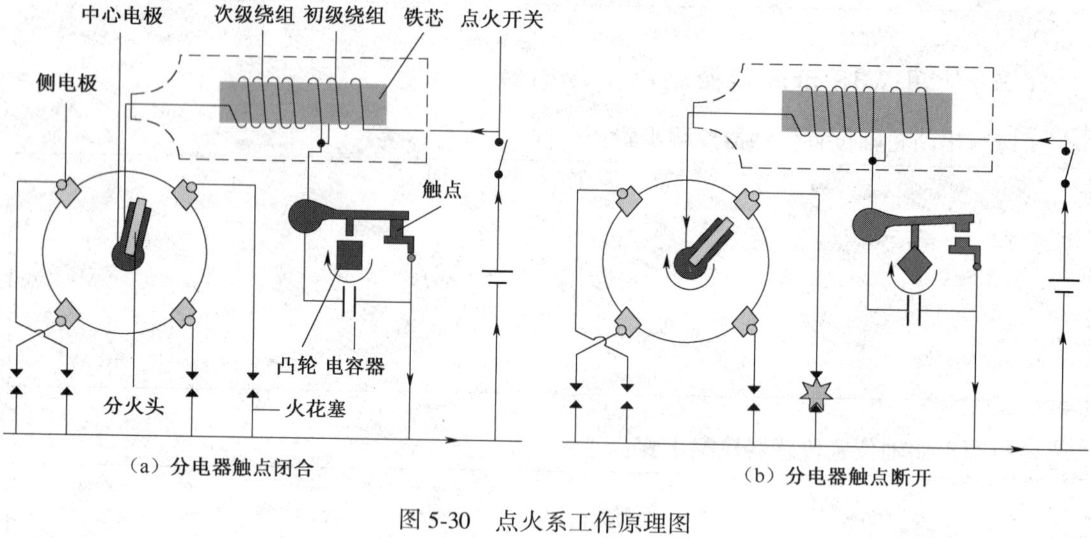

图 5-30　点火系工作原理图

(六)电路读图

请参考附录A图A-2中的点火系电路原理图,完善下面点火系工作过程。

点火组件N152有____个初级线圈,其中一个负责____缸点火,另一个负责____缸。由点火开关(图中的15线)通过导线T4/2向N152供应初级线圈电流,两个初级线圈的电流通断分别由J220的____和T80/78脚控制,电压由次级线圈变压后通过____放电,实现点火。

发动机控制单元利用______ G28和______ G40计算点火时间,同时根据发动机转速和发动机负荷确定点火基本提前角,由发动机转速和进气量决定喷油量多少。同时ECU还根据发动机温度、______温度、节气门______等信息对所选取的点火提前角进行修正,使发动机总能得到一个最佳的点火时刻。该车使用了______个爆燃传感器,G61为1、2缸爆燃传感器,G66为3、4缸爆燃传感器,它们分别安装在缸体进气侧1缸和2缸、3缸和4缸之间。两个传感器的应用使爆燃信号更加准确可靠。发动机通过爆燃传感器信号来实现爆燃控制,使发动机工作在动力性和经济性的最佳状态。

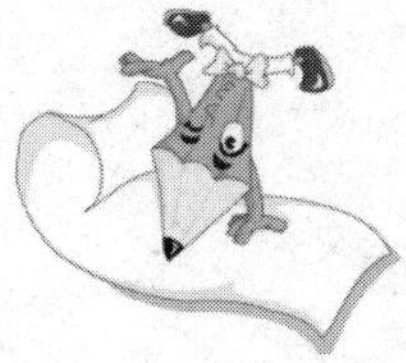

笔记及心得

实训六

汽车照明与信号系统的故障诊断与检修

一、实训目标

(1)掌握汽车照明系统的基本组成与作用。
(2)能够对照明系统的基本控制电路进行识读。
(3)掌握汽车信号系统的组成与作用。
(4)掌握汽车信号系统的结构、原理与控制电路。

二、实训内容

(1)正确进行灯光系统的拆卸与安装。
(2)使用仪表和工具对照明系统电路进行测试和故障诊断。

三、实训工具及设备

(1)实习车辆若干。
(2)照明系统元件若干。
(3)照明系统实训台架若干。
(4)万用表、试灯、连接导线、常用工具若干。

四、知识准备

(一)汽车照明系统

汽车照明及信号系统包括前照灯(大灯)、雾灯、停车灯、小灯和尾灯、报警灯和转向灯、制动灯和倒车灯、牌照灯、顶灯和行李厢照明灯、仪表板照明灯等。

1. 前照灯

前照灯(俗称头灯)主要用于夜间行车道路照明,具有防眩目装置,避免夜间两车交会时造成对方驾驶员眩目而发生事故。前照灯的结构如图 6-1 所示，主要由灯泡、反射镜和配光镜 3 部分组成。灯泡有充气灯泡、卤钨灯泡以及新型高压放电氙气灯等几种类型。前照灯为远、近光双丝灯泡，双丝灯泡既可使用卤素灯泡（12 V 60 W/55 W），也可使用白炽灯泡（12 V 5 W/40 W）。雾灯设有前雾灯和后雾灯，前雾灯左右各一个，规格为 12 V/55 W，后雾灯只有一个，安装在左后方，规格为 12 V/21 W。灯光开关如图 6-2 所示。

2. 后组合灯

图 6-3 为后组合灯结构图。小灯也称为边灯，其规格为 12 V/4 W，桑塔纳轿车尾灯与转向灯、制动灯等组装在一起，统称为组合后灯。尾灯规格为 12 V/5 W，倒车灯和制动灯分左右两只，其规格为 12 V/21 W。

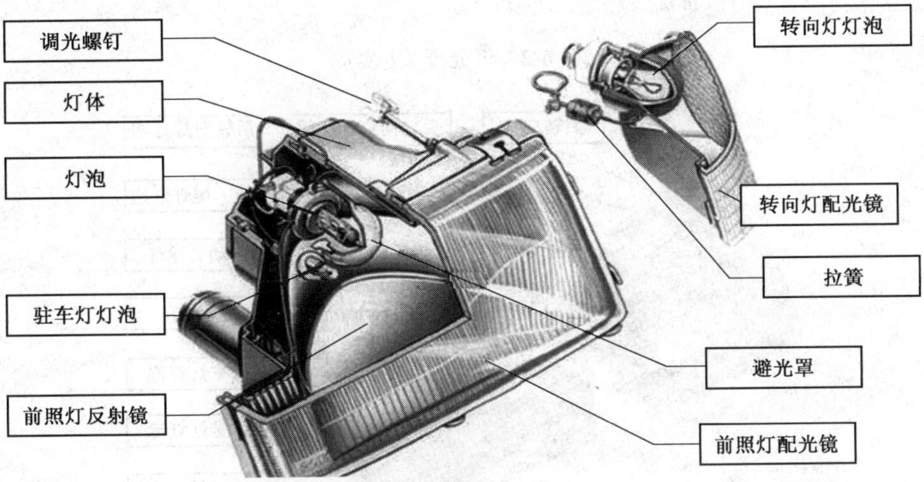

图 6-1　前照灯结构图

3. 室内灯

室内灯包括仪表灯、顶灯、阅读灯等，工作照明灯包括行李厢灯、发动机罩下灯等，其灯光切换控制与开关如图 6-4 所示。

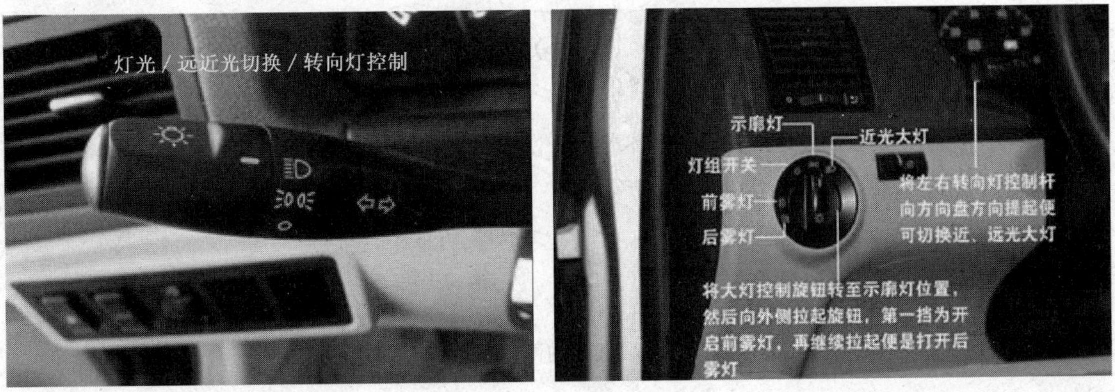

（a）灯光切换控制杆　　（b）德系

图 6-2　灯光开关

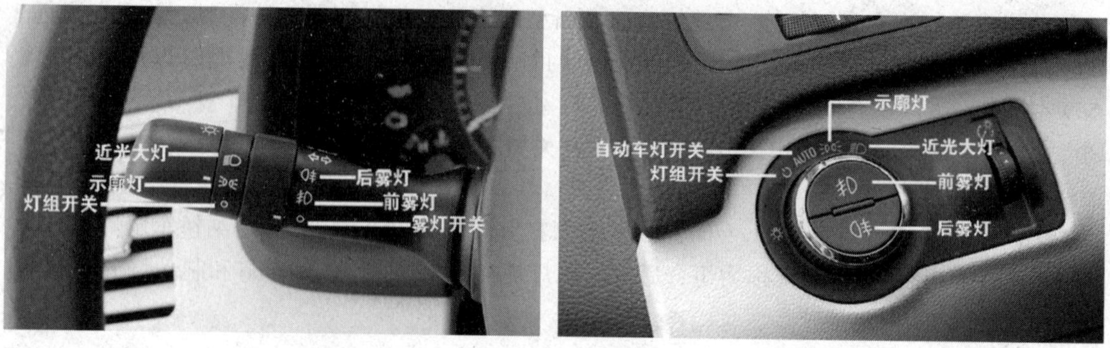

（c）日系　　（d）美系

图 6-2　灯光开关(续)

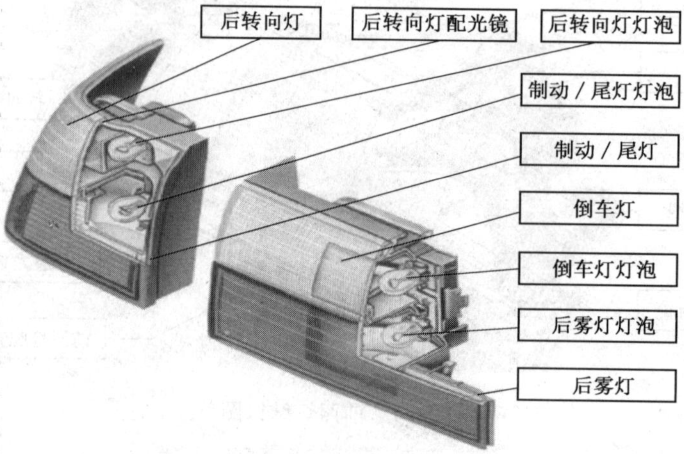

图 6-3　组合后灯

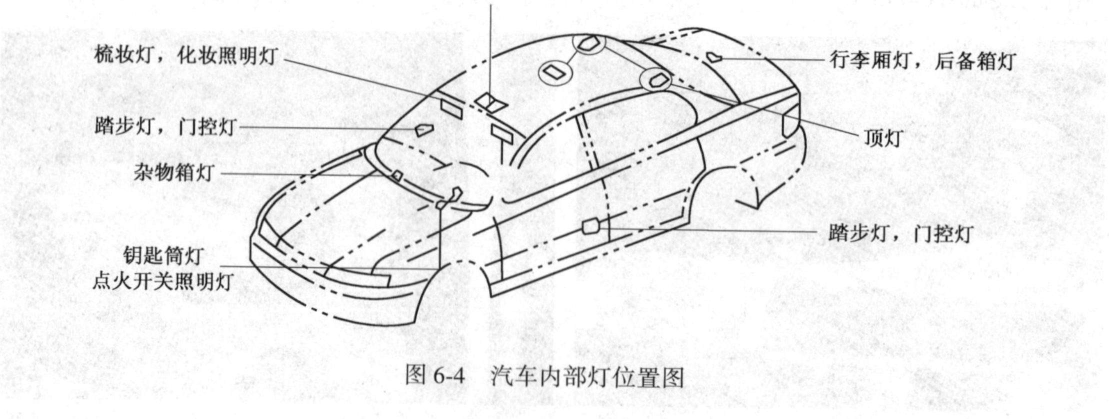

图 6-4　汽车内部灯位置图

(1)顶灯。如图 6-5 所示,顶灯有 3 个挡位:ON、OFF、DOOR,功率为 5~15 W。

图 6-5　顶灯

(2)阅读灯。如图 6-6 所示,阅读灯装于乘员席前部或顶部,照明范围较小,有的还有光轴方向调节机构。

图 6-6　阅读灯

(3)行李厢灯。当开启行李厢盖时,灯自动发亮,功率为 5 W,如图 6-7 所示。

图 6-7　行李厢灯

图 6-8 所示为 POLO 轿车行李厢开启开关,当开关触点闭合时,行李厢打开,行李厢灯点亮。

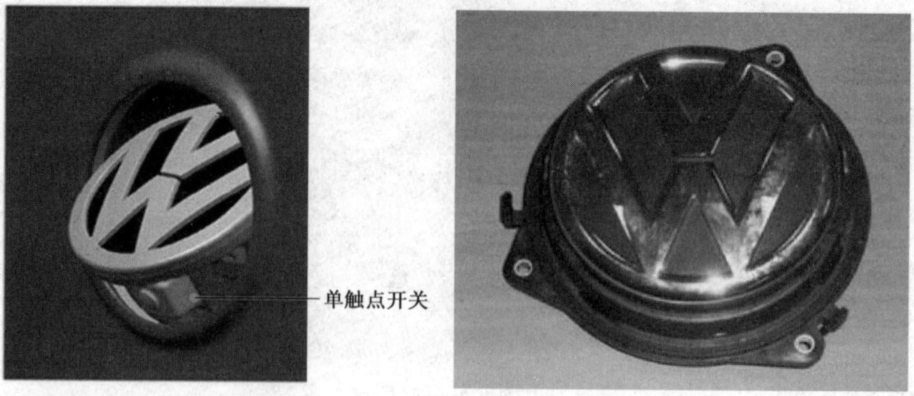

图 6-8　POLO 轿车行李厢开启开关

(二)各照明装置名称及特征

如表 6-1 所示为汽车所有照明装置的名称和特征表。

表 6-1　各照明装置名称及特征

名称	位　置	功率/W	用　途	光色
前照灯	汽车头部两侧	远光灯:40~60 近光灯:20~55	夜间行驶时,照亮车前的道路及物体;用远近光灯变换,防止会车时对方驾驶员炫目	白色
雾灯	汽车头部和尾部	前雾灯:45 后雾灯:20	前雾灯:雨雾天改善车前道路照明; 后雾灯:警示尾随车辆保持安全距离	前红色 后红色
牌照灯	汽车尾部照上方或左右两侧	5~10	用于夜间照明汽车牌(光束不应外射,保证在 25m 外能认清牌照上的号码)	
顶灯	驾驶室顶部	5~10	用于驾驶室内照明及监视车门照明及监视车门关闭是否可靠	
阅读灯	乘客座位前部或顶部	—	供乘员阅读时使用	
行李厢灯	汽车行李厢内	5	当开启行李厢时,该灯自动点亮,照亮行李厢空间	白色
踏步灯	大中型客车乘客门内的踏步上	3~5	用于夜间乘客安全上下	
仪表照明灯	仪表板面上	2	用来照明仪表指针即刻度板	
工作灯	发动机罩上	8~20	方便检修发动机	

(三)汽车照明系统工作电路

以桑塔纳 2000GSI 轿车大、小灯系统电路为例进行讲解,桑塔纳 2000GSI 轿车大、小灯系统电路主要由蓄电池、点火开关、熔丝、车灯开关及变光/超车灯开关、灯泡等组成(见附录 A 中的图 A-16~图 A-20)。

1. 大、小灯系统电路工作过程

(1)尾灯工作过程。车灯开关 E1 置于 1 挡或 2 挡位置。此时尾灯中的工作电流由蓄电池正极(+)→30 线→车灯组合开关 E/30 接线端子→灯光开关 1 挡或 2 挡位→车灯组合开关 58L 端子和 58R 端子→熔丝 S7 与 S8→前照灯左、右小灯丝及左、右尾灯丝→搭铁→蓄电池负极(-),尾灯点亮。

(2)大灯工作过程。①接通点火开关,车灯开关 E1 置于 2 挡位置,变光开关 E4 处于 0(近光)位置。此时前照灯电路中的工作电流由蓄电池正极(+)→30 线→点火开关 X 接线端子→车灯组合开关 X 接线端子→灯光开关 2 挡→车灯组合开关 56 端子→变光开关 56 端子→变光开关的 56a→熔丝 S9 与 S10→前照灯 L2 与 L1 左、右近光灯丝→搭铁→蓄电池负极(-),前照灯近光灯点亮。

②在上述前照灯近光工作的情况下,将变光开关远光 E4 朝转向盘方向拉过压力点,使变光开关 E4 处于 1 挡位,此时前照灯电路中的工作电流由蓄电池正极(+)→30 线→点火开关 X 接线端子→车灯组合开关 X 接线端子→灯光开关 2 挡→车灯组合开关 56 端子→变光开关 56 端子→变光开关 l 挡位→变光开关 56b 端子→熔丝 S21 与 S22→前照灯 L1 与 L2 左、右远光灯丝及远光指示灯 K1→搭铁→蓄电池负极(-),前照灯远光及仪表板中的远光指示灯均被点亮。

(3)超车灯工作过程。超车时,只需将变光开关 E4 朝转向盘方向拉至压力点,此时超车灯电路工作电流由蓄电池正极(+)→30 线→变光开关 30 端子→变光开关超车挡位→变光开关 56a 端子→熔丝 S9 与 S10→前照灯 L1 与 L2 左、右远光灯丝及远光指示灯→搭铁→蓄电池负极(-),于是前照灯远光及仪表板中的远光指示灯同时点亮。当松开开关手柄时,前照灯远光及远光指示灯同时熄灭;再将该开关拉动,前照灯远光及远光指示灯又被点亮,如此反复地操纵变光/超车灯开关,即可得到前照灯远光闪亮的超车信号。

2. 雾灯系统电路工作过程

桑塔纳 2000GSI 轿车雾灯系统电路主要由蓄电池、点火开关、中间继电器、熔丝、雾灯开关、前、后雾灯灯泡等组成(见附录图 A-17)。

(1)前雾灯工作过程。

接通点火开关,工作电流由蓄电池正极(+)→30 线→点火开关 30 接线端子→点火开关 X 接线端子→中央接线板 B10→中间继电器线圈 J5(4/86→1/85)端子→搭铁→蓄电池负极(-),与此同时,中间继电器触点吸合,为 X 线供电,此时的工作电流由蓄电池正极(+)→30 线→中间继电器触点(2/30→3/87)端子→X 电源线。

在上述情况下,将车灯光 E1 开关转至 1 挡位或 2 挡位,雾开关 E23 处于 1 挡位,此时前雾灯电路中的工作电流由蓄电池正极(+)1→30 线→中间继电器触点→X 电源线→雾灯开关 T5/4 接线端子→雾灯开关 1 挡→雾灯开关 T5/3 端子→熔丝 S6→左、右前雾灯 L22 和 L23→搭铁→蓄电池负极(-),前雾灯被点亮。

(2)后雾灯工作过程。在开前雾灯情况下,将雾灯开关往后拉至 2 挡位,使雾灯开关 E23 处于 2 挡位,此时后雾灯电路中的工作电流由蓄电池正极(+)→30 线→中间继电器触点→X 电源线→雾灯开关 T5/4 接线端子→雾灯开关 2 挡位→雾灯开关 T5/5 端子→后雾灯丝→搭铁→蓄电池负极(-),后雾灯被点亮。

3. 信号转向电路、制动信号系统电路工作过程

制动灯电路由制动信号灯 M9、M10 和制动开关 F 组成。车辆制动时，制动开关接通制动灯电源，制动灯点亮，警告车后行人和车辆。例如，汽车制动报警灯电路有故障，当汽车急速行驶踩下制动踏板时制动灯未亮，则有可能导致严重的追尾事故。

桑塔纳 2000GSI 轿车信号转向电路、制动信号系统电路主要由蓄电池、点火开关、熔丝、转向灯开关、应急灯开关、制动灯开关(刹车灯开关)、灯泡等组成(见附录图 A-20)。

(1)转向灯工作过程。当点火开关 D 置于 2 挡位置。转向灯开关 E2 向左打开时，此时左转向灯的工作电流由蓄电池正极(+)→30 线→点火开关 30 接线端子→点火开关 2 挡或 15 号线→S19→报警灯开关 E3/15 端子→报警灯开关 E3 的 T6/4 端子→闪光继电器 J2 的 1/49 端子→闪光继电器 J2 的 4/31 端子→搭铁→蓄电池负极(-)；闪光继电器 3/49a 端子信号→转向灯开关 E2 的 49a 端子→转向灯开关 E2 的 L(或 R)→左(或右)转向灯→搭铁→蓄电池负极(-)。左(或右)转向灯闪亮。

(2)应急灯(危险报警灯)工作过程。当按下应急灯(危险报警灯)开关时，此时应急灯(危险报警灯)的控制电路电流由蓄电池正极(+)→30 线→S4→报警灯开关 E3 的 T6/5 端子→报警灯开关 E3 的 T6/4 端子→闪光继电器 J2 的 1/49 端子→闪光继电器 J2 的 4/31 端子→搭铁→蓄电池负极(-)；工作电路电流由蓄电池正极(+)→30 线→S4→报警灯开关 E3 的 T6/5 端子→报警灯开关 E3 的 T6/4 端子→闪光继电器 J2 的 1/49 端子→闪光继电器 J2 的 3/49a 端子信号→报警灯灯开关 T6\6 端子→应急灯开关 T6\1 端子和应急灯开关 T6\2 端子→左转向灯和右转向灯→搭铁→蓄电池负极(-)。前后左右的转向灯同时工作。

(3)制动灯工作过程。当踩下制动踏板时，此时制动灯(刹车灯)的工作电流由蓄电池正极(+)→30 线→S2→制动灯开关(F)→左右制动灯和高位制动灯→搭铁→蓄电池负极(-)。制动灯点亮。

五、实训步骤

(一)照明与信号系统的拆装

1. 组合开关的拆装

组合开关安装在转向管柱上，包括点火开关 D、前风窗刮水及清洗开关、转向灯开关及变光开关等。组合开关的拆装如图 6-9 所示，转向管柱开关如图 6-10 所示。

2. 前照灯、转向灯的拆装

前照灯、转向灯的拆装如图 6-11 所示，前照灯安装后应进行调节，在拆卸前照灯时应防止空气进入。转向灯修理时，可以从前照灯上拆下固定弹簧，拆卸转向灯时不需要拆卸前照灯，只要卸下转向灯，即可更换灯泡。图 6-12 所示，为前照灯分解与组装图。

3. 雾灯的拆装

雾灯的拆装如图 6-13 所示。

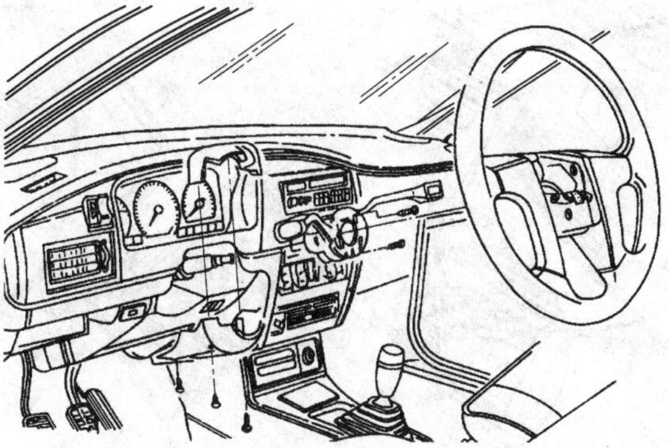

图 6-9　组合开关拆装图

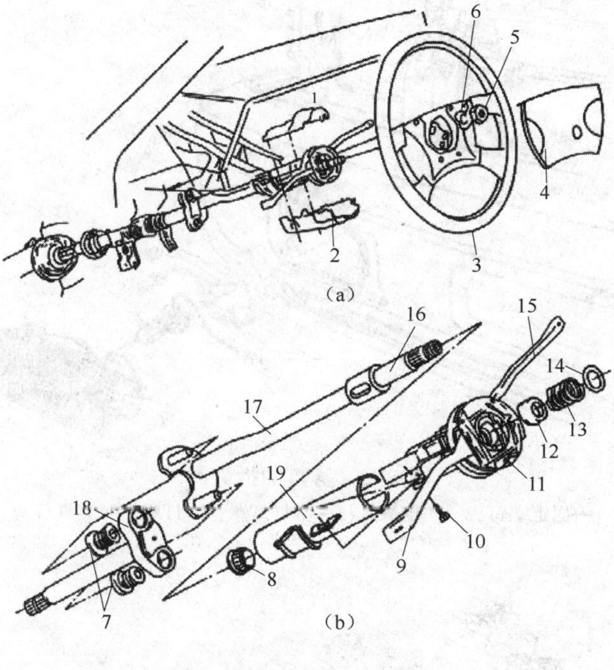

图 6-10　转向管柱开关

1—上装饰罩；2—下装饰罩；3—转向盘；4—盖板；5—六角螺母 M16；6—弹簧垫片；7—衬套；8—支承环；9—转向灯开关；10—圆柱头螺钉；11—扬声器簧片；12—接触环；13—压紧弹簧；14—垫片；15—刮水下清洗开关；16—转向管柱上端；17—转向管柱中部；18—转向管柱下端；19—套管

4. 尾灯、牌照灯的拆装

尾灯、牌照灯的拆装如图 6-14 所示。

5. 行李厢灯的拆装

行李厢灯的拆装如图 6-15 所示。

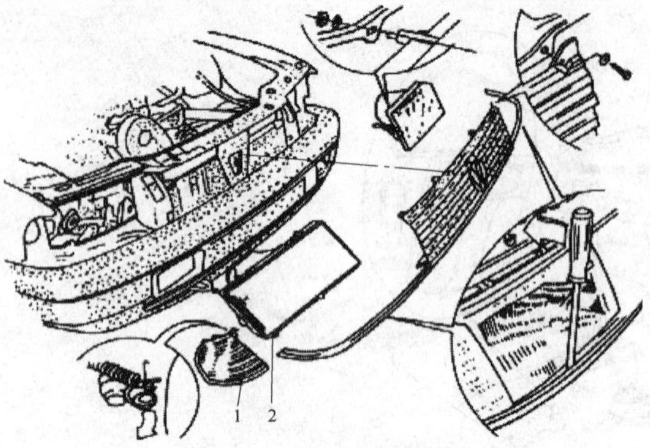

图 6-11　前照灯转向灯的拆装图

1—转向灯;2—前照灯

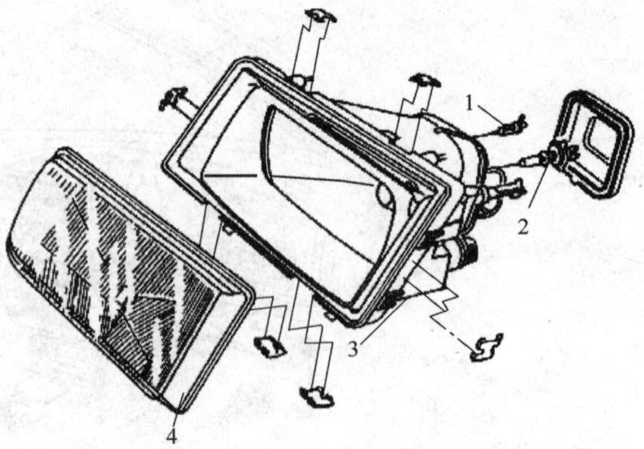

图 6-12　前照灯的分解与组装图

1—小灯灯泡;2—前照灯灯泡;3—前照灯壳体;4—前照灯灯罩

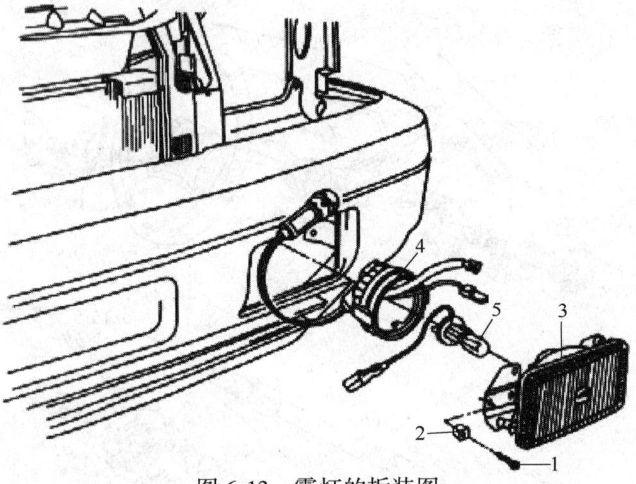

图 6-13　雾灯的拆装图

1—固定螺钉;2—固定螺母;3—雾灯灯罩;4—灯座;5—雾灯灯泡

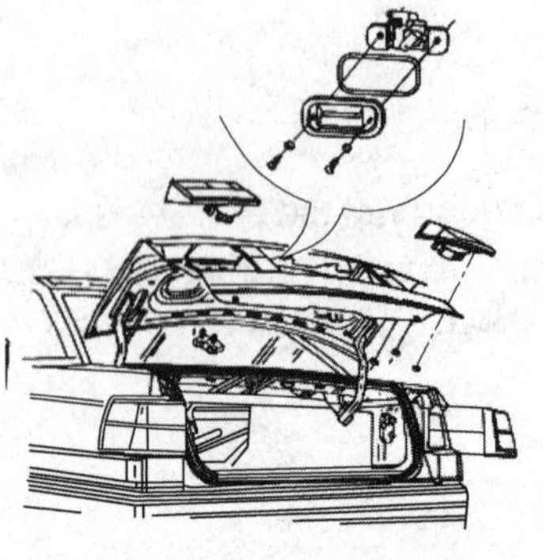

图 6-14　尾灯、牌照灯拆装图

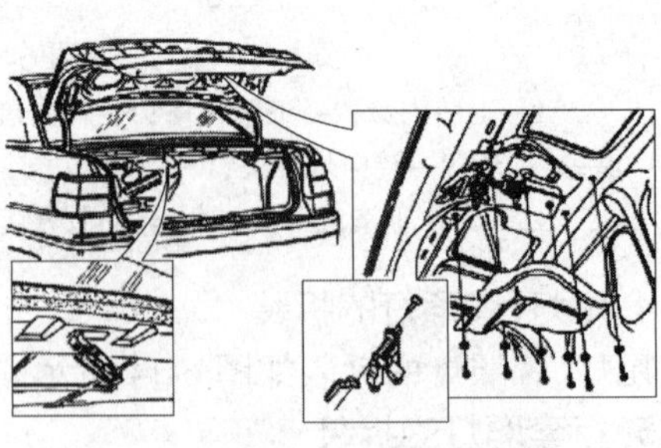

图 6-15　行李厢灯拆装图

6. 发动机室照明灯的拆装

发动机室照明灯的拆装如图 6-16 所示。

7. 杂物箱照明灯的拆装

杂物箱照明灯的拆装如图 6-17 所示。

8. 车内照明灯的拆装

车内照明灯的拆装如图 6-18 所示。

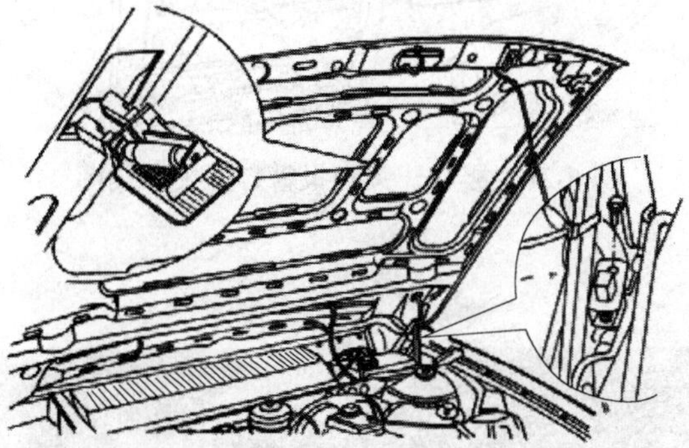

图 6-16　发动机室照明灯拆装图

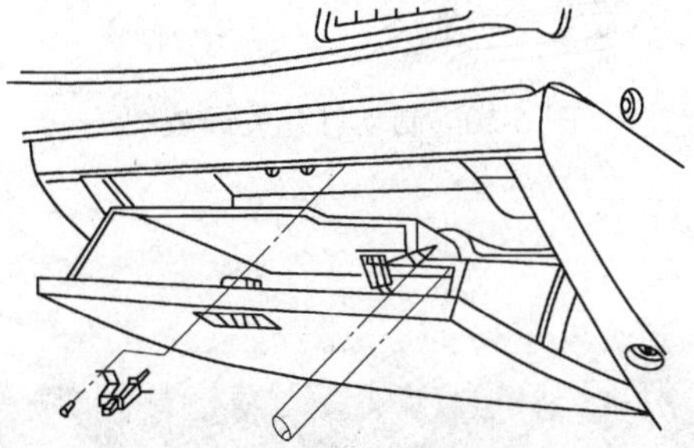

图 6-17　杂物箱照明灯拆装图

9. 照明灯开关的拆装

照明灯开关的拆装如图 6-19 所示。拆卸时,要用力压住。制动灯开关的拆装如图 6-20 所示。雾灯开关和报警灯开关的拆装如图 6-21 所示。

(二)前照灯的灯光的调整

1. 前照灯的检测

(1)检查确认符合前照灯调整规范中的必要条件。

(2)确定汽车中心线,如图 6-22 所示。

(3)车辆就位(距离 10 m),如图 6-23 所示。

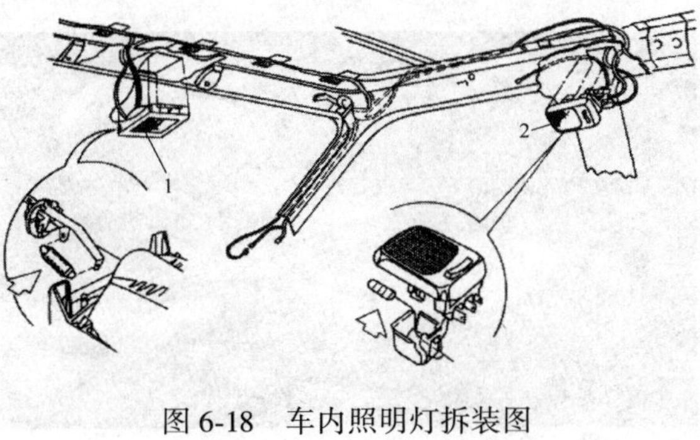

图 6-18　车内照明灯拆装图

1—内照明灯;2—右左侧顶灯

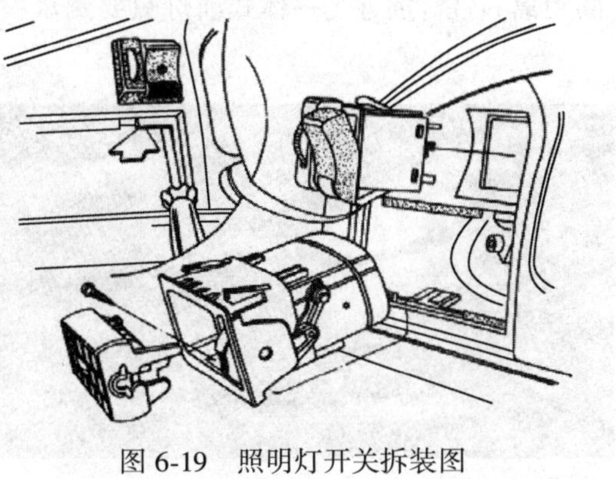

图 6-19　照明灯开关拆装图

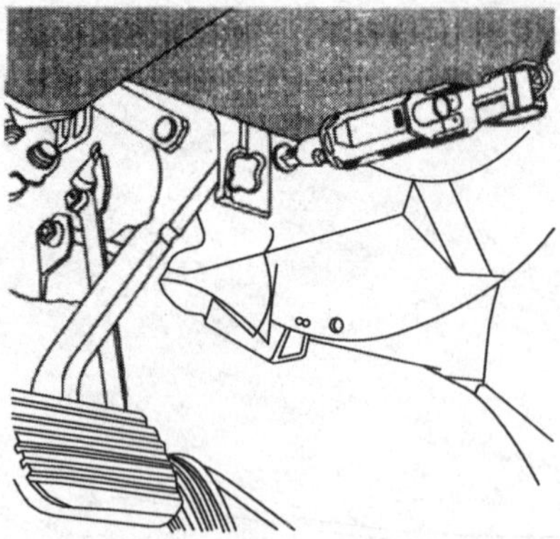

图 6-20 制动灯开关拆装图

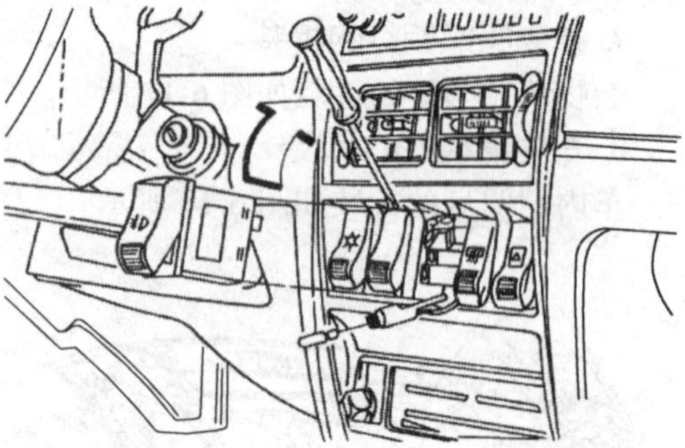

图 6-21 雾灯开关和报警灯开关拆装图

图 6-22 确定汽车中心线

图 6-23 车辆就位

(4)确定前照灯中心高度,如图 6-24 所示。

(5)确定两前照灯中心距,如图 6-25 所示。(分别测量远光灯和近光灯中心到车头中心线的距离);注 :远近光一体式前灯只要测量一个数值即可 。

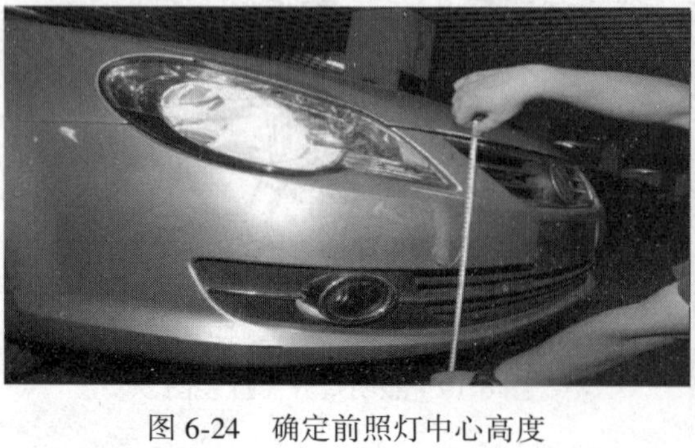

图 6-24 确定前照灯中心高度

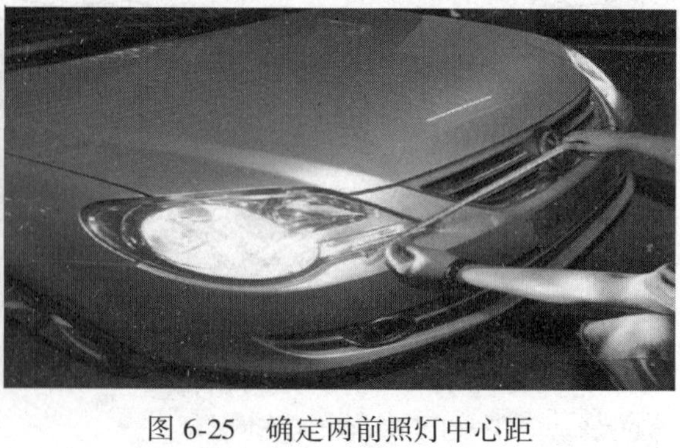

图 6-25 确定两前照灯中心距

(6)标出基准标记和基准线,如图 6-26 所示。(注:图中 *A* 值为前照灯高度,*B* 值和 *C* 值分别对应远光和近光到中心线距离)。

(7)根据车型的不同,找到远、近光上下和左右的调节位置,如图 6-27 所示。

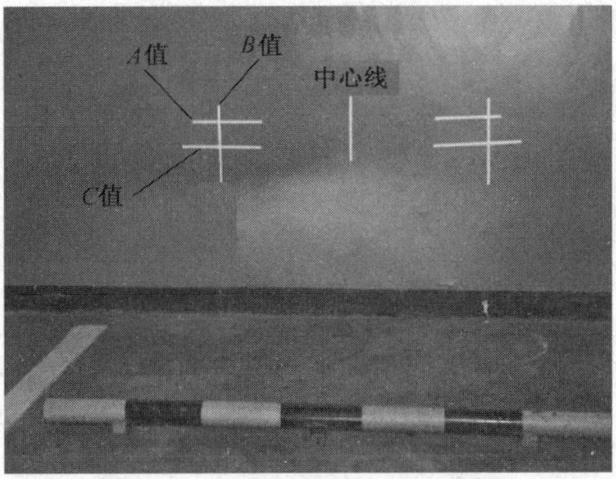

图 6-26　标出基准标记和基准线

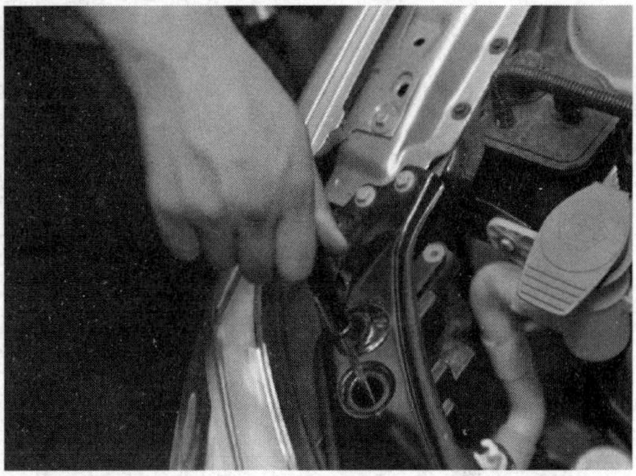

图 6-27　远、近光上下和左右的调节位置

(8)打开近光灯,通过调节使近光灯的明暗分割线转折点的位置与墙面下方的近光灯十字标志对齐,如图 6-28 所示。

(9)打开远光灯,让光斑的最亮点与墙面上方的远光灯十字标志对齐,如图 6-29 所示。

图 6-28　近光灯的调整

图 6-29　远光灯的调整

2. 前照灯的调整

如果前照灯光束照射位置不正确,应按照厂家规定的方法予以调整,使之符合技术要求。普通车型,一般调整方法是用螺钉旋具转动前照灯上下、左右的调整螺钉进行调整,如图 6-30 所示。

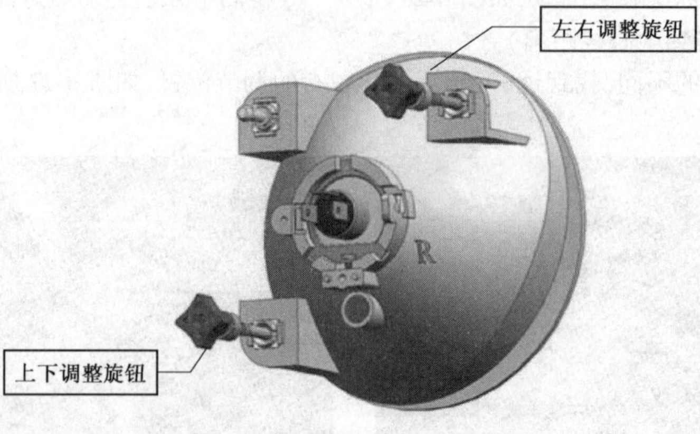

图 6-30 前照灯的调整

(三)照明及信号系统常见故障排除

1. 前照灯检修

桑塔纳 3000 轿车大、小灯系统常见故障与排除见表 6-2 所示。

表 6-2 大、小灯系统常见故障及其排除

序号	故障现象	故障原因	故障排除
1	接通灯开关时,断路器立即跳开,或熔丝立即熔断	线路中有短路、搭铁现象	找出搭铁处加以绝缘
2	灯泡经常烧坏	发电机输出电压过高	更换调节器
3	所有的灯均不亮	车灯开关前电源线路断路或搭铁断路器断开或熔丝熔断,灯开关双金属片触点接触不良、不闭合或损坏	自保险器起,逐点检查
4	前照灯灯光暗淡	电压过低(蓄电池电能不足或发电机有故障)配光镜或反射镜上积有灰尘,接头松动或锈蚀使电阻增大	对蓄电池充电、检修发电机拆开前照灯进行清洁、拧紧或清除锈蚀
5	变光时有一前照灯不亮	灯丝烧断接,线板到灯泡的导线断路,灯泡与灯座接触不良	更换灯泡检查并接好清除污垢,使接触良好
6	接通前照灯远光或近光时,右前照灯亮而左前照灯明显发暗	左前照灯接触不良,左前照灯配光镜或反射镜上积有灰尘,左前照灯灯泡玻璃表面发黑,接头松动或锈蚀使电阻增大	使搭铁良好,拆开前照灯进行清洁、更换灯泡拧紧或清除锈蚀
7	两只小灯泡均不亮	车灯开关到小灯的导线断路,灯丝烧断	重新接好更换灯泡

续表

序号	故障现象	故障原因	故障排除
8	一只小灯泡不亮	小灯接线板到前位灯接线断路，灯丝烧断，搭铁不良	重新接好更换灯泡，使搭铁良好
9	尾灯不亮	小灯接线板到小灯接线断路，灯丝烧断，搭铁不良	重新接好更换灯泡，使搭铁良好

(1)准备工作：

①工具、材料检查与准备，检查试灯，数字式万用表检查与校对，测量蓄电池电压。

②车辆安全措施检查，拉紧手制动器，变速器操纵杆放在空挡上(自动挡车放在P挡上)。

(2)开灯观察灯光故障现象。

①开车灯开关至小灯位置，检查左、右小灯和左、右尾灯是否亮。

提示：开小灯时，不需开点火开关，车灯开关(小灯)位置，如图6-31所示。

②将点火开关置于ON挡，开车灯开关至大灯位置，操纵变光开关，检查左、右前大灯近光灯、远光灯是否亮。

提示：开大灯时，必须先开点火开关，变光开关每往上提起一次，远、近光灯会变化一次、变光开关在远光位置时，远、近光灯都亮，车灯开关(大灯)位置，如图6-32所示。

③提起变光开关，检查左、右超车灯是否亮。

提示：开超车灯时，不需开点火开关和车灯开关，变光开关往上提起时，为远光灯亮。

图6-31　车灯开关在小灯位置

图6-32　车灯开关在大灯位置

(3)根据故障现象分析、查找故障原因：

①查找小灯、尾灯电路故障：

a. 小灯、尾灯全不亮故障。

小灯、尾灯全不亮故障的检测步骤如下：

第一步：开车灯开关至小灯位置，用试灯或万用表(下同)测熔断器S13、S14是否有电到，如果有电到，则进行第二步；若没电，按电路走向往前查，检查车灯开关端子58L(灰/黑线)、58R(灰/红线)，若没电，再测端子30(红色线)，若有电，则故障在车灯开关或插座，如果端子30没电，再往前查主保险S301、601接线端子、电源线、蓄电池桩头；

第二步：检查熔断器是否烧坏，若良好，则进行下一步；

第三步：拔出前照灯插头，检测小灯线端子（左灯为灰/黑线、右灯为灰/红线）是否有电，若无电，检查T10o（灰色）、T10p（绿色）插接器是否松脱或接触不良，若有电，则检查灯泡、灯座和搭铁是否良好。

b. 小灯、尾灯单边（左边或右边）不亮故障。小灯、尾灯单边不亮故障的检测步骤如下：

第一步：开车灯开关至小灯位置，用试灯或万用表（下同）测保险S13（左侧灯）或S14（右侧灯）是否有电到，如果有电，则进行第二步；若没电，按电路走向往前查，检查车灯开关端子58L（灰/黑线）或58R（灰/红线），若没电，再测端子30（红色线），若有电，则故障在车灯开关或插座；

第二步：检查保险是否烧坏，若良好，则进行下一步；

第三步：拔出左侧（右侧）前照灯插头，检测小灯线端子（左灯为灰/黑线、右灯为灰/红线）是否有电，若无电，检查T10o（灰色）或T10p（绿色）插接器是否松脱或接触不良，若有电，则检查灯泡、灯座和搭铁是否良好。

c. 小灯、尾灯个别灯不亮故障。小灯、尾灯个别灯不亮故障的检测步骤如下：

第一步：开车灯开关至小灯位置，拔出不亮侧的前照灯插头或尾灯插头，用试灯或万用表（下同）检测小灯线或尾灯线端子（左灯为灰/黑线、右灯为灰/红线）是否有电，若无电，检查T10o（灰色）或T10p（绿色）插接器松脱或接触不良；

第二步：若有电，则检查灯泡、灯座和搭铁是否良好。

②查找大灯电路故障：

a. 大灯不亮故障。大灯全不亮故障的检测步骤如下：

第一步：首先将开点火开关置于ON挡，再开车灯开关至大灯位置，用试灯或万用表（下同）测近光灯熔断器S10、S11是否有电，若没电，按电路走向往前查，检查车灯开关端子56b（黄色线），如果有电，则进行第三步，若没电，再测端子X（黑/黄线），若有电，则故障在车灯开关或插座处，如果端子X没电，再往前查点火开关端子X（黑/黄线），若没电，再测端子30（红色线），若有电，则故障在点火开关或插座处，如果端子30没电，再往前查主熔断器S301、S601接线端子、电源线、蓄电池桩头。

第二步：测远光灯熔断器S8、S9是否有电，若没电，按电路走向往前查，检查变光开关端子56a（白色线），若没电，再测端子56（白/黑线），若有电，则故障在变光开关或插座处，如果说没电，测车灯开关端子56（白/黑线），若没电，再测端子X（黑/黄线），若有电，则故障在车灯开关或插座处，如果没电，则再往前查点火、主保险S301、601接线端子、电源线、蓄电池桩头。

第三步：检查熔断器是否烧坏，若良好，则进行下一步。

第四步：拔出前照灯插头，检测近光灯线端子（左灯为黄/黑线、右灯为黄色线）、远光灯线端子（左灯为白/黑线、右灯为白色线）是否有电，若无电，检查T10o（灰色）、T10p（绿色）插接器是否松脱或接触不良，若有电，则检查灯泡、插头、灯座和搭铁是否良好。

b. 超车灯不亮故障。超车灯不亮故障的检测步骤如下：

第一步：用试灯或万用表（下同）检测超车灯熔断器S24是否有电到，若有电到，检查熔断器是否烧坏，若良好，则进行下一步。

第二步：检测变光开关端子30（红/黄线）、56a（白色线），若端子30有电，而端子56a无电，则故障在变光开关或插座处。

提示：由于远、近光灯正常，其他部位不需要检查。

c. 个别灯不亮故障。个别灯不亮故障的检测步骤如下：

第一步：开车灯开关至小灯位置，拔出不亮侧的前照灯插头，用试灯或万用表（下同）检测大灯线端子（左近光为黄/黑线、右近光为黄色线、左远光为白/黑线、右远光为白色线）是否有电，若无电，检查T10o（灰色）或T10p（绿色）插接器松脱或接触不良。

第二步：若有电，则检查灯泡、灯座和搭铁是否良好。

（4）查明故障原因，填写故障原因记录表。故障原因记录表如表6-3所示。

表6-3　前照灯线路故障原因记录表（学生填写）

故障现象	故障部位	故障原因

2. 雾灯系统的故障诊断与排除

（1）准备工作。

①工具、材料检查与准备，检查试灯，数字式万用表检查与校对，测量蓄电池电压；

②车辆安全措施检查，拉紧手制动器，变速器操纵杆放在空挡上（自动挡车放在P挡上）。

（2）开灯观察灯光故障现象。

①将点火开关置于ON挡，开车灯开关至小灯或大灯位置，然后再往外拉至二位，检查左、右前雾灯是否亮。

提示：开雾灯时，必须要先将车灯开关转到小灯或大灯位置，然后才能往外拉开关。

②将点火开关置于ON挡，开车灯开关至小灯或大灯位置，然后再往外拉至三位，检查左后雾灯是否亮。

（3）根据故障现象分析、查找故障原因。

①查找雾灯全不亮故障。雾灯全不亮故障的检测步骤如下：

第一步：首先开点火开关（ON挡），再将车灯开关拉至雾灯位置，用试灯或万用表（下同）检测车内继电器、熔断器盒架上的X接线端子603、604是否有电到，若没电，检查中间继电器触点端子87是否有电，如果没电到，则按电路走向往前查，检查主熔断器S301、601接线端子、电源线、蓄电池桩头；如果有电到，再检查中间继电器线圈端子86是否有电，如果没电到，则检查点火开关X接线端子（黑/黄线），若没电，再测端子30（红色线），若有电，则故障在点火开关或插座处。

若中间继电器线圈端子86有电到，再检查端子85是否搭铁良好，若正常，则故障在中间继电器，检查继电器好坏。

如果车内继电器、熔断器盒架上的X接线端子603、604有电，则进行第二步。

第二步：测前雾灯熔断器S21、后雾灯保险S20是否有电到，若没电，按电路走向往前查，检查雾灯开关NL端子（白/黄线）、NL端子（灰/白线），若没电，再测雾灯开关端子X（灰/黄线），若有电，则故障在雾灯开关或插座处，如果没电，再检查车内继电器、熔断器盒架上的X接线端子604（灰/黄线）是否松脱。

第三步：如果熔断器 S21、S20 有电，检查熔断器是否烧坏，若良好，则进行下一步。

第四步：拔出前雾灯和后雾灯插头，检测前雾灯端子（左、右灯均为白/黄线）、后雾灯端子（灰/白线）是否有电，若无电，检查 T10O（灰色）、T10m（黑色）插接器是否松脱或接触不良，若有电，则检查灯泡、插头、灯座和搭铁是否良好。

②查找前雾灯（或后雾灯）不亮故障。前雾灯（或后雾灯）不亮故障的检测步骤如下：

第一步：首先开点火开关（ON 挡），再将车灯开关拉至前雾灯（或后雾灯）位置，用试灯或万用表（下同）检测前雾灯熔断器 S21（或后雾灯熔断器 S20）是否有电，若没电，按电路走向往前查，检查雾灯开关 NL（白/黄线）端子（或 NSL 端子灰/白线），若没电，再测雾灯开关端子 X（灰/黄线），若有电，则故障在雾灯开关或插座处。

第二步：如果熔断器 S21（或 S20）有电到，检查熔断器是否烧坏，若良好，则进行下一步。

第三步：拔出前雾灯（或后雾灯）插头，检测前雾灯端子（或后雾灯端子）是否有电，若无电，检查 T10o（或 T10m）插接器是否松脱或接触不良，若有电，则检查灯泡、插头、灯座和搭铁是否良好。

（4）查明故障原因，填写故障原因记录表。故障诊断记录表如表 6-4 所示。

表 6-4　雾灯故障诊断记录表（学生填写）

故障现象	故障部位	故障原因

3. 转向应急电路、制动系统的电路常见故障的诊断与排除

桑塔纳 2000GSI 轿车信号转向电路、制动信号系统常见故障与排除见表 6-5 所示。

表 6-5　信号转向电路、制动信号系统常见故障诊断与排除表

序号	故障现象	故障点	排除方法
1	接通灯开关时，保险立即跳开，或熔丝立即烧断	线路中有短路、搭铁处	找出搭铁处加以绝缘
2	灯泡经常烧坏	发电机输出电压过高	更换调节器
3	所有的灯均不亮	车灯开关前电源线路断路或搭铁保险器断开或熔丝烧断灯开关双金属片触点接触不良、不闭合或损坏	自熔断器起，逐点检查
4	危险报警灯不闪	1. 熔断器（熔丝）烧断。 2. 闪光继电器损坏。 3. 转向信号系统熔断、松动或接触不良。 4. 电路开路（断路）。 5. 危险报警灯开关（应急灯开关）老化或损坏	1. 更换熔断器（熔丝）烧断或电路断电器。如果熔断器（熔丝）或电路断电器再次熔断，检查是否短路。 2. 换用一个已知是好的闪光继电器。 3. 修理转向信号系统。 4. 按照要求修理。 5. 修理或更换危险报警灯开关（应急灯开关）

续表

序号	故障现象	故障点	排除方法
5	转向信号灯不亮	1. 熔断器(熔丝)烧断或电路断路器断开。 2. 转向信号闪光器老化或损坏。 3. 导线连接松脱。 4. 电路开路或搭铁不良。 5. 转向灯开关损坏	1. 更换熔断器(熔丝)或电路断路器。如果熔断器(熔丝)或断路器再次熔断,检查有无短路。 2. 替换一个已知是好的闪光继电器光器。如果需要,则更换。 3. 在接触及的地方卡紧连接处。 4. 按照要求修复。 5. 检查开关总成的连通性,按要求更换转向灯开关和线束总成
6	转向信号灯亮但不闪	1. 转向信号闪光继电器老化或损坏。 2. 搭铁不良	1. 替换一个已知是好的闪光继电器。如果需要,则更换。 2. 修复搭铁线
7	前转向信号灯不亮	电路插接器松脱或开路	按照要求修复电路
8	后转向信号灯不亮	电路插接器松脱或开路	按照要求修复电路
9	一个转向信号灯不亮	1. 灯泡损坏。 2. 电路开路或搭铁不良	1. 更换灯泡。 2. 按照要求修复
10	制动灯不工作	1. 熔断器(熔丝)烧断或电路断电器断开。 2. 转向信号电路老化或损坏。 3. 电路连接松脱。 4. 制动灯开关老化或损坏。 5. 电路开路	1. 更换熔断器(熔丝)或电路断路器。如果熔断器(熔丝)和电路断电器再次熔断,检查有无短路。 2. 检查转向信号操作,根据需要修复。 3. 卡紧制动灯开关的连接。 4. 更换开关。 5. 按照要求修复
11	制动灯一直亮	1. 制动灯开关损坏。 2. 开关失调。 3. 电路中内部短路	1. 分开开关上的线束插接器。如果灯泡熄灭,更换开关。 2. 调整开关。 3. 按照要求修复

(1)准备工作:

①工具、材料检查与准备,检查试灯,数字式万用表检查与校对,测量蓄电池电压。

②车辆安全措施检查,拉紧手制动器,变速器操纵杆放在空挡上(自动挡车放在P挡上)。

(2)开信号转向灯、制动灯观察故障现象:

① 开转向灯开关左转向或右转向位置,检查左转向灯或右转向灯是否闪亮。

提示:开转向灯时,必需打开点火开关。

②按下应急灯开关,观察故障现象。

提示:开应急灯(危险报警灯)时,不需打开点火开关。

③踩下制动踏板时,观察故障现象。

提示:不需打开点火开关。

(3)根据故障现象分析、查找故障原因：

①查找转向信号电路故障。转向信号灯全不亮故障的检测步骤如下：

第一步：打开点火开关至 ON 挡位置，用试灯或万用表（下同）测熔断器 S34 两端是否有电，若两端都没有电，按电路走向往前查，主熔断器 S301、601 接线端子、电源线、蓄电池桩头、15 号线与点火开关接触不良或 15 号线至 S34 之间存在断路或接触不良现象，按规定进行修理；若只有一端有电，说明 S34 损坏或烧断，应更换熔断器；若两端都有电，则进行第二步；

第二步：检查应急灯（危险报警灯）开关 T8i/1 号脚是否有电，若没电，检查应急灯（危险报警灯）开关 T8i/1 号引脚至 S34 熔断器之间故障部位进行修理，若有电，插上应急灯（危险报警灯）开关，检查应急灯（危险报警灯）开关 T8i/2 号引脚是否有电，如果没电，再按下应急灯（危险报警灯）开关，如果还是没电应更换应急灯（危险报警灯）开关，若良好，则进行下一步检查。

第三步：检查闪光继电器 49 号引脚是否有电，若没电，修理闪光继电器 49 号引脚至应急灯（危险报警灯）开关 T8i/2 号引脚之间线路，若有电，检查闪光继电器 31 号引脚搭铁是否良好，若搭铁不良要进行修理，若搭铁良好闪光继电器 49a 号引脚用试灯检查时应有信号输出（试灯应闪亮），若没有信号输出（试灯不闪亮），可判断闪光继电器已损坏，应更换；若有信号输出（试灯闪亮），用试灯检查转向灯开关 49a 号引脚（黑/白线）是否有信号（试灯是否闪亮），若没有信号（试灯不闪亮），修理闪光继电器 49a 号引脚至转向灯开关 49a 号引脚（黑/白线）之间线路，若有信号（试灯闪亮），转向灯开关往左打时，L（黑/白线）应有信号，往右打时，R（黑/绿线）应有信号，若 L（黑/白线）或 R（黑/绿线）其中有一根有电或两根都没信号，可判断转向灯开关损坏，应更换；若有信号，检查灰色插接器 T10O/3 FL（黑/白线）、T10O/7 FR（黑/绿线）、黑色插接器 T10m/1 RL（黑/白线）、T10m/5 RR（黑/绿线），若没信号，检查线路及插接器是否松脱或接触不良，若有电，则检查黑色插接器 T10 w/6 FL（黑/白线）、T10x/6 RL、T4y/1 RL（黑/白线）、T4y/1 RR（黑/绿线），若没信号，检查线路及插接器是否松脱或接触不良，若有电，则检查灯泡、灯座和搭铁是否良好。

提示：转向灯电路与应急灯（危险报警灯）的电流走向基本相同，应急灯（危险报警灯）电路用的是 S28 熔断器，连接 30 号线和应急灯（危险报警灯）开关 T8i/3 号引脚；而转向灯电路用的是 S34 熔断器，连接 15 号引线和应急灯（危险报警灯）开关 T8i/1 号引脚。

②查找制动信号电路故障。制动信号灯单边（左边或右边）不亮或全不亮故障的检测步骤如下：

第一步：用试灯或万用表测熔断器 S23 是否有电到，如果有电，则进行第二步；若没电，按电路走向往前查，检查 601 接线柱、S301、蓄电池桩头。若有电，则故障在制动灯开关、插座、灯泡或搭钱上；

第二步：检查熔断器是否烧坏，若良好，则进行下一步；

第三步：检查制动灯开关是否有电，若没电到，修理 S23 至制动灯开关线路，若有一端有电到，踩下制动踏板时另外一端没电输出，故障在制动灯开关处，修理或更换制动灯开关；若制动灯开关有电输出，检查粉红色插接器 T10r/1（红、黑线）、检查插接器 T4x/3 RL（红、黑线）、T4y/3 RR（红、黑线）是否有电，若没电，修理制动灯开关至插接器线路及插接器，若有电到，检查灯泡、灯座和搭铁是否良好，如果不正常，要进行修理或更换。

③查明故障原因，填写故障原因记录表。故障诊断记录表如表 6-6 所示。

表 6-6　雾灯故障诊断记录表(学生填写)

故障现象	故障部位	故障原因

(4)排除故障。按技术要求检修或更换故障元件。
(5)通电检查。排除故障后,开灯检查,灯光应全部工作正常。
(6)关灯,关电源。
(7)收拾工量具,清洁工量具及场地。

复习与思考

(一)桑塔纳轿车前照灯的结构认知

在图 6-33 中写出汽车组合前灯的零部件名称。

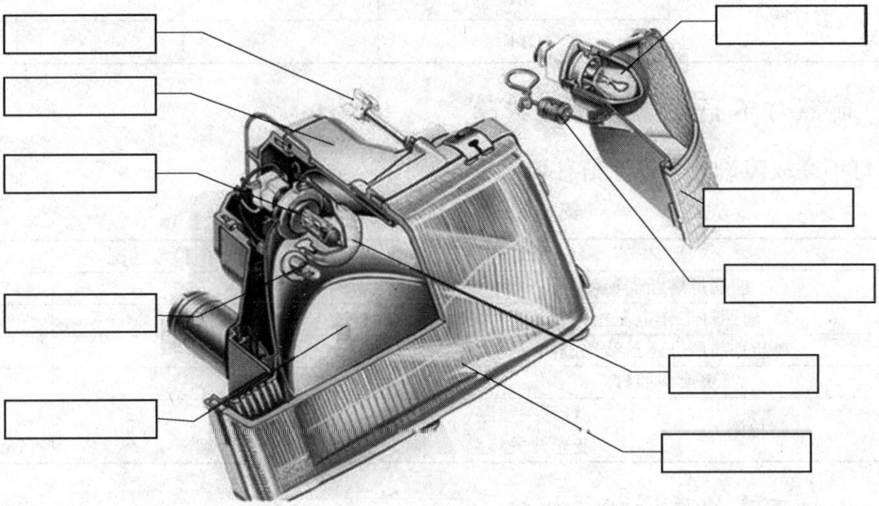

图 6-33　前照灯结构

(二)简述前照灯屏幕检测调整流程

(三)灯光系统检测记录

将灯光系统检测信息填入表 6-7 中。

表 6-7　灯光系统检测记录表

<table>
<tr><th>序号</th><th colspan="3">检　验　内　容</th><th>灯光情况</th><th>是否正常</th><th>备　注</th></tr>
<tr><td rowspan="2">1</td><td rowspan="2">前照灯电阻</td><td colspan="2">远光</td><td></td><td></td><td></td></tr>
<tr><td colspan="2">近光</td><td></td><td></td><td></td></tr>
<tr><td>2</td><td colspan="3">各　小　灯</td><td></td><td></td><td></td></tr>
<tr><td rowspan="4">3</td><td rowspan="4">灯光实车操作</td><td rowspan="2">小灯</td><td>ON</td><td></td><td></td><td></td></tr>
<tr><td>OFF</td><td></td><td></td><td></td></tr>
<tr><td rowspan="2">前照灯</td><td>ON</td><td></td><td></td><td></td></tr>
<tr><td>OFF</td><td></td><td></td><td></td></tr>
<tr><td rowspan="3">4</td><td rowspan="3">变光操作</td><td colspan="2">远光</td><td></td><td></td><td></td></tr>
<tr><td colspan="2">近光</td><td></td><td></td><td></td></tr>
<tr><td colspan="2">超车</td><td></td><td></td><td></td></tr>
<tr><td rowspan="2">5</td><td rowspan="2">转向警告灯操作</td><td colspan="2">转向灯</td><td></td><td></td><td></td></tr>
<tr><td colspan="2">警告灯</td><td></td><td></td><td></td></tr>
<tr><td rowspan="2">6</td><td rowspan="2">雾灯操作</td><td colspan="2">ON</td><td></td><td></td><td></td></tr>
<tr><td colspan="2">OFF</td><td></td><td></td><td></td></tr>
</table>

(四)前照灯不亮故障诊断与排除

前照灯不亮故障诊断与排除信息填入表 6-8 中。

表 6-8　前照灯检测记录表

<table>
<tr><th>序号</th><th colspan="2">作 业 内 容</th><th>检测数据</th><th>检修情况</th><th>备注</th></tr>
<tr><td>1</td><td colspan="2">前照灯熔断器检测</td><td></td><td></td><td></td></tr>
<tr><td>2</td><td colspan="2">前照灯工作电压检测</td><td></td><td></td><td></td></tr>
<tr><td>3</td><td colspan="2">判断是前照灯还是线路故障</td><td></td><td></td><td></td></tr>
<tr><td>4</td><td colspan="2">更换前照灯</td><td></td><td></td><td></td></tr>
<tr><td rowspan="2">5</td><td rowspan="2">线路检测</td><td>灯开关线路</td><td></td><td></td><td></td></tr>
<tr><td>变光开关线路</td><td></td><td></td><td></td></tr>
</table>

(五)小灯不亮故障诊断与排除。

小灯不亮故障诊断与排除信息填入表 6-9 中。

表 6-9　小灯检测记录表

序号	作 业 内 容	检测数据	检修情况	备　注
1	小灯熔断器检测			
2	小灯工作电压检测			
3	判断是小灯还是线路故障			
4	更换灯泡			
5	线路检测			

(六)转向灯(警告灯)检测记录

将转向灯(警告灯)检测信息填入信息填入表 6-10 中。

表 6-10　转向灯检测记录表

序号	作业内容		检测数据	检修情况	备　注
1	转向(警告)灯熔断器检测				
2	闪光器检测				
3	转向灯工作电压检测				
4	判断是前照灯还是线路故障				
5	更换转向灯				
6	线路检测	转向灯线路(15)检测			
		警告灯线路(30)检测			

(七)倒车灯检测记录

将倒车灯检测信息填入表 6-11 中。

表 6-11　倒车灯检测记录表

序号	作业内容	检测数据	检修情况	备　注
1	倒车灯熔断器检测			
2	倒车灯工作电路检测			
3	判断是倒车灯还是线路故障			
4	更换灯泡			
5	倒车灯线路检测			
6	倒车灯开关检测			

(八)汽车照明系统的整体结果分析

(九)标出桑塔纳轿车左转向灯工作过程(见图 6-34)

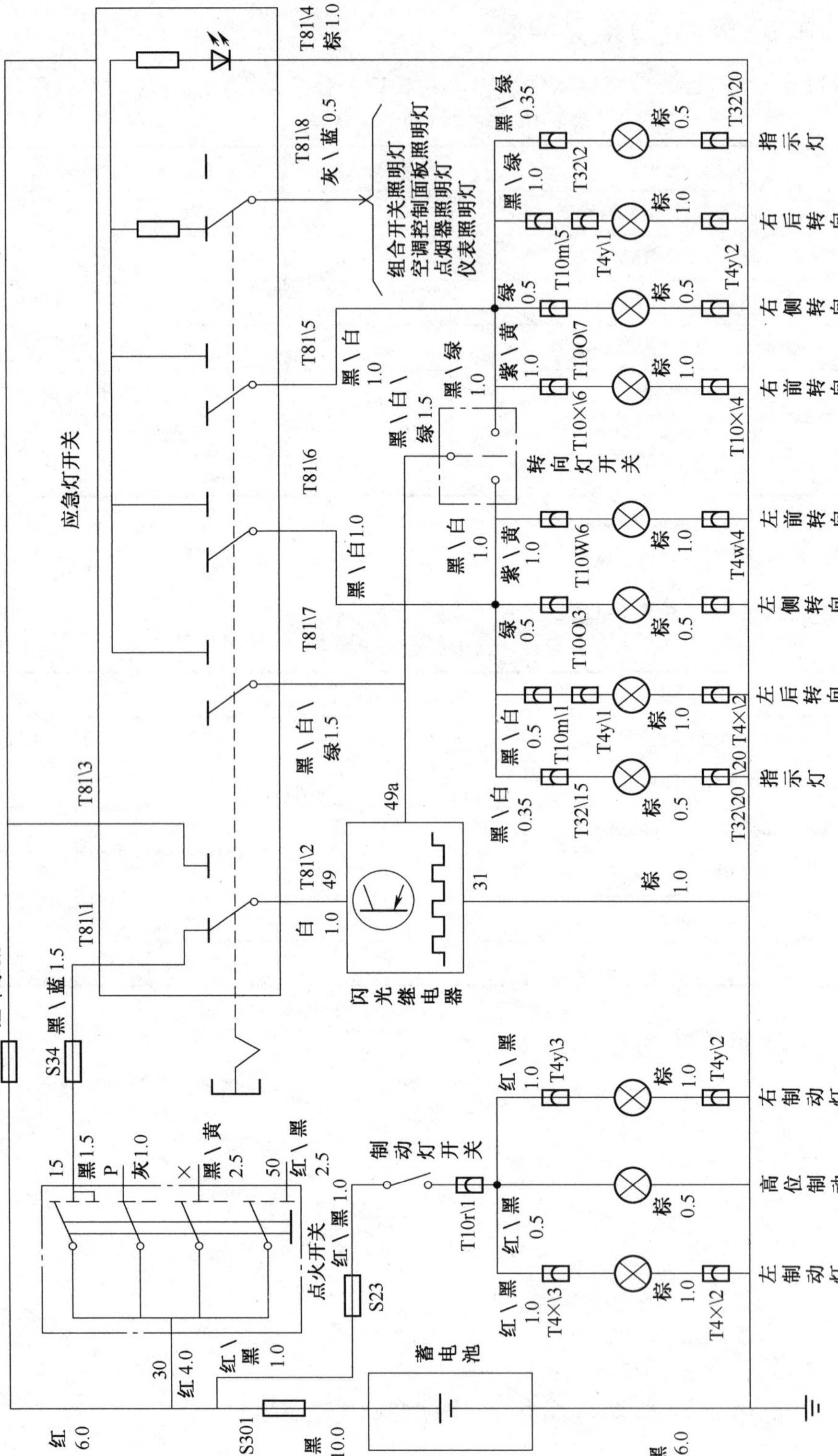

图 6-34 桑塔纳轿车转向灯工作电路原理图

笔记及心得

实训七

仪表与报警系统的构造与检修

一、实训目标

(1)掌握仪表与报警系统的基本结构和工作原理。

(2)读懂和分析仪表与报警系统电路。

(3)掌握常用仪表报警系统及线路检测方法和步骤。

二、实训内容

(1)正确拆解和安装组合仪表。

(2)能够进行仪表报警系统和线路的故障诊断与排除。

三、实训工具及设备

(1)实训车辆或实训台架若干。

(2)汽车万用表、常用工具若干。

四、知识准备

(一)汽车仪表的分类

1. 按工作原理划分

(1)机械式仪表。机械式仪表就是基于机械作用力而工作的仪表。

(2)电气式仪表。电气式仪表就是基于电测原理,通过各类传感器将被测的非电量变换成电信号(模拟量)加以测量的仪表。

(3)模拟电路电子式仪表。模拟电路电子式仪表工作原理与电气式仪表基本相同,只不过是用电子器件(分立元件和集成电路)取代原来的电气器件,现在均采用各种专用集成电路。

(4)数字式仪表。数字式仪表就是由 ECU 采集传感器的信号,将模拟量转换为数字量,经分析处理后控制显示装置的仪表。

2. 按安装方式划分

(1)组合式仪表。组合式仪表就是将各仪表组合安装在一起。

(2)分装式仪表。分装式仪表就是将各仪表单独安装。

(二)汽车仪表的组成

汽车上常用的仪表有车速里程表、发动机转速表、机油压力表、燃油表、冷却液温度(水温)表等,它们通常与各种信号灯一起安装在仪表板上,称为组合仪表。以桑塔纳 2000 和奥迪 A6 轿车仪表为例加以说明,如图 7-1 和图 7-2 所示。

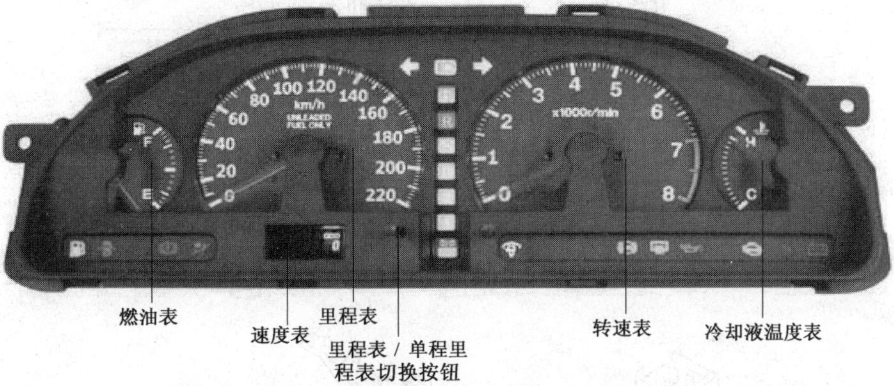

图 7-1　桑塔纳 2000 的仪表说明

图 7-2　奥迪 A6 组合仪表

1—发动机机油温度表;2—带数字时钟和日期显示功能的转速表;3—警报及指示灯;4—冷却液温度表;5—燃油表;6—车速表及里程显示器、日行驶里程表;7—电压表;8—调整/检测按钮;9—中央显示屏(带有保养周期指示、警报及指示、车外温度、自动变速器选挡杆位置、电控无级变速选挡杆位置、驾驶人信息系统);10—日行驶里程回零按钮、保养周期指示器清屏按钮

(三)组合仪表系统的结构

1. 传感器及其位置

如图 7-3 所示,大众轿车使用的仪表系统由组合仪表和相应的传感器组成。其中组合仪

表不能解体，如果需要可在更换周期内更换组合仪表；燃油表传感器 G 如图 7-4 箭头所示安装在油箱内的供油单元上，用于传感油箱中燃油存量；外部温度传感器 G17 如图 7-5 箭头所示安装在外侧护栅后部的保险杠左前部，用作传感外界空气温度；车速传感器 G22 如图 7-6 箭头所

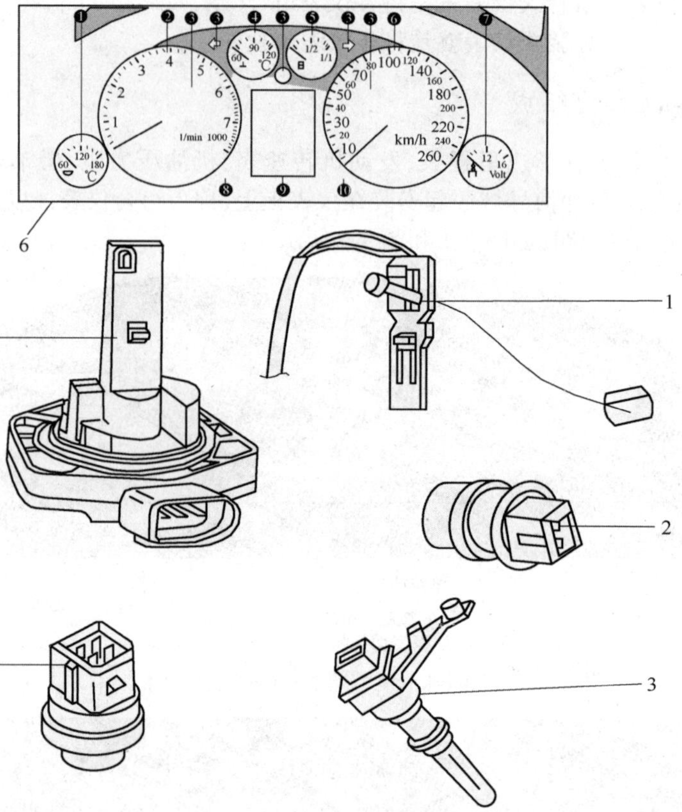

图 7-3　组合仪表及传感器

1—燃油表传感器 G；2—外部温度传感器 G17；3—车速传感器 G22；4—冷却液温度传感器 G2；5—机油油面/温度传感器 G266；6—组合仪表

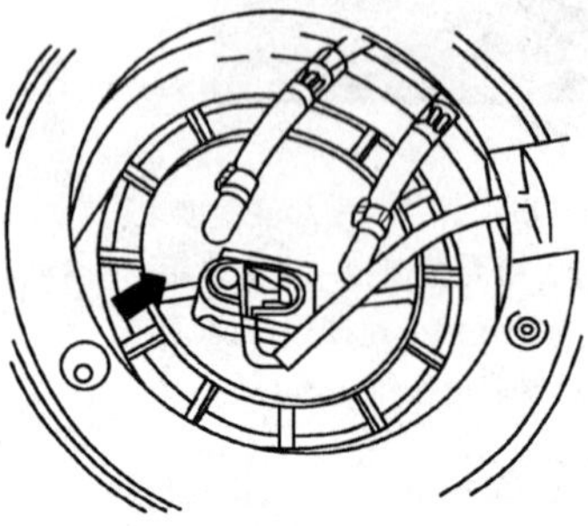

图 7-4　燃油表传感器 G 的安装

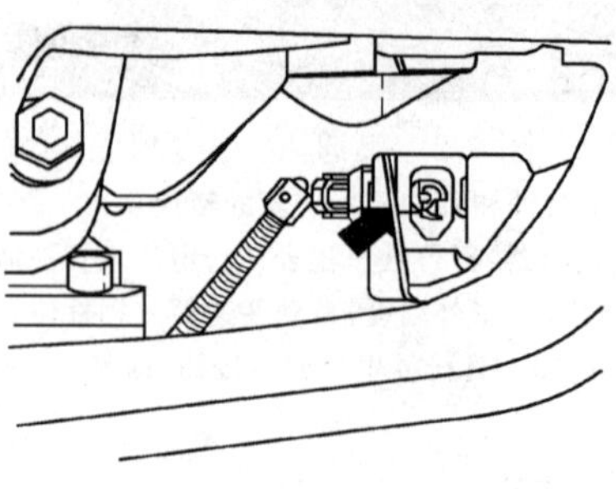

图 7-5　外部温度传感器 G17 的安装

图 7-6　车速表传感器 G22 的安装

示装在左驱动法兰旁(不论是手动变速器还是自动变速器),用于传感变速器输出轴的转速(与车速成比例);机油油面/温度传感器 G266 安装在发动机油底壳上,用于传感发动机机油在油底壳内的液面高度和温度;冷却液温度传感器 G2 随发动机不同,安装位置也不同,它用来传感发动机冷却液的温度。

2. 组合仪表上的多孔插座连接

奥迪 A6 轿车上所有警报灯均为发光二极管,如果一个警报灯损坏,必须更换组合仪表。组合仪表的插头布置如图 7-7 所示。

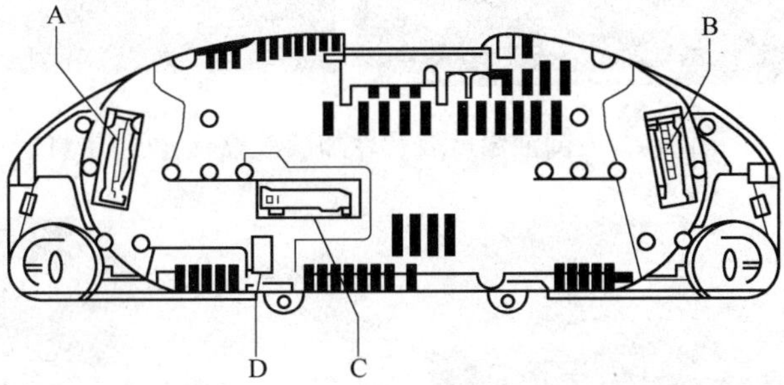

图 7-7　组合仪表的插头布置

A—多孔插头(32 引脚)绿色;B—多孔插头(32 引脚)蓝色;C—多孔插头(32 引脚)灰色;D—遥控时钟多孔插头(4 引脚)黑色(奥迪 A6 中国型不接)

(四)汽车常见仪表及指示灯

1. 燃油表

上海桑塔纳 2000 型轿车的燃油表为电热式,它不是用来检测汽车油耗的仪表,而是用来指示燃油箱内燃油平面高低,即存油量。

燃油表由带稳压器(与冷却液共用)的油面指示表和油面高度传感器(变阻器)组成,如图 7-8 所示。

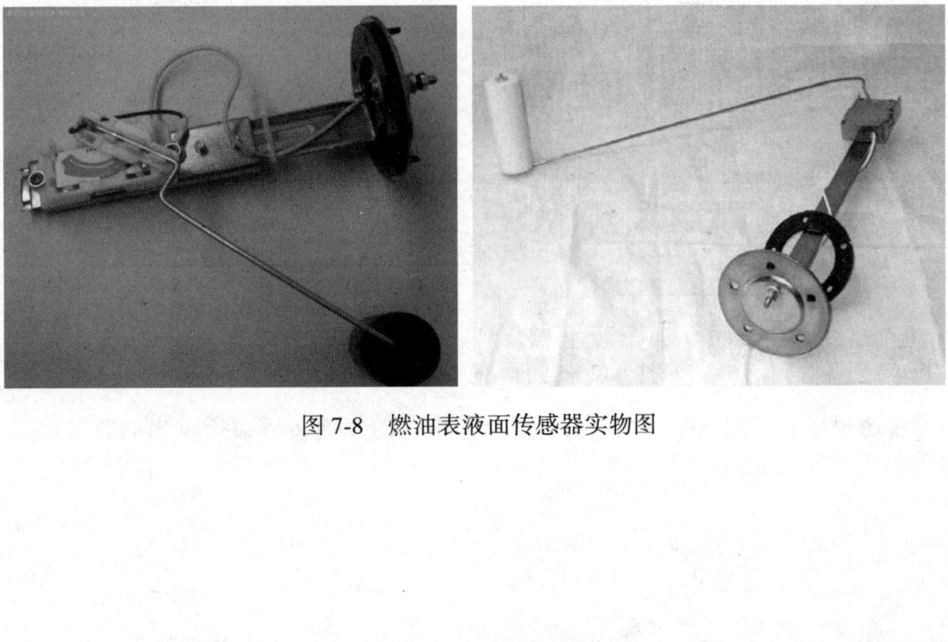

图 7-8　燃油表液面传感器实物图

2. 冷却液温度表及冷却液液位、温度指示灯

冷却液温度表是显示发动机冷却液的工作温度。桑塔纳 2000 型轿车采用电热式冷却液表。水温指示灯如图 7-9 所示，水温表传感器如图 7-10 所示，冷却液液位传感器如图 7-11 所示。

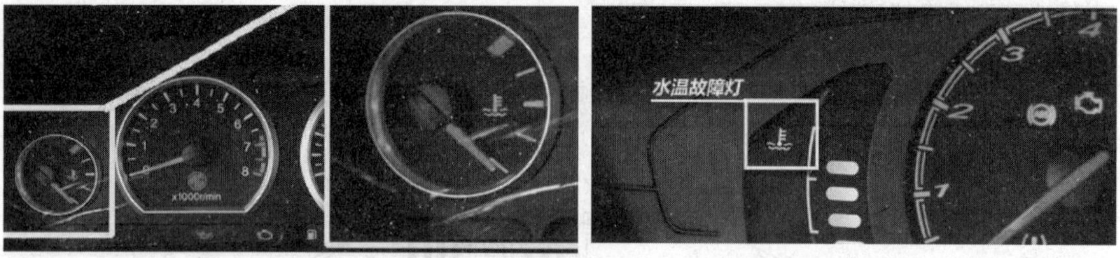

图 7-9　冷却液温度表及冷却液液位、温度指示灯

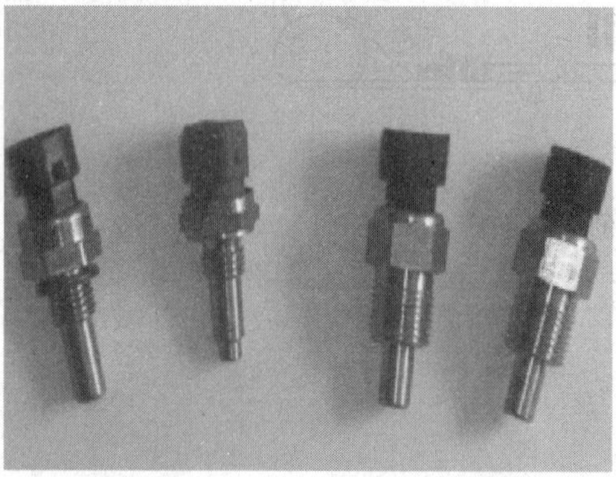

图 7-10　水温和水温表传感器

图 7-11　冷却液液位传感器

3. 车速里程表

桑塔纳 2000 型轿车采用电子车速里程表，是用来指示车辆瞬时行驶速度，并记录车辆行驶累计里程和短程里程的综合仪表。电子车速里程表工作原理如图 7-12 所示。

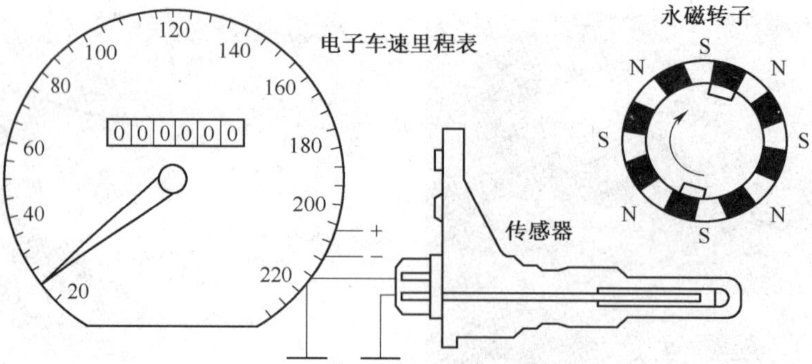

图 7-12　电子车速里程表工作原理

电子车速里程表采用安装在变速器主传动输出端的车速传感器所输出的脉冲信号，通过导线输入车速里程表。

电子车速里程表上，还有一个短程(单程)里程表，当需要消除短程里程时，只需按一次复位杆，短程里程表就会归零。

4. 发动机转速表

桑塔纳 2000 型轿车采用电子发动机转速表。其中 2000GLI 型轿车是从点火线圈中获得一次电流中断时产生的脉冲信号，在点火线圈中转换成电压脉冲，经数字集成电路计算后，在表头上偏转指针以显示出发动机转速的。2000GSI 型轿车则是由安装在飞轮侧的发动机转速传感器，直接把转速脉冲信号输入表头转换成发动机转速信号的。发动机转速传感器如图 7-13 所示。

图 7-13 发动机转速传感器

当发动机转速超过 6 000 r/min 时，指针进入表头的红色警戒区，这时应放松节气门，以免损伤发动机机件。对于电控喷射式发动机 GLI、GSI 型轿车的发动机电子控制系统，ECU 则立即切断喷油器供油而阻止发动机转速的上升，直到恢复正常转速又会继续供油。

5. 其他指示灯

组合仪表盘上的其他指示灯简介如下：

(1)阻风门拉起指示灯。这仅限于桑塔纳 2000GLS 型轿车。

(2)驻车制动拉起和制动液面警告灯。该指示灯在点火开关置于 ON，驻车制动拉起时点亮，起步时应完全释放驻车制动，此灯应熄灭后行驶，以免使后制动器处于常摩擦状态，既影响动力又损伤零件。如果该灯在手制动释放情况下，仍常亮，则应检查制动液液面是否过低。如果发生警告灯点亮报警，或线路有不正常，应及时检查排除后再使用。

(3)机油压力警告灯。当点火开关接通后，该指示灯即点亮，发动机起动后，该灯应熄灭。如果车辆在行驶时该灯仍然点亮或闪烁，应检查发动机润滑系统是否有故障，及时停车检查排除后再使用。

(4)充电指示灯。当点火开关接通时，充电指示灯点亮，发动机起动后，该灯应熄灭，表示充电系统工作。如果车辆在起动后，此灯常亮，则表示充电系统有故障，应及时送修检查，以免蓄电池电源耗尽而造成车辆不能起动和抛锚。

(5)远光指示灯。蓝色远光指示灯，在小灯、前照灯开关开启时点亮，表示远光灯已点亮，拨动方向盘左侧的变光拨杆，可以关闭和开启远光灯。日常使用中把变光拨杆向方向盘侧抬起，此指示灯点亮，以示远光灯瞬间点亮，用于提示前方车辆避让或需要超越。蓝色远光指示灯在点火开关关闭时常亮，则应检查相关远光灯继电器、组合灯光开关等线路和装置，及时排除故障。

(6)后窗除霜加热指示灯。后窗除霜加热指示灯在后窗加热开关开启时点亮，表示后窗加热器通电工作，从车内后视镜中观察到后窗除霜已达到效果时，应及时关闭后窗加热器，以免耗电和使后窗加热器过热，同时该灯应熄灭。此灯在关闭后窗加热器时常亮，或开启后窗加热器时不亮，均应送修检查相关线路和装置，及时排除故障。

(7)冷却液液面警告灯。冷却液液面警告灯在冷却液溢水箱中的冷却液液面低于最低标线时点亮，指示冷却液液面不足，应及时添加冷却液。

(五)仪表板上的常用标识

指示灯功能及故障，见表7-1。

表7-1 指示灯功能及故障

指示灯符号	名　　称	功　能　及　故　障
EPC	发动机功率电子控制	此指示灯用于监控汽油发动机的发动机功率电子控制系统，在打开点火开关进行功能检查时亮起，如果在行驶时此指示灯亮起，则表示发动机功率电子控制系统出现故障，必须立即检查发动机
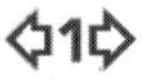	拖车转向信号装置	带拖车行驶时，如接通转向信号装置，则此指示灯也一起闪烁。如果拖车或牵引车上有一个转向信号灯不能工作，则该指示灯不会闪烁
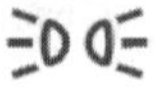	停车灯/行车灯	在停车灯或行车灯已接通时点亮
	水平高度调节系统	打开点火开关后进行功能检查时，指示灯亮起数秒，如果功能检查后此指示灯仍闪烁，则说明汽车长期停放后，其后部已降下，这是正常现象。当水平高度调节系统已关闭时，此指示灯熄灭。 如果指示灯一直亮着，则说明水平高度调节系统有故障或在后轴轴线方向车身严重倾斜，水平高度调节系统有故障时会导致离地间隙减小且行驶舒适性降低，应立即排除此故障
	电控行车稳定系统(ESP)	此指示灯用于监控电控行车稳定系统，具有以下功能： (1)行驶中ESP工作时此指示灯闪烁。 (2)打开点火开关时此指示灯亮起约2 s，表示在进行功能检查。 (3)在ESP出现故障时此灯亮起。 (4)ESP已关闭时此灯亮起。 (5)因为ESP装置与ABS一起工作，所以ABS有故障时，此灯也会亮起
	电子防盗锁止系统	打开点火开关时，系统自动查询汽车钥匙的数据指示灯，短促亮起表示正在对数据核对进行确认，如果使用了非法的点火钥匙，则此指示灯将转为持续闪烁状态，这样汽车将无法起动
	远光灯	在远光灯已接通时或在执行远光灯瞬时接通功能时，该指示灯亮起
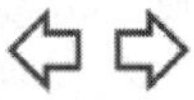	转向信号装置	根据转向信号灯的接通方向左侧或右侧指示灯一起闪烁，在接通了闪烁报警装置时，两个指示灯同时闪烁。如果有一个转向信号灯不能工作，则指示灯闪烁频率大约快一倍

续表

指示灯符号	名　称	功 能 及 故 障
	发动机电控系统	指示灯亮起表示发动机电控系统内出现故障,应尽快排除故障
AIR BAG	安全气囊系统	该指示灯用于监控安全气囊系统和安全带拉紧系统。指示灯在打开点火开关时,亮起数秒,如果指示灯一直不熄灭或者在行驶时亮起、闪烁,则表示存在一个系统故障,如果打开点火开关时此指示灯不亮起,则也表示有系统故障
	制动防抱死系统	此指示灯用于监控 ABS 和电子差速锁 EDS。在打开点火开关时或起动发动机期间,指示灯会亮起几秒,自动检测过程完毕后此指示灯熄灭。当打开点火开关时指示灯不亮起、亮起数秒后仍不熄灭或在行驶中点亮表示 ABS 系统内有故障
	驻车制动器	在驻车制动器已拉紧且点火开关已打开时该指示灯会亮起,如果松开驻车制动器,则此指示灯必须熄灭
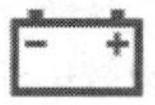	发电机	此指示灯用于显示发电机故障或汽车电气设备故障。 指示灯在打开点火开关时亮起,如果发动机已经起动,则此指示灯必须熄灭。如果指示灯在行驶中亮起,则一般情况下仍可以把汽车开到就近的服务站,因为此时汽车由蓄电池供电,所以应当关闭那些非必需的电器
	安全带警告灯	打开点火开关后,指示灯会亮起数秒以提醒驾驶人系上安全带
	制动系统故障	如果显示屏中该符号闪烁,则说明制动系统有故障,应尽快排除故障。停车后,应首先检查制动液液位,在 ABS 失灵时,ABS 指示灯与制动系统故障符号一起亮起
	冷却系统故障	如果显示屏中该符号闪烁,则表示不是冷却液温度过高就是冷却液液位过低,此时切勿继续行驶,否则有损坏发动机的危险
	发动机机油压力故障	如果显示屏中该符号闪烁,则表示机油压力过低。此时,应立即停车并关闭发动机,检查发动机机油油位。如果发动机油油位过低,应补加发动机机油。假如发动机油油位正常,但该符号仍然闪烁,应进一步检修,不要继续行驶,也不要让发动机怠速运行。 机油压力警告显示,并不是机油油位显示,所以应定期检查机油油位,最好每次加油时检查一次
	轮胎压力过低	如果出现轮胎压力过低符号,则说明至少有一个轮胎的压力过低,应停车检查轮胎,必要时更换轮胎。该符号总是与一条附加文本一起出现,例如“T. PRESSURE REAR RIGHT”(右后轮胎压力)
	制动灯损坏	如果符号闪烁或字样“BRAKE LIGHT”(刹车灯)亮起则应检查刹车灯灯泡、导线连接、刹车灯开关等,进行更换或维修
	近光灯或尾灯损坏	如果该符号亮起,应检查近光灯灯泡、尾灯灯泡、导线连接等,适当进行更换或维修

续表

指示灯符号	名　称	功 能 及 故 障
	前制动摩擦片磨损过度	如果该符号亮起，应检查前制动摩擦片。为安全起见，也要检查后制动摩擦片
	燃油存量过低	如果该符号系初次亮起，则表示本车油箱中的燃油存量尚有约 7 ~ 8 L，请尽快加油
	清洗液液位过低	如果该符号亮起，则应加注清洗液至车窗玻璃清洗装置和大灯清洗装置
	蓄电池电压不正确	如果该符号亮起，则应检查三角带、调节器、蓄电池的状态等等，还要注意发电机指示灯。车载电网内的电压也可以从电压表上看到
	检查发动机油油位	如果该符号亮起，则应尽快检查发动机油油位，必要时补充机油
	发动机机油传感器损坏	如果该符号亮起，则应检查机油油位传感器。在此之前，为安全起见应在每次加油时检查一下机油油位
	限速警告	如果该符号亮起，则说明当前车速已超过设定的车速，此时应减速行驶
	前照灯照明距离调节故障	该符号亮起，表示动态前照灯照明距离调节有故障，应检修动态前照灯照明距离调节机构
	轮胎压力警告	如果该符号亮起，则应检查并校正轮胎压力，符号总是与对应车轮的英文缩写一起出现，例如，右前车轮的缩写“FR”

(六)上海桑塔纳组合仪表电路分析

上海桑塔纳 2000GSI 轿车的组合仪表电路(见附录 A-12 ~ A-14)主要由电流表、车速里程表、冷却液温度表、燃油表、机油压力表和相应的传感器等组成。报警装置电路主要由机油压力过低/过高报警灯、充电不足报警灯、ABS/防盗/安全气囊报警灯组成。图 A-14 中 Y 表示数字时钟，G 表示车速、转速、里程表，K 表示报警灯，L 表示仪表照明指示灯。其中仪表照明指示灯的亮度是可调的，调节旋钮位于灯光开关处。看组合仪表的电路图时可发现各计数表和指示灯的电路是与信号源断开绘制的。例如，车速表 G8 通过组合仪表控制器 J285 的 T26/4 通过电路编号 314 经两针插头 T2b/1 到达车速传感器 G7/2 端子，以获得车速信号。

附录图 A-12 机油压力报警灯 K3，受油压高压开关 F1(180 kPa)和低压开关 F22(25 kPa)控制，F1 和 F22 通过电路编号 179 和 178 内部搭铁，油压过低或过高都将点亮油压报警灯。充电不足报警灯 K2 则串接在充电系统电路中，充电报警灯与二极管串联，或报警灯本身就是发光二极管，灯的亮与灭由加在其两端的电压之差决定。若二极管正极电压大于负极电压，则充电报警灯亮，反之二极管截止不通电，充电报警灯灭。

冷却液温度传感器检测发动机冷却液温度，将冷却液温度高低信息在仪表上的冷却液温度表中显示出来。燃油表显示燃油剩余量的多少。仪表板上还有 ABS、发动机、变速器等系统运行状态的指示灯。这些指示灯在点火开关打开时点亮，发动机起动后应熄灭。若一直点亮或不停地闪烁，则表示该系统存有故障或系统电路出现问题。

汽车在行驶中出现紧急情况或意外事故时，应使用危险报警信号灯。危险报警信号灯在转向信号灯电路中通过危险报警开关控制。当接通危险报警开关 E3 后，全部转向灯 M5、M7 和 M6、M8 同时闪烁，发出危险报警信号，同时仪表板上与之相连的左右转向信号灯 K6 也不停地闪烁。

五、实训步骤

(一)仪表的检查

(1)检查点火开关电源电路，如图 7-14 所示，将万用表设置到电压挡：将点火开关从 LOCK 位置旋转到 ON 位置时，测量组合仪表连接器 T26/19 端子电压值________。

(2)检查仪表照明电路。当仪表的灯光控制开关低挡位置时，如图 7-15 所示，测量组合仪表连接器端子 T26/17 端子电压________。

当仪表的灯光控制开关处于高挡位置时，如图 7-16 所示，测量组合仪表连接器端子 T26/17 端子电压________。

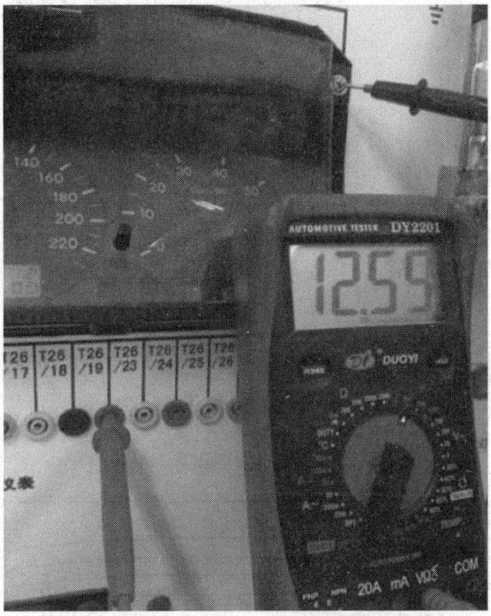

图 7-14　检查点火开关电源电路

(二)组合仪表的拆卸与安装

组合仪表的拆卸与安装，如图 7-17～图 7-19 所示。

在电气设备上作业前，先断开蓄电池接地线。

图 7-15　组合仪表照明电路的检测(暗)

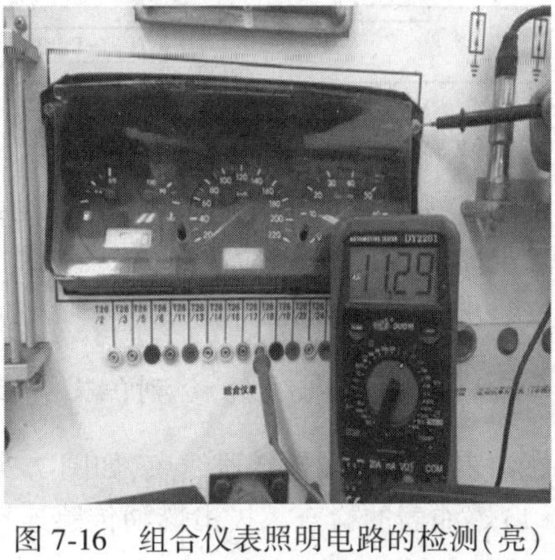

图 7-16　组合仪表照明电路的检测(亮)

拆下方向盘，向外拉出组合仪表饰板，如图 7-19 所示，旋出箭头两个紧固螺钉，拉出组合仪表。

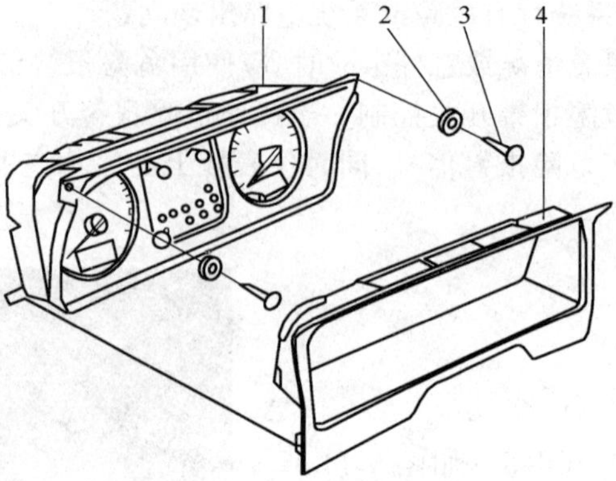

图 7-17　组合仪表安装简图

1—组合仪表;2—垫圈;3—螺钉;4—组合仪表饰板

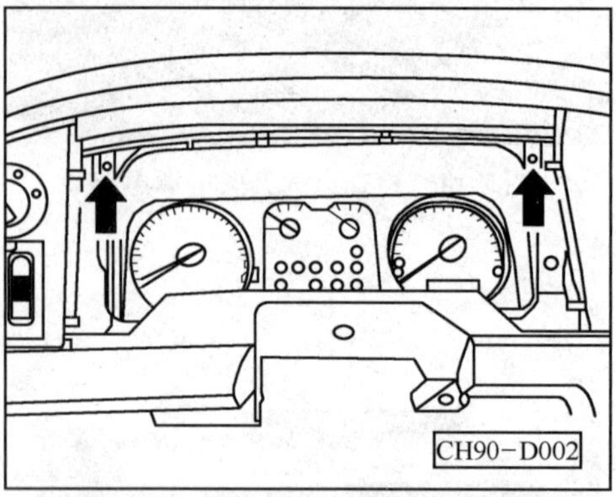

图 7-18　组合仪表拆装（一）

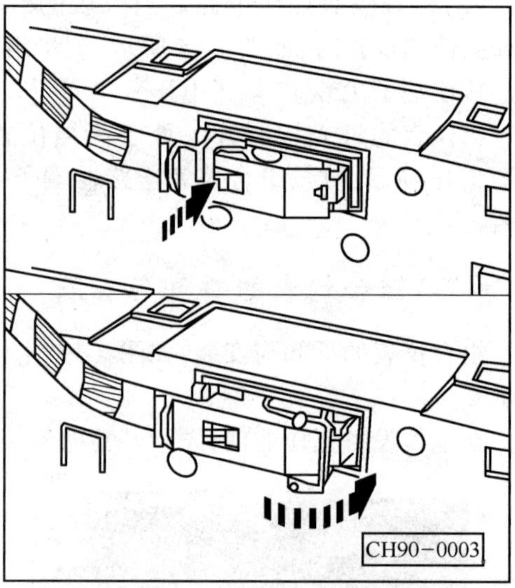

图 7-19　组合仪表拆装(二)

按图 7-19 中箭头所示方向,将组合仪表背面线束连接插头上的拨杆向左推至极限位置,拔下线束插头,取下组合仪表。

安装步骤与拆卸步骤相反。

(三)燃油表系统的检测(以桑塔纳为例)

燃油表与燃油表传感器线束,如图 7-20 所示。

(1)燃油表的检查。拔出燃油传感连接器,打开点火开关,检查燃油表指针应指示在无油位置,如图 7-21 所示。

(2)燃油传感器的检查。测量传感器端子 2 和 3 间电阻,浮子在满位置(约 22.7 mm)电阻值约为 3 Ω;在空位置(约 163.2 mm)时电阻值约 110 Ω。如果电阻值不符合要求,应更换燃油传感器。燃油传感器电阻值检测表如表 7-2 所示。

图 7-20　燃油表与燃油表传感器线束

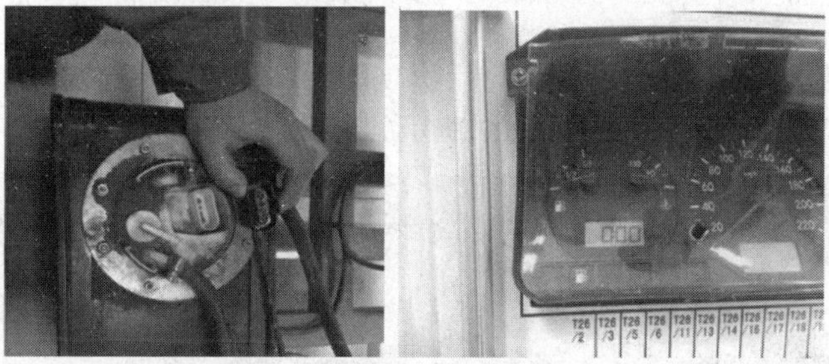

图 7-21　燃油表的检查

表 7-2　燃油传感器电阻值检测

浮子位置 值	浮子在满位置	浮子在空位置
测量值(电阻值)		

(四)里程表调校

注意:里程表的调校仅适用于汽车出现事故后,里程表受损,为了使新里程表的数据与汽车行驶实际里程相匹配而实施。严禁用于其他用途。

里程表调校步骤(以捷达汽车为例)。

(1)开启设备。捷达汽车里程表的设备操作界面如图 7-22 所示。

(2)输入密码进入设备界面首页如图 7-23、图 7-24 所示。

图 7-22　设备操作界面

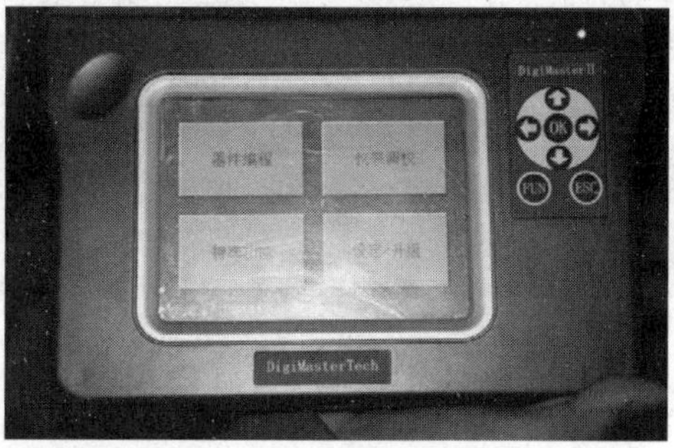

图 7-23　设备界面(一)

(3)出现主界面后选择仪表调校,选择后出现下一页界面,如图 7-25 所示。

图 7-24　设备界面(二)

图 7-25　设备界面(三)

(4)然后选择"欧洲车型"选项,选择完后出现图 7-26 所示的界面。

(5)选择"大众"选项,然后出现图 7-27 所示的界面。

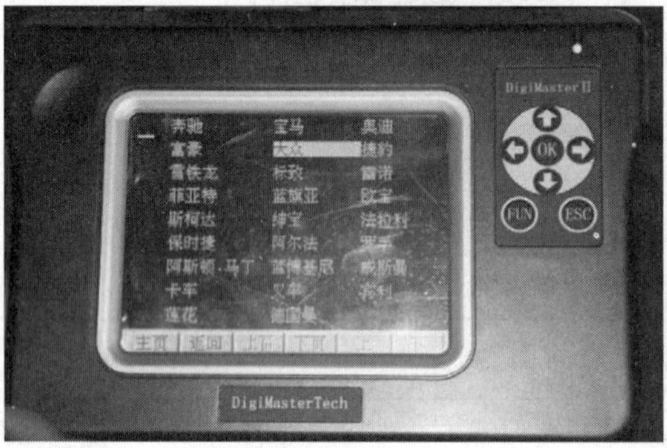

图 7-26　设备界面(四)

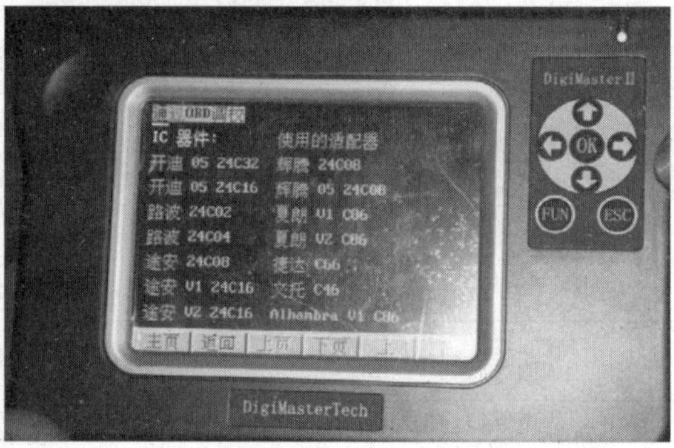

图 7-27　设备界面(五)

(6)选择"通过 OBD 调校"选项,然后出现图 7-28 所示的界面。

(7)选择"OBD 诊断口"选项,出现图 7-29 所示的界面。

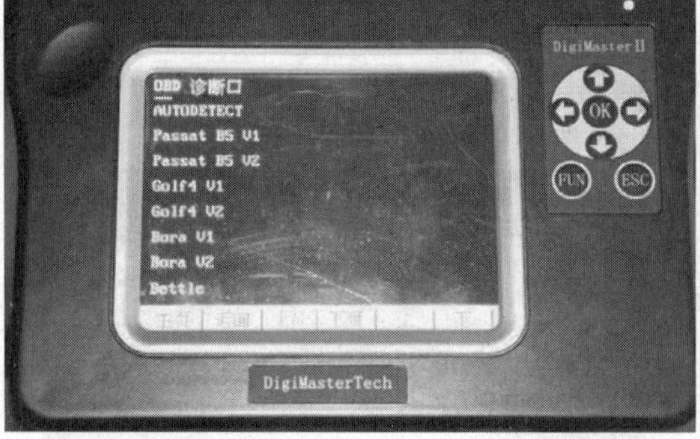

图 7-28　设备界面(六)

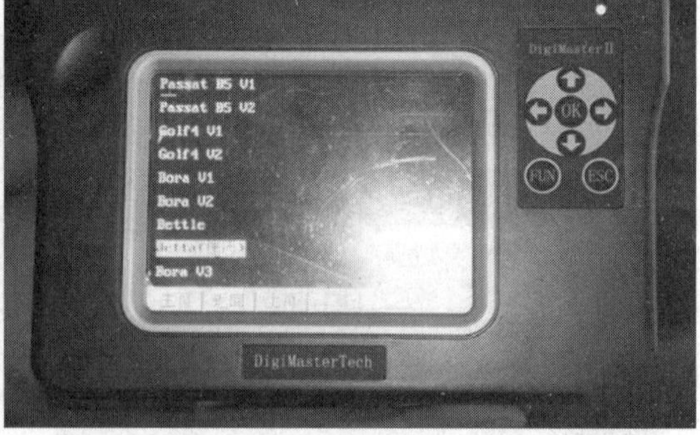

图 7-29　设备界面(七)

(8)选择"jetta(捷达)"选项,出现图 7-30 所示的界面。

(9)选择"下一步"选项连续出现如图 7-31～图 7-33 所示的界面。

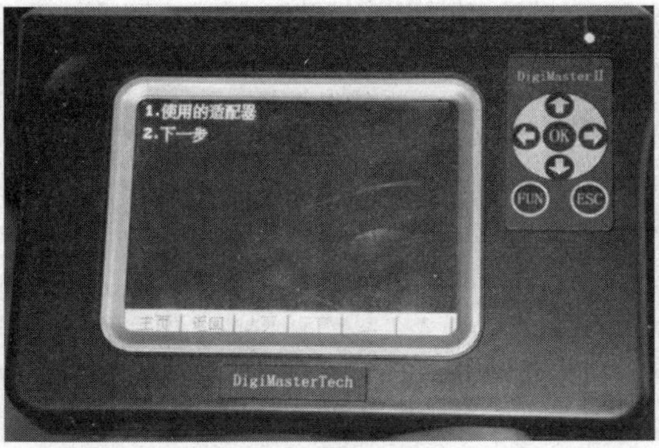

图 7-30　设备界面(八)

图 7-31　设备界面(九)

图 7-32　设备界面(十)

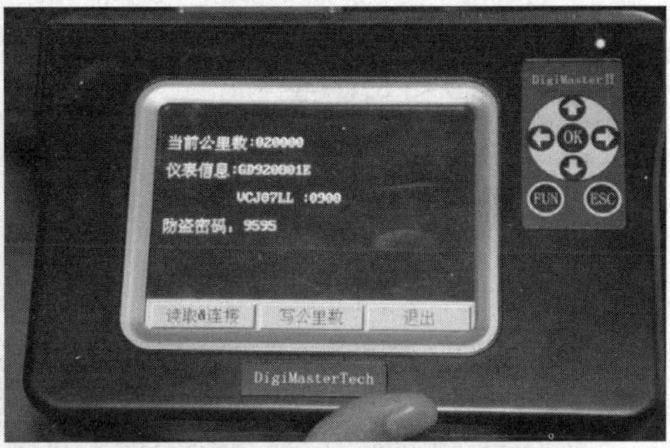

图 7-33　设备界面(十一)

(10)单击"写公里数"按钮出现如图 7-34 所示的界面。

(11)输入完公里数后单击"确定"按钮,例如,本次输入公里数为 10000,其界面如图 7-35 所示。

图 7-34　设备界面(十二)

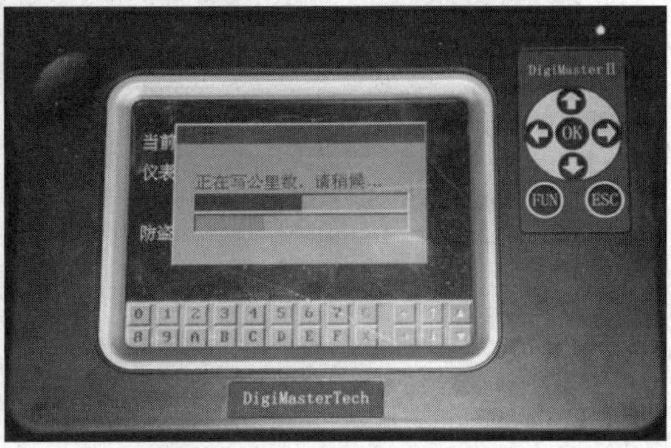

图 7-35　设备界面(十三)

(12)调校成功,如图 7-36、图 7-37 所示。

图 7-36　设备界面(十四)

图 7-37　设备界面(十五)

复习与思考

(一)如图 7-38 所示,写出汽车仪表板标注图中各数字代表的含义

图 7-38　汽车仪表板仪表标注图

1. ____________________　2. ____________________

3. ____________________　4. ____________________

5. ____________________　6. ____________________

7. ____________________　8. ____________________

（二）如图 7-39 所示，写出汽车仪表板警示灯标注图中各数字代表的含义

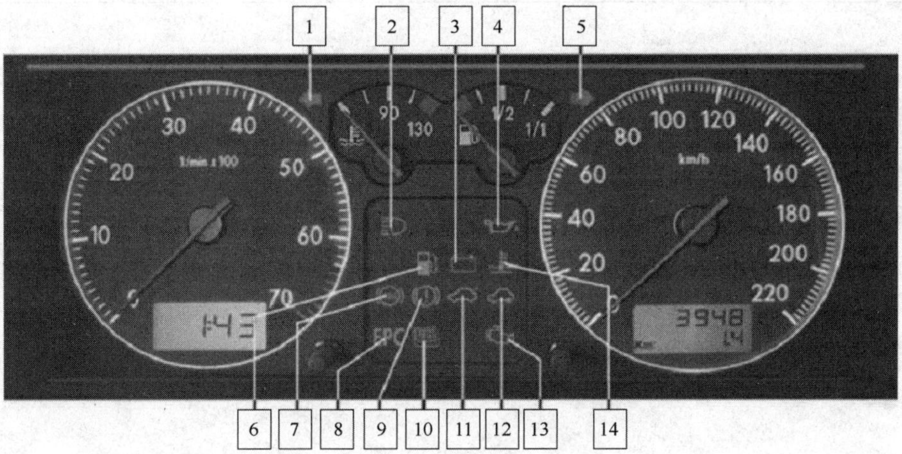

图 7-39　汽车仪表板警示灯标注图

1. ________________　2. ________________

3. ________________　4. ________________

5. ________________　6. ________________

7. ________________　8. ________________

9. ________________　10. ________________

11. ________________　12. ________________

13. ________________　14. ________________

（三）仪表的检查，记录检查结果并分析将其填入表 7-3 中

表 7-3　仪表记录单

序号	作业内容	检查数据	检修情况	备注
1	检查电器装置的安装位置			
2	检查组合仪表连接器			
3	检查组合仪表连接器的电压			

（四）仪表的安装并将其相应信息填入表 7-4 中

表 7-4　仪表安装

序号	作业	安装工具	操作情况	备注
1	安装前门皱褶板和车颈侧部饰板			
2	安装收音机总成			
3	安装储物箱门			
4	安装组合仪表			
5	安装方向盘			
6	连接蓄电池负极电缆			
7	最后检查			

(五) 写出 ECU 处理仪进行仪表里程调校的操作步骤

笔记及心得

实训八

安全气囊的构造与检修

一、实训目标

(1)掌握安全气囊的作用、组成、结构及工作原理。

(2)熟悉安全气囊系统的维修注意事项。

(3)能对汽车安全气囊系统的电路图进行识图。

(4)掌握安全气囊系统的故障码读取和清除。

二、实训内容

使用专用仪器排除安全气囊故障。

三、实训工具及设备

(1)汽车安全气囊示教台若干。

(2)故障诊断仪、万用表等若干。

(3)实训车辆1辆。

四、知识准备

(一)安全气囊的功用

安全气囊系统(Supplemental Restraint System,SRS)又称辅助防护系统或辅助约束系统,是当车辆发生碰撞事故时保护乘客的安全带补助装置,它与座椅安全带配合使用,在汽车发生碰撞时为乘客提供有效的保护。当汽车遭受冲撞导致车速急剧变化时,安全气囊迅速膨胀,承受并缓冲驾驶人头部与身体上部产生的惯性力,从而减轻人体遭受伤害的程度。安全气囊(已开启)在车上的位置如图8-1所示。

当汽车遭受碰撞时,在驾驶人与方向盘或乘员与车内构件之间铺垫一个气垫,利用气垫上

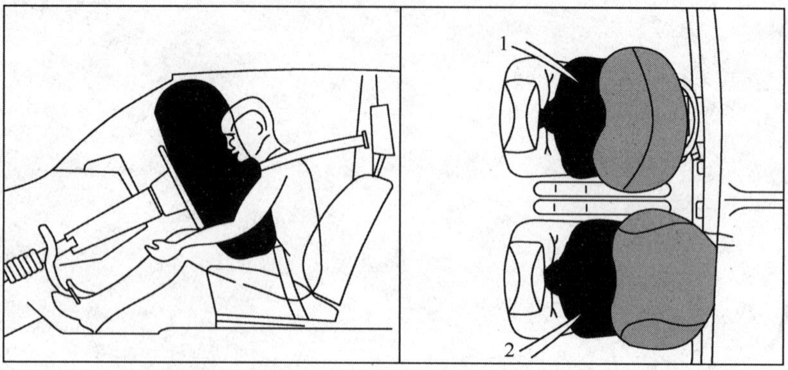

(a)驾驶席气囊　　(b) 驾驶席与乘员席气囊

图 8-1　安全气囊功用示意图(汽车遭受正面碰撞时安全气囊的作用情况)

1—驾驶人;2—前排乘员

小孔的排气节流作用来吸收碰撞产生的动能,从而减轻人体遭受伤害的程度。

(二)安全气囊(SRS)的组成

安全气囊系统主要包括碰撞传感器、安全气囊 ECU、系统指示灯、气囊组件以及螺旋线束,气囊组件主要包括气囊、气体发生器以及点火器等,如图 8-2 所示。

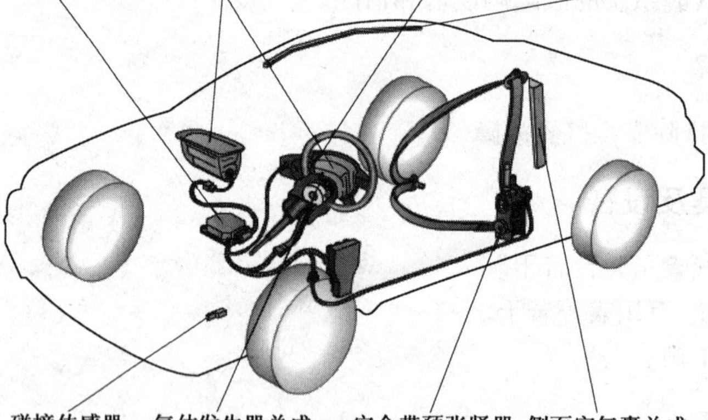

图 8-2　安全气囊的组成

1. 传感器

传感器用于检测、判断汽车发生碰撞时的撞击信号,以便及时点爆安全气囊。传感器按其功能可分为碰撞传感器和安全传感器两种。碰撞传感器负责检测碰撞的激烈程度,如果汽车以 30 km/h 的速度迎面撞到一个不可变形的固定障碍物上,碰撞传感器便会自动接通搭铁回路;碰撞传感器按安装位置分为前碰撞传感器(包括左前碰撞传感器、右前碰撞传感器)和中央碰撞传感器(在车身前部中央位置,如安装在发动机舱前纵梁上面的前碰撞传感器),如图 8-3 所示。

(a) 安装位置

(b) 结构

图 8-3　碰撞传感器

2. 气体发生器

气体发生器的作用是在有效的时间内产生气体,使安全气囊膨胀。产生的气体必须对人体无害,且不能温度太高,同时要求气体发生器有很高的可靠性和稳定性。气体发生器由上盖、下盖、充气剂(片状叠氮化钠)和金属滤网等组成。点火器引爆点火剂的瞬间,点火剂会产生大量热量,氮化钠受热立即分解释放氮气,并从充气孔充入气囊,如图 8-4 所示。

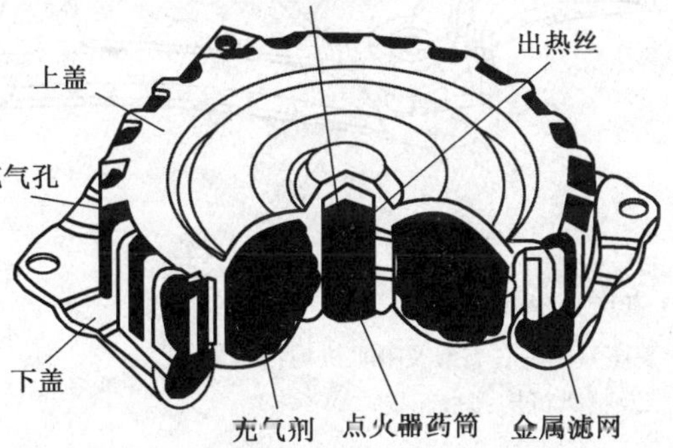

(a) 结构图

(b) 实物图

图 8-4　气体发生器

3. 气囊

气囊是安全气囊系统的核心部件,气囊的用途不同时,气囊的形状、结构、容积、充气的速度、充气的压力等都有所不同。

为了实现安全气囊的可控制充气过程,设计了有阻尼作用的气囊。在气囊的内表面缝制阻尼带,引导安全气囊在展开时,加速向侧面膨胀,以避免安全气囊自由地展开。或采用其他方式对高压气体产生阻尼作用。

在气囊的背面设置排气孔和排气缝隙,或设置一些通气孔,来减少固体燃料爆炸时的压力,缓和对乘员的冲击力。气囊在充气后,在排气孔和排气缝隙,或通气孔不断地排出高压气体的过程中,吸收碰撞时的能量,直到气囊完全瘪塌为止。

在气体发生器总成中,过滤装置起过滤和冷却作用,防止高温气体灼伤乘员,并防止燃烧中的微粒子弹出，造成对乘员的伤害。

(1)驾驶人安全气囊模块。驾驶人安全气囊模块安装在方向盘中央饰盖内，不可分解，如图 8-5 所示。在正常的使用状态下，当发生一定强度的碰撞时，气囊模块接收到 SRS ECU(安全气囊系统电控单元)发出的点火信号，触发气体发生器迅速产生大量气体使气袋展开，从而达到保护驾驶人的目的。驾驶人安全气囊模块包括气体发生器、气袋、饰盖以及支架等零部件。

驾驶人安全气囊模块组成结构如图 8-6 所示。

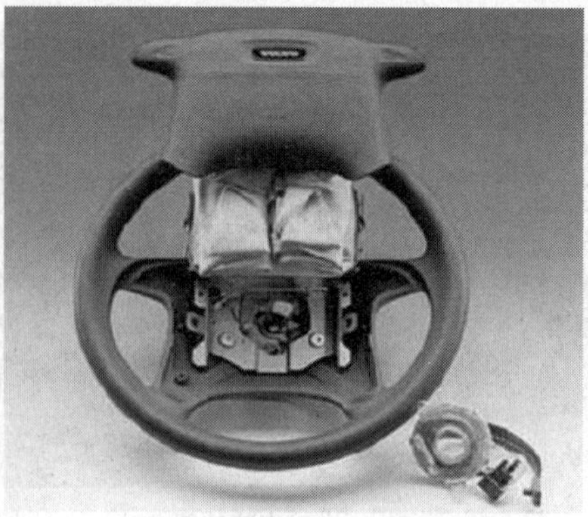

图 8-5　驾驶人安全气囊模块安装位置示意图

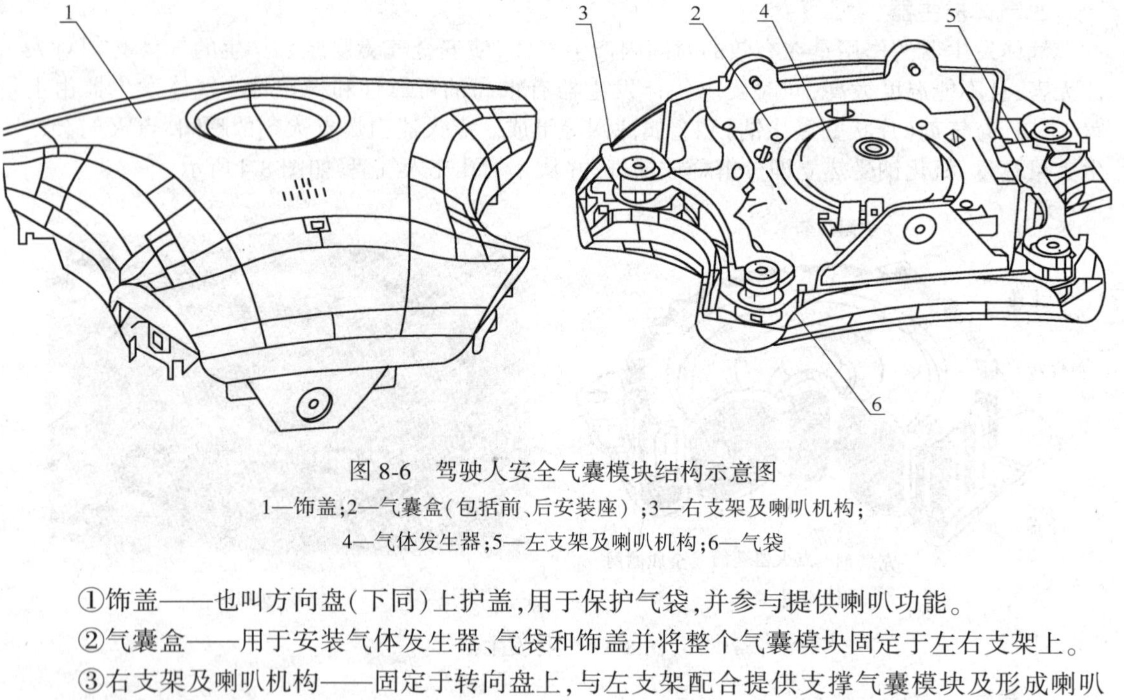

图 8-6　驾驶人安全气囊模块结构示意图

1—饰盖；2—气囊盒(包括前、后安装座)；3—右支架及喇叭机构；
4—气体发生器；5—左支架及喇叭机构；6—气袋

①饰盖——也叫方向盘(下同)上护盖，用于保护气袋，并参与提供喇叭功能。

②气囊盒——用于安装气体发生器、气袋和饰盖并将整个气囊模块固定于左右支架上。

③右支架及喇叭机构——固定于转向盘上，与左支架配合提供支撑气囊模块及形成喇叭回路的功能。

④气体发生器——用于迅速产生大量气体，使气袋充气。

⑤左支架及喇叭机构——固定于转向盘上，与右支架配合提供支撑气囊模块及形成喇叭回路的功能。

⑥气袋——通过充入一定量气体保护驾驶人安全。

(2)前排乘员安全气囊模块。前排乘员安全气囊模块安装在仪表板杂物盒上方，如图 8-7 所示。在正常的使用状态下，当发生一定强度的碰撞时，气囊模块接收到 SRS ECU 发出的点火信号，触发气体发生器迅速产生大量气体使气袋展开，从而达到保护前排乘员的目的。

除饰盖与仪表板制成一体，前排乘员安全气囊模块的组成与驾驶人安全气囊模块基本相似。

图 8-7 前排乘员安全气囊模块安装位置示意图

前排乘员安全气囊模块具体组成如图 8-8 所示。

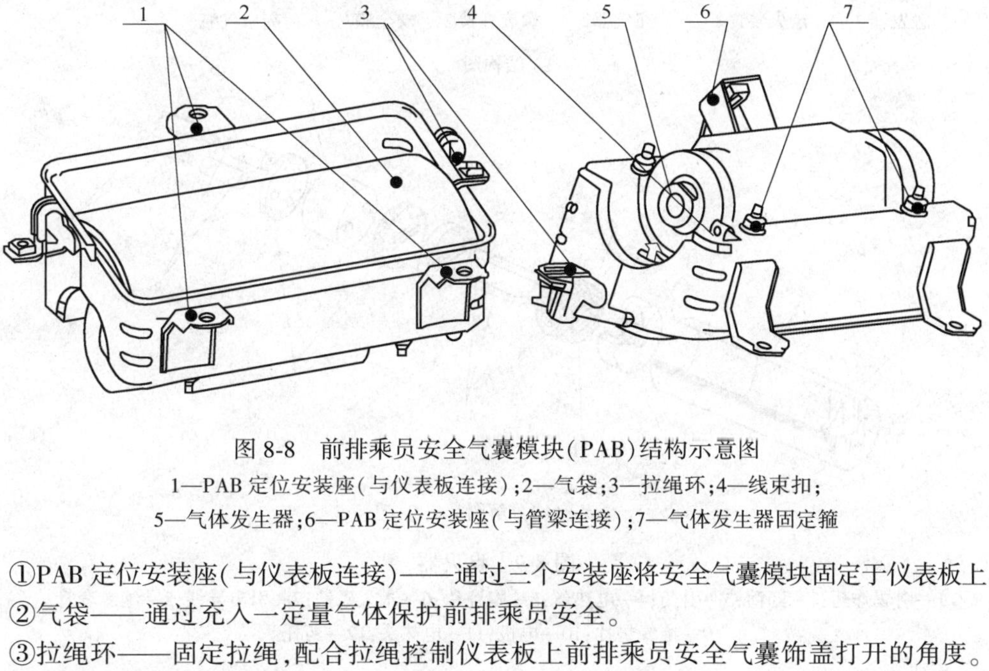

图 8-8 前排乘员安全气囊模块(PAB)结构示意图

1—PAB 定位安装座(与仪表板连接)；2—气袋；3—拉绳环；4—线束扣；
5—气体发生器；6—PAB 定位安装座(与管梁连接)；7—气体发生器固定箍

①PAB 定位安装座(与仪表板连接)——通过三个安装座将安全气囊模块固定于仪表板上。

②气袋——通过充入一定量气体保护前排乘员安全。

③拉绳环——固定拉绳，配合拉绳控制仪表板上前排乘员安全气囊饰盖打开的角度。

④线束扣——固定线束。

⑤气体发生器——用于迅速产生大量气体，使气袋充气。

⑥PAB 定位安装座(与管梁连接)——通过此安装座将安全气囊模块与管梁连接并固定。

⑦气体发生器固定箍——定位并固定气体发生器，定位并固定气袋。

4. 点火器

点火器外包铝箔，安装在气体发生器内部中央位置。其作用是在气囊电路接通时，引爆点火剂，产生热量使充气剂分解。点火后炸药爆炸，产生大量气体从出气口排出。气体膨胀要吸收大量热量,需用燃料对气体加热,以避免气体温度过低造成结霜现象,同时还可避免气体压力过低造成气压不足现象。点火器结构如图 8-9 所示。分解图如点火剂包括引爆炸药和引药。引出导线与气囊插接器插头连接,插接器中有短路片。当插接器插头拔下或插头与插接器未完全结合时,短路片将两根引线短接,防止静电或误导电将电热丝电路接通而造成气囊误膨胀展开。

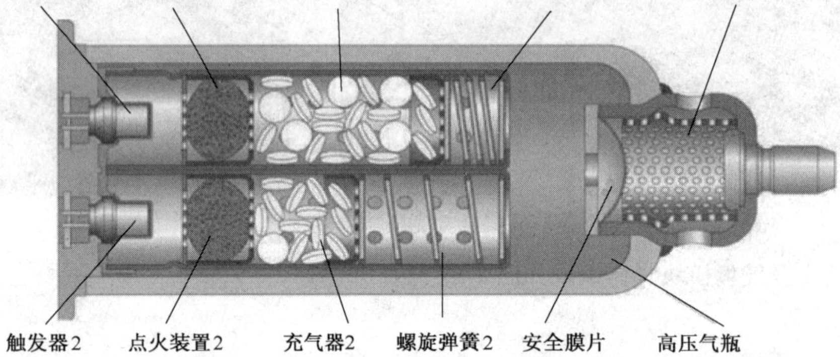

(a) 结构图

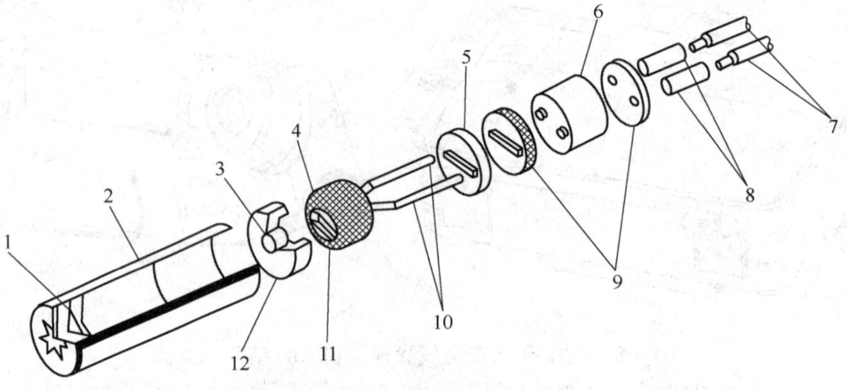

(b)分解图

图 8-9 点火器

1—引爆炸药;2—药筒;3—引药;4—电热丝;5—陶瓷片;6—永久磁铁;7—引出导线;8—绝缘套管;9—绝缘垫片;10—电极;11—电热头;12—药托

5. 安全气囊 ECU

安全气囊 ECU(见图 8-10)主要由安全气囊逻辑模块、信号处理电路、备用电源电路、保护电路和稳压电路等组成。

安全气囊电控单元一般安装在汽车中控面板下方的位置,如图 8-11 所示。

6. 安全气囊指示灯

安全气囊指示灯又称安全气囊警告灯或安全气囊警示灯。汽车安全气囊指示灯的位置处于驾驶室仪表板上,如图 8-12 所示。

安全气囊指示灯的功用是:指示安全气囊系统功能是否处于正常状态。当点火开关接通 ON 或 ACC 位置后,如果安全气囊指示灯点亮或闪亮 6 s 后自动熄灭,表示安全气囊系统功能正常。如果安全气囊指示灯不亮、一直点亮或在汽车行驶中突然点亮或闪亮,表示自诊断系统发现安全气囊系统有故障,应及时排除。自诊断系统在控制安全气囊指示灯点亮或闪亮的同时,还会将所发现的故障编成代码存储在存储器中。

图 8-10　安全气囊 ECU

7. 安全气囊系统保险机构与线束

为了便于区别电气系统线束插接器,SRS 的插接器与汽车其他电气系统的插接器有所不同。过去曾采用过深蓝色插接器,目前 SRS 的插接器绝大多数采用黄色插接器。SRS 的插接器采用导电性能和耐久性能良好的镀金端子,并设计有防止气囊误报机构、端子双重锁定机构、插接器双重锁定机构和电路连接诊断机构等,用以保证气囊系统可靠工作。例如,丰田科罗娜轿车 SRS 采用的各种特殊插接器,如图 8-13 所示。插接器采用的各种保险机构见表 8-1。

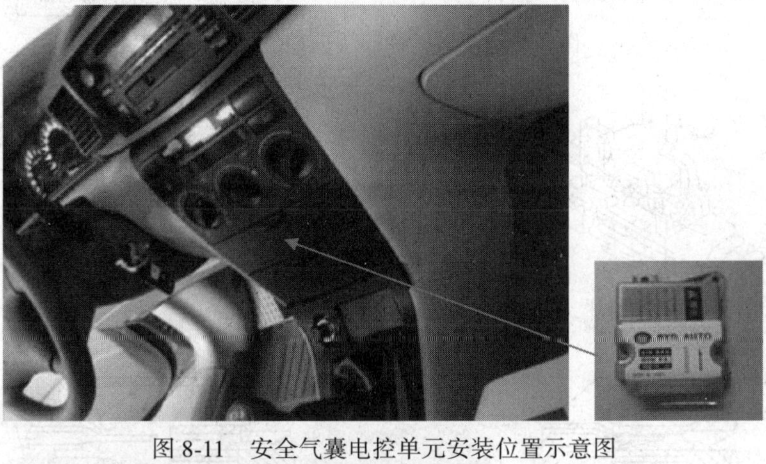

图 8-11　安全气囊电控单元安装位置示意图

图 8-12　安全气囊指示灯

表 8-1　丰田科罗娜轿车 SRS 插接器保险机构

序　号	名　　称	插接器代号
1	防止误报机构	2,5,8
2	电路连接诊断机构	1,3,7,9
3	插接器双重锁定机构	5,8
4	端子双重锁定机构	1,2,3,4,5,7,8,9

(1)防止 SRS 气囊误报机构,如图 8-13 所示,从 SRS ECU 至 SRS 点火器之间的插接器 2、5、8 均采用了防止误报的短路片机构,主要用于当插接器拔下时,短路片自动靠近 SRS 点火器一侧插头或插接器两个引线端子短接,如图 8-14 所示。

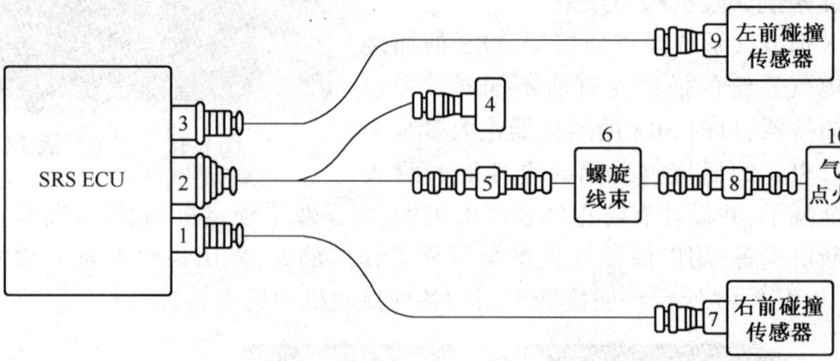

图 8-13　丰田科罗娜轿车 SRS 插接器

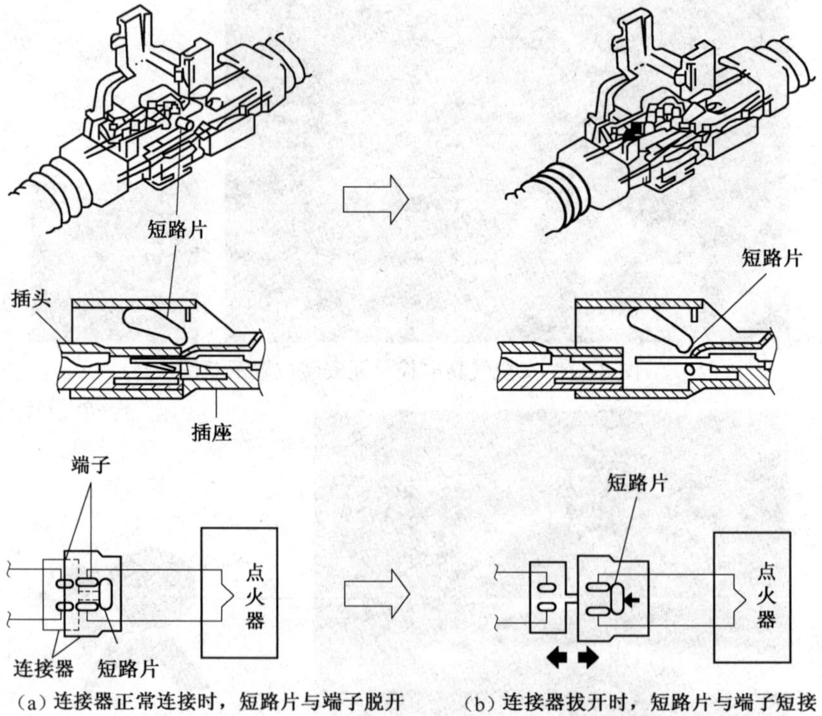

(a) 连接器正常连接时，短路片与端子脱开　　(b) 连接器拔开时，短路片与端子短接

图 8-14　防止 SRS 气囊误报机构结构和原理图

(2)电路连接诊断机构。电路连接诊断机构用于检测插接器的插头与插接器是否连接可靠。与 SRS ECU 连接器的插接器采用了电路连接诊断机构,如图 8-15 所示。

插接器插头上有一个诊断销,插接器上有两个诊断端子,端子上有弹簧片。其中一个诊断端子与碰撞传感器触点的一端相连,另一个诊断端子经过一个电阻与碰撞传感器触点的一端相连。

碰撞传感器触点为常开触点,当传感器插头鱼插接器未可靠连接时,诊断端子与诊断销尚未接触,如图 8-15(a)所示,此时电阻尚未与传感器触点构成并联电路,插接器引线“+”与“-”之间的电阻为∞。因为“+”“-”引线与 SRS ECU 插接器 1 或 3 的插头连接,所以当 ECU 监测到碰撞传感器的电阻为∞时,即诊断为插接器连接不可靠,自诊断电路便控制 SRS 警告灯闪亮报警,同时将故障编成代码存储在存储器中。

当传感器插头与插接器可靠连接时,诊断端子与诊断销可靠接触,如图 8-15(b)所示,此时电阻与碰撞传感器触点并联。因为传感器触点为常开触点,所以,当 SRS ECU 检测到的阻值为该并联电阻的阻值时,即诊断为插接器连接可靠。

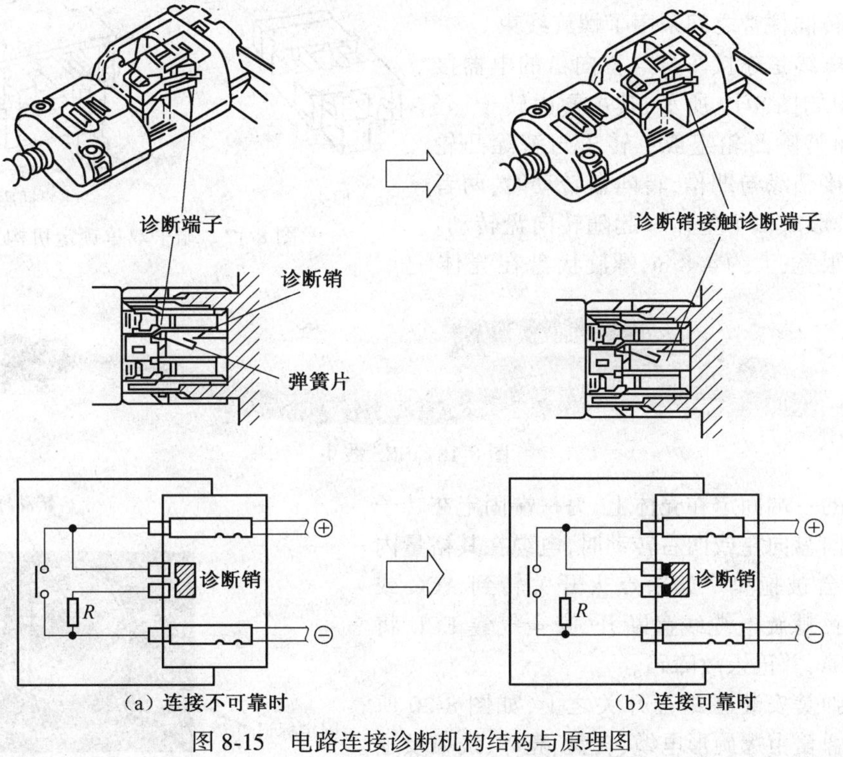

图 8-15　电路连接诊断机构结构与原理图

(3)连接器双重锁定机构。SRS 在线束的重要连接部位,其插接器采用了双重锁定机构,用于锁定插接器插头与插接器,防止插接器脱开,如图 8-16 所示。插接器插头上主锁和两个凸台,插接器上有锁柄能够转动的副锁。

(4)端子双重锁定机构。SRS 的每一个插接器都设有端子双重锁定机构,用于防止引线端子滑动,主要由插接器壳体上的锁柄与分隔片组成,如图 8-17 所示。锁柄为一次锁定机构,可防止端子沿引线轴线方向滑动;分隔片为二次锁定机构,可防止端子沿引线径向移动。

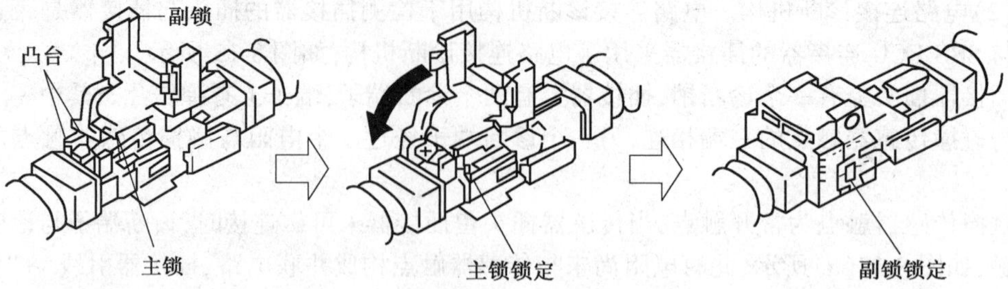

图 8-16　连接器双重锁定机构

(5)SRS 线束。SRS 的所有线束都套在黄色波纹管内,以便于区分(见图 8-18)。为了保证方向盘具有足够的转动角度而又不致损伤驾驶人席 SRS 气囊组件的连接线束,在方向盘与转向柱管之间采用了螺旋线束。

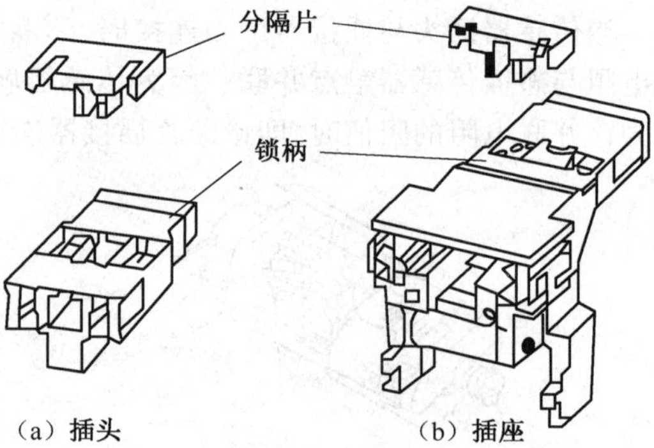

图 8-17　端子双重锁定机构

螺旋电缆是连接车身与方向盘的电器接线,其结构如图 8-19 所示,其主要由转子、壳体、电缆和解除凸轮组成。转子与解除凸轮之间有连接凸缘与凹槽,转向盘转动时,两者相互触动,形成一个整体一起随转向盘转动。电缆很薄很宽,大约 4. 8 m,螺旋状盘在壳体内。电缆的一端固定在壳体上,另一端固定在转子上。当转向盘向左或向右转动时,电缆在其裕量内转动而不会被拖曳。如果点火开关转到 ACC 或 ON 位置时,螺旋电缆线盘断开,安全气囊 ECU 将判断为故障,并记入故障码。

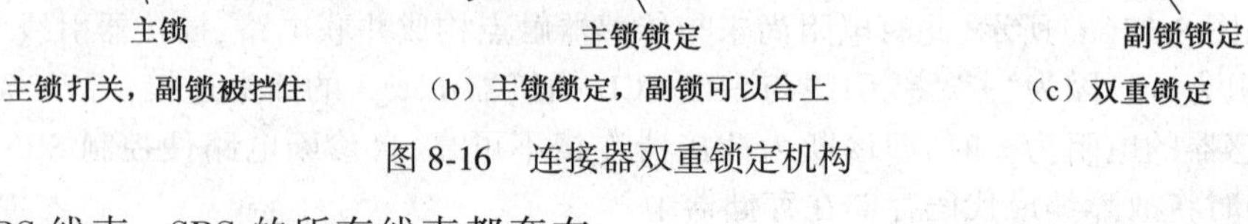

图 8-18　SRS 线束

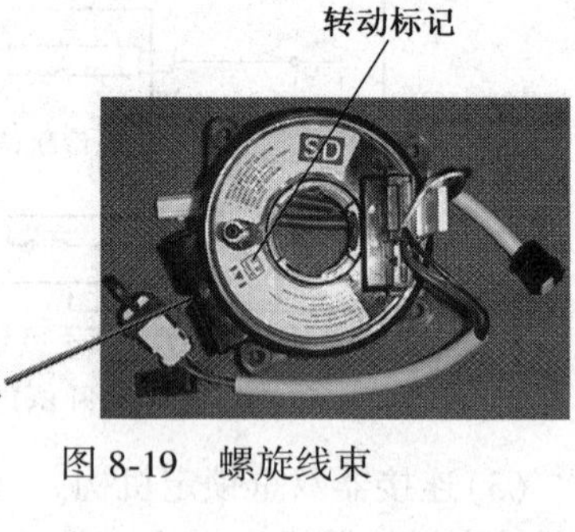

图 8-19　螺旋线束

螺旋弹簧安装在组合开关之上,如图 8-20 所示。螺旋弹簧由螺旋形电缆、转盘、壳体、线束及辅助结构件等组成。

(三)安全气囊的工作原理

当汽车车速低于 30 km/h 发生碰撞时,碰撞产生的减速度和惯性力较小,安全传感器和中央传感器将此信号送到安全气囊 ECU,安全气囊 ECU 判断结果为不引爆安全气囊,只引爆安全带收紧器的点火器。与此同时,向左、右安全带点火器发出点火指令使安全带收紧,防止驾驶人和乘员受伤。

当汽车车速高于 30 km/h 发生碰撞时，碰撞产生的减速度和惯性力较大，安全传感器和中央传感器将此信号送到安全气囊 ECU，安全气囊 ECU 判断结果为需要引爆安全气囊和安全带收紧器共同保护驾驶人和乘员。与此同时，向左、右安全带点火器和安全气囊点火器发出点火指令，在安全带收紧的同时，驾驶人侧气囊和乘客侧气囊同时打开，达到保护驾驶人和乘员的目的。

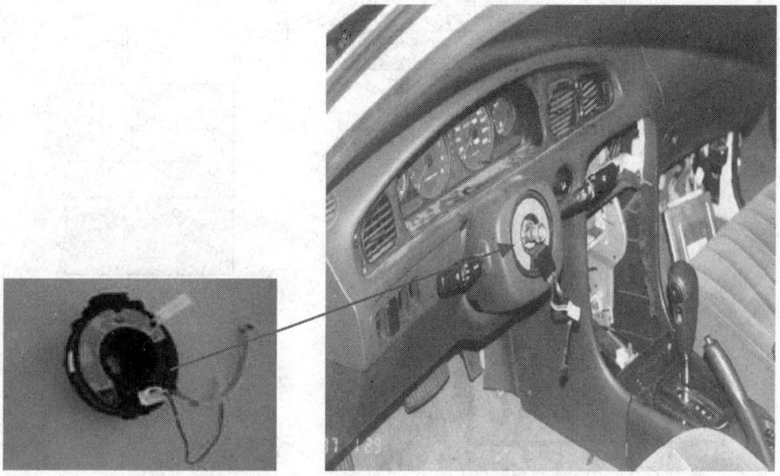

图 8-20　安全气囊螺旋弹簧安装位置示意图

（四）安全气囊控制电路

上海桑塔纳 3000 安全气囊系统电路图，如图 8-21 所示。

点火开关打开时，15 号线给控制单元 J234 供电，控制单元内部还有备用电源。当点火开关转到 ON 时，电瓶便经电压转换器对备用电源充电。当汽车碰撞使充电电源与气囊系统之间的供电电路中断时，气囊系统便由备用电源供电。安全气囊螺旋形电缆连接器 F138，气囊气体发生器 N95 都安装在方向盘内。转动方向盘时，三者形成一个整体一起旋转。当发生严重的正面碰撞时，控制单元内部的碰撞传感器触发，触发信号被控制单元的 T75/33、T75/44 接收，控制单元识别出碰撞信号后立即发出指令，引爆气体发生器，对安全气囊充气，使安全气囊张开后保护驾驶人。

（五）安全气囊使用注意事项

（1）安全气囊系统（SRS）是一种安全装置，与安全带配合使用。气囊不能取代安全带的功能。驾驶人和乘员必须系好安全带并根据身体调整到最合适的状态。

（2）SRS 系统的故障征兆难以确诊，所以故障代码就成为 SRS 系统检测诊断时最重要的信息来源，在脱开蓄电池检测 SRS 系统之前务必要读取故障代码。

（3）检修工作时务必从点火开关中拔出钥匙，或者再从蓄电池负极端子拆下电缆 20 s 或更长时间后才能开始。这是因为 SRS 系统配有备用电源，如果检修工作在从蓄电池拆下负极电缆后 20 s 之内就开始，安全气囊可能会打开。使用高阻抗（至少 10 kΩ/V）万用表来进行 SRS 系统电路的检测。

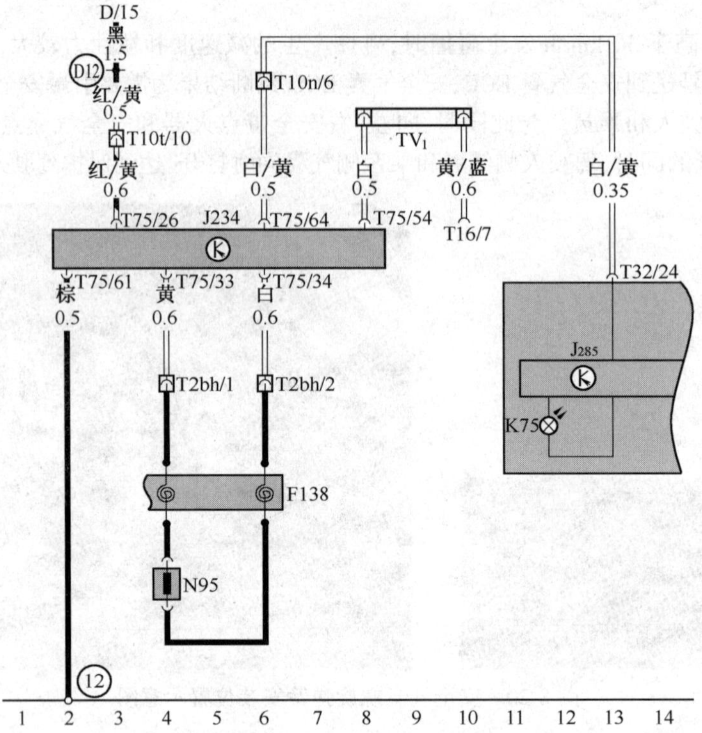

图 8-21 上海桑塔纳 3000 安全气囊系统电路图

F138—安全气囊螺旋形电缆连接器;J234—安全气囊控制单元;J285—组合仪表控制单元;K75—安全气囊报警灯;N95—气囊气体发生器,在方向盘内 T2bh/2 针插头,黄色,在方向盘下方;T10t/10 针插头,黄色,在继电器-熔丝支架顶面上(E 号位);T10r—10 针插头,粉红色,在继电器-熔丝支架顶面上(I 号位);T16 故障诊断仪插座,黑色,16 针,在组合仪表下方;T32—32 针插头,蓝色,在组合仪表上;T75—75 针插头,黄色,在安全气囊控制单元上;TV_1—诊断线插座,在继电器-熔丝支架上

(4)搬移有效(未展开)的安全气囊总成时,不要使气囊朝向自己本人。这样,万一气囊意外展开,伤人的可能性可降到最低限度,如图 8-22 所示。

(5)当将未展开的安全气囊总成放在工作台或其他表面上时,务必使总成面朝上,背离安放表面。这样,万一气囊意外展开,便提供了足够的空间供气囊展开。此外,请不要将任何物品放在安全气囊总成上,如图 8-23 所示。

(6)拿放安全带预紧器时,不要手持线束,如图 8-24 所示。

(7)禁止对安全气囊总成、预紧器、传感和诊断模块(SDM)或侧面碰撞传感器进行任何修理。必须更换损坏或失效的部件,如图 8-25 所示。

(8)禁止焊接、焊补、铜焊、锤击、机加工、打钻或加热任何乘员保护系统(OPS)部件,如图 8-26 所示。

(9)处理展开的安全气囊总成或预紧器时:

①务必戴上手套和安全眼镜。

②事后用中性肥皂和水洗手。这些部件的表面可能含有化学物质,此化学物质是燃烧过程中产生的气体所导致的,可能对皮肤有刺激性。

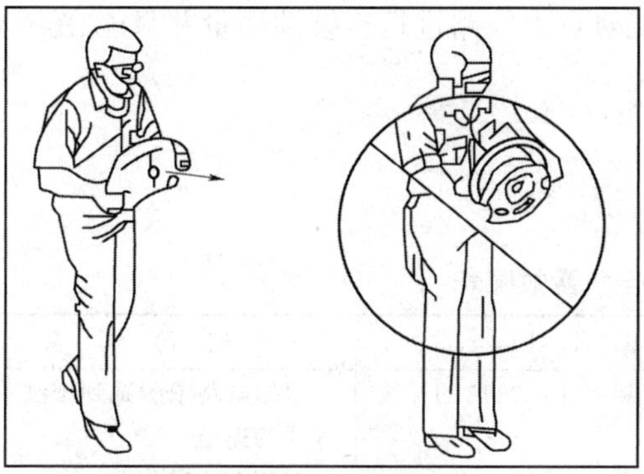

图 8-22　安全气囊搬运

图 8-23　安全气囊放置

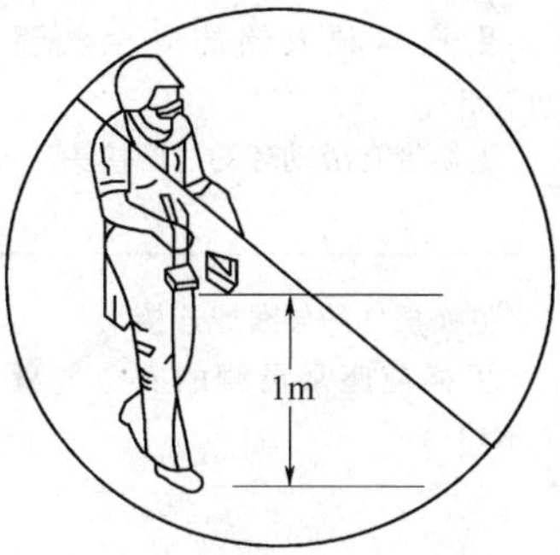

图 8-24　安全带预紧器搬运

图 8-25　禁止修理

图 8-26　禁止焊接等

(10)处理转向柱时:

①当维修需要拆卸和重新安装带有安全气囊总成的转向柱时,务必用双手搬移转向柱,使方向盘背离您的身体。

②放置转向柱时禁止使方向盘朝向地板。特别注意事项:当维修操作需要拆卸转向柱时,必须将转向轴锁定到转向柱上,以防因转向轴转动而损坏螺旋电缆带状导线。

(11)当拆卸和安装转向机时,应从点火开关中拔掉钥匙并务必锁定转向柱。否则,拆卸转向机时方向盘会发生转动,从而损坏螺旋电缆。这将导致传感器和诊断模块设置故障诊断码以及方向盘安全气囊总成不展开。

(12)中央碰撞传感器总成含有水银。更换之后,不要将换下的旧零件毁掉。当只更换中央碰撞传感器总成本身时,应拆下中央碰撞传感器总成并作为有害废物处置。

五、实训步骤

(一)安全气囊自诊断

在点火开关接通以后,安全气囊警告灯(K75)将闪烁约 4 s 后熄灭,如果警告灯(K75)在 4 s 后不熄灭,警告灯然后又闪烁 15 s,则表示前座乘客安全气囊失效。如果警告灯(K75)在 4 s 后不熄灭,则通向安全气囊控制单元(J234)的电源有故障,应查询故障代码。

如果警告灯(K75)再次点亮,则安全气囊存在故障,要查询故障代码并排除故障。如果警告灯(K75)连续点亮,则必须更换控制单元(J234)。

检查安全气囊只能对导线进行目测。不能对点火线路进行连续性测量并只能在点火开关断开时进行检查,以免引爆安全气囊。

(二)安全气囊故障表

安全气囊故障如表 8-2 所示。

表 8-2 安全气囊故障表

故障点	故障原因	故障排除
电源 信号太小	到安全气囊控制单元(J234)的导线和连接 电池被放电或损坏	根据电路图测试到控制单元的导线的连接 对蓄电池充电或更换
安全气囊点火器驾驶人侧(N95) 电阻太大 电阻太小 对正极短路 对地短路	导线或连接故障 驾驶人侧安全气囊(N95)故障 带有滑动环的线圈接头(F138)故障	更换损坏的导线或连接 更换驾驶人侧的安全气囊(N95) 更换带有滑动环的线圈接头
前座乘员侧安全气囊点火器(N131) 电阻太大 电阻太小 对正极短路 对地短路	导线或连接故障 前座乘员侧安全气囊(N131)故障	更换损坏的导线或连接 更换前座乘员侧的安全气囊(N131)
驾驶人侧安全气囊点火器(N199) 电阻太大 电阻太小 对正极短路 对地短路	导线或连接故障 驾驶人侧安全气囊(N199)故障	更换损坏的导线或连接 更换驾驶人侧安全气囊(N199)
前座乘员侧安全气囊点火器(N200) 电阻太大 电阻太小 对正极短路 对地短路	导线或连接故障 前座乘员侧安全气囊(N200)故障	更换损坏的导线或连接 更换前座乘员侧安全气囊(N200)
驾驶人侧安全气囊撞击传感器(G179) 电阻太大 电阻太小 开路 短路 故障	导线或连接故障 撞击传感器故障 控制单元故障	更换损坏的导线或连接 更换损坏的部件 更换撞击传感器或控制单元
驾驶人侧安全气囊撞击传感器(G180) 电阻太大 电阻太小 开路 短路 故障	导线或连接故障 撞击传感器故障 控制单元故障	更换损坏的导线或连接 更换损坏的部件 更换撞击传感器或控制单元

续表

故　障　点	故　障　原　因	故　障　排　除
前座乘员安全气囊未激活	前座乘员安全气囊失去功能	控制单元匹配
控制单元故障	外部的电子干扰，接地不良或与控单元（J234）的正极连接不良 控制单元故障	根据电路图测试通向控制单元的导线和接头 更换控制单元

（三）安全气囊故障诊断与排除

利用故障诊断仪进行故障诊断，如图 8-27 所示。

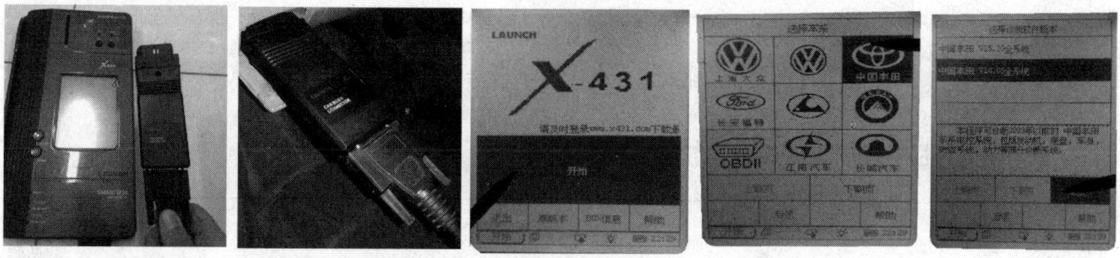

（a）X431故障诊断仪　（b）连接汤车故障诊断接口　（c）启动故障诊断仪X431，单击“开始”按钮　（d）选择车型　（e）单击“确认”按钮

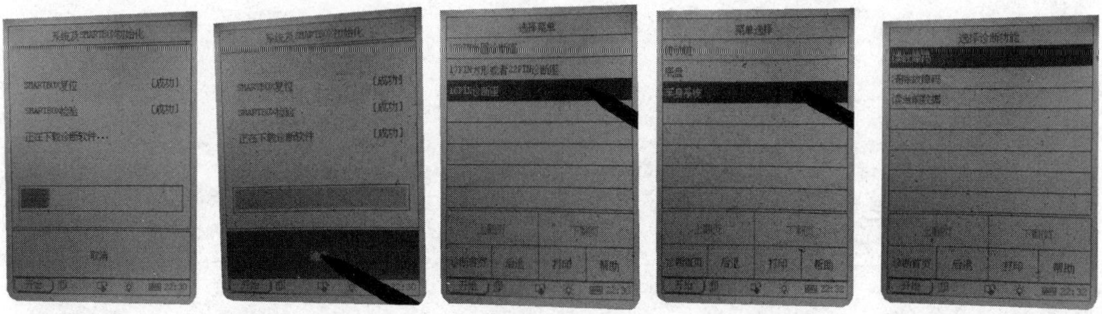

（f）系统初始化　（g）初始化完毕，单击“确认”按钮　（h）选择故障诊断插座　（i）选择“车身系统”　（j）读取故障代码

图 8-27　安全气囊故障诊断

故障代码读取完后，按照故障查找故障原因，并进行故障排除。

复习与思考

(一)在图 8-28 中标出气体发生器的组成

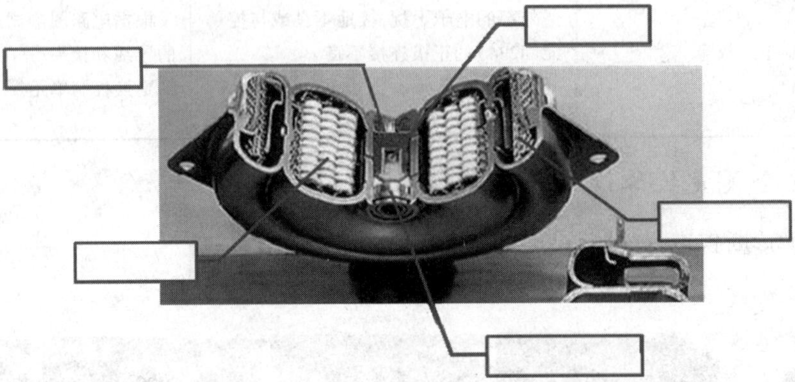

图 8-28　气体发生器结构图

(二)简述安全气囊的工作过程

笔记及心得

实训九

空调系统的构造与检修

一、实训目标

(1)掌握汽车空调系统的组成。
(2)掌握汽车空调系统元器件的检修。
(3)能够识读汽车空调系统操纵机构与控制电路。
(4)掌握汽车空调系统制冷剂的回收、加注。
(5)掌握汽车空调常见故障的检修(压力故障)。
(6)掌握汽车空调常见故障的检修(电路故障)。

二、实训内容

(1)对汽车空调系统元器件进行检修。
(2)对空调系统制冷剂的进行回收、净化、加注。
(3)电路读图,对空调的常见故障进行检修(电路故障)。
(4)对汽车空调常见压力故障进行检修。

三、实训工具及设备

(1)世达 120 件 1 套,万用表 1 个,常用工具 1 套。
(2)桑塔纳轿车一辆。
(3)冷媒回收加注机 1 个。

四、知识准备

(一)汽车空调的结构与组成

1. 汽车空调的作用

汽车空调能对车厢内空气进行加热、制冷、通风和净化处理,以满足乘员对车辆乘坐环境

的要求。为此,汽车空调具备如下功能:

(1)调节车内温度。

(2)调节车内的湿度。

(3)调节车内空气流速。

(4)过滤、净化车内空气。

2. 汽车空调在汽车上布置位置的认知

汽车空调部件的布置,如图 9-1 所示。

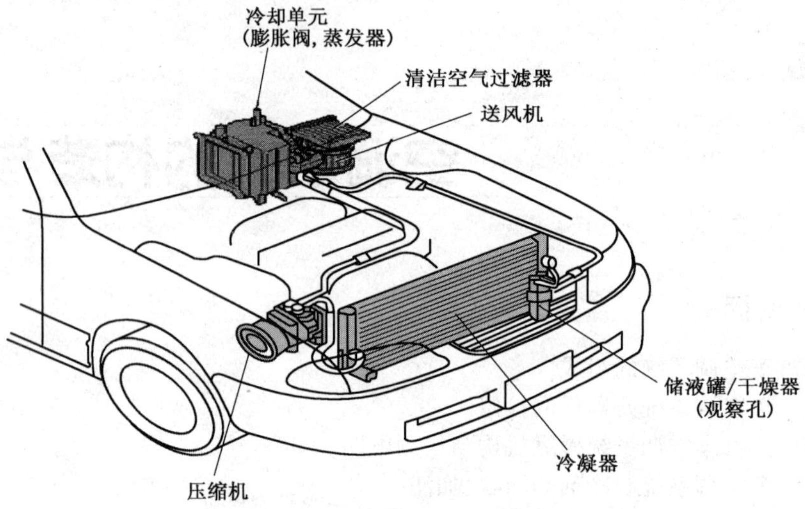

图 9-1　汽车空调部件布置图

3. 空调的组成

汽车空调系统主要由以下几部分组成:

(1)制冷装置。对车内空气或由外部进入车内的新鲜空气进行冷却或除湿,使车内空气变得凉爽舒适。

制冷装置由压缩机、冷凝器、储液干燥器、膨胀阀、蒸发器、冷凝器散热风扇、制冷管道、制冷剂等组成,如图 9-2 所示。

(2)暖风装置。主要用于取暖,对车内空气或由外部进入车内的新鲜空气进行加热,达到取暖除霜的目的。它由加热器、水阀、水管、发动机冷却液组成,如图 9-3 所示。

(3)通风装置。将外部新鲜空气吸进车内,起通风和换气作用。同时,通风对防止风窗玻璃起雾也起着良好作用。它由进气模式风门、鼓风机、混合气模式风门、气流模式风门、导风管等组成,如图 9-4 所示。

(4)空气净化装置。除去车内空气中的尘埃、异味、烟气及有毒气体,使车内空气变得清洁。它由车内、外空气交换和车内空气循环两部分组成。

(5)空调控制装置。对制冷、取暖和空气配送系统的温度、压力进行控制,同时对车内的温度、风量、流向进行调节,并配有故障诊断和网络通信的功能,完善了控制系统的自动程度。控制装置包括点火开关、A/C 开关、电磁离合器、鼓风机开关、调速电阻器、各种温度传感器、制冷剂高低压力开关、温度控制器、送风模式控制装置、各种继电器。近几年来不少高级轿车上

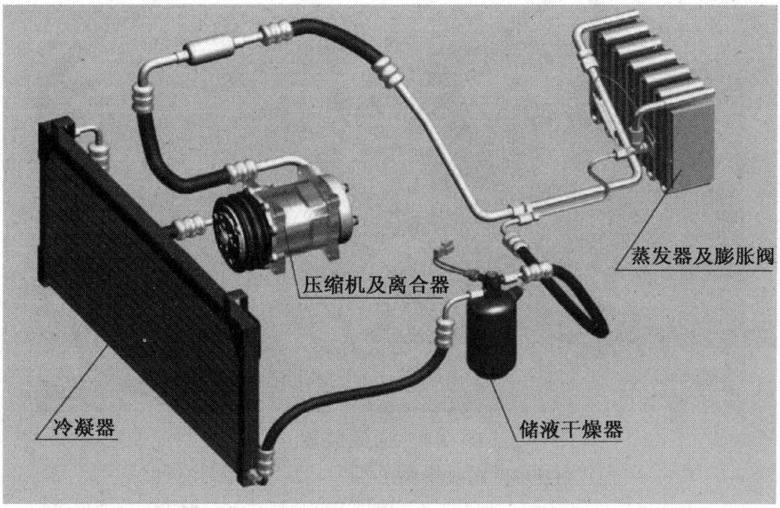

图 9-2　制冷装置组成图

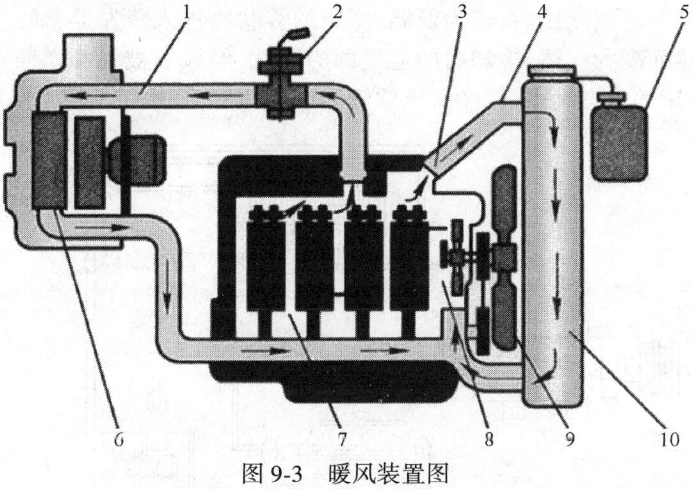

图 9-3　暖风装置图

1—热交换器软管;2—热水阀;3—节温器;4—散热器软管;5—膨胀水箱;
6—热交换器芯;7—发动机;8—水泵;9—风扇;10—散热器

普遍采用了计算机自动控制,大幅度降低了人工调节的麻烦,提高了空调经济性和空调效果。将上述全部或部分有机地组合在一起安装在汽车上,便组成了汽车空调系统。在一般的轿车和客、货车上,通常只有制冷装置、暖风装置和通风装置,在高级轿车和高级大、中客车上,还有加湿装置和空气净化装置。

(二)汽车空调系统的工作原理

空调系统的工作原理如图 9-5 所示。由蒸发器 1 出来的低温、低压制冷剂 R134a 气体,经低压软管 2、低压阀 9 进入压缩机 3。压缩机内将气态制冷剂吸进并压缩,变成高温、高压的制冷剂气体,由高压阀出来经过高压管 4 进入冷凝器 5,并把热量排出车外,被冷却为高温、高压

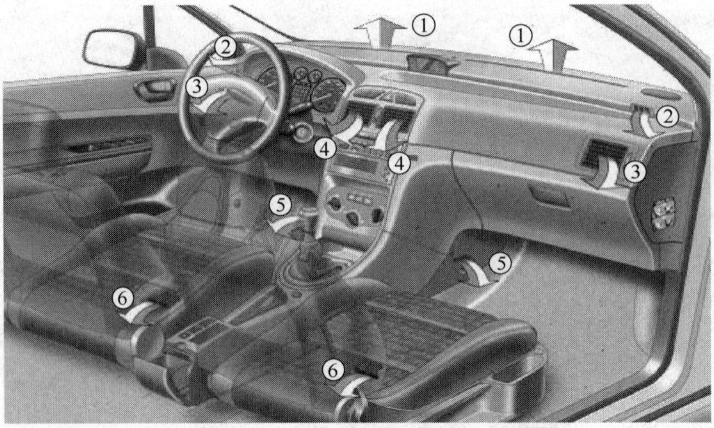

图 9-4　通风装置

1—前风窗玻璃除霜或除水气通风口；2—仪表板出风口；

3—侧面通风口；4—中间通风口；5—前排下部通风口；6—后排下部通风口

的液态 R134a，从冷凝器底部流向储液干燥器 6，经过滤、脱水后由高压管 4 送至膨胀阀 8。经膨胀阀的高压液态制冷剂减压后，成为低温、低压的雾状物进入蒸发器，通过蒸发器芯管吸收周围空气中的热量而变为气体，冷却后的空气即为冷气，经风扇被强制送回车内，完成了降温的目的。低温、低压的气态制冷剂，经低压软管回到压缩机，开始新一轮工作循环。

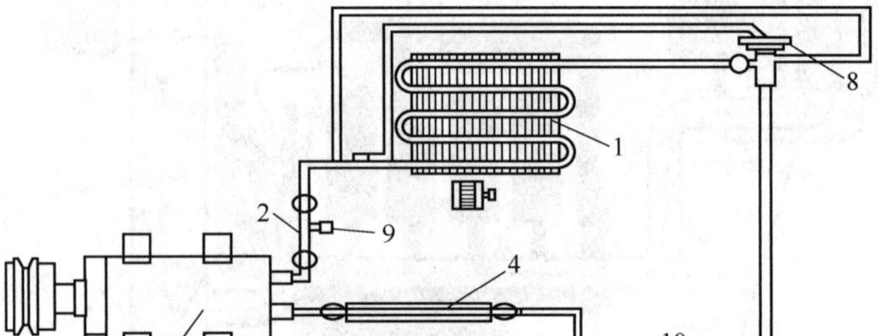

图 9-5　汽车空调系统工作原理图

1—蒸发器；2—低压软管；3—压缩机；4—高压软管；5—冷凝器；

6—储液干燥器；7—高压阀；8—膨胀阀；9—低压阀；10—压力开关

（三）汽车空调的基本部件认知

1. 压缩机

如图 9-6 所示，当主轴旋转时，摇板作轴向往复摆动，从而带动压缩机的活塞作轴向往复运动。压缩机采用电磁离合器形式，当接通电源时，电磁离合器线圈中的电流在离合器片与固定框之间产生一磁场，离合器的磁铁吸向转子，电磁离合器带轮从发动机上得到的动力传给压缩机轴,带动压缩机工作。当切断电源时,磁场消失,离合器分离,带轮空转。

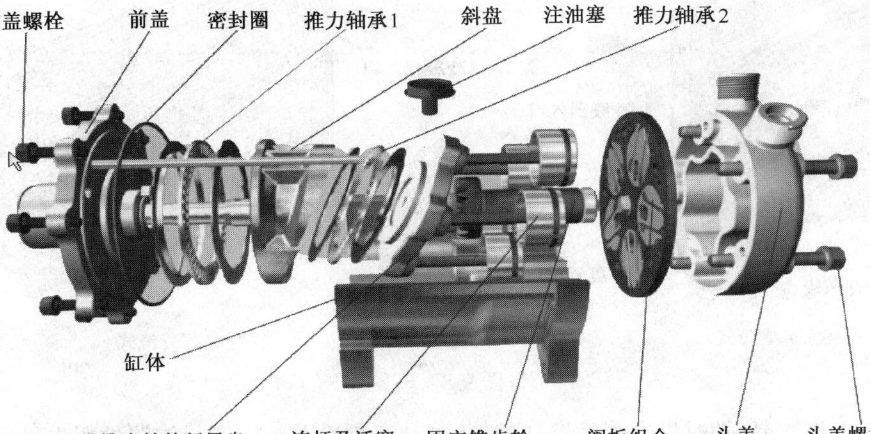

图 9-6　压缩机

2. 冷凝器

如图 9-7 所示,冷凝器的作用是把来自压缩机的高温制冷剂气体冷凝成高压液体,并把吸收的热量排放到车外环境中。

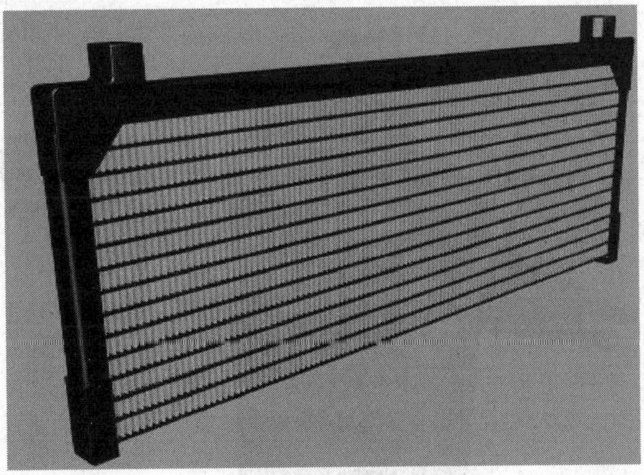

图 9-7　冷凝器

3. 蒸发器

蒸发器的作用是将膨胀装置排出的低温、低压的雾状制冷剂进行吸热升温,使其变为低温、低压的液态制冷剂,如图 9-8 所示。

4. 储液干燥器

一般将具备储液、干燥、过滤 3 种功能的装置组成一体,称为储液干燥器。储液干燥器外形如图 9-9 所示,安装位置如图 9-10 所示。储液干燥器串联在冷凝器与膨胀阀之间的管路上,使从冷凝器中来的高压制冷剂液体经过滤、干燥后流向膨胀阀。在制冷系统中,它起到储液、干燥和过滤液态制冷剂的作用。储液干燥器的功能是储存液化后的高压液态制冷剂。根据制

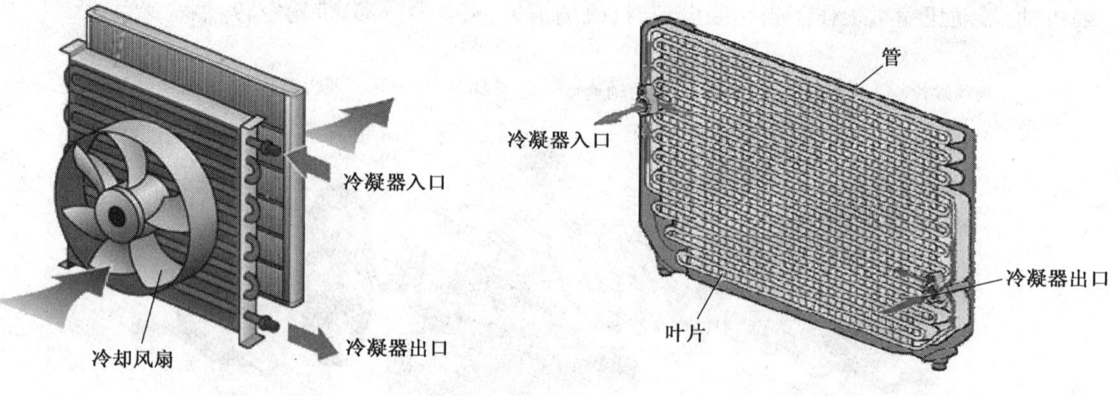

(a)管带式　　(b)平行流式

图 9-8　蒸发器

冷负荷的大小需要,随时供给蒸发器,同时还可补充制冷系统因微量渗漏的损失量。干燥的目的是防止水分在制冷系统中造成冰堵。防止造成系统堵塞的"冰堵"故障。杂质与制冷系统的制冷剂混合在一起,很容易将系统堵塞,影响正常工作,同时也会增加压缩机的磨损,缩短其使用寿命,所以系统中设置了过滤器。其内部构造如图 9-11 所示。主要有制冷剂入口、干燥剂、过滤器、易熔塞、视液镜和制冷剂出口等。干燥剂是一种能从气体、液体或固体中除掉潮气的固体物质,一般常用的有硅胶及分子筛。

图 9-9　储液干燥器

5. 膨胀阀

图 9-12 所示为 H 型膨胀阀结构示意图,其膨胀阀的主要功能是把高温、高压的液态制冷剂节流降压,转化为低压、低温的雾状物,送入蒸发器。并控制向蒸发器的供液量,防止过多的液体引起阻滞现象。膨胀阀有下述 3 个功能。

①节流降压。使从冷凝器来的高温、高压液态制冷剂节流降压成为容易蒸发的低温、低压雾状物进入蒸发器,即分隔了制冷剂的高压侧与低压侧,但制冷的液体状态没有变化。

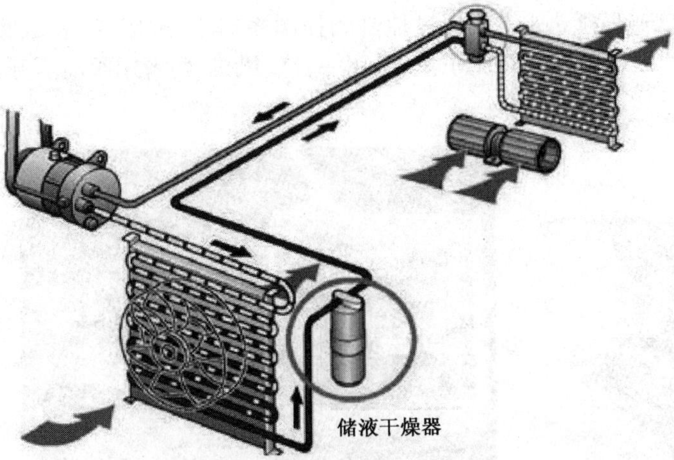

图 9-10 储液干燥器的位置

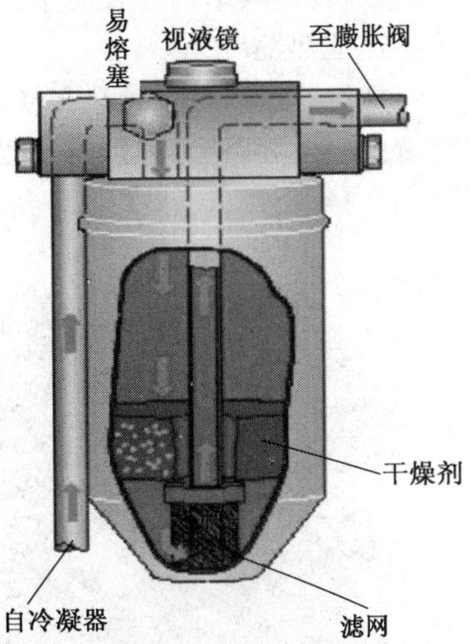

图 9-11 储液干燥器

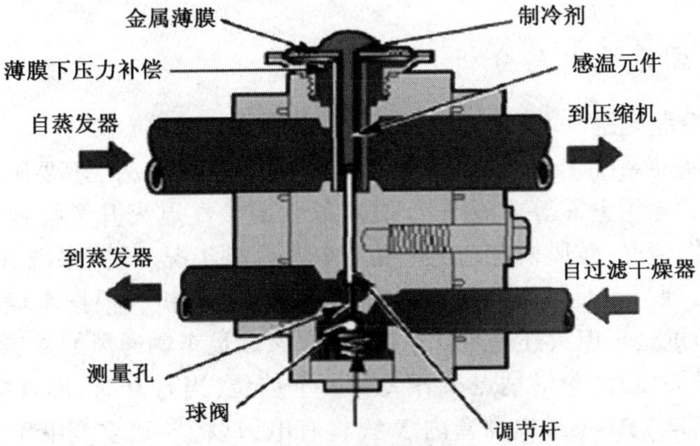

图 9-12 H 型膨胀阀结构示意图

②调节流量。由于制冷负荷的改变以及压缩机转速的改变,要求流量作相应调整,以保持车内温度稳定,制冷剂正常工作。膨胀阀就起了把进入蒸发器的流量自动调节到制冷循环所要求的合适程度的作用。

③控制流量、防止液击和异常过热现象发生。膨胀阀以感温包作为感温元件控制流量大小,保证蒸发器尾部有一定量的过热度,保证蒸发器总容积的有效利用,并防止异常过热现象的发生。汽车空调系统在运行过程中,其热负荷是变化的。例如,空调系统刚打开时,车室内温度较高,热负荷较大,需要进入蒸发器的制冷剂流量加大,以增加制冷量;反之,当车室内温度较低时,即热负荷减小,此时,进入蒸发器的制冷剂流量应相应减小,以减少制冷量。

6. 鼓风机

鼓风机一般装在蒸发器的里侧。其功用是将车内的温度较高的空气流向蒸发器,再经过热交换器将冷风或热风送入车厢内,这样不断的循环使车厢内降温或升温。图 9-13 所示为离心式鼓风机，其结构比较简单，一般由叶轮、涡轮和进口集流器组成。

7. 加热器

加热器也属于一种热交换器，对于非独立式空调通过控制阀控制冷却液（或废气）在取暖装置中的循环路径，加热器一般与蒸发器装在一个箱子里，共用一台鼓风机，两者用阀门隔开，如图 9-14 所示。

图 9-13　离心式鼓风机

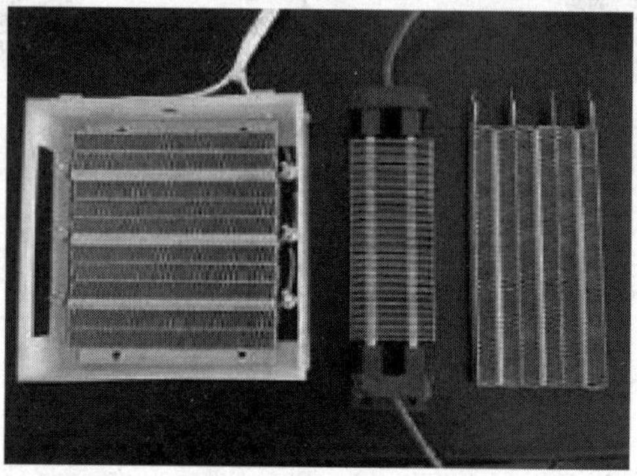

图 9-14　加热器

（四）汽车空调系统电路分析

1. 鼓风机及其控制电路

鼓风机除了在制冷系统工作时将冷风吹向车厢内各个角落外，还要用于车厢内的通风与暖气以及前风玻璃的除霜去雾等功能的吹风，所以它应该在点火开关接通后即可进行控制操作。根据鼓风机工作情况，鼓风机电动机电路可分为两种工况（见附录图 A-10 和图 A-11）。

（1）点火开关接通后满足通风或除霜去雾功能的电路分析。根据车辆通风或除霜去雾功能的要求，无论发动机处于熄火还是工作状况，都应该满足车辆通风或除霜去雾功能的基本操作，为此只要点火开关接通（桑塔纳点火开关有 3 个挡位，当打开时，即处在 ON 的位置时，电路图中 15、X 线均有电），中央继电器盒内 X 线将有电，这将导致空调继电器的一组触点进入工作状况，即图中 J32 的 3/3−1/1 脚之间的线圈与对应所控制的触点，其工作状况如下：

打开点火开关，使 X 线有电，于是 X 线→S14→A23→T2e/1→J32（3/3−1/1），用“−”表示某个元件总成内部的连接线，“→”表示各元件之间的连接导线，J32/（3/3−1/1）中 J32 表示元件名称，括号中 3/3 分别表示插接在第五号位的继电器（即 J32）的第 3 号接线柱与继电器盘上的第 3 号插座插接在一起。而 J32（3/3−1/1）表示 J32 的 3/3−1/1 脚之间接通。

由于 J32（3/3−1/1）接通，电磁线圈有电，导致 J32（8/8−6/6）接通，于是产生工作电流：30 号线→P4→S126→H3→J32（8/8−6/6）→E9，风速开关 E9 有 4 个风速挡位，打到 1 挡时鼓风机慢速转动，打到 4 挡时最快，这一调速是通过与鼓风电动机串联在一起的减速电阻 N23 实现的。当鼓风机处于任意挡速度运转时，通过操作空调面板上的出风方向控制旋钮，即可改变出风的流动方向，以实现通风取暖和除霜去雾等不同功能。

（2）空调开关 E30 接通后鼓风机运转的电路分析。发动机起动后，如果直接接通空调开关 E30，而此时如果没有接通鼓风机开关 E9 电路，但鼓风机仍将以最低转速自动运转，以保证汽车空调在制冷系统工作后，有循环风吹经蒸发器的散热片及蛇形管的表面，不至于引起因蒸发器表面温度太低而结霜，同时也不至于蒸发器内制冷剂由于吸收不到热量而以液态形式进入压缩机，当空调开关 E30 接通后，可见鼓风机运转的电路为：X 线→S14→A23→T2e/1→E30/(2-3)→F38→J32(2/2-1/1)，J32 的 8/8-7/7 脚线圈有电，于是有电流：30 号线→P4→S126→S5→J32/(8/8-8/7)→H4→E9(1)→N23/(1-4)→V2(1-2)→T1→序号 256(搭铁)而直接流通，鼓风机以最低转速挡自动运转。此时如果操作鼓风机开关 E9，仍可改变 V2 的转速。

2. 冷凝风扇及其控制电路

(1)冷凝风扇的运转及对应转速受到发动机冷却水温度以及空调运转工况的双重控制。

当发动机水温达到 95 ℃时，安装在发动机散热器上热敏开关 F18 的低温挡触点闭合，即电路中 147 号位置的 F18/(3-2)。V7、V8 低速挡的电流路经为：A/+→S1→C7→F18/(3-2)→B2→V7(2-3)和 V8/(2-3)→B3→序号 6(接地)，式中 A/+分子 A 表示蓄电池，也就是图中的 30 号线，分母中+表示蓄电池正极，于是冷凝风扇 V7、V8 以低速挡运转。

(2)当发动机冷却温度达到 105 ℃时，电路图 147 号位置上的 F18/(1-3)接通，即高速挡触点闭合，于是高速挡电流路径为：A/+→S1→C7→F18/(3-1)→序号 171→J293 的 T10/7 端子，J293 是空调的散热风扇控制器，主要起到功率的放大与控制作用，用于控制冷凝风扇 V7、V8 及压缩机电磁离合器 N25。当 J293 的 T10/7 脚接到 F18/3 脚高速挡运转信号后，在 173 号位置上 J293 的 T4/2，即 J293 的 T4/2 端子输出高电压信号并送至 146 号位置的 V7 的 1 号端子和 149 号位置的 V8 的 1 号端子，于是 V7、V8 高速运转。

(3)当空调开关 E30/(2-3)打开时，冷凝风扇也会低速运转。在电路图 156 号位置上，空调开关 E30/(2-3)打开后，有电流：X 线→S14→E30/(2-3) →F38(低于 2 ℃时断开)→序号 162→E33/(1-2)→F40/(1-2)→序号 171→F129(1-2)→B7→J293 的 T10/3 端子，当 J293 的 T10/3 脚接到信号后，J293 相对应的 J293/T4/3 输出端输出高电压信号至 V7、V8 的 2 脚，使 V7、V8 以低速挡运转，可见，只要空调开关 E30 合上，冷凝风扇就会低速运转，以满足空调工作时对冷凝器的散热要求。

(4)运行中空调系统在高压压力达到 1. 77 MPa 时(F129 是安装在储液干燥器上的复合开关，其中 1 与 2 号脚在空调系统制冷剂压力大于 0. 196 MPa 及小于 3. 14 MPa 时接通，而 3 号与 4 号脚则在系统制冷剂压力大于 1. 77 MPa 时接通，而小于 1. 37 MPa 时又切断)，冷凝风扇会高速运转。

如果运行中空调系统在高压压力达到 1. 77 MPa 时，则安装在储液干燥器上的复合压力开关 F129/(4-3)+(图中 172 号位置上)有电流：X 线→G1→B6→F129(4-3)→ J293/T10/2+，当 J293/T10/2 接受到信号后，就会控制其相应输出端 T4/2 输出高压电，该高压电通至 V7、V8 的 1 号脚，使 V7、V8 以高速挡转速旋转，以加大冷凝器的散热速度，直至系统压力下降到 1. 37 MPa 时，F129 的 4-3 脚断开，冷凝风扇又恢复低速挡运转。

3. 电磁离合器及其控制电路

压缩机电磁离合器的控制部分，是指空调 E30 开关合上后所控制的所有电路，这些电路可分成 4 个部分，分别为一处到 K48(空调 A/C 开关指示灯)，第二处到 N63(进风门电磁阀)，第三处到序号 38(发动机计算机的 T80/10 端子)，第四处到序号 162，即经 E33、F40、F129(1—

2)，之后经 B7，分别到 J293 的 T10/3 和 J26（2/30-5/87），其中第四处到 J293 的 T10/3，在前述电路中已介绍。

（1）空调继电器 J32 的控制电路。在发动机工作以后（即点火开关在 ON 的位置时候），中央继电器盒内 30 号线（常火）、15 号线与 X 号线都已有电（注意，点火开关在 ST 位置时候，也就是在起动机工作的时候，X 线无电）。此时合上空调开关 E30/（2-3），便有继电器的控制电路：X 线→S14→E30（3-2）→F38→J32/（2/2-1/1），J32 的（2/2-1/1）之间的线圈有电，使 J32/（8/7）开关闭合，鼓风机最低转速运转。此时如果操作鼓风机开关 E9（因为现在发动机处于着车状态，点火开关在 ON 的位置，X 线也有电），使 J32 的（3/3-1/1）之间的线圈有电，使 J32/（6/6）开关闭合，则可通过 E9 改变 V2 的转速；其实，如果发动机不着车，但点火开关处在 ON（桑塔纳轿车只有三个挡位，ST\ON\OFF）的位置时候，同样可以通过 E9 改变 V2 的转速，电流流向参见鼓风机及其控制电路。

（2）内循环真空继电器线圈 N63 控制电路。当空调开关 E30/（2-3）合上后，进风门电磁阀 N63 控制电路为：X 线→S14→E30/（2-3）→F38（2-1）→N63（2-1）→A1→接地。于是 N63+接通了控制进气门真空电机的真空气源，真空电机通过拉杆驱动进气风门，使进风门从外循环位置转向内循环位置。

（3）散热风扇控制器 J293 的空调开关 E30 信号电流。当空调开关 E30/（2-3）合上后，即打开空调后，就有 E30 空调开关的信号电流通到散热风扇控制器 J293，电路如下：X 线→S14→A23→T29/28→E30/（3-2）→F38/（2-1）→序号 162→E33→F40→F129（2-1）→B7，一路到 J293/T10/3，另一路到 J26（2/30-5/87）。

控制线路中 F38 为环境温度开关，大约在 2 ℃以上为接通状态，2 ℃以下为断开状态，这是因为如果环境温度低于 2 ℃，原则上就不需要空调再制冷；E33 为蒸发器表面防霜开关；F40 为空调水温控制开关，当发动机水温在 120 ℃以上时切断，120 ℃以下则接通，因为发动机水温如果达到 120 ℃，发动机处于“开锅”状态，此时如果再开空调，更增加了发动机的负荷。F129 是安装在储液干燥器上的复合开关，其中 1 与 2 号脚是在空调系统制冷剂压力大于 0.196 MPa 及小于 3.14 MPa 时接通，而 3 号与 4 号脚则在系统制冷剂压力大于 1.77 MPa 时接通，小于 1.37 MPa 时又切断，电路可参见冷凝风扇及其控制电路，但此时，即 F129（1-2）闭合，尽管散热风扇控制器 J293 的 T10/3 脚已经收到 E30 开关的工作信号，然而 J293 对于压缩机电磁离合器 N25 的控制信号并不马上在 J293 的 T10/10 脚输出，它还要受到另外一个信号（J26 的 4/86 和 6/85 需通电）的控制，所以有下面第 4 方面的电路。

4. 发动机控制单元（ECU）J220 相联系的控制电路

打开点火开关时，发动机控制单元 J220 与空调开关 E30 相连，电流流向为 X→S14→A23→T29/28→E30/（3-2）→F38/（2-1）→T2f/1→序号 38→J220 的 T80/10 端子→计算机内部搭铁，对空调实现如下控制功能：

在发动机正常工况条件下，如果接通空调开关 E30，发动机控制单元会在接到空调 E30 信号后 140 ms 内接通压缩机电磁离合器线圈电路，空调便开始工作，由于空调工作要引起发动机输出功率和转速的变化，为此发动机控制单元通过节气门控制部件 J338 始终维持发动机怠速稳定。

另外发动机在下列工况下，发动机控制单元将切断空调压缩机的工作：

(1)当驾驶人急加速把油门突然踩到底。

(2)当发动机节气门控制器J338处于紧急运行模式。

(3)当发动机冷却水温度超过120 ℃。

如果发动机控制单元不允许空调电路工作,则J220的T80/8脚就会输出低电压信号至J26(4/86-6/85)端子,否则J220的T80/8脚将会输出高电压信号至J26(4/86-6/85)端子,见附录图A-11中167号位置,控制J26(2/30-5-87)端子保持闭合,其工作过程如下:在电路中的40位置上有:J220的T80/8→J26/(4/86-4/85)→序号8→接地,使J26的(2/30-5/87)开关闭合,将空调开关E30工作信号将进一步经过J26的(2/30-5/87)端子送到J293的T10/8端子, J293的T10/8收到E30/(3-2)信号后,立刻在相应输出端J293的T10/10输出端输出高电压至压缩机电磁离合器线圈N25,使N25压缩机电磁离合器吸合,制冷系统进行循环工作。

可见,电磁离合器线圈N25工作(即空调开始制冷)受到散热风扇控制器J293(T10/10)的控制,而J293需要接收到压缩机切断继电器J26(5/87-2/30)的控制信号,而J26(6/85-4/86)接受到发动机计算机J220(T80/8)的控制,而J220需要接收到T80/10端子的空调请求信号、发动机冷却水温度信号、节气门控制器信号,综合控制空调的开启。

五、实训步骤

(一)汽车空调常规检查与维修

由于不同的制冷剂的特性不同,要求系统配制不同的冷冻机油、干燥剂、橡胶密封材料、连接软管以及不同的压缩机、膨胀阀、恒温控制器、压力开关等部件,因此,对空调系统进行维护时,首先要确认该系统采用了何种制冷剂,以便采取相适应的措施和材料,这一点非常重要。

1. 空调系统常规检查(指不打开制冷系统)的内容

(1)检查制冷剂是否有泄漏。

(2)检查制冷量是否正常。

(3)检查电路是否接通,各控制元件是否正常工作。

(4)检查冷凝器是否有明显污垢、杂物,是否通畅。

(5)检查压缩机传动带张力是否正常。

(6)检查软管及连接处是否牢固。

(7)检查系统运行时是否有异响和气味。

2. 检查方法

检查方法主要有:用手感觉各部分温度是否正常,用肉眼检查表面情况及泄漏部位,用耳听和鼻嗅检查是否有异常响声和气味,通过储液干燥器上的窥视玻璃判断系统工作状况。

(1)用手检查温度。在正常情况下,低压管路呈低温状态,高压管路呈高温状态。从压缩机出口→冷凝器→储液干燥器→膨胀阀进口处是制冷系统的高压区,这些部件应该先暖后烫(注意手摸时要小心被烫伤),如果有特别热的部位(如冷凝器表面),则说明此部位有问题:散热不好。如果有特别凉的部位(如膨胀阀入口处),也说明此部位有问题:可能有堵塞。储液器进出口之间若有明显温差,则说明此处有堵塞或者制冷剂量不正常。从膨胀阀出口→蒸发器→压缩机进口处是低压区,这些部位表面应该由凉到冷,但膨胀阀处不能发生霜冻现象。

(2)用肉眼检查泄漏情况。制冷剂的泄漏有可能出现在所有连接部位、冷凝器表面及蒸发器表面被损坏处、膨胀阀进出口连接处、压缩机轴封、前后盖密封垫等处。上述部位一旦出现油渍,一般说明此处有制冷剂泄漏(但压缩机前轴封处漏油可能是轴承漏油),应尽快采取措施修理。

(3)干燥器窥视玻璃判断工况。从窥视玻璃判断工况要在发动机运转、空调工作时进行。若从窥视玻璃中看到的工质情况是:

①清晰、无气泡,但出风口是冷的,说明制冷量适当,制冷系统正常;出风口不冷,说明制冷剂漏光了;出风口不够冷,而且关掉压缩机 1 min 后仍有气泡慢慢流动,或在关压缩机的一瞬间就清晰无气泡、无流动,说明制冷剂太多。

②偶尔出现气泡,若有膨胀阀结霜现象,说明系统中有水分;若无膨胀阀结霜现象,可能是制冷剂缺少,或有空气。

③有气泡、泡沫不断流过,说明制冷剂不足。如果气泡很多,可能有空气。

④有长串油纹,偶尔带有成块机油条纹,出风口不冷,说明几乎没有制冷剂。有泡沫较混浊,说明冷冻油太多,或干燥剂散了。

3. 维修的基本注意事项

(1)在打开制冷系统时,必须戴手套及防护眼镜,以免制冷剂冻伤皮肤。一旦皮肤上溅到制冷剂,要立即用大量冷水清洗,千万不可用手搓。

(2)制冷剂的排放应远离工作场所,并保持工作场所通风良好,以免造成窒息危险。制冷剂不要靠近火焰,以免产生对人体有害的物质。

(3)制冷系统打开后,一定要及时加盖或包扎密封,防止空气的潮气或杂质进入。

(4)更换制冷部件后,要先为系统补充冷冻机油(注意不同品牌的冷冻机油不能混用),然后再加注制冷剂。

(5)拧紧或拧松螺纹接头时,必须同时使用两把扳手。

(6)为防止电路短路,应拆下与蓄电池负极相连的电线。

(7)安装空调时注意不要夹住电线,电线连接必须可靠、固定牢靠,并且不应与尖锐物体接触,电线要远离热源 50 mm 以上,离开燃油管 100 mm 以上。

(二)充注制冷剂

在充注制冷剂之前必须清除制冷系统中的空气,即抽真空。若系统中有空气,会降低热交换率,使水蒸气在膨胀中凝结,腐蚀制冷系统的金属部件。

1. 抽真空及充注制冷剂的工具

(1)真空泵,其容量必须超过 18 L/min(2.6 Pa)。

(2)检修压力表组、高压表及低压复合表

歧管压力计,是汽车空调检修操作中的主要工具。在抽真空、加注制冷剂和检查制冷循环压力情况时都要使用到。其结构如图 9-15 所示,主要由高压表(计)、低压表(计)、阀体、单向阀(史特拉阀)、高低压侧手动阀、连接软管等组成。

(3)检漏器。检漏器是用以检查空调制冷系统有无泄漏部位的主要工具,它是一种丙烷气燃烧喷灯,利用制冷剂气体进入安装在喷灯的检测管(吸入管)内,会使喷灯的火焰按漏气的多少相应地改变颜色这一特性来判断制冷剂的泄漏部位及泄漏程度。其结构如图 9-16 所示。

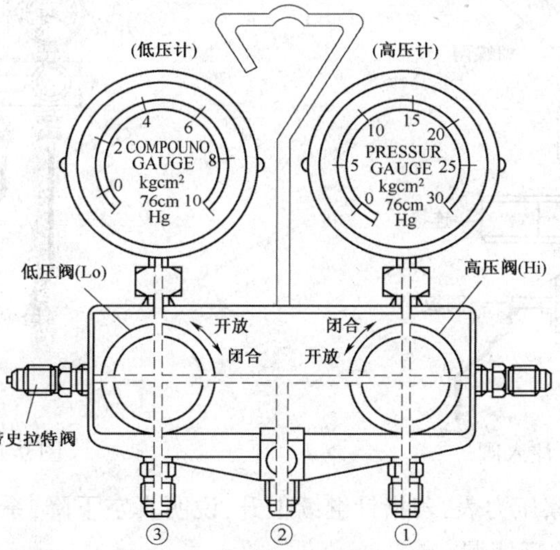

图 9-15　歧管压力计

①—接高压阀；②—加注制冷剂或抽真空；③—接低压阀

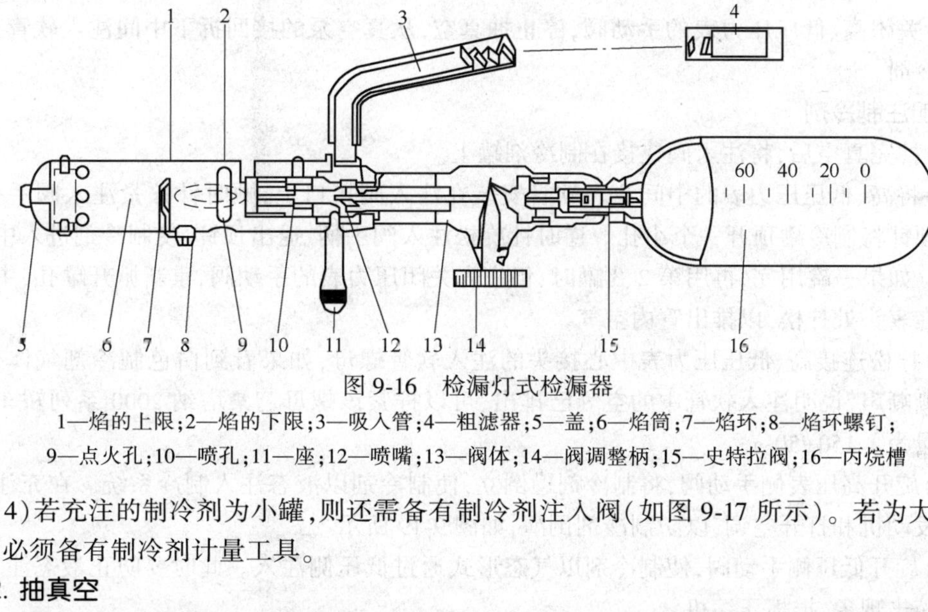

图 9-16　检漏灯式检漏器

1—焰的上限；2—焰的下限；3—吸入管；4—粗滤器；5—盖；6—焰筒；7—焰环；8—焰环螺钉；9—点火孔；10—喷孔；11—座；12—喷嘴；13—阀体；14—阀调整柄；15—史特拉阀；16—丙烷槽

(4)若充注的制冷剂为小罐，则还需备有制冷剂注入阀（如图 9-17 所示）。若为大瓶制冷剂，则必须备有制冷剂计量工具。

2. 抽真空

(1)分别将高压表接入储液罐的维修阀，低压表接入自蒸发器至压缩机低压管路上的维修阀，中间注入软管安装于真空泵接口，如图 9-18 所示。

(2)起动真空泵，打开歧管表高低压手动阀。

(3)系统抽真空，使低压表所示的真空度达 105 Pa。抽真空时间为 5~10 min。

(4)关闭真空泵手动阀，真空泵继续运转，打开制冷剂罐，让少量 R134a 制冷剂进入系统（压力为 0~49 kPa），关闭罐阀。

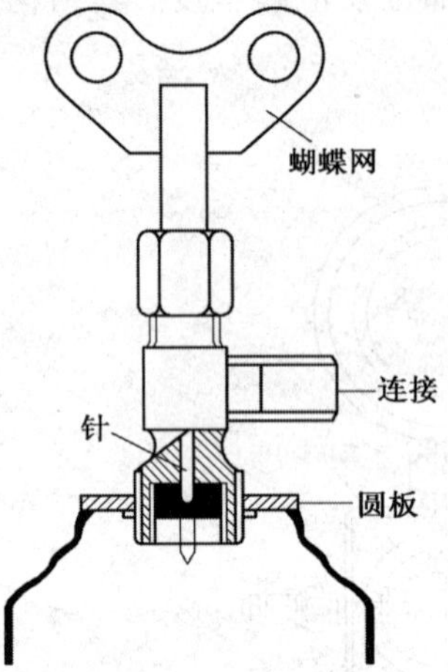

图 9-17　注入阀

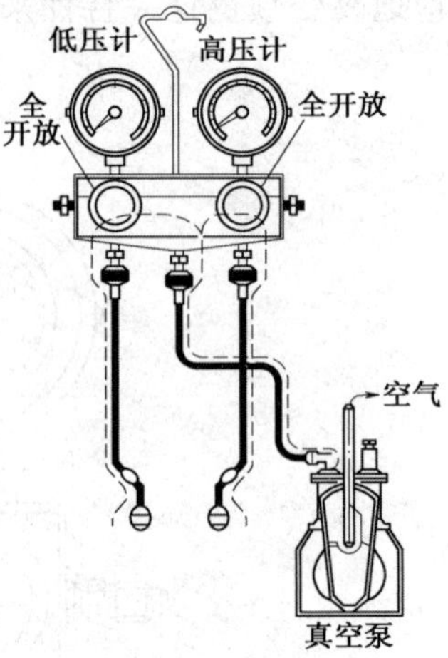

图 9-18　抽真空

(5)放置 5 min,观察压力表,若指针继续上升,说明真空下降,系统有泄漏之处,应使用检漏仪进行泄漏检查,并修理堵漏。

(6)继续抽真空 20~25 min,并重复第 5 项,若压力指针保持不动,说明无泄漏,可进行下一步工作。

(7)关闭高、低压压力表的手动阀,停止抽真空,从真空泵的接回拆下中间注入软管,准备注入制冷剂。

3. 加注制冷剂

(1)抽完真空后,将注入阀连接在制冷剂罐上。

(2)将高、低压压力表的中间注入软管安装在注入阀接口上,顺时针拧紧注入阀手柄,使阀上的顶针将制冷罐顶开一个小孔。逆时针旋松注入阀手柄,退出顶针,使制冷剂进入中间注入软管。如果一罐用完,再用第 2、3 罐时,仍应先关闭压力表的手动阀,重新掀开罐孔,中间注入软管在表头处拧松,以排出管内空气。

(3)拧松连接高、低压压力表中心接头的注入软管螺母,如果看到白色制冷剂气体外溢,或听到嘶嘶声,说明注入软管中的空气已排出,可以拧紧该螺母。桑塔纳 2000 系列轿车制冷剂充注量为 1 150±50 g。

(4)旋开高压表侧手动阀,将制冷剂罐倒立,使制冷剂以液态注入制冷系统。在充注时不得起动发动机和打开空调,以防制冷剂倒灌,如图 9-19 所示。

(5)旋开低压侧手动阀,使制冷剂以气态形式通过低压侧注入。此时要防止液态注入,以免造成液击现象,损坏压缩机。

(6)如制冷剂不足,则可按图 9-20 所示关闭高压侧手动阀,开启低压侧手动阀,将制冷剂罐直立。起动发动机接合压缩机快速运转,让气态制冷剂从低压侧吸入压缩机。

(7)向系统充注规定质量的制冷剂后,关闭发动机,关闭高、低压力表的两个手动阀和制冷剂罐上的注入阀,拆除低压侧维修阀软管,待高压侧压力下降后,方可从高压侧维修阀拆下高压表软管。

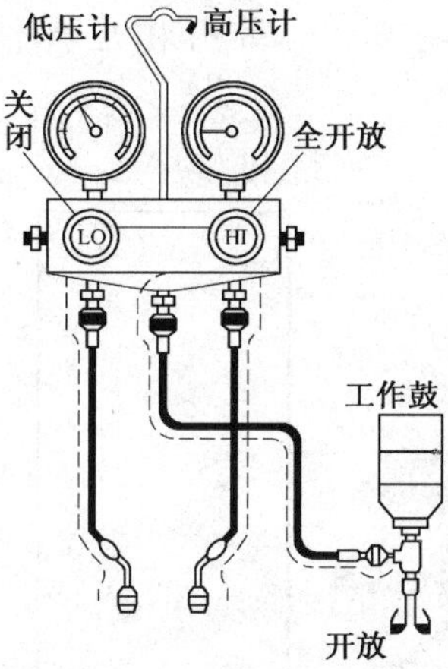

图 9-19　液态制冷剂的加注

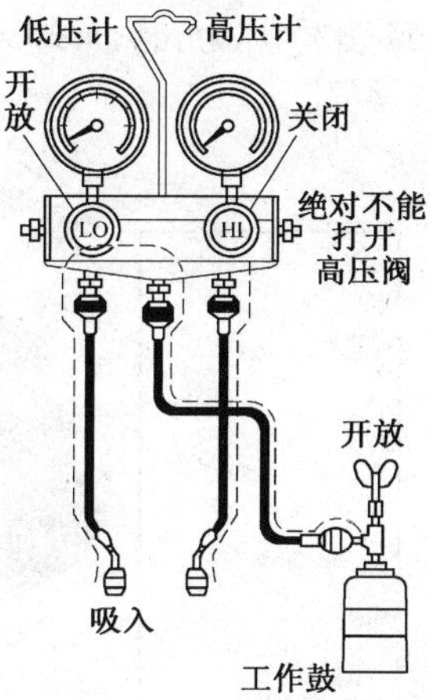

图 9-20　气态制冷剂的加注

复习与思考

(一)对照实车及图 9-21,写出下列部件名称

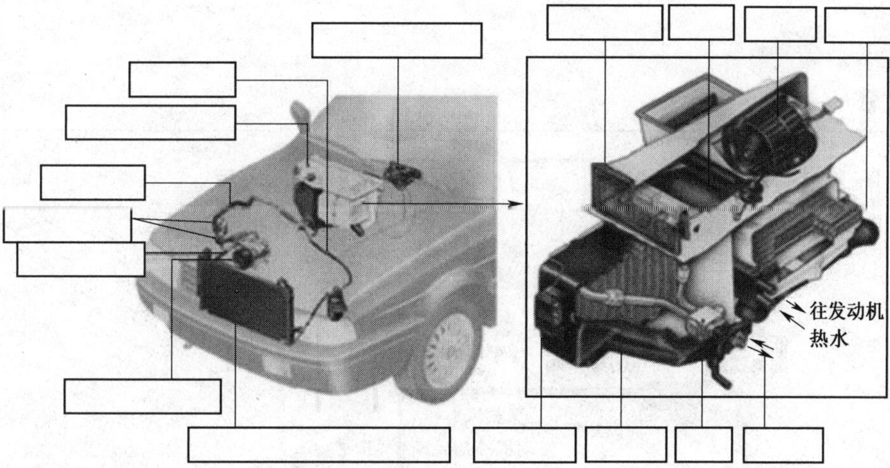

图 9-21　汽车空调认识

（二）写出空压机的拆卸和安装步骤，并对照图 9-22，写出相应部件名称

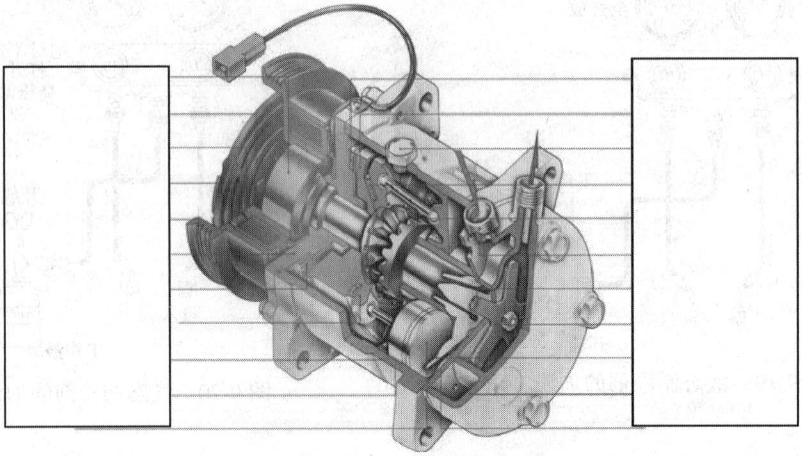

图 9-22　汽车空调压缩机结构

（三）对照图 9-23，写出空调系统工作原理

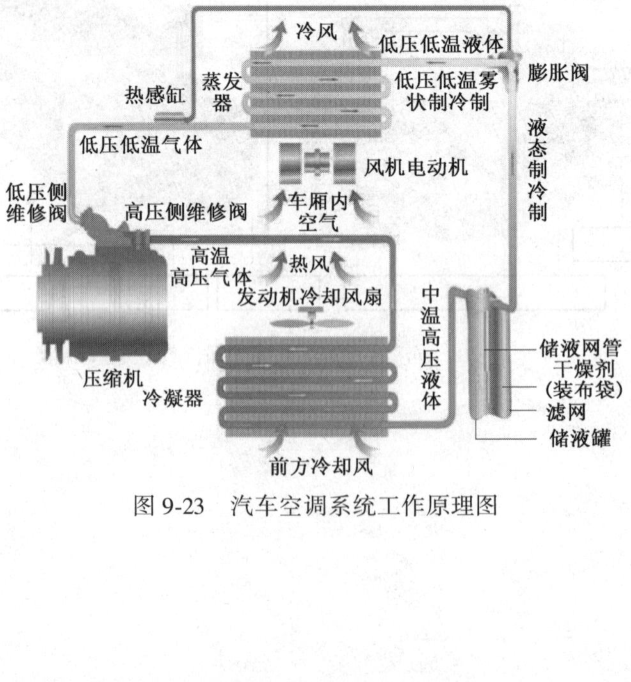

图 9-23　汽车空调系统工作原理图

(四)对照图 9-24,写出空调面板按钮名称

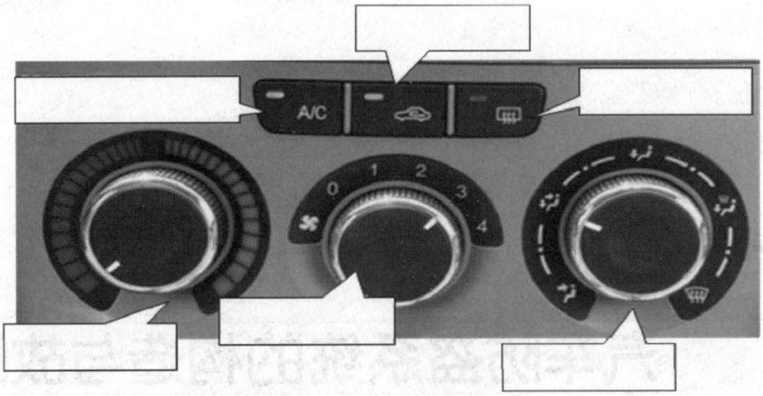

图 9-24　汽车空调面板

笔记及心得

实训十

汽车防盗系统的构造与故障诊断

一、实训目标

(1)掌握防盗系统作用、组成、安装位置和工作原理。
(2)会用诊断仪进行故障诊断以及相关匹配。
(3)会对汽车防盗系统控制电路进行分析。

二、实训内容

(1)对汽车防盗系统元器件进行检修。
(2)学会防盗系统钥匙密码的读取,学会匹配汽车钥匙。
(3)进行电路读图,对防盗系统的常见故障进行检修(电路故障)。
(4)对汽车空调常见压力故障进行检修。

三、实训工具及设备

(1)世达120件1套,万用表1个,常用工具1套。
(2)桑塔纳轿车1辆。
(3)X431故障诊断仪、ECU处理仪1个。

四、知识准备

(一)防盗系统构造与功能

1. 防盗报警系统的功能

当防盗报警系统功能开启的同时,所有的车门、发动机盖和行李厢盖均应关闭。一旦开启这个功能,非法的车钥匙开门或撬动发动机舱盖、行李厢盖,报警系统就会以声光方式报警。此时转向灯会闪动,附加的喇叭(蜂鸣器)会响起报警。

使用合法的车钥匙,在位于驾驶员侧或前排乘客侧的门把手内的钥匙操纵开关可以激活防盗报警功能。当汽车开启后,报警系统关闭。

目前,桑塔纳 2000GSI 型轿车均可以安装与汽车防盗器一体化的汽车防盗报警系统,并采用遥控开启车门。

2. 防盗报警系统的结构

防盗报警系统由传感器、防盗器 ECU 和执行器组成。图 10-1 所示为防盗报警系统结构原理框图。

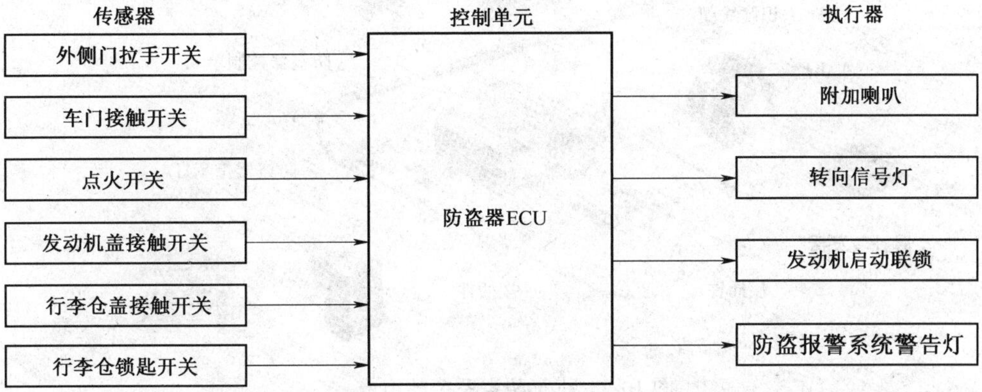

图 10-1　防盗报警系统原理框图

(二)桑塔纳 2000GSI 型轿车汽车防盗器的组成

桑塔纳 2000GSI 型轿车汽车防盗器由下列元件组成:带有脉冲转发器的汽车钥匙、识读线圈、防盗器 ECU(J362)。带可变代码的发动机 ECU(J220)以及防盗器警告灯。图 10-2 所示为汽车防盗系统的组成。

(三)防盗器元件的功能

1. 脉冲转发器

脉冲转发器安装在车钥匙中,它是一种不需要电池来驱动的感应和发射元件。

当车钥匙插入锁孔并打开点火开关时,防盗器 ECU 把能量输送给识读线圈。由识读线圈把能量用感应的方式传送给脉冲转发器。这时,脉冲转发器接收感应能量后立即发射出“程控代码”,通过识读线圈把程控代码输送给防盗器 ECU,供其核对,以识别合法性。每一辆车的车钥匙,即脉冲转发器都有不同的“程控代码”。

2. 识读线圈

识读线圈环绕在机械点火开关锁的外面,在点火开关置于 ON 位置时,把能量传送给车钥匙中的脉冲转发器,并把脉冲转发器中存储的程控代码输送给防盗器 ECU。

3. 防盗器 ECU

防盗器 ECU 安装在转向柱左边支架中央线路板上方。在点火开关置于 ON 位置时,激活脉冲转发器,通过识读线圈把它的程控代码接收回防盗器 ECU。防盗器 ECU 把输入的程控代码与先前存储在防盗器内的车钥匙代码进行核对是否正确。同时防盗器 ECU 又对发动机

ECU 存储在防盗器 ECU 中的代码核对是否正确。如果核对后，代码不一致，发动机在发动后 2 s 之内，中断点火和喷射而熄火。

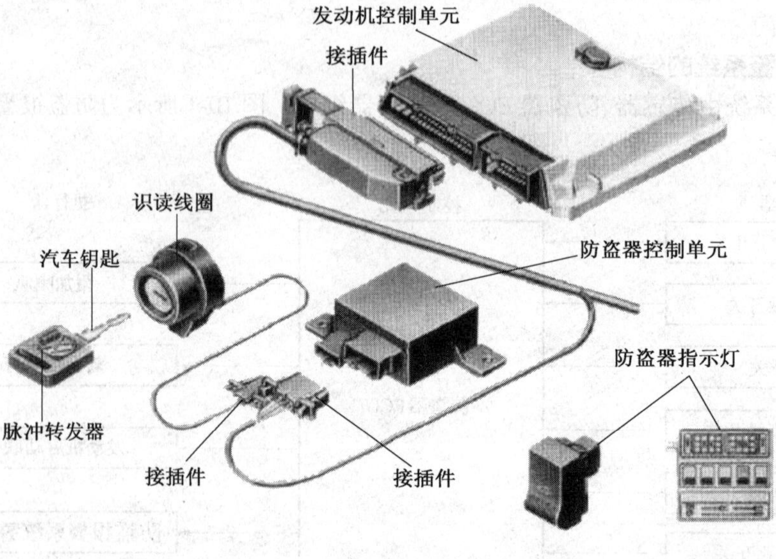

图 10-2　汽车防盗系统的组成

由于防盗器 ECU 是经过与发动机 ECU 匹配后，才介入到发动机电子控制系统中的，因此只有使用被装于汽车上的防盗器 ECU 匹配过并认可的车钥匙，才能安全起动发动机。防盗器 ECU 外形及内部电路见图 10-3 所示。

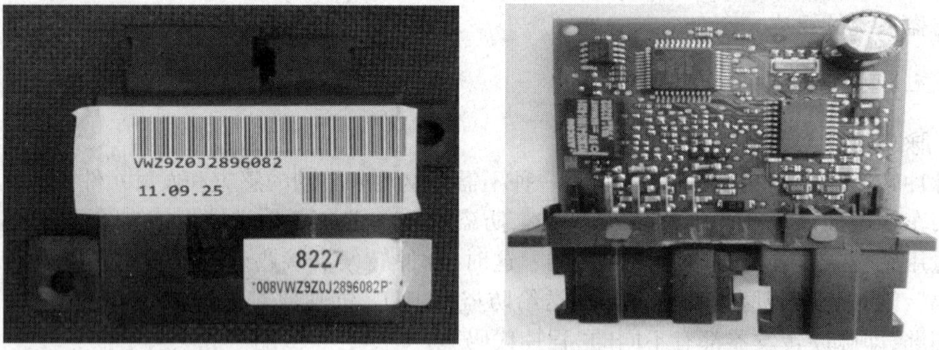

（a）外形实物图　　（b）内部电路

图 10-3　汽车防盗 ECU

4. 防盗警告灯

当使用合法的车钥匙打开点火开关时，安装在仪表台中部面板上的防盗警告灯会点亮后熄灭(3 s 内)。如果使用非法的车钥匙，或者在防盗系统中存在故障，打开点火开关后，防盗警告灯会连续不停地闪烁。

(四)汽车防盗器的识别码与密码

1. 汽车防盗器的识别码

防盗器 ECU 有一个 14 位字符的识别码和一个 4 位数的密码。一辆新车,它的密码在该车的钥匙牌上,上面用黑胶纸封住。

如果钥匙牌丢失,通过大众专用阅读仪 V. A. G1552 或 1551,输入地址码 25 后,可从仪器显示屏上读取 14 位字符的识别码。通过此号码,可由上海大众查到密码。

2. 汽车防盗器的密码

新车的密码被隐含在车钥匙牌上,剥去牌上的黑胶纸后可显示 4 位数密码。1999 年投放市场的桑塔纳 2000GSI 型轿车的防盗密码已粘贴在副驾驶员前面杂物箱内。车主应在购车后立即妥善保管好这个"密码"。

密码是用来解密和重新配置车钥匙的。如果钥匙牌丢失或遗忘了密码。必须先使用仪器获得 14 位字符的识别码,再通过大众公司服务热线查询密码。

匹配汽车钥匙,不管是重配还是增配钥匙都必须这样处理。

如果车主丢失了一把合法的钥匙,为了安全防盗,必须把其余钥匙都用仪器重新进行一次匹配过程。这样可以使丢失的钥匙变为非法钥匙(尽管形状、材料不变),非法钥匙不能起动发动机而起到防盗作用。

注意:输入 4 位数字密码之前,必须先输入一个"O",否则防盗器 ECU 会锁死。如果密码输错(操作失误),允许再输入一次,二次输错后,防盗器 ECU 会锁死。在点火开关打开的状态下等半小时后,还可以试二次。

(五)防盗系统电路分析

桑塔纳轿车配备先进的电子防盗系统。车钥匙内安放有一个脉冲转发器,起动发动机时,防盗系统的控制单元通过检查钥匙上转发器所发出的脉冲信号的正确性,来防止车辆非法起动。防盗系统技术含量高,使用方便,安全可靠,它与方向盘锁止防盗和门锁防盗一起,构成了严密的安全屏障,使用户无论身处何地都可放心停放。

如附录图 A-6 所示,当插入电子防盗钥匙,打开点火开关时,防盗器开始作用,防盗控制单元 J362 通过识读线圈 D2(T2h/1- T2h/2 之间)时把能量以电磁波感应形式传送给钥匙中的脉冲转发器,脉冲转发器被激活,通过识读线圈把它的程控代码转送给防盗器控制单元。控制单元将输入的程控代码与先前存储在防盗器控制单元的钥匙代码进行比较。经比较代码无误后,防盗控制单元再核对发动机控制单元的代码是否正确。该代码由发动机控制单元存储在防盗控制单元中。每次起动发动机时,控制单元中的随机代码发生器都会产生一个可变的随机代码,等核对后,代码不一致,发动机将在起动后 2 s 内熄火,而且以后多次起动代码均有误时,发动机的起动间隔时间将会越来越长。由 J362 的 T8c/7 接点通过序号 60 通往发动机控制单元 J220 的 T80/19,该接点的引出线就是防盗控制单元与发动机控制单元的通信线,J362 的 T8c/8 脚通过序号 135 通往自诊断接口 TV1,用于输出故障信息。

一般电控汽车上都有两具自诊断插座,桑塔纳 2000 也不例外,在继电器一熔丝支架上,有一诊断插座 TV1;在仪表板下方还有 16 针的自诊断插座 T16。例如 ABS、自动变速器、安全气囊、防盗系统及组合仪表的控制单元都有一诊断线接到诊断插座 T16 上,且都连在同一条数据线上。T16 用于与大众系列解码器进行解码连接,其插座上的有用脚位只有 3 个:T16/16 为解码器供电,且为常火;T16/4 提供搭铁;T16/7 为接数据线。

J362 的 T8c/2 接点通过序号 224 到 T29/8,再通过 A13 到 S19,再到点火开关置于 ON 位置。J362 的 T8c/6 接点通过 T29/5 到防盗指示灯 K117,再通过序号 215 序号 13,而序号 13 为蓄电池常火;当打开点火开关时,防盗指示灯 K117 亮起,若此钥匙为合法钥匙时,几秒钟后防盗指示灯 K117 熄灭。

J362 的 T8c/8 接点通往诊断接口,J362 的 T8c/7 接点通往发动机 ECU,而我们使用解码器进入发动机 ECU J220 内部程序时,均需先通过 J362 的 T8c/8 接点到 J362(防盗器控制单元),再由 J362 的 T8c/7 接点到发动机 ECU J220,因此 J362 的 T8c/7 或 T8c/8 接点损坏,我们就无法读到发动机系统(如进入发动机系统,读取故障码,数据流等)。

五、实训步骤

(一)防盗系统钥匙匹配方法

以桑塔纳 2000 轿车为例,利用 X-431 对该轿车进行钥匙匹配。

(1)将 X-431 的接口插入车辆诊断接口。

(2)选择汽车解码程序,如图 10-4 所示。

(3)进入系统后,选择上海大众车系,如图 10-5 所示。

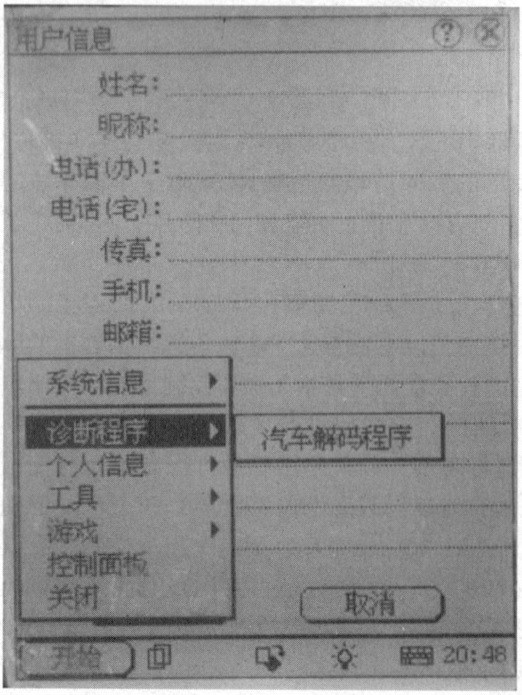

图 10-4 汽车钥匙匹配操作界面(一)

图 10-5 汽车钥匙匹配操作界面(二)

(4)选择完车系后单击“确定”按钮。

(5)等待系统自动调试成功后单击“确认”按钮,如图 10-6 所示。

(6)进入“控制模块”,如图 10-7 所示。

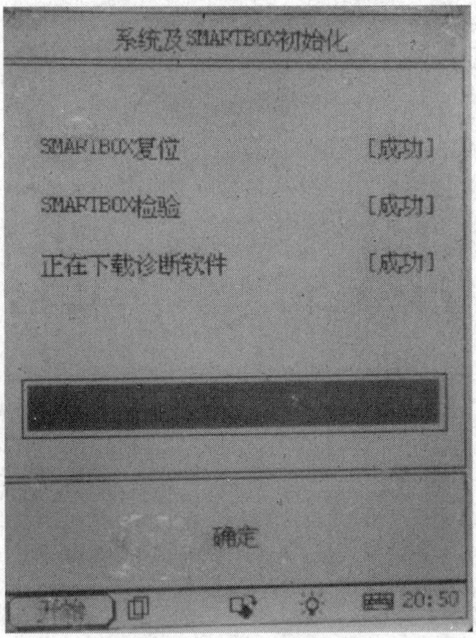

图 10-6　汽车钥匙匹配操作界面(三)

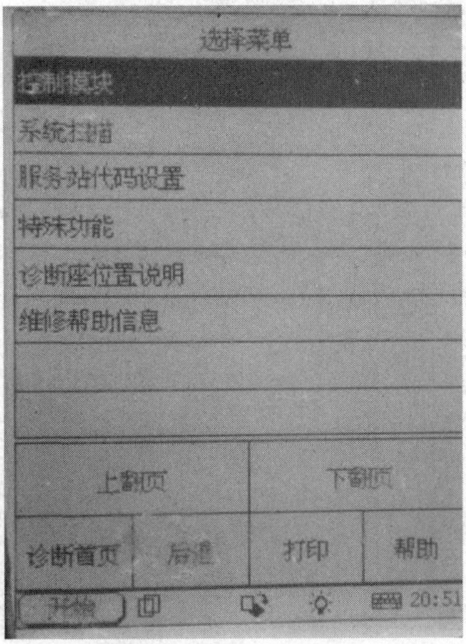

图 10-7　汽车钥匙匹配操作界面(四)

(7)进入非“CAN bus 系统”,如图 10-8 所示。

(8)单击“下翻页”按钮,进入“25 防盗系统”,如图 10-9 所示。

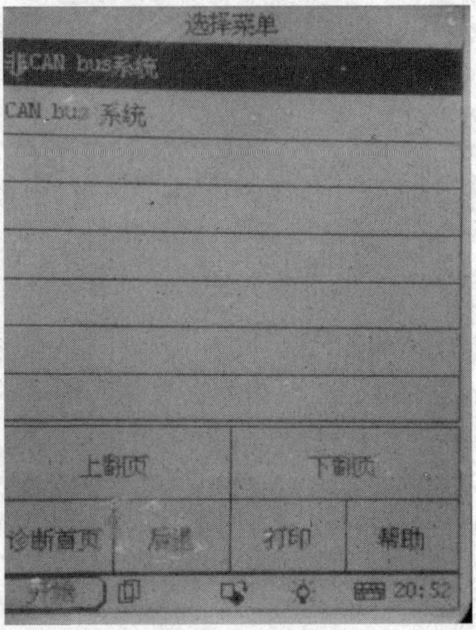

图 10-8　汽车钥匙匹配操作界面(五)

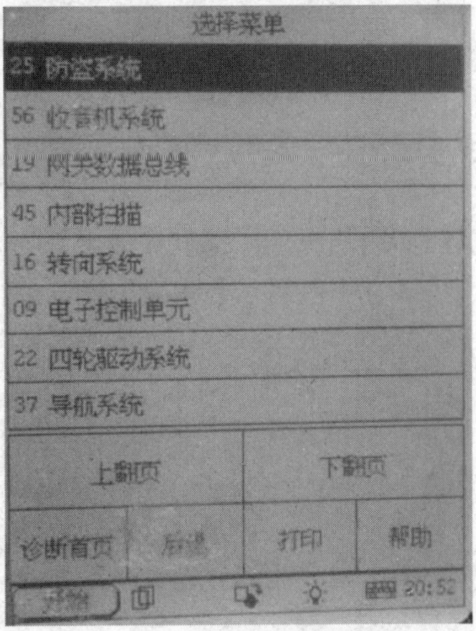

图 10-9　汽车钥匙匹配操作界面(六)

(9)选择“OBDⅡ-16C插头”选项,选择“是”选项,如图10-10所示。

(10)出现此页面,则连接防盗ECU成功,单击“确定”按钮,如图10-11所示。

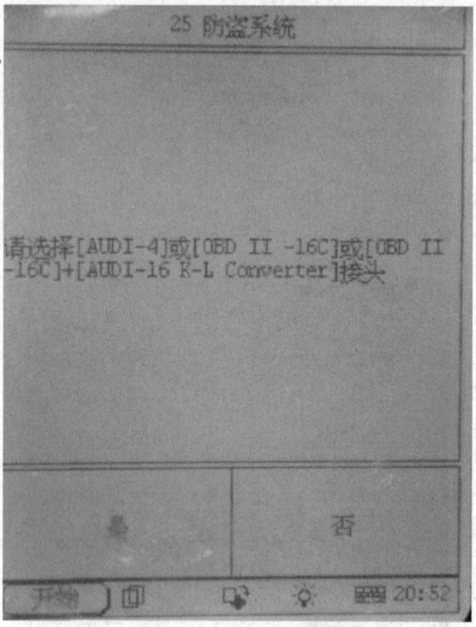

图10-10 汽车钥匙匹配操作界面(七)

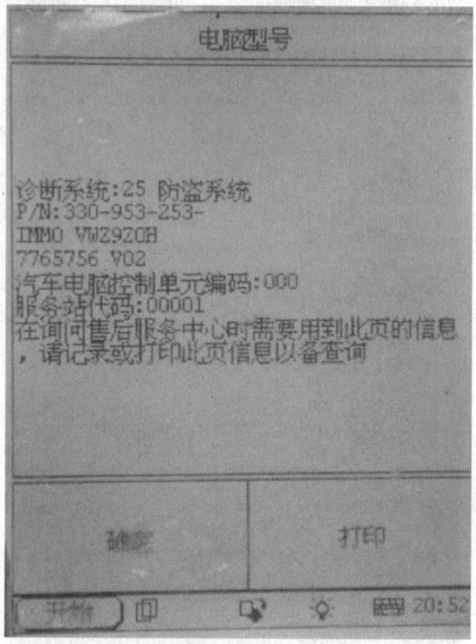

图10-11 汽车钥匙匹配操作界面(八)

(11)单击“确定”按钮后,单击进入“系统登录”命令,如图10-12所示。

(12)选择“五位密码”选项,并单击,如图10-13所示(密码可在两处获得),第一在防盗盒

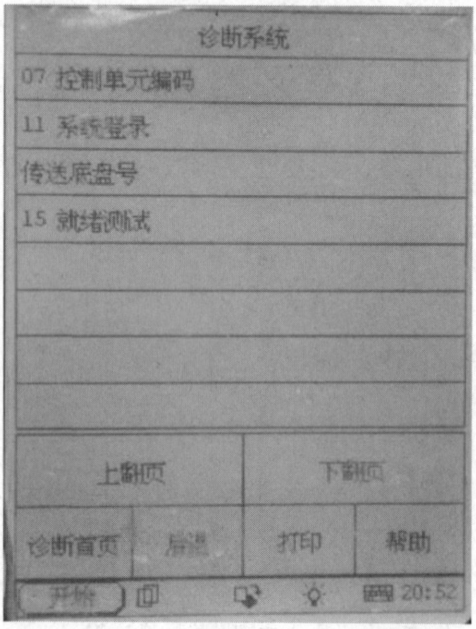

图10-12 汽车钥匙匹配操作界面(九)

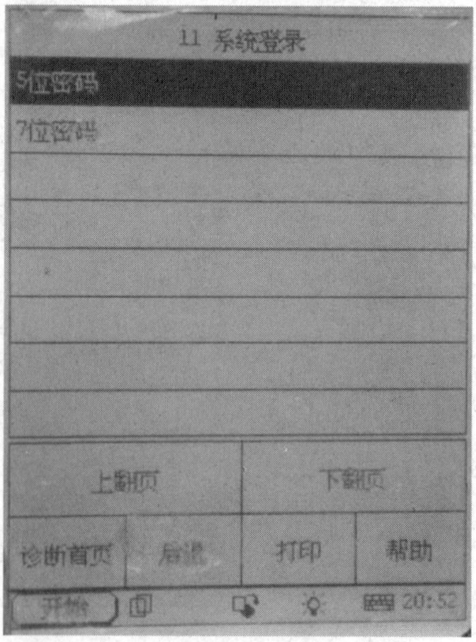

图10-13 汽车钥匙匹配操作界面(十)

表面,如图 10-3(a)防盗器 ECU 外形,8227 为该防盗盒密码,另一处在钥匙标致牌上,如图 10-15 所示(A 为主钥匙,B 为钥匙标志牌,7385 为该车防盗盒密码),输入密码后单击“确认”按钮,如图 10-14 所示,显示“登录成功”则密码正确,否则为密码错误,之后单击“确定”按钮,如图 10-16 所示。

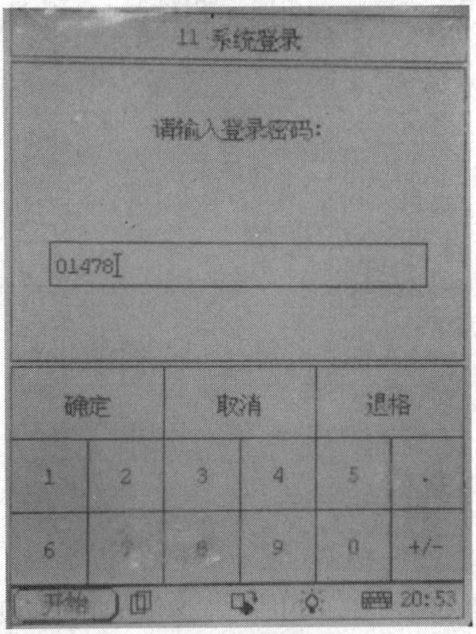

图 10-14　汽车钥匙匹配操作界面(十一)

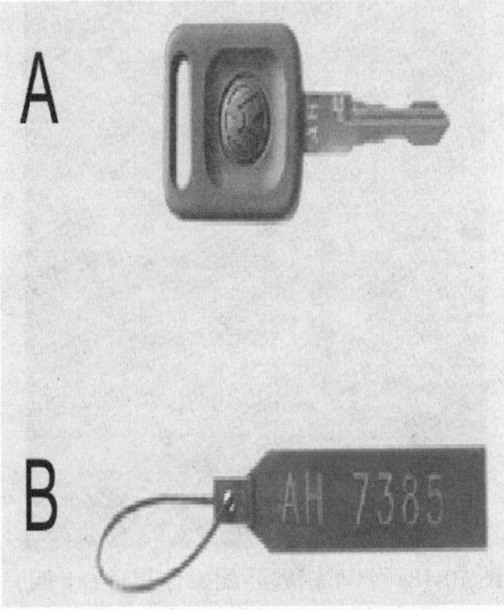

图 10-15　点火钥匙与钥匙标志牌

(13)登录成功后,单击“后退”按钮,再单击“上翻页”按钮,出现如图 10-17 所示的界面,单击“10 通道调整匹配”命令。

图 10-16　汽车钥匙匹配操作界面(十二)

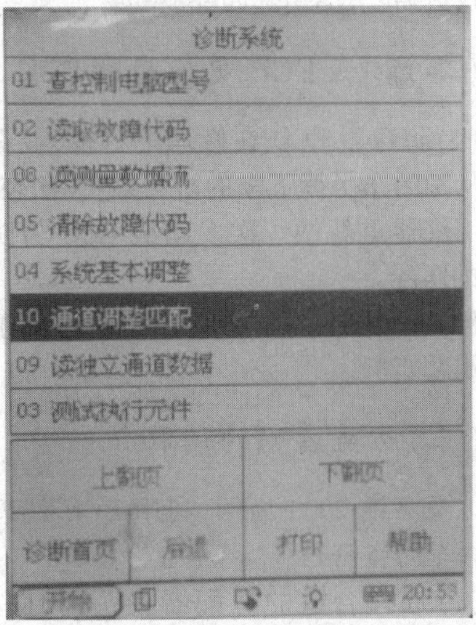

图 10-17　汽车钥匙匹配操作界面(十三)

(14)进入通道调整匹配界面后,输入通道号“021”,如图 10-18 所示,输入完成后,单击

"确定"按钮(021 为匹配钥匙模块的通道号)。

(15)进入汽车钥匙匹配操作界面后,选择"+"和"-"来确定匹配钥匙个数(如 1 把),如图 10-19 所示。

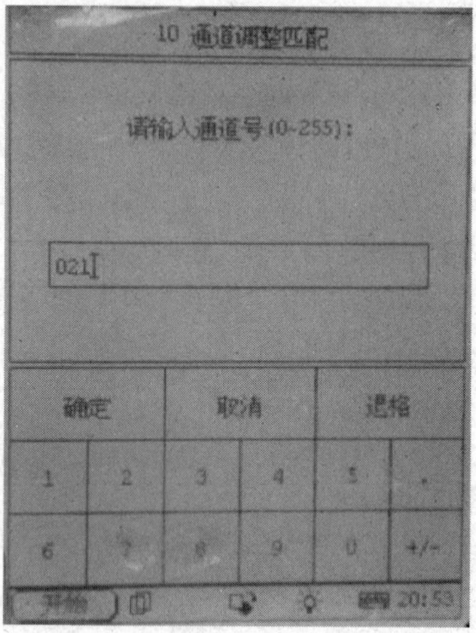

图 10-18　汽车钥匙匹配操作界面(十四)

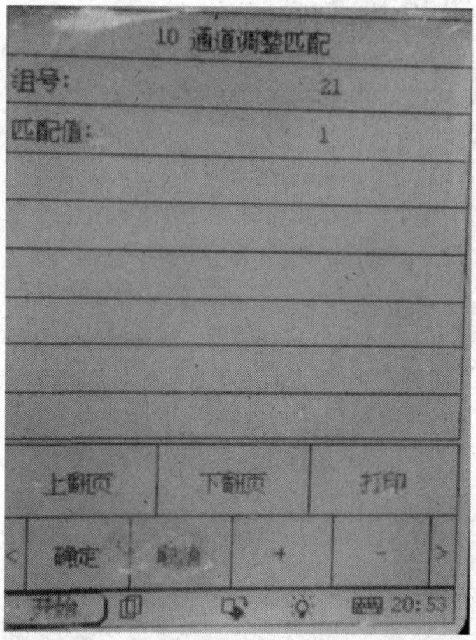

图 10-19　汽车钥匙匹配操作界面(十五)

(16)显示"通道匹配成功"后,则匹配钥匙成功,单击"确定"按钮,如图 10-20 所示。

(17)然后拿来一把需要匹配的钥匙,插入点火开关,把点火开关置于 ON 位置,待防盗指示灯熄灭后,表明钥匙匹配成功。

图 10-20　汽车钥匙匹配操作界面(十六)

(二)防盗 ECU 更换后的匹配

(1)防盗器 ECU 在修理中更换,或在试用一个从别的车上拆下来的防盗器 ECU 装车,都必须用仪器重新做一次发动机 ECU 与防盗器 ECU 的匹配。

(2)此外,还必须把所有车钥匙都重新做一次钥匙匹配。

(三)防盗密码的读取

以桑塔纳 2000 为例,利用 ECU 处理仪读取该轿车防盗密码。

(1)选择合适的适配器接头,如图 10-21 所示。

(2)输入开机密码,单击"确定"按钮,如图 10-22 所示。

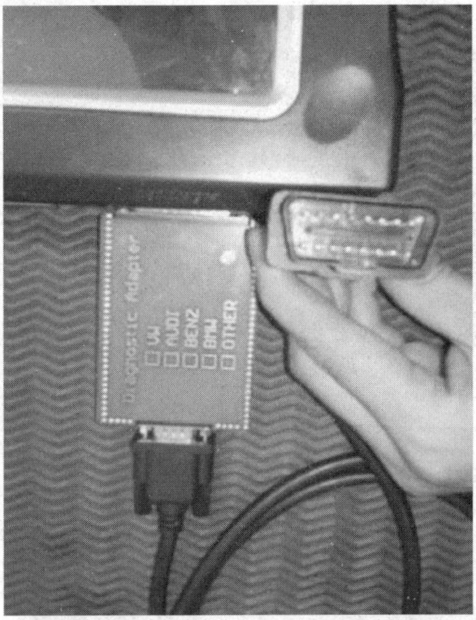

图 10-21 ECU 处理仪的连接

图 10-22 输入开机密码

(3)选择“特殊功能”选项,如图 10-23 所示。

(4)选择“防盗读码”选项,如图 10-24 所示。

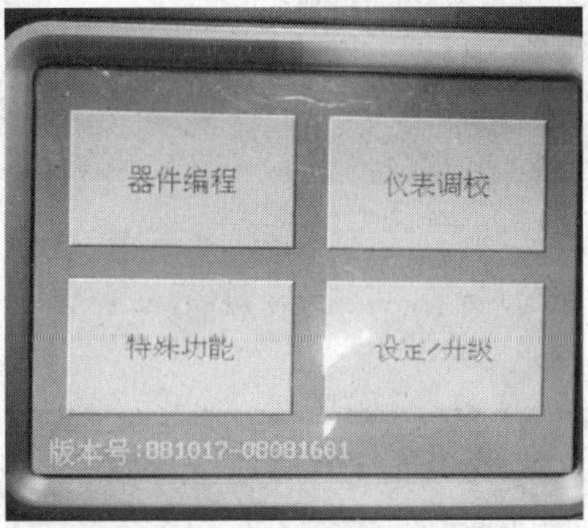

图 10-23 选择功能

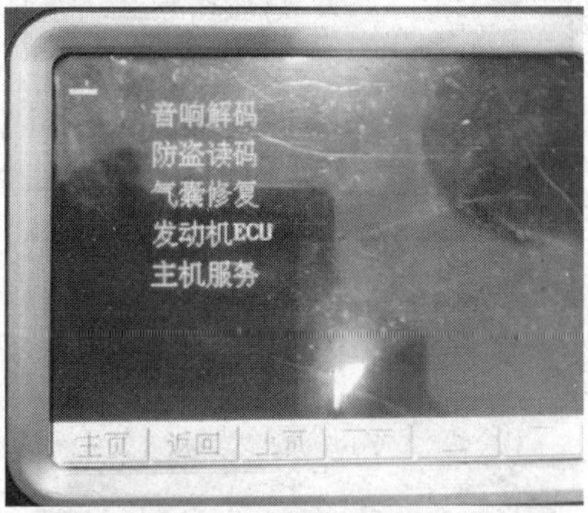

图 10-24 进入操作界面

(5)选择“VW-AUDI”选框,如图 10-25 所示。

(6)选择“Diagnosis”选项,如图 10-26 所示。

(7)选择“桑塔纳”选项,如图 10-27 所示。

(8)然后等待,出现如图 10-28 所示的界面。

(9)显示结果,如图 10-29 所示,图中的 7754 即为该车防盗密码。

(四)防盗系统故障诊断

防盗器故障及排除如表 10-1 所示。

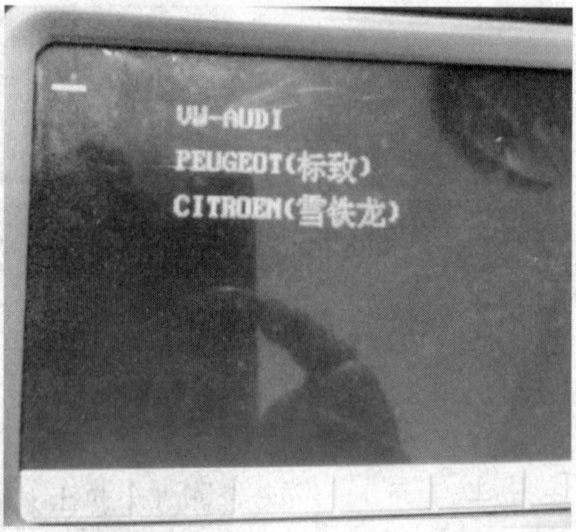

图 10-25　操作界面(一)

图 10-26　操作界面(二)

图 10-27　操作界面(三)

图 10-28　操作界面(四)

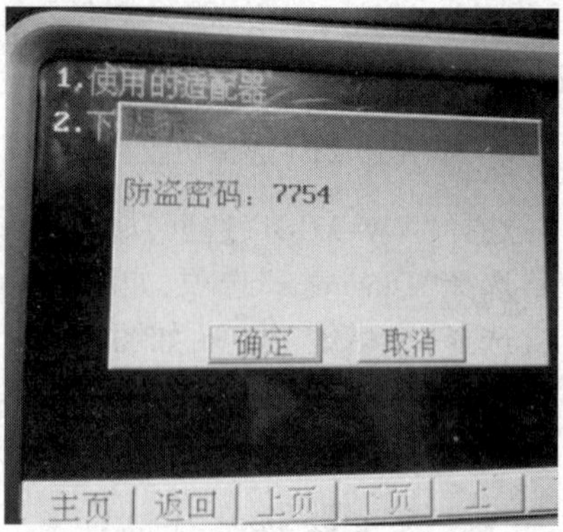

图 10-29　操作界面(五)

表 10-1　防盗系统故障表

故障原因	故障现象	故障排除
防盗 ECU 损坏	警告灯亮 发动机不能起动	更换新件并重新匹配
警告灯故障对地短路/开路(线路损坏)对正极短路(警告灯坏)	警告灯亮 警告灯不亮	检修线路 更换损坏的警告灯
防盗识读线圈损坏 线路开路/短路	警告灯闪烁发动机不能起动	检修线路 更换识读线圈
钥匙转发器坏信号太弱 识读线圈损坏 非法钥匙	警告灯闪烁发动机不能起动	配制新车钥匙,完成所有钥匙匹配程序 更换识读线圈 配制合法钥匙
发动机 ECU 更换后没有匹配 连接线路开路/短路	警告灯闪烁发动机不能起动 警告灯不亮	完成发动机 ECU 和防盗 ECU 的匹配程序,检查两 ECU 之间线路
配匙程序不正确	警告灯快速闪烁	查询故障,清除存储 完成车钥匙匹配程序

复习与思考

根据所学知识,学习发动机一键式起动的改装(以桑塔纳 2000 型轿车为例)。

(1)将汽车钥匙与识读线圈缠绕在一起,如图 10-30 所示,注意此时发动机已无防盗功能。

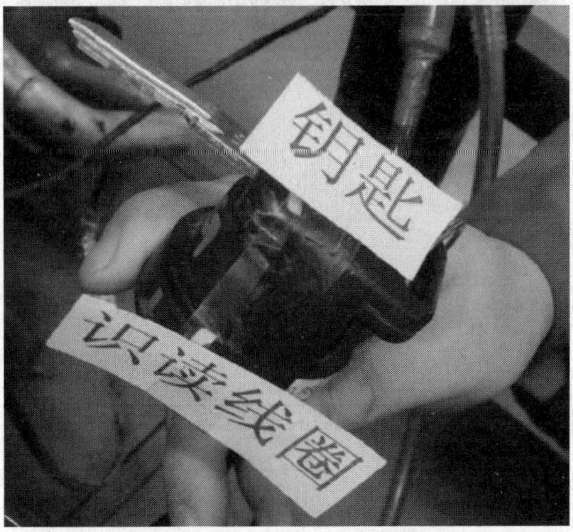

图 10-30　汽车钥匙与识读线圈

(2)将按钮开关[见图 10-31(a)]接在点火开关的 30 与 15[见图 10-31(b)]之间,这样按钮开关的打开与关闭相当于点火开关由 OFF 打到 ON 位置,如图 10-31(b)所示。

(3)将一键式起动开关,如图 10-32 所示,接在点火开关的 15 与 50 之间,这样一键式起动开关(该开关被按下后,如果松开开关,按钮会自动弹起,切断 15 与 50 之间的起动电路)的打开与断开过程相当于点火开关由 ST 回到 ON 位置,如图 10-31(a)所示。

(a) 按钮开关

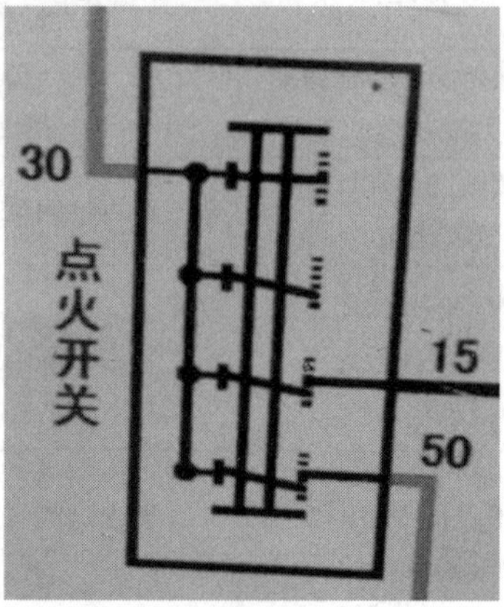

(b) 点火开关电路图

图 10-31 开关

图 10-32 一键式起动开关

笔记及心得

实训十一

汽车 ABS 系统的构造与检修

一、实训目标

(1)掌握汽车 ABS 组成及工作原理。
(2)能够读懂汽车 ABS 电路图。
(3)掌握汽车 ABS 检修。

二、实训内容

(1)通过实训掌握汽车 ABS 系统组成及工作原理。
(2)通过实训利用电路图对汽车 ABS 系统进行检修。

三、实训工具及设备

(1)万用表、X 431 解码器、常用工具等。
(2)带 ABS 系统的汽车或汽车 ABS 系统台架。

四、知识准备

(一)ABS 系统各部件在汽车上的位置

如图 11-1 所示,为汽车 ABS 系统组成部件在汽车上的位置。

(二)ABS 系统的组成

ABS 系统主要由 ABS 控制器(包括电子控制单元、液压单元、液压泵等)、4 个车轮转速传感器、ABS 故障警告灯、制动警告灯等组成,如图 11-2 所示。

1. 轮速传感器

轮速传感器主要负责检测车轮的速度,并将速度信号输入 ABS 的电控单元。目前用于

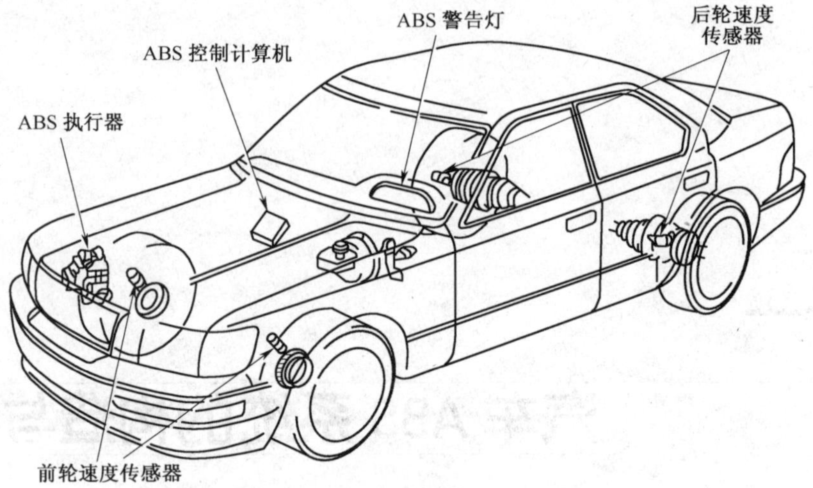

图 11-1 ABS 系统各部件在汽车上的位置

ABS 系统的轮速传感器主要有电磁式和霍尔式两种。

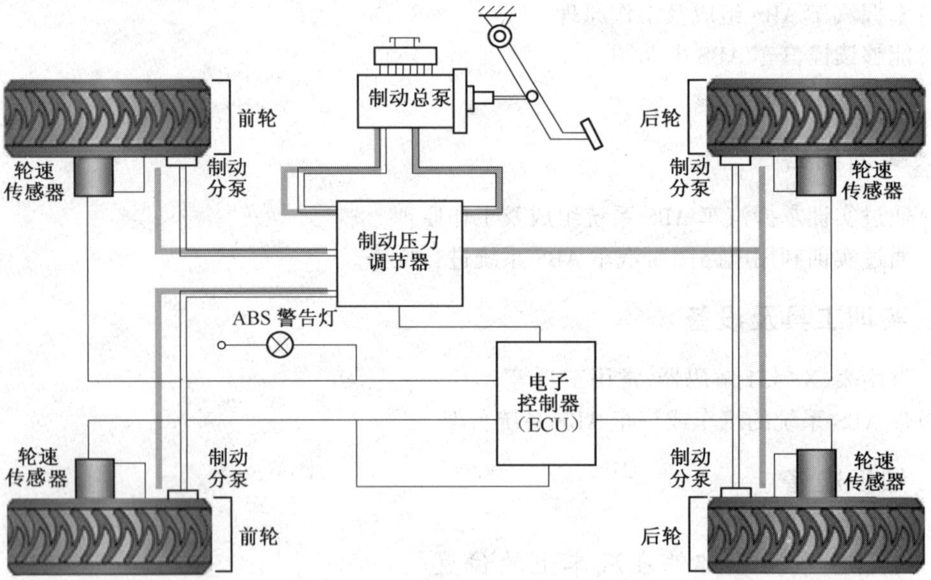

图 11-2 ABS 的组成

(1)电磁式轮速传感器。如图 11-3 所示,电磁式轮速传感器是一种通过磁通量的变化产生感应电压的装置,主要有传感头和齿圈两部分组成。齿圈一般安装在轮毂或轴座上,对于后轮驱动车辆齿圈也可安装在差速器或传动轴上。齿圈随车轮或传动轴一起转动。传感头通过固定在车身上的支架安装在齿圈附近,传感头与齿圈间的间隙约 1 mm。

传感头由电缆、永磁铁、外壳、感应线圈、极轴、齿圈组成。极轴同永磁铁相连,感应线圈套在极轴的外面。极轴头部结构有凿式和柱式两种。齿圈旋转时,齿顶和齿隙交替对向极轴。当齿顶对向极轴时磁路的磁隙最小,因此磁阻也最小,通过感应线圈的磁通量最大;当齿隙对向极轴时磁路的磁隙最大,磁阻也最大,通过感应线圈的磁通量最小。所以在齿圈旋转过程中,感应线圈内部的磁通量交替变化从而产生感应电动势,此信号通过感应线圈内部的电缆输入ABS的电控单元。当齿圈的转速发生变化时感应电动势的频率也随之变化。ABS电控单元即通过检测感应电动势的频率变化来检测车轮速度。

(2)霍尔式轮速传感器。霍尔式轮速传感器也是由传感头和齿圈组成。传感头由永磁体、霍尔元件和电子电路组成。永磁体的磁力线通过霍尔元件通向齿圈,齿圈相当于一个集磁器,如图11-4所示。

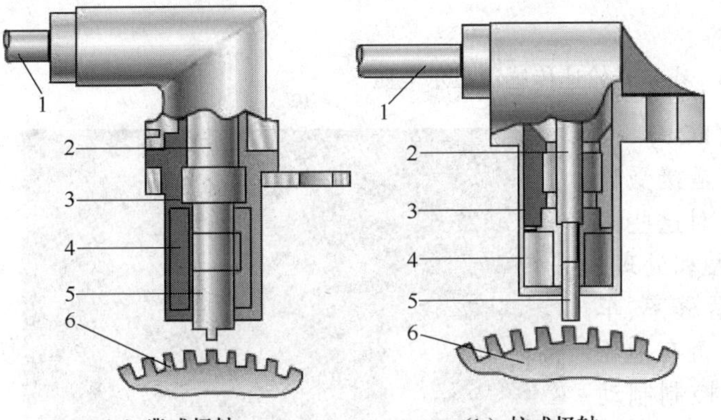

(a)凿式极轴　　(b)柱式极轴

图11-3　电磁式轮速传感器

1—电缆;2—永磁体;3—外壳;4—感应线圈;5—极轴;6—齿圈

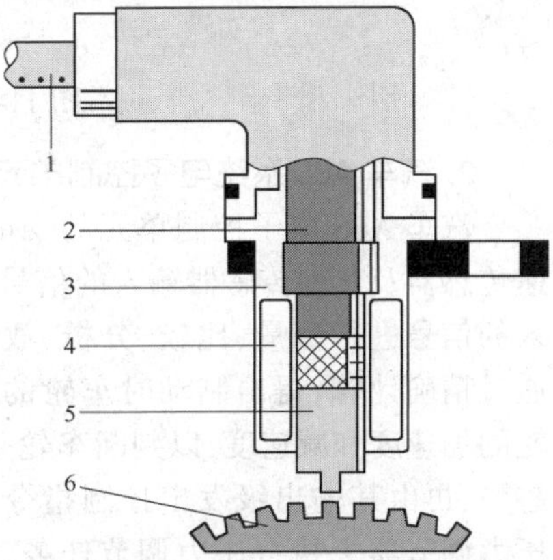

图11-4　霍尔式轮速传感器

1—线束;2—永久磁铁;3—壳体;4—线圈;5—探头;6—齿圈

当齿圈位于图11-5(a)所示位置时,穿过霍尔元件的磁力线分散,磁场相对较弱;而当齿圈位于图11-5(b)所示位置时,穿过霍尔元件的磁力线集中,磁场相对较强。齿圈转动时,使得穿过霍尔元件的磁力线密度发生变化,因而引起霍尔电压的变化,霍尔元件将输出一个毫伏(mV)级的准正弦波电压,然后再由电子电路转换成标准的脉冲电压,如图11-6所示。

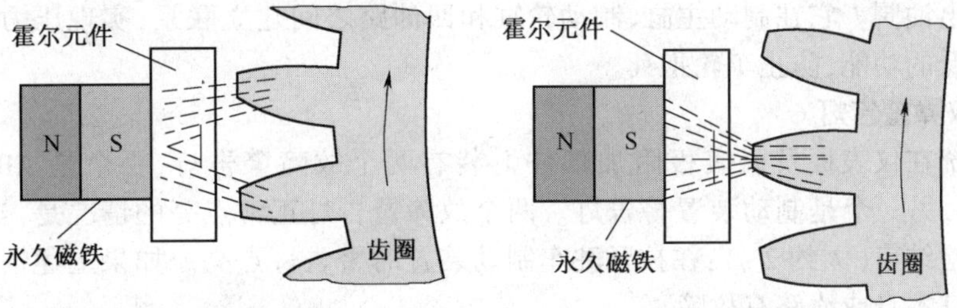

(a)霍尔元件磁场较弱　　(b)霍尔元件磁场较强

图11-5　霍尔式轮速传感器示意图

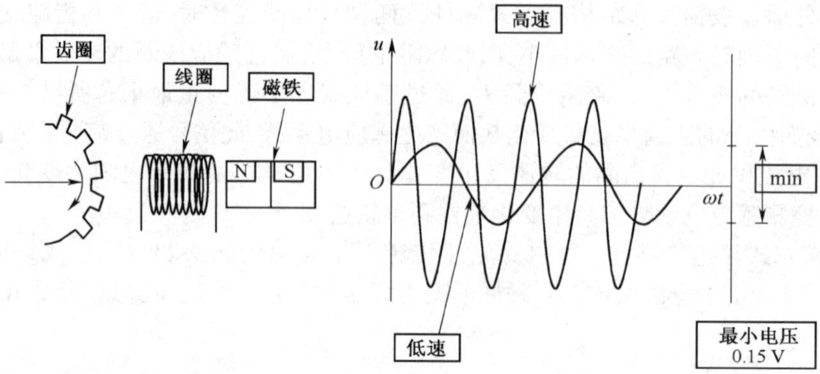

图 11-6　霍尔式轮速传感器霍尔电压

2. 汽车 ABS 系统电子控制单元(ECU)

汽车 ABS 电子控制单元的功能是接受轮速传感器及其他传感器输入的信号,对这些输入的信号进行测量、比较、分析、放大和处理,通过精确计算,得出制动时车轮的滑移率、车轮的加速度和减速度,以判断车轮是否有抱死趋势,再由其输出级发出控制指令,控制制动压力调节器去执行压力调节任务。当出现故障时,执行 Fail-Safe 功能,并点亮警告灯。如图 11-7 所示。

图 11-7　ABS 系统计算机

3. 液压控制单元和液压泵

液压控制单元装在制动主缸与制动轮缸之间,采用整体式结构,主要任务是转换执行 ABS ECU 的指令,自动调节制动器中的液压压力,如图 11-8 所示。

液压控制单元 (N55) 阀体内包括 8 个电磁阀,每个回路各一对,其中一个是常开进油阀,一个是常闭出油阀。它在制动主缸、制动轮缸和回油路之间建立联系,实现压力升高、压力保持和压力降低的功能,防止车轮抱死。

4. ABS 故障警告灯

ABS 系统在仪表板及仪表板附加部件上装有两个故障警告灯,一个是 ABS 警告灯,如图 11-9 所示,另一个是制动装置警告灯。两个故障警告灯正常点亮的情况是:当点火开关打开起动至自检结束(大约 2 s);在拉紧驻车制动装置时警告灯点亮。如果上述情况灯不亮,说明故障警告灯本身或线路有故障。

5. ABS 系统电磁阀构造

电磁阀构造如图 11-10 所示。

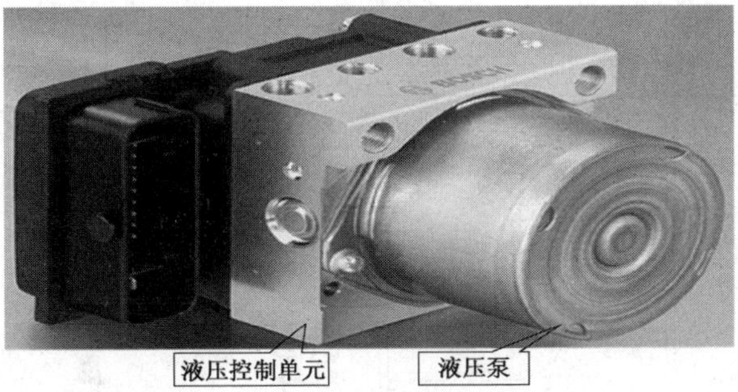

图 11-8　ABS 系统液压控制单元和液压泵

图 11-9　ABS 故障警告灯

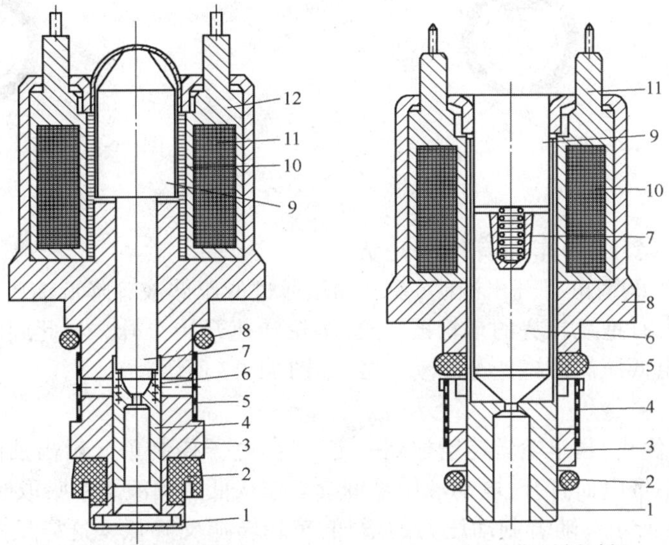

（a）2 位 2 通进油电磁阀　（b）2 位 2 通出油阀

图 11-10 ABS 系统电磁阀

（a）

1—进油管滤清器；2—密封圈；3—阀体；4—阀座；
5—滤清器；6—弹簧；7—阀芯；8—O 型圈；9—衔铁；
10—密封盖；11—线圈；12—线圈架

（b）

1—阀座；2—O 型环；3—滤清支撑体；4—滤清器；
5—密封圈；6—阀芯；7—弹簧；8—阀体；
9—衔铁；10—线圈；11—线圈架

（三）ABS 系统工作原理

1. 开始制动阶段（系统油压建立）

开始制动时，驾驶人踩制动踏板，制动压力由制动主缸产生，经常开的不带电压的进油阀作用到车轮制动轮缸上，此时，不带电压的出油阀依然关闭，ABS 系统没有参与控制，整个过程和常规液压制动系统相同，制动压力不断上升，如图 11-11 所示。

2. 油压保持

当驾驶员继续踩制动踏板，油压继续升高到车轮出现抱死趋势时，ABS 电子控制单元发出指令使进油阀通电并关闭阀门，出油阀依然不带电压仍保持关闭，系统油压保持不变，如图 11-12所示。

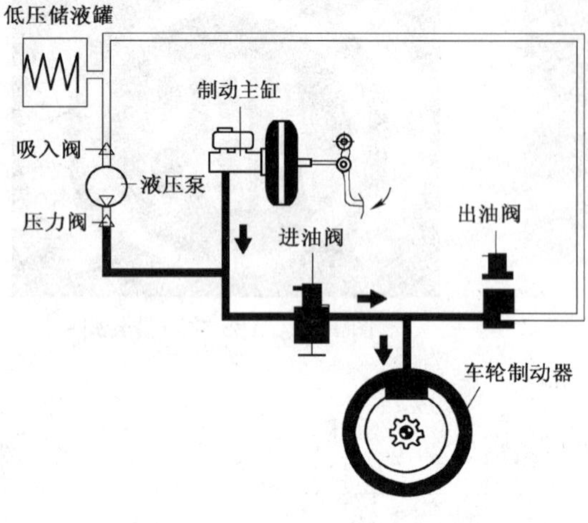

图 11-11　系统油压的建立

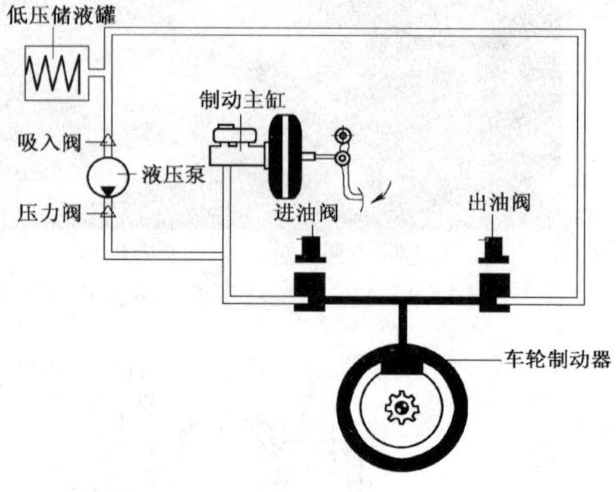

图 11-12　油压保持

3. 油压降低

若制动压力保持不变，车轮有抱死趋势时，ABS ECU 给出油阀通电打开出油阀，系统油压通过低压储液罐降低油压，此时进油阀继续通电保持关闭状态，有抱死趋势的车轮被释放，车轮转速开始上升。与此同时，电动液压泵开始起动，将制动液由低压储液罐送至制动主缸，如图 11-13 所示。

4. 油压增加

为了使制动最优化，当车轮转速增加到一定值后，电子控制单元给出油阀断电，关闭此阀门，进油阀同样也不带电而打开，电动液压泵继续工作从低压储液罐中吸取制动液泵入液压制动系统，如图 11-14 所示。随着制动压力的增加，车轮转速又降低。这样反复循环地控制（工作频率为 5~6 次/s，将车轮的滑移率始终控制在 20%左右）。

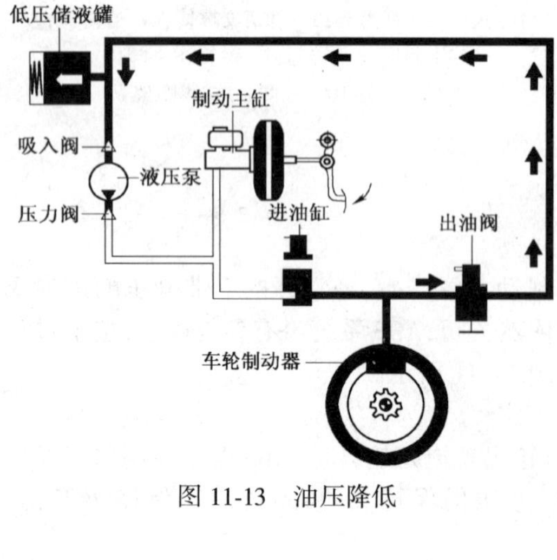

图 11-13　油压降低

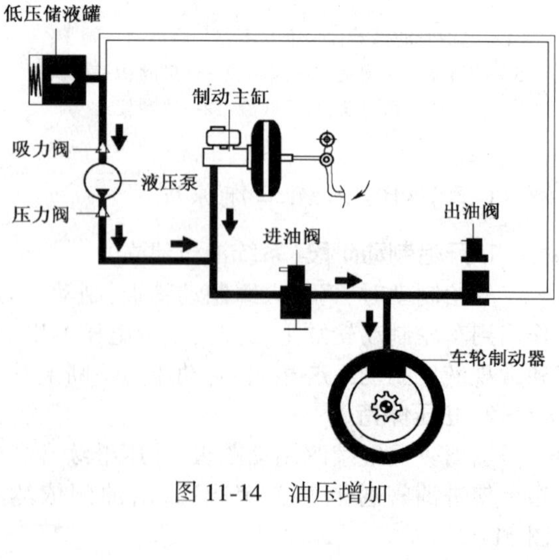

图 11-14　油压增加

如果ABS系统出现故障,进油阀始终常开,出油阀始终常闭,使常规液压制动系统继续工作而ABS系统不工作,直到ABS系统故障排除为止。

(四)汽车ABS系统电路分析

汽车ABS系统电路分析,见附录图A-7,完善下面电路分析。

蓄电池电压通过熔丝____、____经红色导线分别到J104控制单元的T25/25和____,是J104控制单元的常火,用于记忆故障。右后G44、右前G45、左后____、左前G47轮速传感器分别接J104控制单元的T25/1、____,T25/18、T25/3,T25/2、T25/10,T25/11、T25/4端子,转动某一车轮,相应的传感器将产生交变电压(交流/直流电压)信号。J104通过G44、G45、G46、G47车轮转速传感器的信号进行测量比较、分析放大和判断处理,计算出轮速、车速及滑移率之后,ABS控制单元通过控制N100、N101、N102、N133、N134、N135、N136各进出油阀的开闭以实现对车辆的防抱死控制。ABS电磁阀分别控制各个车轮液压缸的进油与出油,实现车轮的“点刹”。T2j/2和T2j/1连接________即ABS液压泵,用于ABS计算机控制ABS液压泵工作。只有在增压模式下,液压泵才进行工作。

当紧急制动时,其中一个车轮的轮速低于车速并趋向于抱死时,ABS就会参与压力调节来减小该车轮的制动压力,ABS制动时2个前轮的制动压力被单独进行调节,而2个后轮则以相同的制动压力进行调节以便最大限度地保持制动时的方向稳定性。紧急情况下只有当驾驶员猛踩制动踏板使车轮趋于抱死时,ABS切入工作。ABS工作时管路内压力的脉动会通过总泵助力器传递到制动踏板,因此司机会感觉到抽动踏板的轻微振动并伴有液压调节的隆隆声,这可以起到一种警示作用,提醒驾驶员车轮正趋于抱死,ABS正在此范围内作最优化的调节来避免车轮抱死。这时驾驶人决不可松开制动踏板,正常情况下,当驾驶员以轻微的制动踏板力做半制动时,由于制动压力未达到车轮抱死界限,ABS则不参与调节,汽车作常规制动。

T25/13连接至________,用于诊断仪器进行故障诊断。

T25/24、T25/8连接至蓄电池____极。

ABS报警灯K47对ABS系统进行监控,通常ABS报警灯在发动机点火开关接通后亮起1~2 s,经系统自诊断后熄灭。如果点火时ABS报警灯不亮或者灯亮亮起后不熄灭或行驶期间ABS报警灯常驻机构亮,表明ABS系统功能失效,但车辆仍具有常规制动的功能。桑塔纳2000的驻车制动报警灯K47兼有监控EVB(电子制动力分配)的功能 ,如果ABS警灯和驻车报警灯同时亮起,则表明不仅ABS功能失效,而且常规制动特性也发生变化,紧急制动时有可能出现后轮先抱死的危险工况。

五、实训步骤

(一)ABS组成部件测量

以桑塔纳2000轿车ABS故障诊断实训台为例。

(1)保险S129、S130的测量,如图11-15所示。

①测量保险S129,应导通/不导通。

②测量保险S130,应导通/不导通。

(2)轮速传感器的测量,如图 11-16 所示。

①将万用表打到欧姆挡的____,测量其电阻,为________ Ω。

②将万用表打到交流电压挡的____,测量其交流电压,为____ V,踩下刹车后,电压是否有变化?

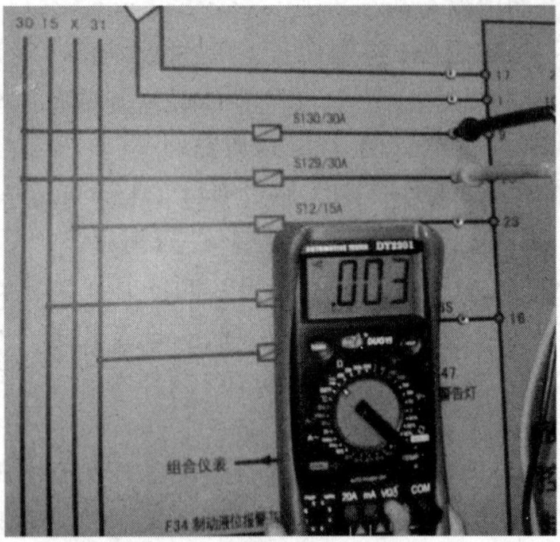

图 11-15　保险 S129、S130 的测量

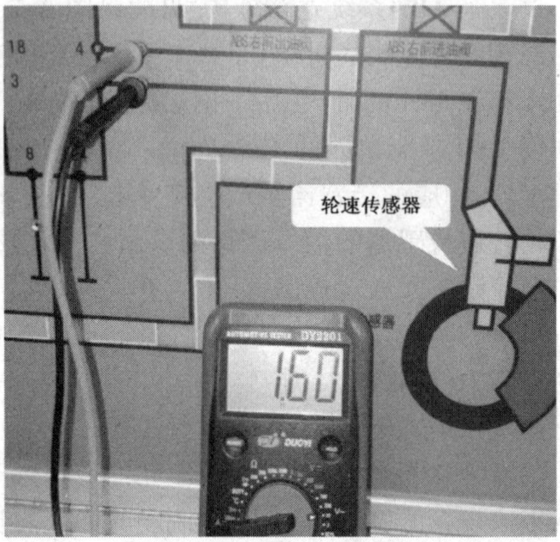

图 11-16　轮速传感器的测量(本图测量其交流电压)

(3)电磁阀的测量根据图 11-17 进行。

①将万用表打到欧姆挡的________,测量两个电磁阀的串联电阻,为________ Ω。

②将万用表打到直流电压挡的________,踩下刹车后,测量其直流电压,为________ V。

(4)ABS 泵的测量。

如图 11-18 所示,将万用表打到直流电压挡的________,踩下刹车后,测量其直流电压,为____ V。

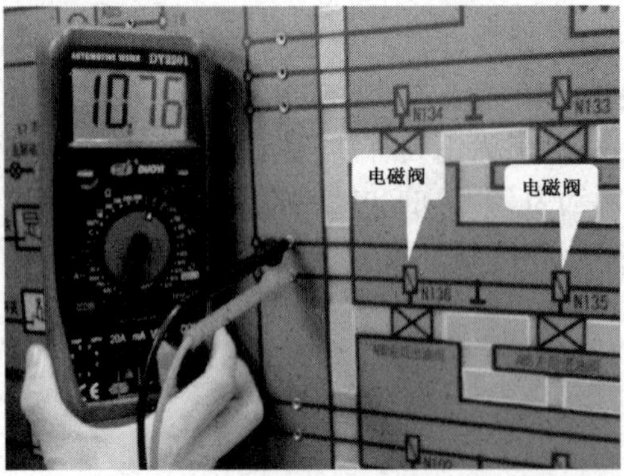

图 11-17　电磁阀的测量(本图测量其工作电压)

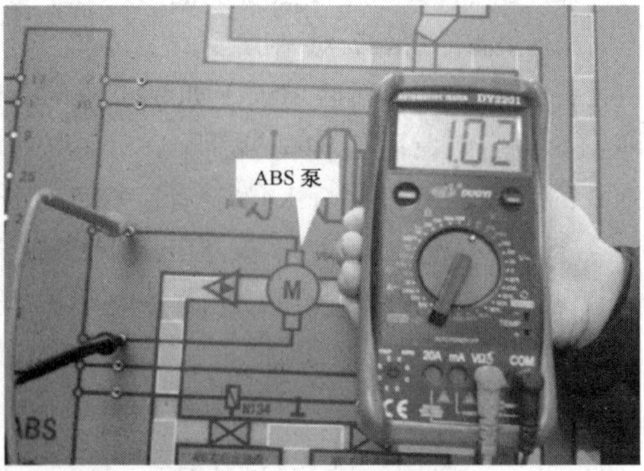

图 11-18　ABS 泵的测量

(二)ABS 系统的故障诊断

以 X-431 对桑塔纳轿车为例,对其 ABS 系统进行故障诊断。

（1）将以 X-431 与诊断车辆连接完毕，按一下 POWER 键，X-431 出现如图 11-19 所示的界面。

（2）单击“开始”按钮，选择故障诊断程序，选汽车解码程序，进入如图 11-20 所示的界面；根据所检测的车型选择车型，选上海大众，进入如图 11-21 所示的界面，选择 V18.00 系统，出现如图 11-22 所示的界面。

图 11-19　操作界面（一）

图 11-20　操作界面（二）

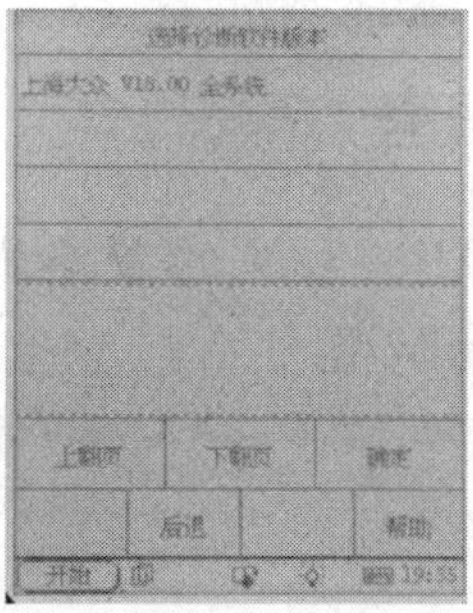

图 11-21　操作界面（三）

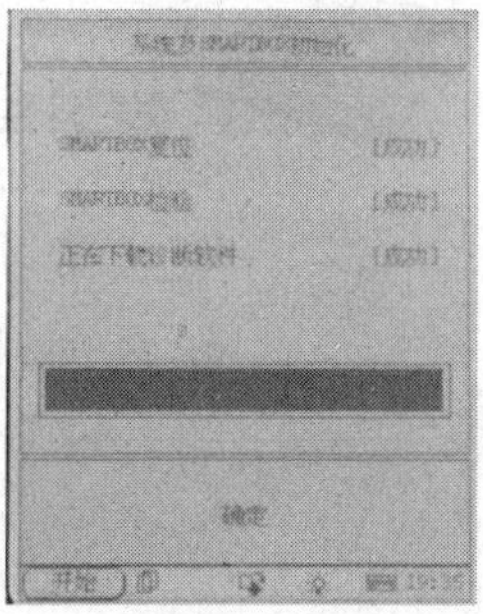

图 11-22　操作界面（四）

（3）单击“确定”按钮，进入如图 11-23 所示的界面，选择“大众通用系统”选项，进入如图 11-24所示的界面，单击“快速数据流诊断”命令。

（4）进入如图 11-25 所示的界面，选择“非 CAN-bus 系统”选项，进入如图 11-26 所示的界面，选择“刹车系统”选项。

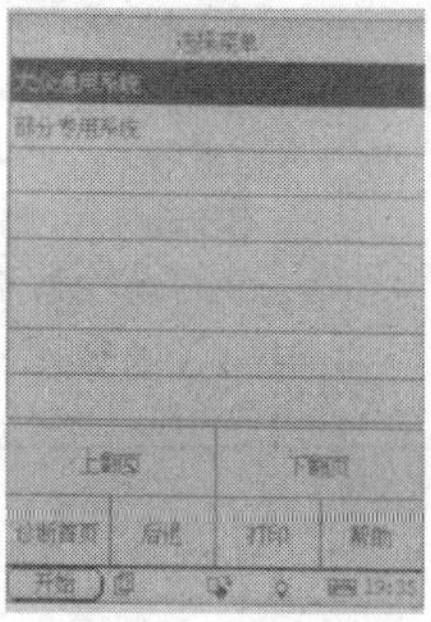

图 11-23　操作界面（五）

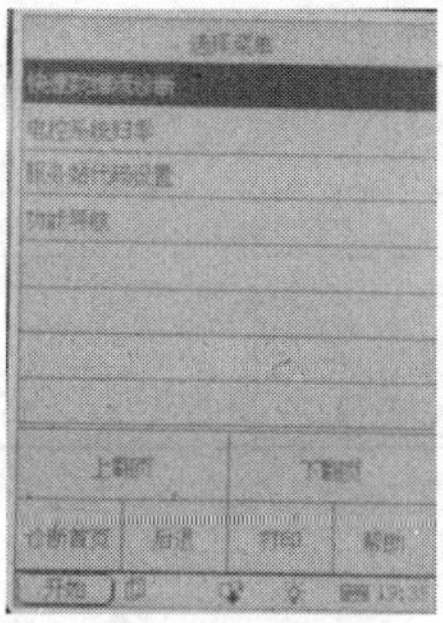

图 11-24　操作界面（六）

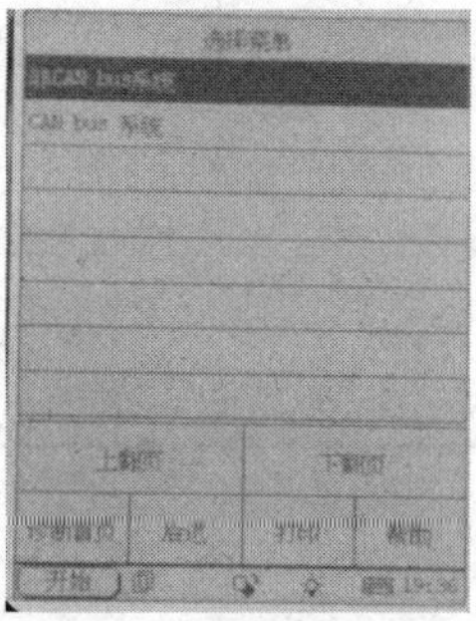

图 11-25　操作界面（七）

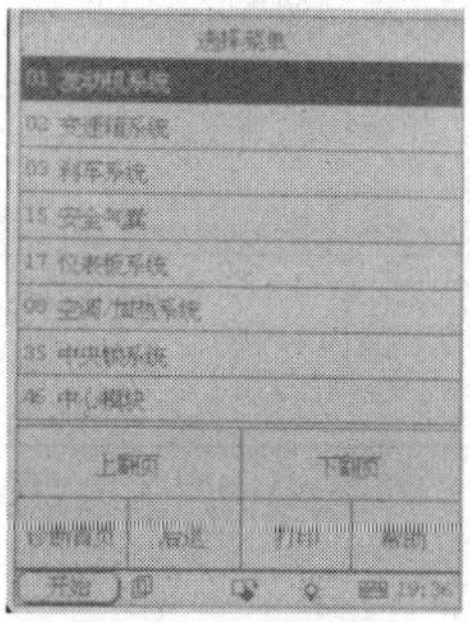

图 11-26　操作界面（八）

（5）写出读取故障的信息。

（6）写出读取 01 号、02 号数据流的信息。

(7)进行部件测试,有何现象。

复习与思考

(一)对照带有ABS系统的整车或台架,写出ABS系统的组成,并找出相应部件的位置

(二)对照图11-11、图11-12、图11-13、图11-14,写出ABS各系统工作状态

工作过程	进油阀	出油阀	液压泵	制动液流动方向
普通制动模式				由制动主缸直接流入制动轮缸
减压模式				由制动轮缸流入储液罐
保压模式				不流动
增压模式				由制动主缸和ABS液压泵流入制动轮缸

笔记及心得

实训十二

刮水器与洗涤系统的构造与检修

一、实训目标

(1)掌握汽车刮水系统组成及构造。

(2)掌握汽车刮水系统检修。

(3)掌握汽车刮水系统电路识读。

二、实训内容

(1)对汽车刮水系统元器件进行检修。

(2)进行电路读图,对刮水系统的常见故障进行检修(电路故障)。

三、实训工具及设备

(1)世达120件1套、万用表1个、冰点密度计1个、常用工具1套。

(2)桑塔纳轿车1辆。

四、知识准备

(一)刮水器的功能与使用

一般情况下,在汽车组合开关手柄上有刮水器控制旋钮,设有低速、高速、空挡、间歇、喷水刮水5个挡位,如图12-1所示。

(1)低速挡。先打开点火开关,后扳动刮水器开关手柄到“1”挡。低速挡一般是在雨不太大时开启,这时刮水片既能刮净雨水其自身的摆动频率又不是很快,不会影响驾驶视线。

(2)高速挡。先打开点火开关,后扳动刮水器开关手柄到“2”挡。当雨很大时,低速挡就不能把雨水刮干净,就要开到高速挡,加快刮水片的摆动频率使其快速将雨水刮干净。

图 12-1　刮水器控制旋钮

(3)间歇挡。先打开点火开关,后扳动刮水器开关手柄到“3”挡。间歇挡是时开时歇的挡位,每 6 s 工作一次。

(4)空挡。当刮水器开关在高速、低速、间歇 3 个挡位中的某个挡位时,扳动刮水器开关到“0”档,刮水器就停止工作并复位到最初状态。

(5)喷水刮水挡。先打开点火开关,后扳动刮水器开关手柄往驾驶员方向拨,这时喷水电机会向风窗玻璃喷出清洗液,并且刮水器以低速挡工作。

(二)刮水器的结构组成与作用

刮水器总成含有电动机、减速器、四连杆机构、刮水臂心轴、刮水片总成等。当司机按下刮水器的开关时,电动机起动,电动机的转速经过蜗轮蜗杆的减速增扭作用驱动摆臂,摆臂带动四连杆机构,四连杆机构带动安装在前围板上的转轴左右摆动,最后由转轴带动刮水片刮扫风窗玻璃。

(1)蓄电池和发电机为刮水器喷水电动机提供足够电能。

(2)刮水器电动机总成驱动刮水器机构运转并复位。外形如图 12-2 所示,解体图如图 12-3所示。

(3)喷水电机,是驱动刮水器喷水泵运转输送清洗液。外形如图 12-4 所示。

(4)点火开关。接通或切断刮水器喷水系统电源电路。

(5)刮水器喷水开关。接通或切断刮水器喷水系统电路。

(6)清洗液位警告灯。显示清洗液位过低的信息,并告诉驾驶员。

(7)刮水器喷水继电器。控制各刮水器喷水电路接通和切断的时间。

(8)X-中间接触继电器:用点火开关的小电流电路控制刮水器喷水系统电源的大电流电路,外形及插口,如图 12-5 所示。

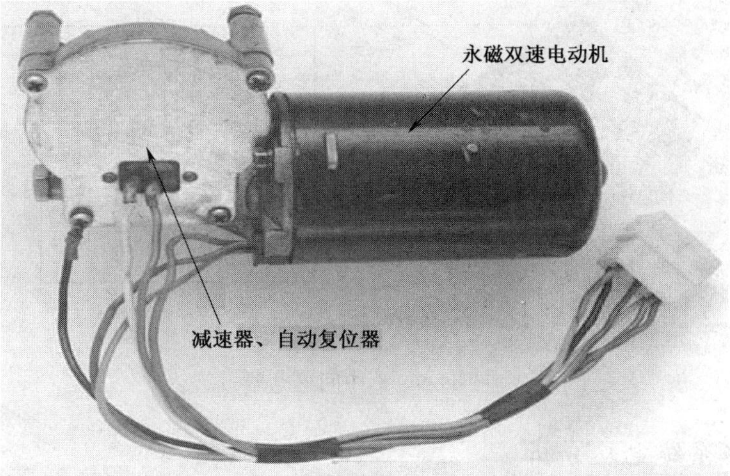

图 12-2　刮水器电动机外形

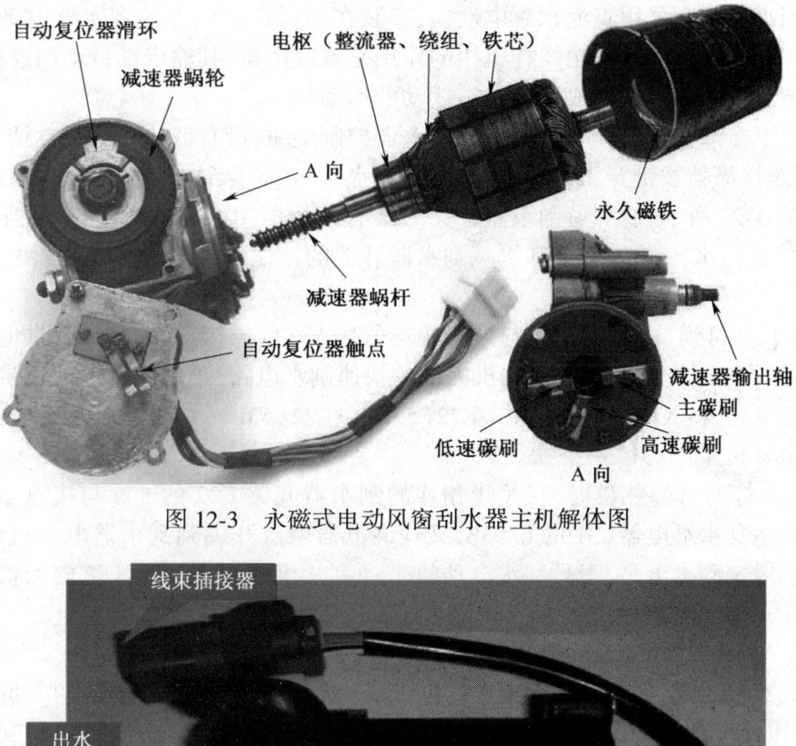

图 12-3　永磁式电动风窗刮水器主机解体图

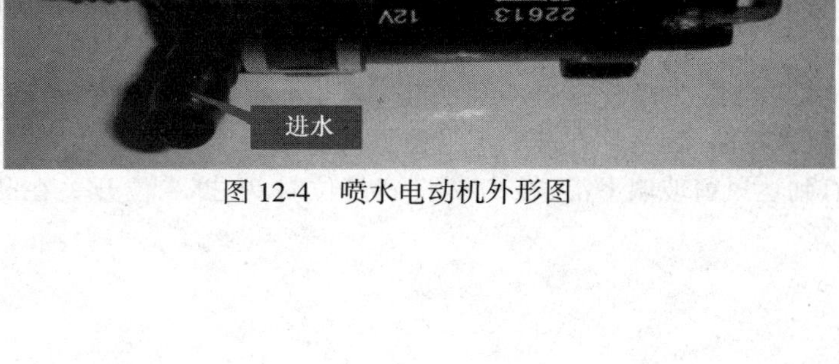

图 12-4　喷水电动机外形图

（a）外形图

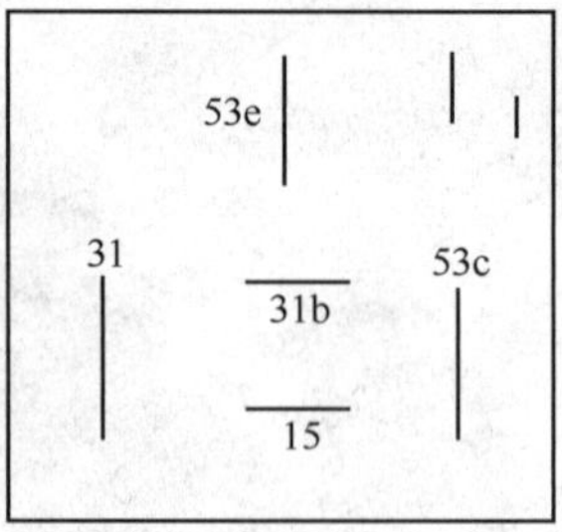

（b）插口图

图 12-5 X-中间继电器

（三）刮水系统电路分析

刮水器的动力来源来自刮水器电动机，它是整个刮水器系统的核心。刮水器电动机的质量要求是相当高的。它采用直流永磁电动机，安装在前风窗玻璃上的刮水器电动机一般与蜗轮蜗杆机械部分做成一体。蜗轮蜗杆机构的作用是减速增扭，其输出轴带动四连杆机构，通过四连杆机构把连续的旋转运动改变为左右摆动的运动。

一般情况下在汽车组合开关手柄上有刮水器控制旋钮，设有低速、高速、空挡、间歇 4 个挡位，手柄顶端是洗涤器按键开关，按下开关有洗涤水喷出，配合刮水器洗涤风窗玻璃。

如附录图 A-21 所示，前风窗刮水器开关 E22 有 4 个挡：0 挡为刮水器停止挡，1 挡为慢速刮水；2 挡为快速刮水；3 挡为间歇刮水。刮水器开关的挡位从左到右依次是：快、慢、停（空）、间歇。

（1）开关 E22 打到"快"挡位时，与 X 线相连的接点 53a 与接点 53b 接通，供电经绿黄色线到达刮水电动机 V 的 2/53b，刮水电动机内部的快速刮水电路，于是刮水电动机带动刮水器高速刮水。电流流向为：X 线→S11→B9→E22（53a）→E22（53b）→A5→D9→刮水电动机 V（2/53b）→刮水电动机 V（5/31）→搭铁。

（2）当 E22 打到"慢"挡位时，与 X 线相连的刮水器开关 E22 的 53a 与接点 53 接通，供电经一绿色线到达刮水继电器 J31 的 6/53S，又经继电器触点开关到刮水器电动机的 2/53M，接通刮水电动机慢速刮水电路，于是刮水电动机带动刮片慢速刮水。电流流向为：X 线→S11→B9→E22（53a）→E22（53）→A2→刮水继电器 J31（6/53S）→刮水继电器 J31（2/53M）→D12→刮水电动机 V（4/53）→刮水电动机 V（5/31）→搭铁。

（3）当 E22 打在"停"位置时，有刮水器电动机上设有一个由凸轮驱动的一掷二位停机自动复位开关，以保证刮水器停机时刮水片处在风窗玻璃下沿位置。当刮片运动到风窗玻璃下沿位置，E22 打"停"时，一掷二位开关处于右边位置，绿黑线搭铁，即刮水电机 V 的 3/31b 与刮水电机 V 的 5/31 接通，由于刮水电动机的 2/53b 也与 5/31 线相连接，此时刮水电动机被短路，刮水电机的 5/31 处搭铁，顺延此路，可看刮水电机的 5/31→3/31b→D17→A6→E22（53e）→E22（53）→刮水继电器 J31（6/53S）→刮水继电器 J31（2/53M）→D12→刮水电机的 4/53，由此可见，刮水电机被短路，到刮片在玻璃下沿位置被迫减速停止。

若刮片没有到达风窗玻璃下沿，在 E22 打到停位时，一掷二位开关在凸轮的作用下处于左边位置，即刮水电机的 3/31b 与 5/31 接通，此时慢速刮水电路接通 X 线，刮水器电动机将以低速挡保持运动（电路参见慢挡的电路），直至刮片到达风窗玻璃下沿位置时，一掷二位开关与 X 线断开，电动机短路被迫停止。

（4）当刮水器开关 E22 打到“间歇”位置时，E22 的接点 53e 与 53、53a 与 J 点接通，同时，E22 的接点 53 与刮水继电器 J31 的 6/53S、E22 的接点 J 与刮水继电器 J31 的 1/1 接通，继电器 J31 得到间歇挡位信号电源（E22 的接点 J 与刮水继电器 J31 的 1/1 接通），内部电路工作电流流向为 X 线→S11→B9→E22（53a）→E22（J）→A12→刮水继电器 J31（1/1）→刮水继电器 J31 内部电路→刮水继电器 J31 的 4/31→31），其触点每 6 s 将刮水继电器 J31 的 2/53M 端子与 6/53S 接通一次，使刮水器电动机电源接通，刮水电动机以慢速挡电路工作，电流流向为 X 线→S11→刮水继电器 J31 的 3/15→刮水继电器 J31 的 2/53M→D12→刮水电动机 V（4/53）→刮水电动机 V（5/31）→搭铁，带动刮片低速刮水。

若刮水继电器 J31（1/1）接受不到电压信号，则 E22 的接点 53e 与 53 接通工作，刮水电机 V 的 3/31b 与刮水电动机 V 的 5/31 接通，刮水继电器 J31 的 2/53M 端子与 6/53S 接通，刮水电动机被短路，刮水电动机被迫停止工作，电流流向参见 E22 打在“停”位置时，从而实现刮水电动机的“间歇”功能。

（5）按下前风窗清洗泵开关 E21 时，前风窗清洗泵 V4 通电工作，发动机盖上的喷嘴向前风窗玻璃喷水。同时刮水继电器 J31 的 5/T 脚与 4/31 脚通电，电流流向为 X 线→S11→B9→E22（53a）→E21→A19，此时分为两路，一路到刮水继电器 J31（5/T）→刮水继电器 J31（4/31）→31（搭铁），另一路到 C9→V4→序号为 129 和 8，而序号 8 为蓄电池负极搭铁。

继电器工作，刮水继电器 J31 的 2/53M 端子与 3/15 接通，刮水电动机也以低速刮水，当洗窗器停止时刮水器继续工作约 4 s。

五、实训步骤

（一）刮水系统故障维修

刮水器常见故障及排除见表 12-1。

表 12-1　刮水器常见故障与排除

故障现象	可能的故障原因	排除方法
接通点火开关，拨动刮水器各挡开关，刮水器均不工作	保险丝 S11 熔断 刮水器电动机插接器不良 刮水器电动机内部断路转子咬死	更换 修理或更换 修理或更换
刮水器在“慢挡”工作，其余各挡均不工作	中央线路板 D12 接头及中间连接导线接触不良、断路 继电器损坏 刮水器开关有故障	修理或更换中间导线 更换 修理或更换
刮水器快挡工作正常，其余挡均不工作	继电器故障	更换
刮水器在“间歇”挡不工作，其他各挡均工作正常	中央线路板 A12 接头及中间连接导线接触不良、断路 刮水器开关有故障 继电器损坏	修理或更换中间导线 修理或更换 更换

续表

故障现象	可能的故障原因	排除方法
刮水器开关在“喷水挡”，刮水与喷水均不工作，其他各挡工作正常	中央线路板 A19、C9 接头及中间连接导线接触不良、断路 刮水器开关有故障 喷水电机、喷水泵有故障，连接管、喷嘴堵塞	修理或更换中间导线 修理或更换 修理、更换或清洗
玻璃上留存水迹擦痕	刮水橡胶条过脏 橡胶条因边缘磨损而断裂或磨坏 橡胶条老化，表面扯破	用硬质尼龙刷和洗涤剂溶液或酒精刷洗 更换新的橡胶条 更换新的橡胶条
刮水后仍留有积水	风窗玻璃粘有油漆、抛光剂、机油等	用干净的抹布蘸上硅酮去油剂擦拭风窗玻璃
刮水片一侧正常，另一侧嘎嘎作响	有一面刮水橡胶条变形，不能正常工作定位杆扭曲，刮水片斜着卡在风窗玻璃上	装上新的刮水橡胶条 小心地把刮水杆扭转到垂直
部分表面刮不到	刮水橡胶条从卡槽中脱出 刮水片在风窗玻璃上接触不均匀，弹簧条或钢片弯曲；或者刮水杆在风窗玻璃上的贴合压力太大	把刮水橡胶条塞进卡槽更换刮水片 对刮水杆的接头和弹簧条稍微加一点油或调换刮水杆

(二)刮水器橡胶条的拆装

(1)用鲤鱼钳把刮水橡胶条被封住的一侧的两块钢片钳在一起，从上面的夹子里取出，并把橡胶条连同钢片从刮水片其余的几个夹子里拉出。

(2)把新的刮水橡胶条塞进刮水片下面的夹子里，并把它扎紧。

(3)把两块钢片插入刮水橡胶条的第一条的槽口，对准橡胶条并进入槽内的橡胶条凸缘内。

(4)用鲤鱼钳把两块钢片与橡胶条重新钳紧，并插入上端夹子，使夹子两边的凸缘均进入刮水橡胶条的限位槽内。

(三)曲柄定位位置的调整

(1)使刮水器电动机转到极限位置。

(2)装上曲柄，并调整到能看见管内螺纹为止。

(四)刮水器支座的更换

刮水器支座一经拆卸，就应进行更换。在拆卸刮水器支座时，用割刀切断铆钉，如图 12-6 所示。安装刮水器支座时，支座应支撑牢固，如图 12-7 所示。

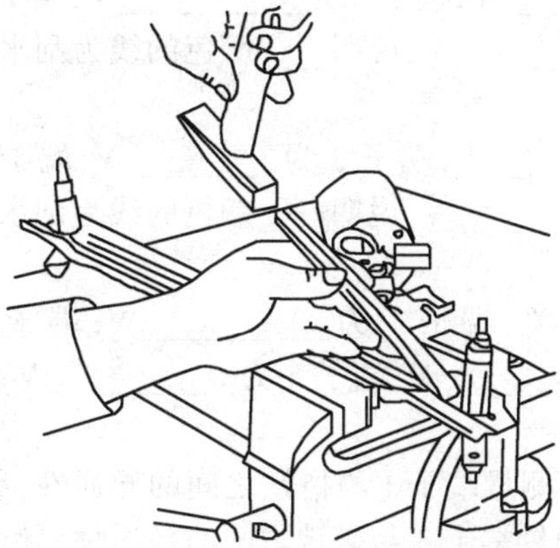

图 12-6　刮水器支座的拆卸

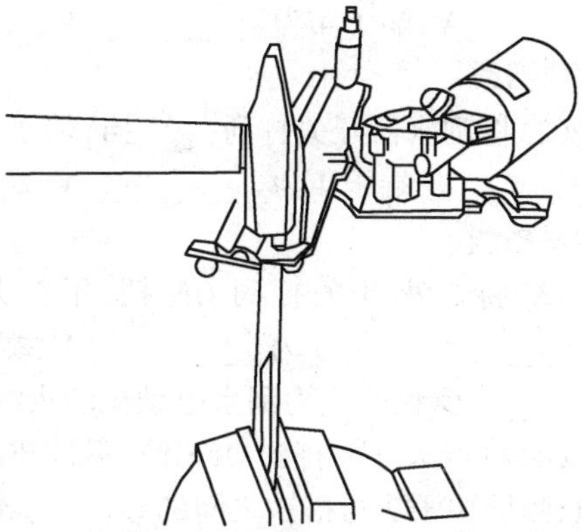

图 12-7　刮水器支座的安装

(五)车辆玻璃水冰点的检测

利用冰点密度计检测实车玻璃水的冰点,并记录检测结果。

(六)刮水电动机总成线束的检测

拔掉刮水电动机总成线束,如图 12-8 所示,将雨刮开关打到不同挡位,分别测量该线束插头上的 5 个触点,如图 12-9 所示,并记录结果。

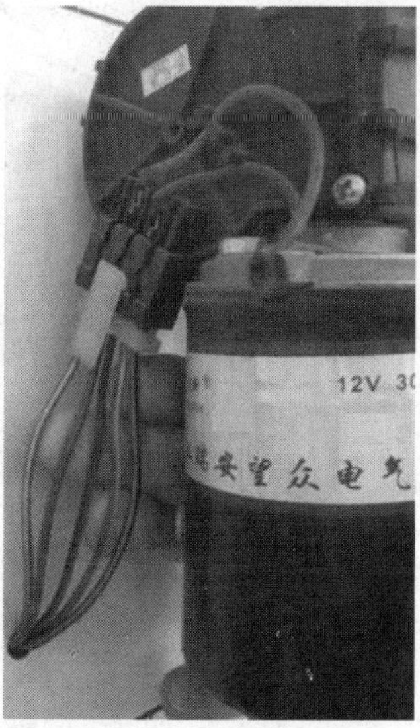

图 12-8　刮水电动机线束

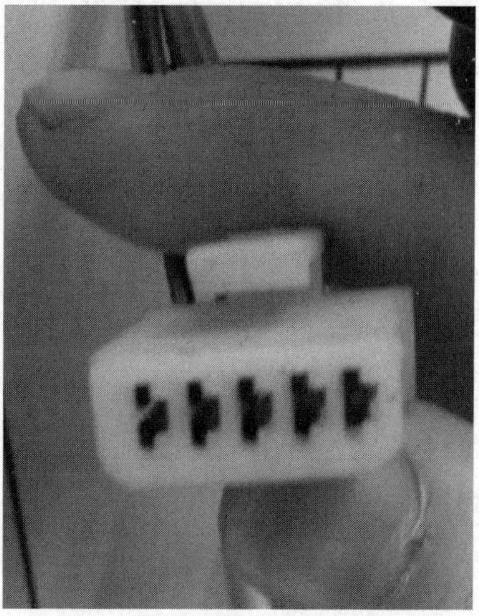

图 12-9　刮水电动机线束端子

（1）将刮水器开关打到“快”挡，端子 1 为__________V，端子 2 为__________V，端子 3 为__________V，端子 4 为__________V，端子 5 为__________V，说明____颜色的线为刮水电动机的快挡线。

（2）将刮水器开关打到“慢”挡，端子 1 为__________V，端子 2 为________V，端子 3 为__________V，端子 4 为__________V，端子 5 为__________V，说明____颜色的线为刮水电动机的慢挡线。

（3）将点火开关打到 ON 挡，不打开刮水器开关，端子 1 为__________V，端子 2 为__________V，端子 3 为__________V，端子 4 为__________V，端子 5 为__________V，说明__________颜色的线为刮水电动机的火线。

（4）将点火开关打到 OFF 挡，不打开刮水器开关，测量端子 1 与搭铁之间的导通性，导通/不通，测量端子 2 与搭铁之间的导通性，导通/不通，测量端子 3 与搭铁之间的导通性，导通/不通，测量端子 4 与搭铁之间的导通性，导通/不通，测量端子 5 与搭铁之间的导通性，导通/不通，说明____________颜色的线为刮水电动机的地线。

（5）最后一根线为刮水电动机的回位线，即电路图中的 3/31b。

复习与思考

（一）根据图 12-10，写出相关部件名称

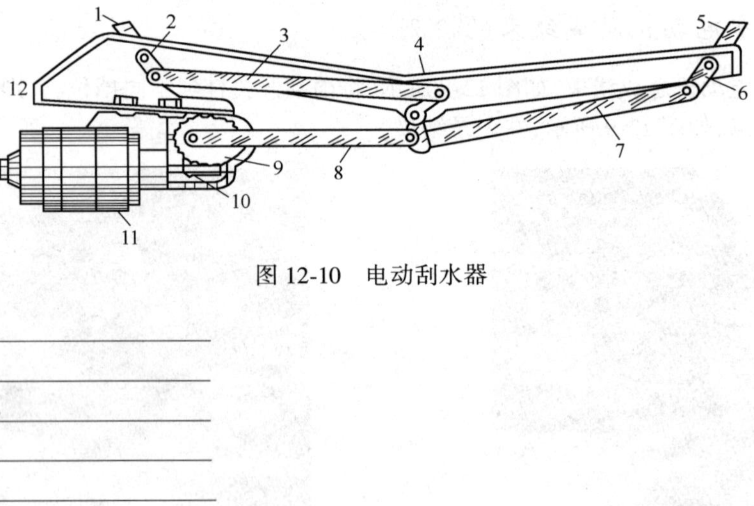

图 12-10　电动刮水器

1、5 ____________________

2、4、6 __________________

3、7、8 __________________

9 ______________________

10 _____________________

11 _____________________

12 _____________________

（二）如图 12-11 所示，写出永磁式双速刮水器控制电路的工作过程

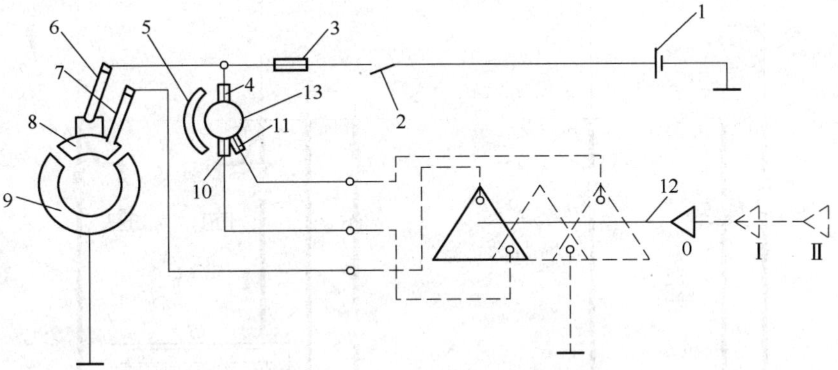

图 12-11　永磁式双速刮水器控制电路

1—蓄电池；2—电源开关；3—熔断器；4、10、11—电刷；5—永久磁铁；6、7—自动复位触片；8、9—自动复位滑片；12—刮水器开关；13—电枢

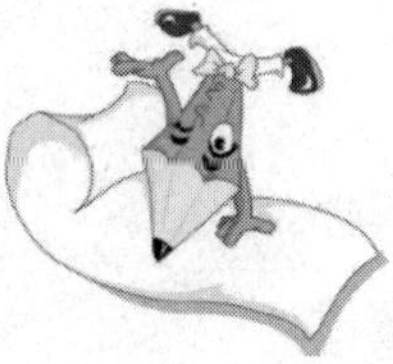

笔记及心得

附录 A

桑塔纳 2000GSI 轿车电气线路图

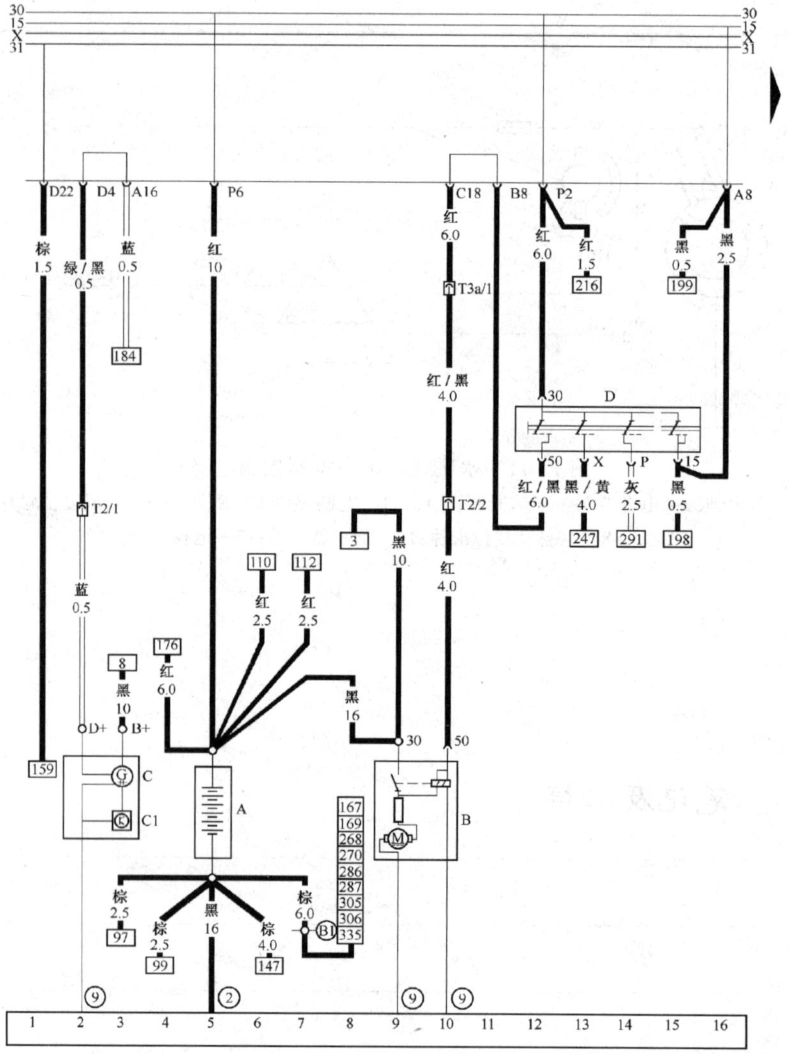

图 A-1　桑塔纳 2000GSI 型轿车交流发电机、蓄电池、起动机、点火开关电路图

A—蓄电池；B—起动机；C—交流发电机；C1—调压器；D—点火开关；T2—发动机线束与发电机线束插头连接（2 针，在发动机舱中间支架上）；T3a—发动机线束与前照灯线束插头连接（3 针，在中央线路板后面）；②—接地点（在蓄电池支架上）；⑨—自身接地；(B1)—接地连接线（在前照灯线束内）

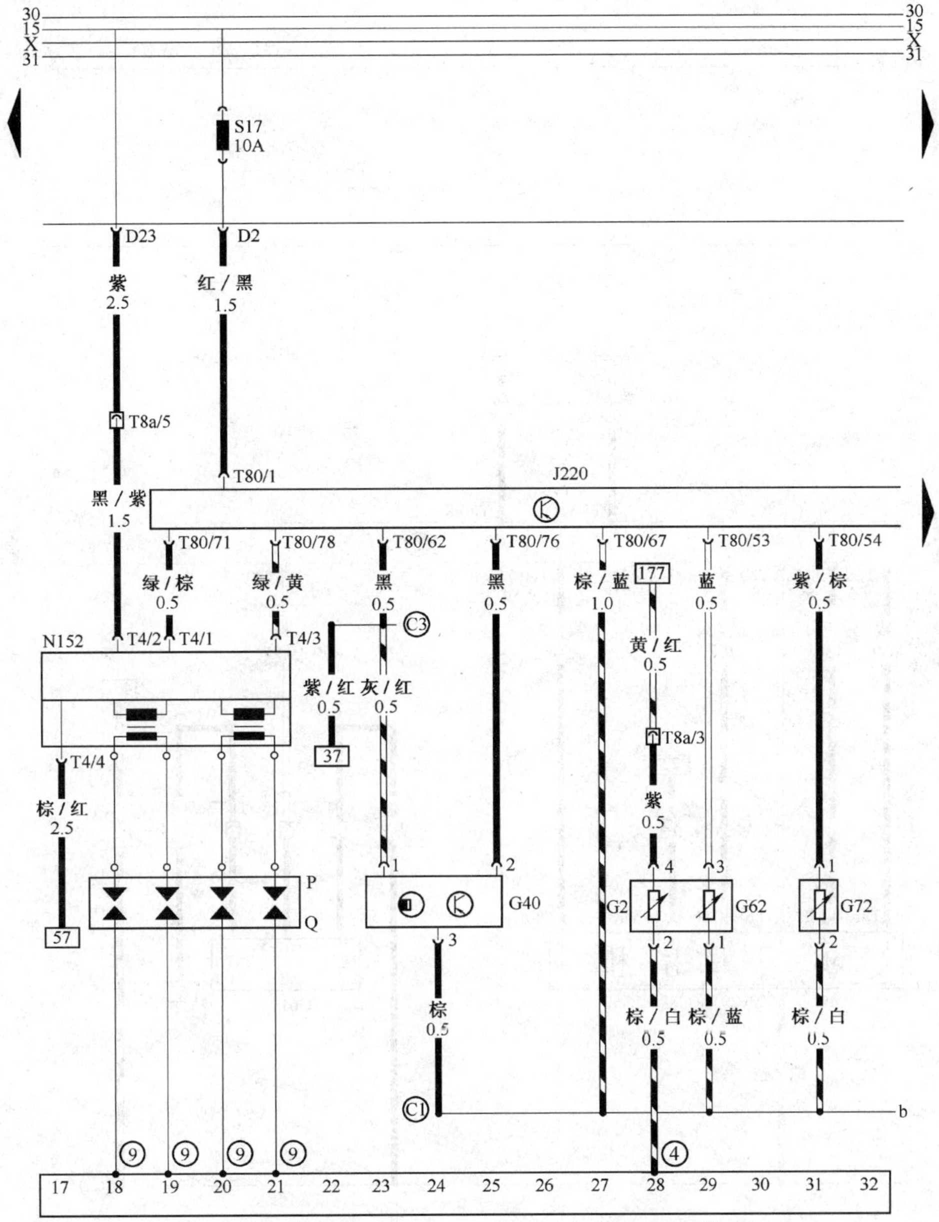

图 A-2 桑塔纳 2000GSI 型轿车点火装置、发动机控制单元、霍尔传感器、冷却液温度传感器、进气温度传感器电路图

G2—水温表传感器；G40—霍尔传感器；G62—冷却液温度传感器；G72—进气温度传感器；J220—发动机控制单元；N152—点火线圈；P—火花塞插头；Q—火花塞；S17—发动机控制单元熔丝(10A)；T4—前照灯线束与散热扇控制器插头连接(4 针，在散热风扇控制器上)；T8a—发动机线束与发动机右线束插头连接(8 针，在发动机舱中间支架上)；T80—发动机线束、发动机右线束与发动机控制单元插头连接(80 针，在发动机控制单元上)；④—接地点(在离合器壳上的支架上)；⑨—自身接地；Ⓒ1—连接线(在发动机右线束内)；Ⓒ3—+5 V 连接线(在发动机右线束内)

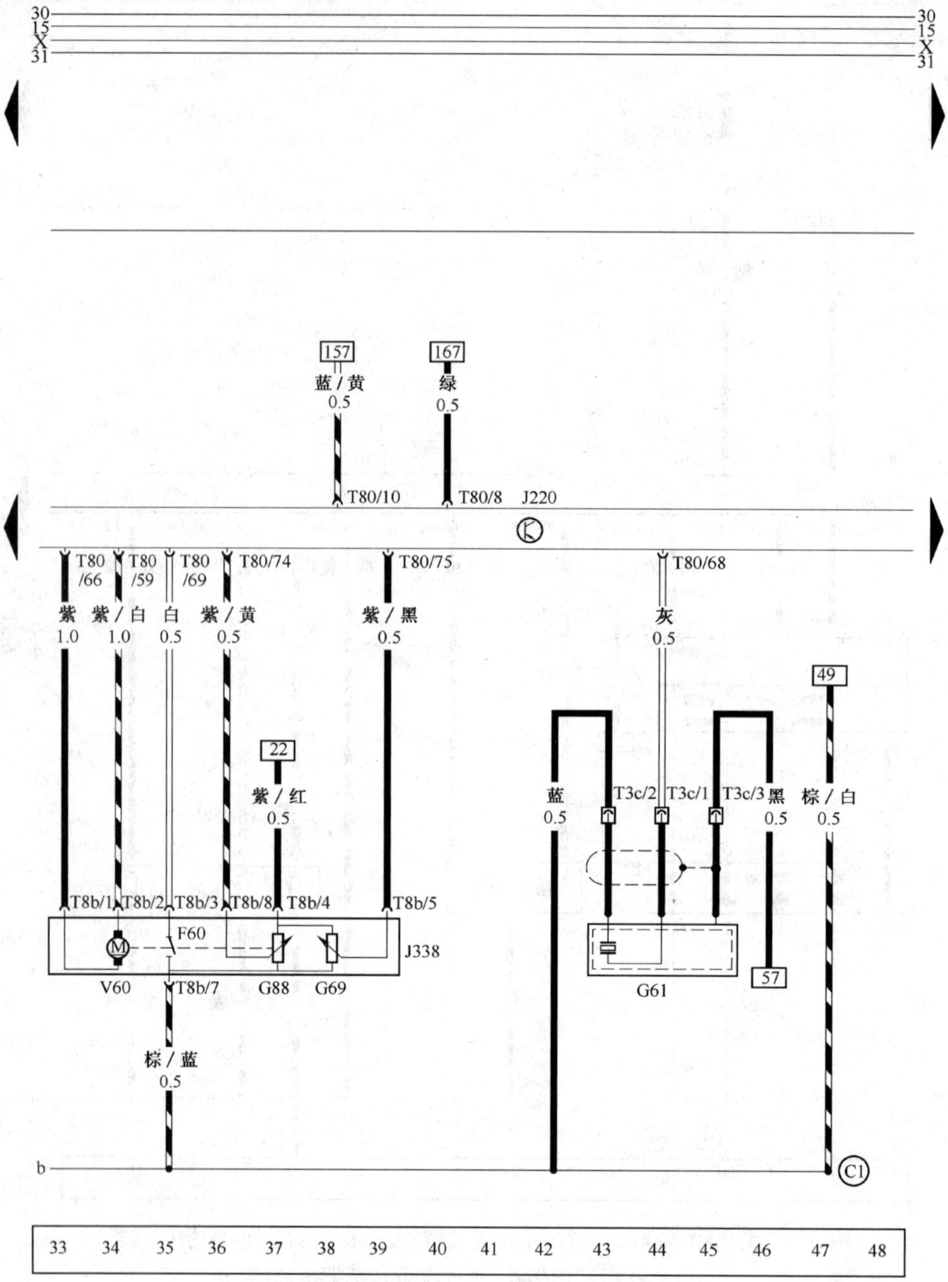

图 A-3 桑塔纳 2000GSI 型轿车发动机控制单元、节气门控制部件、1、2 缸爆震传感器电路图

F60—怠速开关；G61—1、2 缸爆震传感器；G69—节气门电位计；G88—节气门定位电位计；J220—发动机控制单元；J338—节气门控制部件；T3c—发动机右线束与 1、2 缸爆震传感器插头连接（3 针，在发动机舱中间支架上）；T8b—发动机右线束与节气门控制部件插头连接（8 针，在节气门控制部件上）；T80—发动机线束、发动机右线束与发动机控制单元插头连接（80 针，在发动机控制单元上）；V60—节气门定位器；Ⓒ1—连接线（在发动机右线束内）

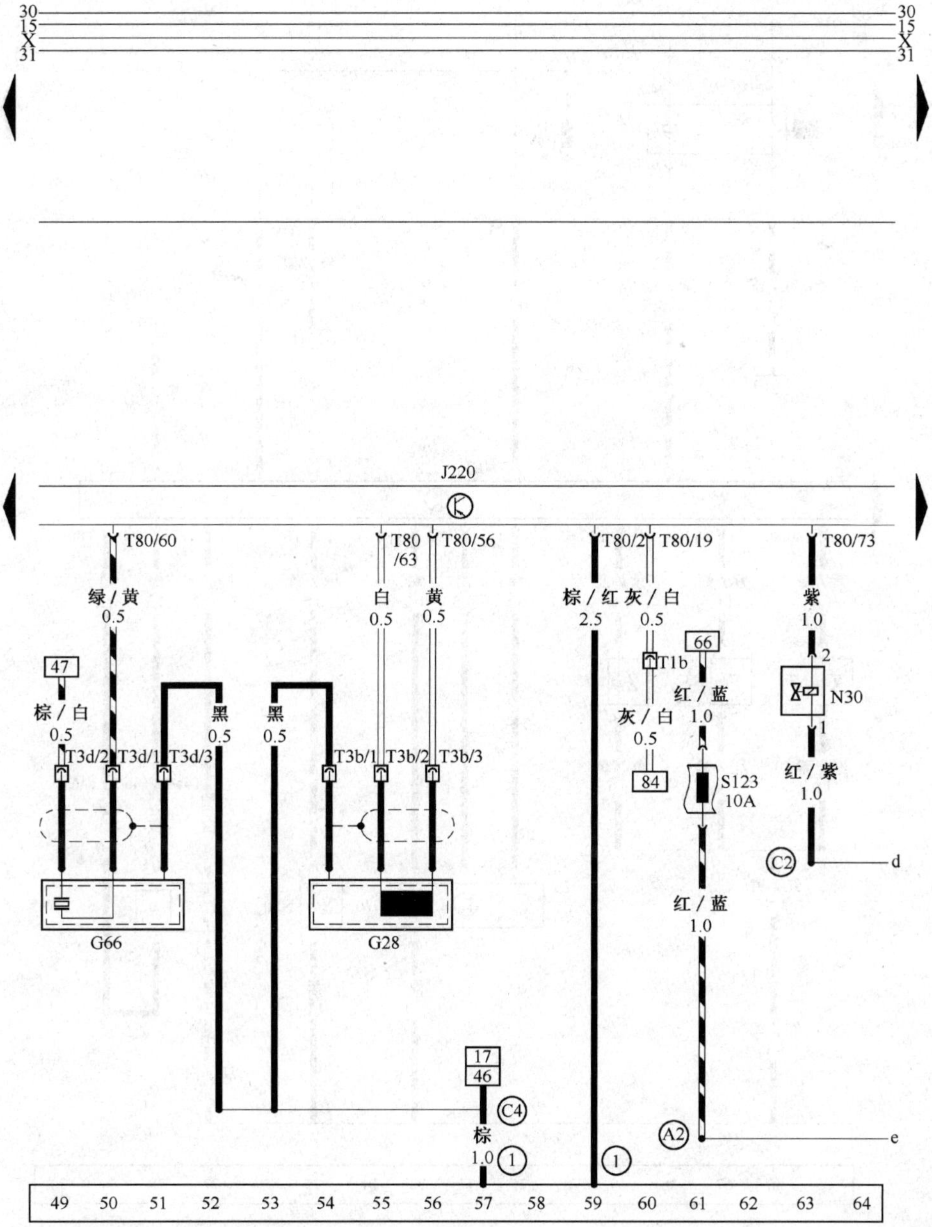

图 A-4 桑塔纳 2000GSI 型轿车发动机控制单元、3、4 缸爆震传感器、转速传感器电路图

G28—发动机转速传感器；G66—3、4 缸爆震传感器；J220—发动机控制单元；N30—第 1 缸喷油器 S123—喷油器、空气流量计、AKF 阀、氧传感器加热熔丝（10A）；T1b—发动机线束与仪表板线束插头连接（1 针，在中央线路板后面）；T3b—发动机右线束与发动机转速传感器插头连接（3 针，在发动机舱中间支架上）；T3d—发动机右线束与 3、4 缸爆震传感器插头连接（3 针，在发动机舱中间支架上）；T80—发动机线束、发动机右线束与发动机控制单元插头连接（80 针，在发动机控制单元上）；

Ⓒ4—接地连接线（在发动机右线束内）

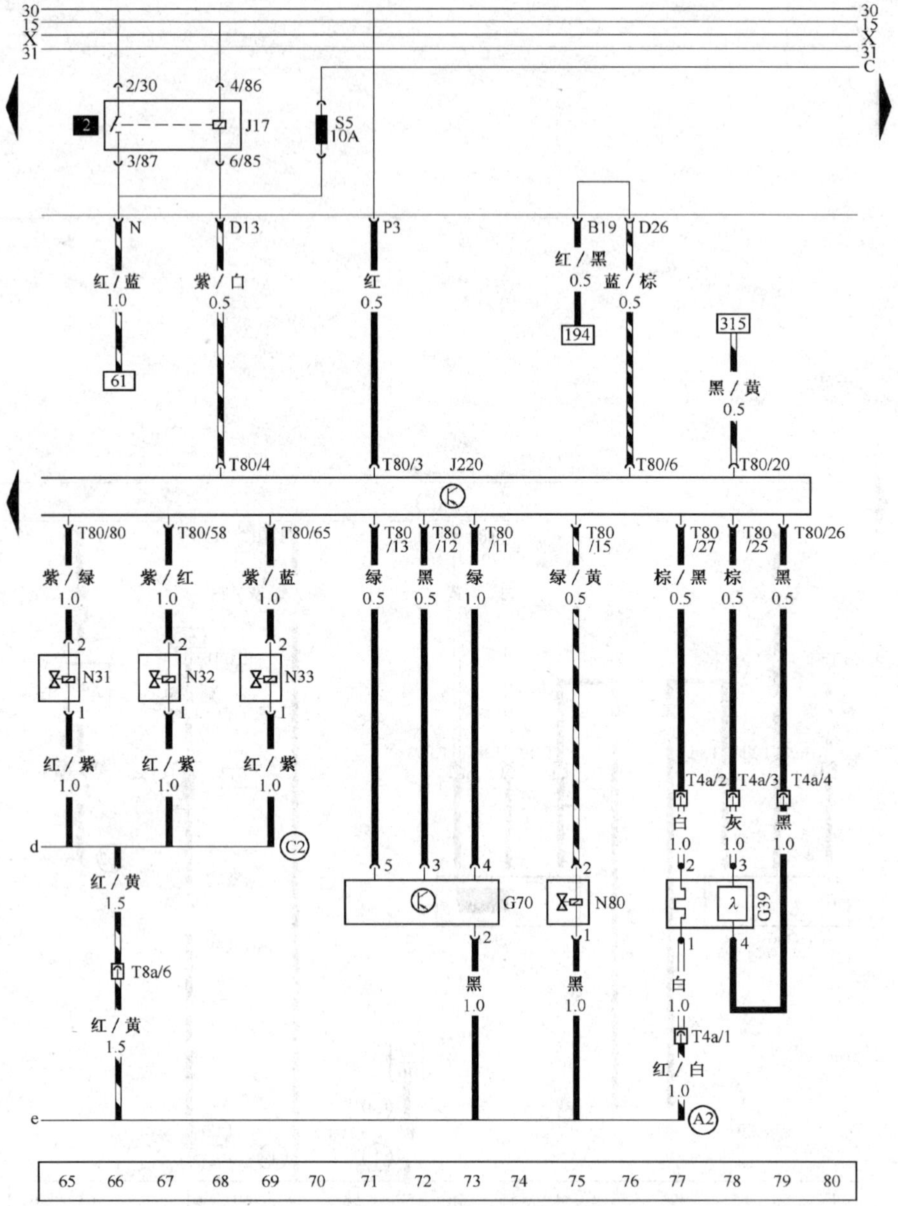

图 A-5 桑塔纳 2000GSI 型轿车发动机控制单元、喷油器、汽油泵继电器、空气流量计、氧传感器、活性炭罐电磁阀电路图

G39 —氧传感器；G70—空气流量计；J17—汽油泵继电器；J220—发动机控制单元；N31—第 2 缸喷油器；N32—第 3 缸喷油器；N33—第 3 缸喷油器；N80—活性炭罐电磁阀；S5—汽油泵熔丝(10 A)；T4a—发动机线束与氧传感器插头连接(4 针，在发动机舱中间支架上)；T8a—发动机线束与发动机右线束插头连接(8 针，在发动机舱中间支架上)；T80—发动机线束、发动机右线束与发动机控制单元插头连接(80 针，在发动机控制单元上)；Ⓐ2—正极连接线(在发动机线束内)；Ⓒ2—正极连接线(在发动机右线束内)

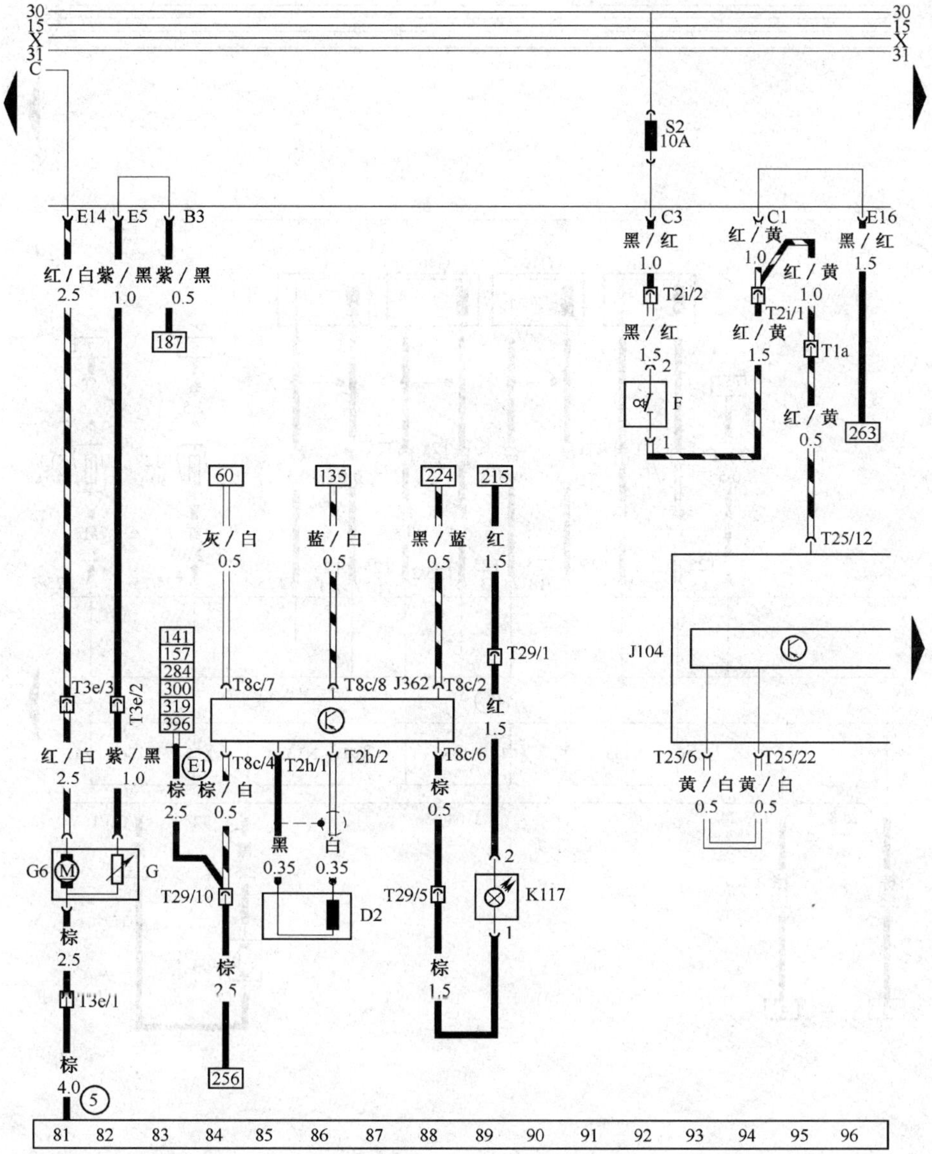

图 A-6　桑塔纳 2000GSI 型轿车汽油泵、电子防盗器、ABS 控制器、制动灯开关电路图

D2—读识线圈；F—制动灯开关；G—汽油表传感器；G6—汽油泵；J104—ABS 控制器；J362—防盗器控制单元；K117—防盗器警告灯；S2—制动灯熔丝(10A)；T1a—前照灯线束与 ABS 线束插头连接(1 针，在中央线路板后面)；T2h—读识线圈与防盗器控制单元插头连接(2 针，在防盗器控制单元上)；T2i—前照灯线束与仪表板线束插头连接(2 针，在中央线路板后面)；T3e—尾部线束与汽油箱插头连接(3 针，在汽油箱盖上)；T8c—仪表板线束与防盗器控制单元插头连接(8 针，在防盗器控制单元上)；T25—ABS 线束与 ABS 控制单元插头连接(25 针，在 ABS 控制器上)；T29—仪表板线束与仪表板开关线束插头连接(29 针，在组合仪表下方)；⑤—接地点(在中央线路板左侧星形接地爪上)；Ⓔ1—接地连接线(在仪表板开关线束内)

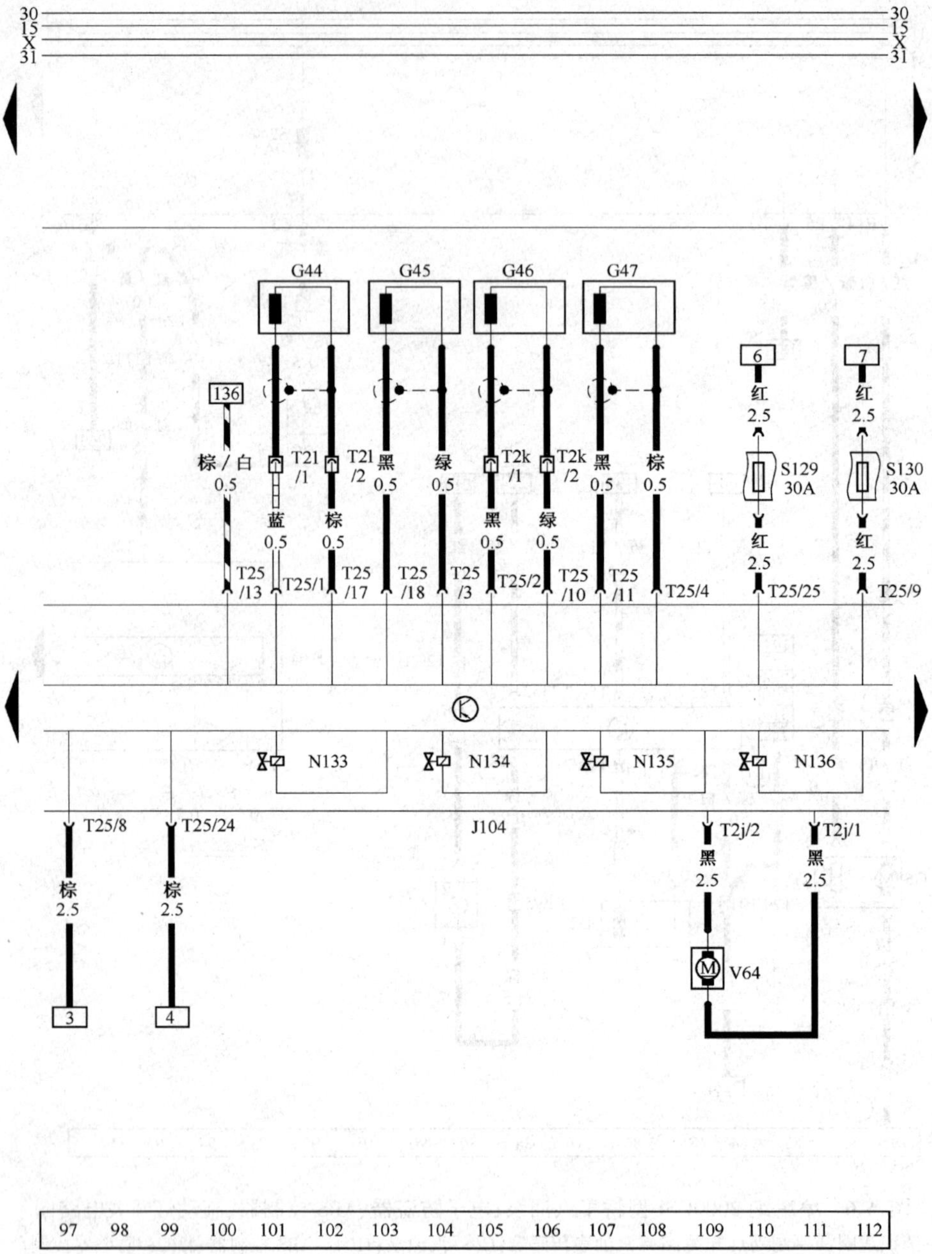

图 A-7 桑塔纳 2000GSI 型轿车 ABS 控制器、车轮转速传感器、ABS 液压泵电路图

G44—右后转速传感器；G45—右前转速传感器；G46—左后转速传感器；G47—左前转速传感器；J104—ABS 控制器；N133—ABS 右后出油电磁阀；N134—ABS 右后出油电磁阀；N135—ABS 左后进油电磁阀；N136—ABS 左后出油电磁阀；S129—熔丝（30A）；S130—ABS 电磁阀熔丝（30A）；T2j—ABS 液压泵与控制单元插头连接（2 针，在 ABS 控制单元上）；T2k—ABS 线束与左后转速传感器插头连接（2 针，在左后座位下面）；T21—ABS 线束与右后转速传感器插头连接（2 针，在右后座位下面）；T25—ABS 线束与控制单元插头连接（25 针，在 ABS 控制器上）；V64—ABS 液压泵

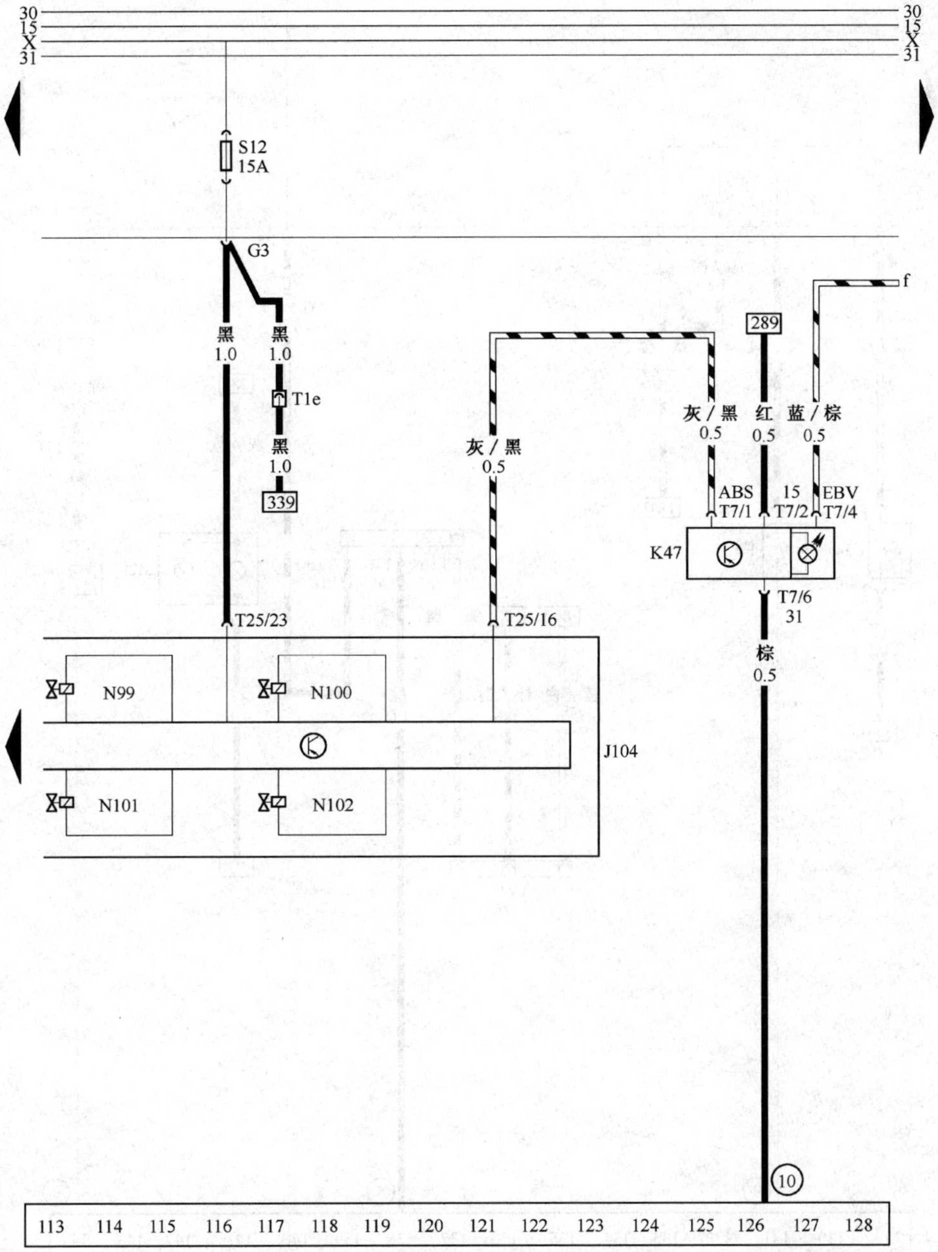

图 A-8 桑塔纳2000GSI型轿车 ABS 控制器、ABS 警告灯电路图

J104—ABS 控制器；K47—ABS 报警灯；N99—ABS 右前进油电磁阀；N100—ABS 右前出油电磁阀；N101—ABS 左前进油电磁阀；N102—ABS 左前出油电磁阀；S12—电动摇窗机、ABS 控制单元熔丝（15A）；T1e—ABS 线束与电动摇窗机线束插头连接（1 针，在中央电线板后面）；T7—ABS 线束与ABS 报警灯插头连接（7 针，在 ABS 报警灯上）；T25— ABS 线束与控制单元插头连接（25 针，在 ABS 控制器上）；⑩—接地点（在中央线路板后面车身前围板上）

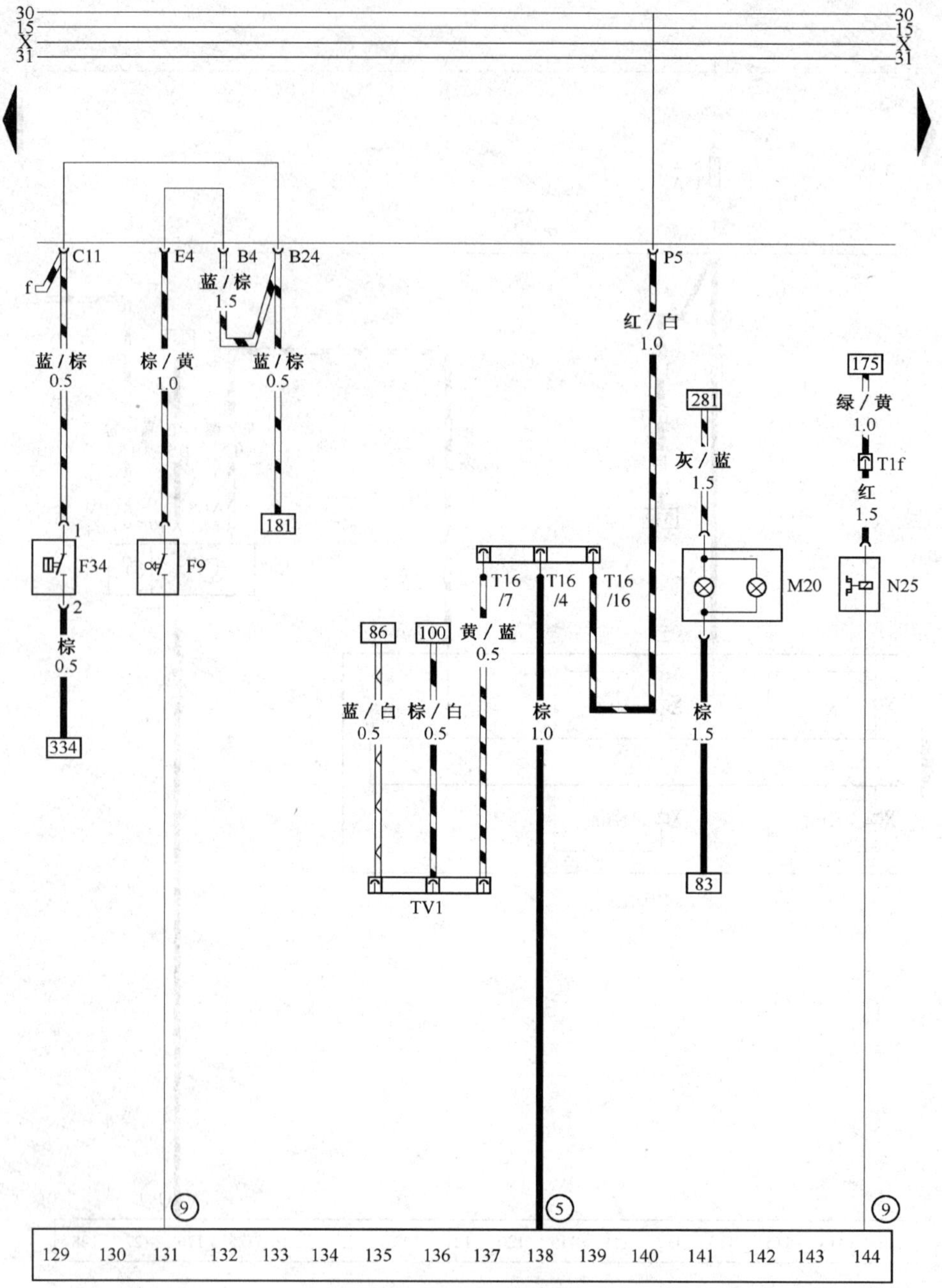

图 A-9 桑塔纳 2000GSI 型轿车制动液位报警开关、手制动指示灯开关、自诊断插座、空调电磁离合器电路图

F9—手制动指示灯开关；F34—制动液位报警开关；M20—空调控制面板照明灯；N25—电磁离合器；T1f—前大灯线束与压缩机电磁离合器插头连接（1 针，在压缩机旁）；T16—故障诊断仪插座（16 针，在变速杆防尘罩下面）；TV1—诊断线插座（附加插在中央线路板 13 号位上）；⑤—接地点（在中央线路板左侧星形接地爪上）；⑨—自身接地

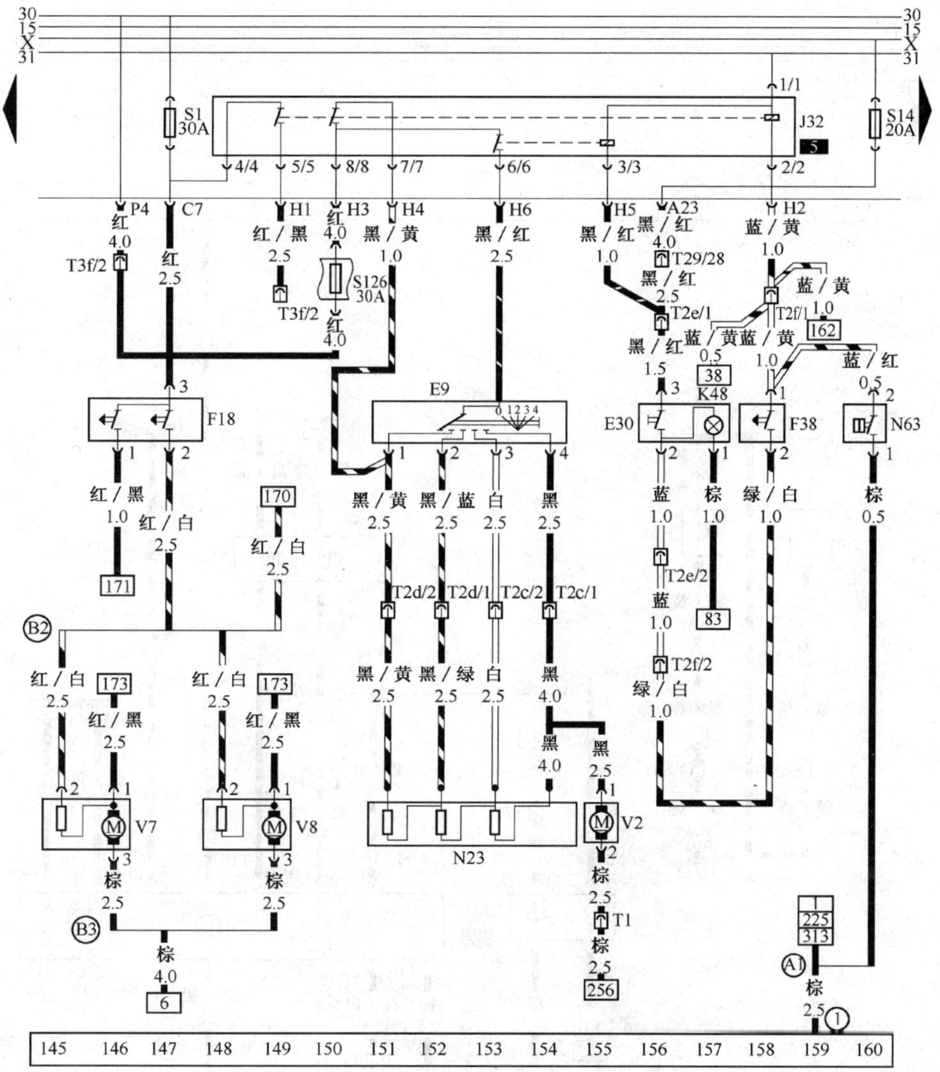

图 A-10 桑塔纳 2000GSI 型轿车空调继电器、空调 A/C 开关、风速开关、鼓风电动机、散热风扇、室温开关、进风门电磁阀电路图

E9—风速开关；E30—空调 A/C 开关；F18—散热风扇热敏开关；F38—室温开关；J32—空调继电器；K48—空调 A/C 开关指示灯；N23—鼓风电机减速电阻；N63—进风门电磁阀；S1—散热风扇熔丝（不用空调时）（30A）；S14—继电器熔丝（20A）；S126—空调鼓风电机熔丝（30A）；T1—空调鼓风电动机线束与仪表板线束插头连接（1 针，在中央线路板后面）；T2c—空调操纵线束与空调鼓风电动机线束插头连接（2 针，在加速踏板上方）；T2d—空调操纵线束与空调鼓风电动机线束插头连接（2 针，在加速踏板上方）；T2e—仪表板开关线束与空调操纵线束插头连接（2 针，在空调操纵面板后面）；T2f—发动机线束与空调操纵线束插头连接（2 针，在中央线路板后面）；T3f—空调操纵线束与发动机线束插头连接（3 针，在中央线路板后面）；T29—仪表板线束与仪表板开关线束插头连接（29 针，在组合仪表下方）；V2—鼓风电动机；V7—左散热风扇；V8—右散热风扇；Ⓐ1—接地连接线（在发动机线束内）；①—接地连接线（在发动机控制单元旁车身上）；Ⓑ2—连接线（在前大灯线束内）；Ⓑ3—接地连接线（在前大灯线束内）

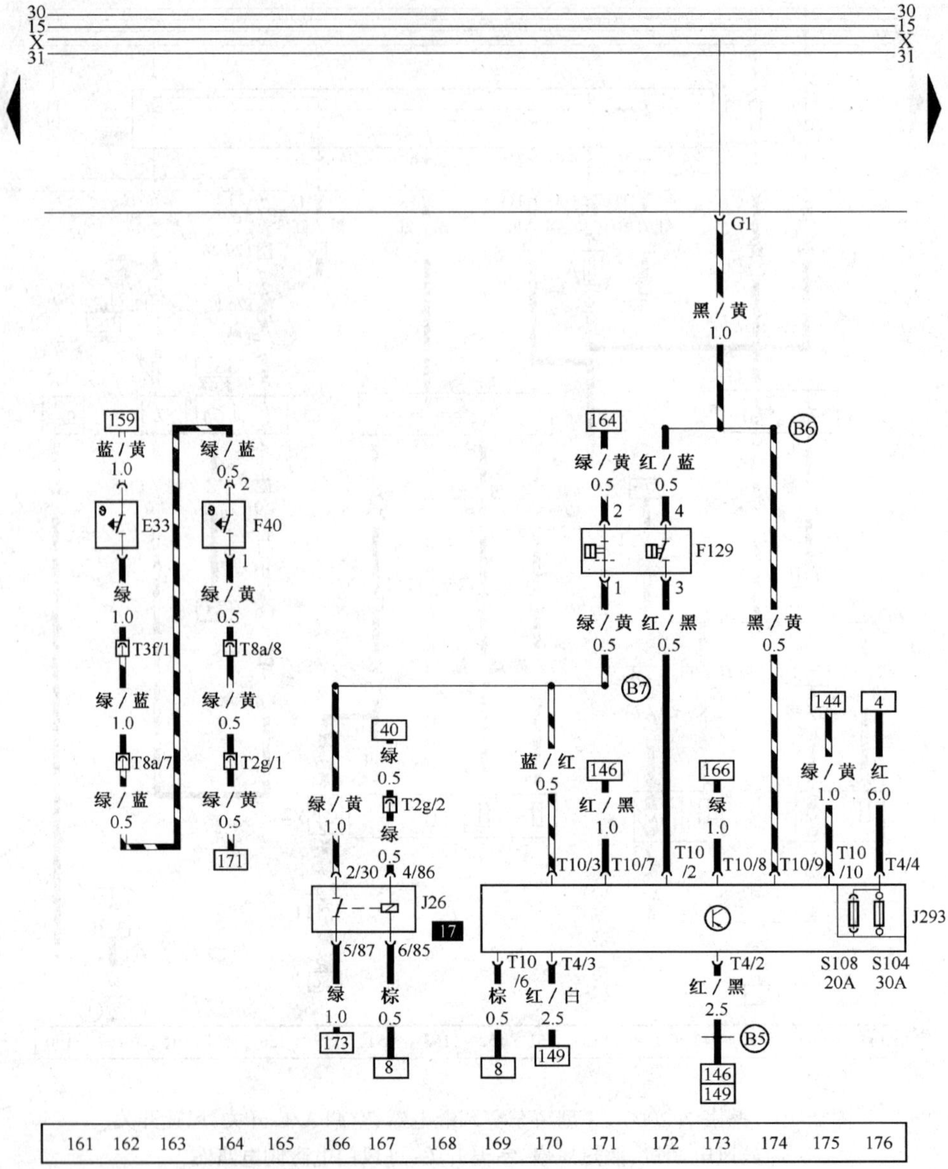

图 A-11 桑塔纳 2000GSI 型轿车散热器风扇控制器、压缩机切断继电器、冷量开关、组合开关、空调水温控制开关电路图

E33—冷量开关；F40—空调水温控制开关；F129—组合开关；J26—压缩机切断继电器；J293—散热器风扇控制器；S104—散热器风扇熔丝（高速挡使用空调时）(30A)；S108—散热器风扇熔丝（低速挡使用空调时）(20A)；T2g—发动机线束与前照灯线束插头连接（2 针，在中央线路板后面）；T3f—空调操纵线束与发动机线束插头连接（3 针，在中央线路板后面）；T4—前照灯线束与散热器风扇控制器插头连接（4 针，在散热器风扇控制器上）；T8a—发动机线束与发动机右线束插头连接（8 针，在发动机舱中间支架上）；T10—前照灯线束与散热器风扇控制器插头连接（10 针，在散热器风扇控制器上）；(B5)—连接线（在前照灯线束内）；(B6)—正极连接线（在前照灯线束内）；(B7)—连接线（在前照灯线束内）

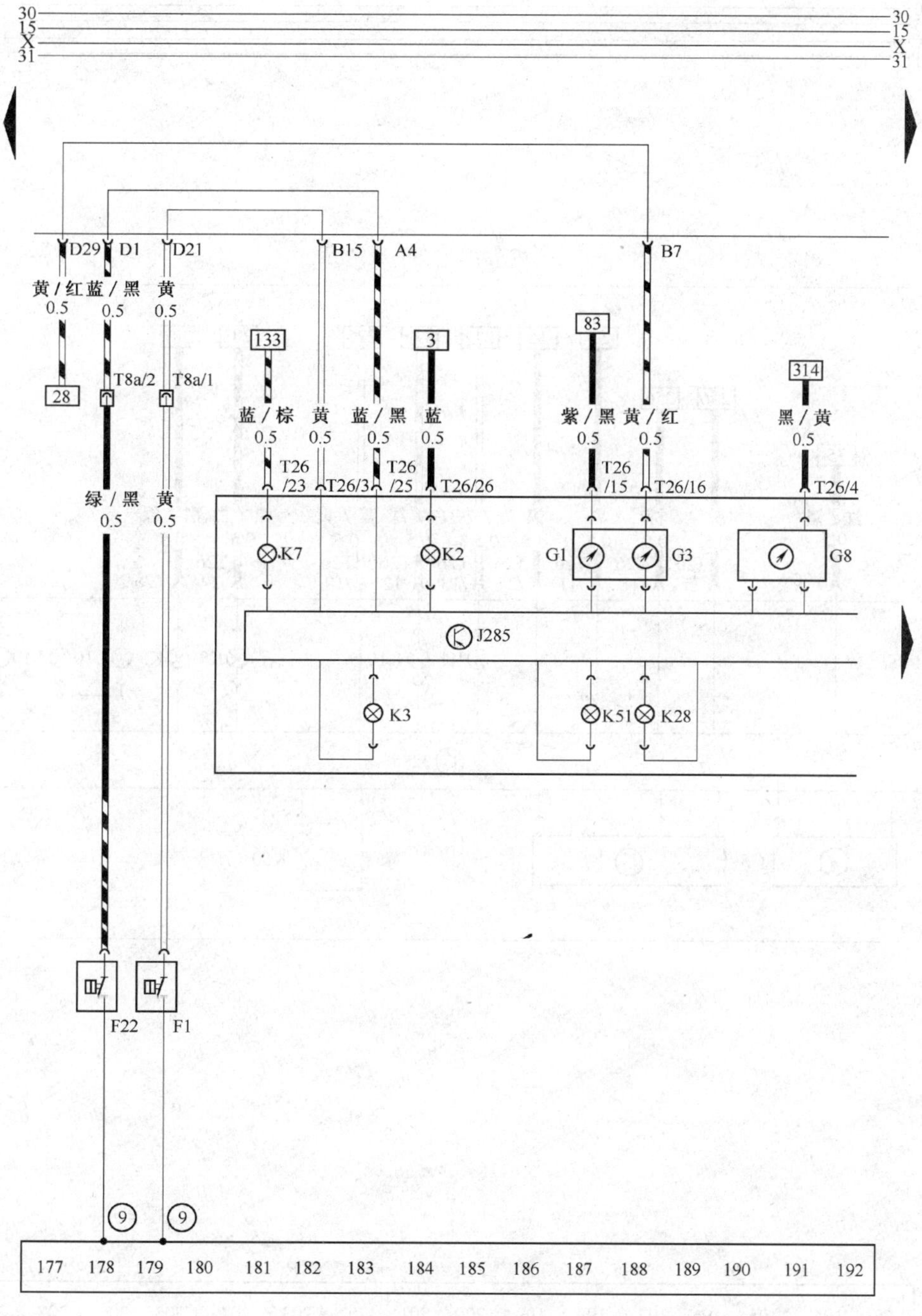

图 A-12　桑塔纳 2000GSI 型轿车组合仪表电路图

F1—油压高压开关(180 kPa);F22—油压开关(25 kPa);G1—汽油表;G3—水温表;G8—车速里程表;J285—组合仪表控制器;K2—充电不足报警灯;K3—机油压力报警灯;K7—手制动指示及制动液位报警灯;K28—冷却液温度报警灯;K51—汽油不足报警灯;T8a—发动机线束与发动机右线束插头连接(8 针,在发动机舱中间支架上);T26—仪表板线束与组合仪表插头连接(26 针,在组合仪表上);⑨—自身接地

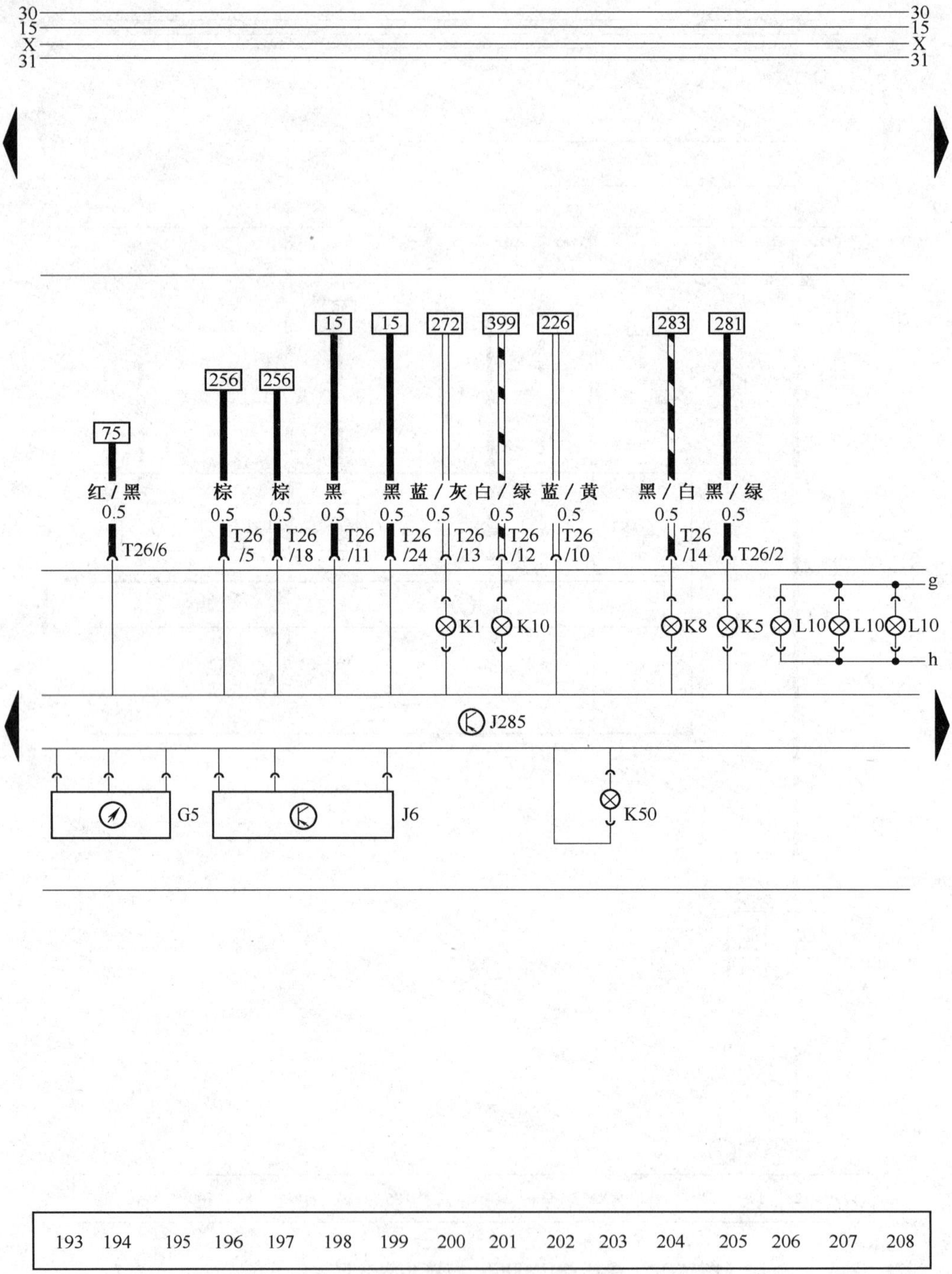

图 A-13 桑塔纳 2000GSI 型轿车组合仪表电路图

G5—转速表;J6—稳压器;J285—组合仪表控制器;K1—远光指示灯;K5—右转向指示灯;
K8—左转向指示灯;K10—后风窗除霜指示灯;K50—冷却液不足报警灯;L10—仪表照明灯;
T26—仪表板线束与组合仪表插头连接(26 针,在组合仪表上)

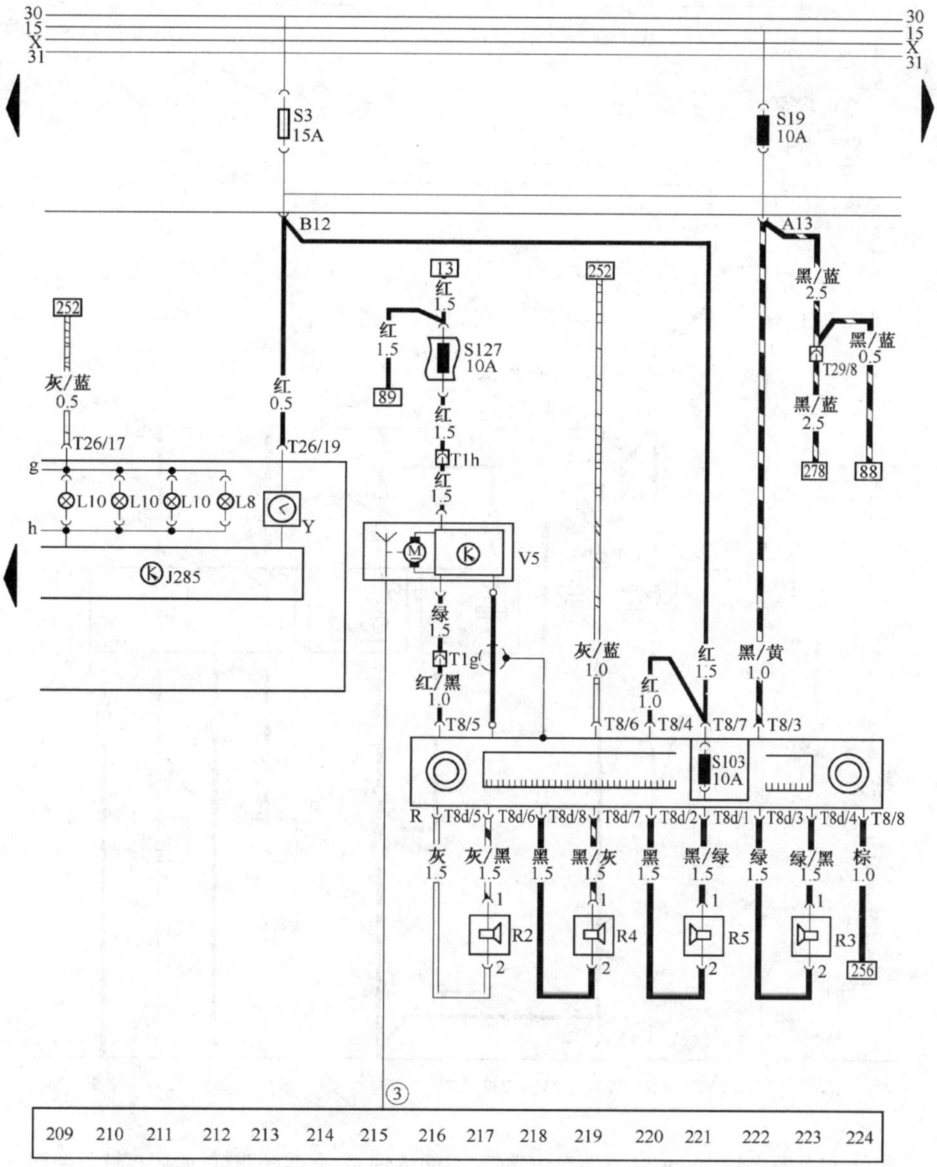

图 A-14 桑塔纳 2000GSI 型轿车组合仪表、收音机、自动天线电路图

J285—组合仪表控制器；L8—数字钟照明灯；L10—仪表照明灯；R—收放机；R2—左前扬声器；R3—右前扬声器；R4—左后扬声器；R5—右后扬声器；S3—点烟器、集控门锁、数字钟、内顶灯、后阅读灯、行李厢灯、遮阳板灯熔丝（15A）；S19—收放机、转向灯、防盗器控制单元熔丝（10A）；S103—收放机熔丝（停车时）（10A）；S127—自动天线熔丝（10A）；T1g—仪表板线束与自动天线插头连接（1 针，在收放机后面）；T1h—仪表板线束与自动天线插头连接（1 针，在收放机后面）；T8—仪表板线束与收放机插头连接（8 针，在收放机后部）；T8d—扬声器线束与收放机插头连接（8 针，在收放机后部）；T26—仪表板线束与组合仪表插头连接（26 针，在组合仪表上）；T29—仪表板线束与仪表板开关线束插头连接（29 针，在组合仪表下方）；V5—自动天线；Y—数字钟；③—接地点（在自动天线附近车身上）

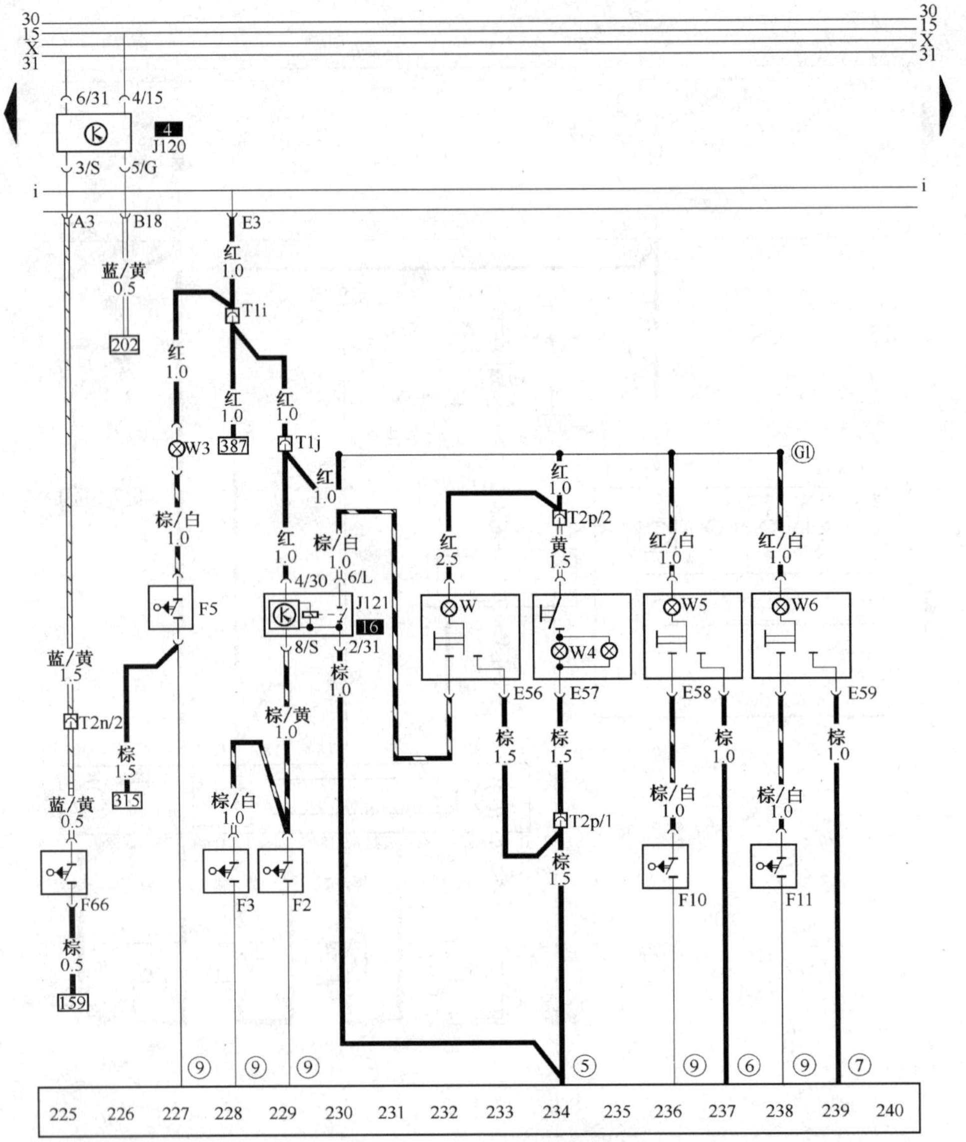

图 A-15　桑塔纳 2000GSI 型轿车内顶灯、后阅读灯、行李厢照明灯、遮阳板灯电路图

E56—内顶灯照明开关；E57—遮阳板灯照明开关；E58—左后阅读灯照明开关；E59—右后阅读灯照明开关；F2—左前门上内顶灯接触开关；F3—右前门上内顶灯接触开关；F5—行李厢照明灯接触开关；F10—左后阅读灯接触开关；F11—右后阅读灯接触开关；F66—冷却液不足报警灯开关；J120—冷却液液位控制器；J121—内顶灯延时继电器；T1i—集控门锁线束与尾部线束插头连接（1 针，在中央线路板后面）；T1j—集控门锁线束与内顶灯线束插头连接（1 针，在中央线路板后面）；T2n—发动机线束与仪表板线束插头连接（2 针，在中央线路板后面）；T2p—内顶灯线束与遮阳板灯插头连接（2 针，在车顶前右侧）；W—内顶灯；W3—行李厢照明灯；W4—遮阳板灯；W5—左后阅读灯；W6—右后阅读灯；⑤—接地点（在中央线路板右侧星形接地爪上）；⑥—接地点（在左后阅读灯前方车顶上）；⑦—接地点（在右后阅读灯前方车顶上）；⑨—自身接地；G1—正极连接线（在内顶灯线束内）

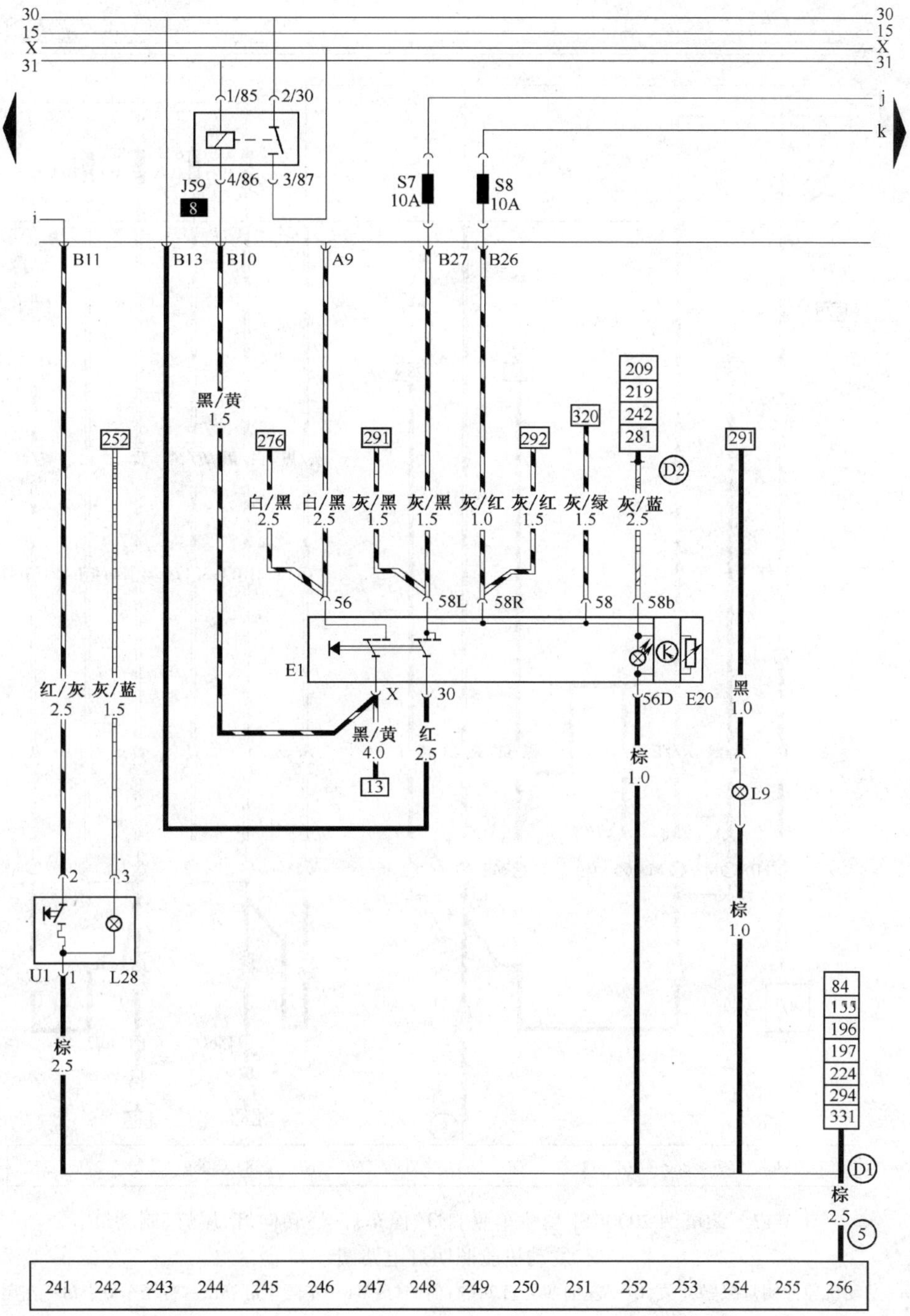

图 A-16 桑塔纳2000GSI 型轿车灯光开关、点烟器电路图

E1—灯光开关；E20—仪表板照明调节器；J59—X 接触继电器；L9—灯光开关照明灯；L28—点烟器照明灯；
S7—左尾灯、左前停车灯熔丝（10A）；S8—右尾灯、右前停车灯、发动机舱照明灯熔丝（10A）；U1—点烟器；
⑤—接地点（在中央线路板右侧星形接地爪上）；Ⓓ1—接地连接线（在仪表板线束内）；Ⓓ2—连接线（在仪表板线束内）

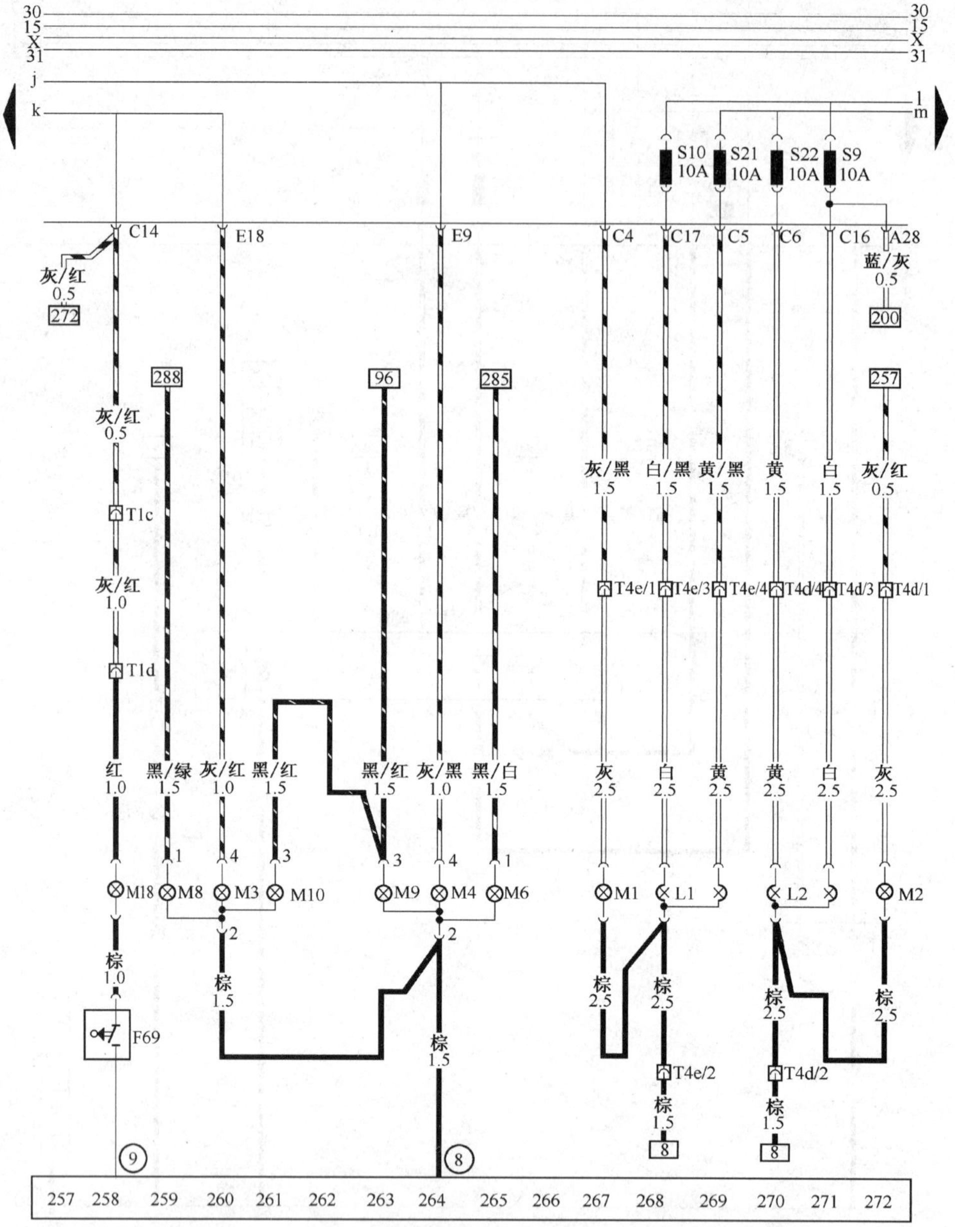

图 A-17　桑塔纳 2000GSI 型轿车照明灯、停车灯、后转向灯、尾灯、制动灯、发动机舱照明灯电路图

F69—发动机舱照明灯接触开关；L1—左前照灯；L2—右前照灯；M1—左停车灯；M2—右停车灯；M3—左尾灯；M4—右尾灯；M6—左后转向灯；M8—右后转向灯；M9—左制动灯；M10—右制动灯；M18—发动机舱照明灯；S9—右前照灯（远光）熔丝（10A）；S10—左前照灯（远光）熔丝（10A）；S21—右前照灯（近光）熔丝（10A）；S22—左前照灯（近光）熔丝（10A）；T1c—前照灯线束与发动机线束插头连接（1 针，在中央线路板后面）；T1d—发动机线束与发动机舱照明灯电线插头连接（1 针，在刮水器电机前）；T4d—前照灯线束与右前照灯插头连接（4 针，在右前照灯上）；T4e—前照灯线束与左前照灯插头连接（4 针，在左前大灯上）；⑧—接地点（在左组合后灯左侧车身上）；⑨—自身接地

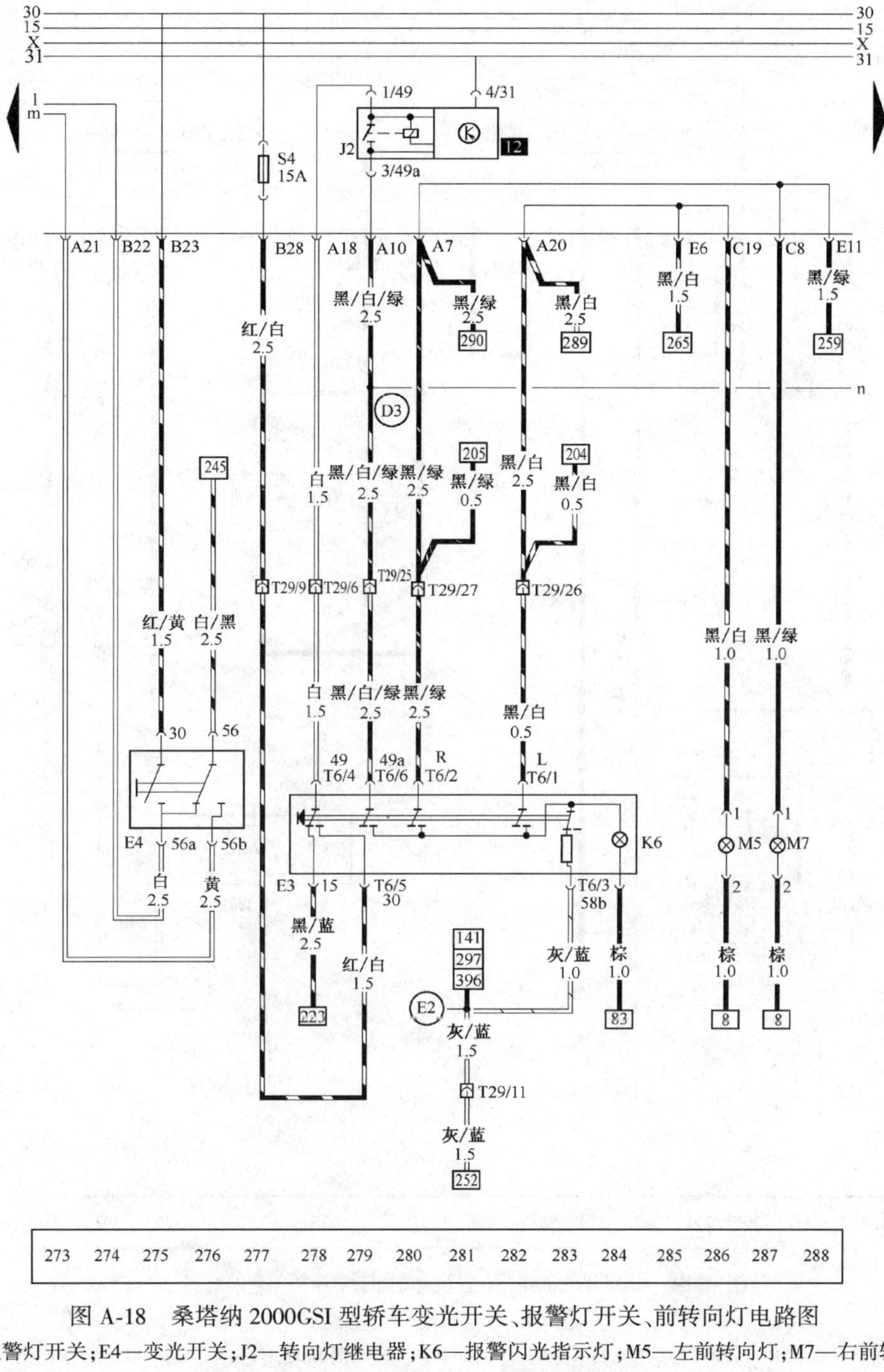

图 A-18　桑塔纳2000GSI型轿车变光开关、报警灯开关、前转向灯电路图

E3—报警灯开关；E4—变光开关；J2—转向灯继电器；K6—报警闪光指示灯；M5—左前转向灯；M7—右前转向灯；S4—报警灯熔丝（15A）；T6—仪表板开关线束与报警灯开关插头连接（6针，在报警灯开关上）；T29—仪表板线束与仪表板开关线束插头连接（29针，在组合仪表下方）；Ⓓ3—正极连接线（在仪表板线束内）；Ⓔ2—连接线（在仪表板开关线束内）

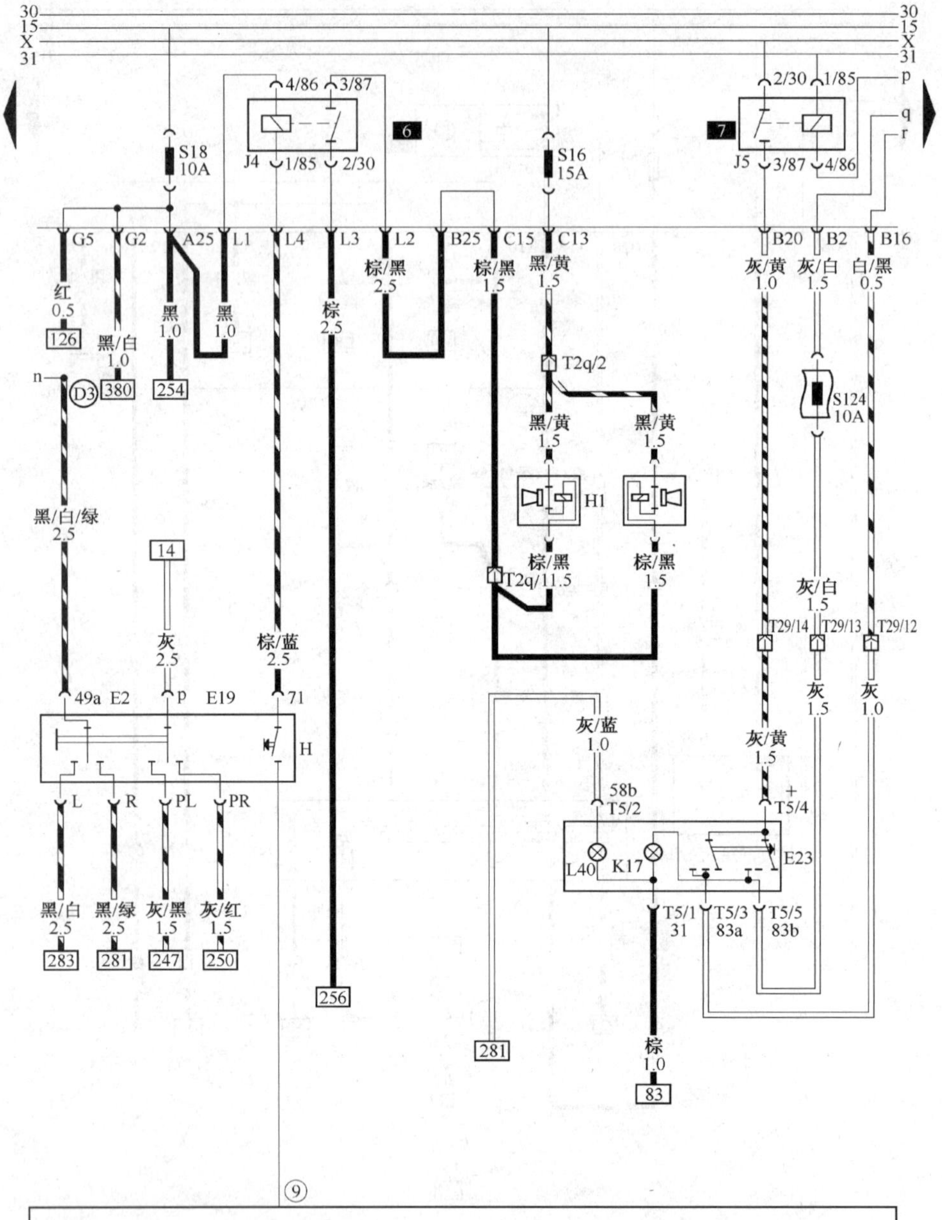

图 A-19 桑塔纳 2000GSI 型轿车转向灯开关、停车灯开关、雾灯开关、双音喇叭电路图

E2—转向灯开关；E19—停车灯开关；E23—雾灯开关；H—双音扬声器开关；H1—双音扬声器；J4—扬声器继电器；J5—雾灯继电器；K17—雾灯指示灯；L40—雾灯开关照明灯；S16—喇叭熔丝（15A）；S18—扬声器继电器、灯光开关、ABS 警告熔丝（10A）；S124—后雾灯熔丝（10A）；T2q—前照灯线束与扬声器线束插头连接（2 针，在扬声器上方）；T5—仪表板开关线束与雾灯开关插头连接（5 针，在雾灯开关上）；T29—仪表板线束与仪表板开关线束插头连接（29 针，在组合仪表下方）；⑨—自身接地；Ⓓ3—正极连接线（在仪表板线束内）

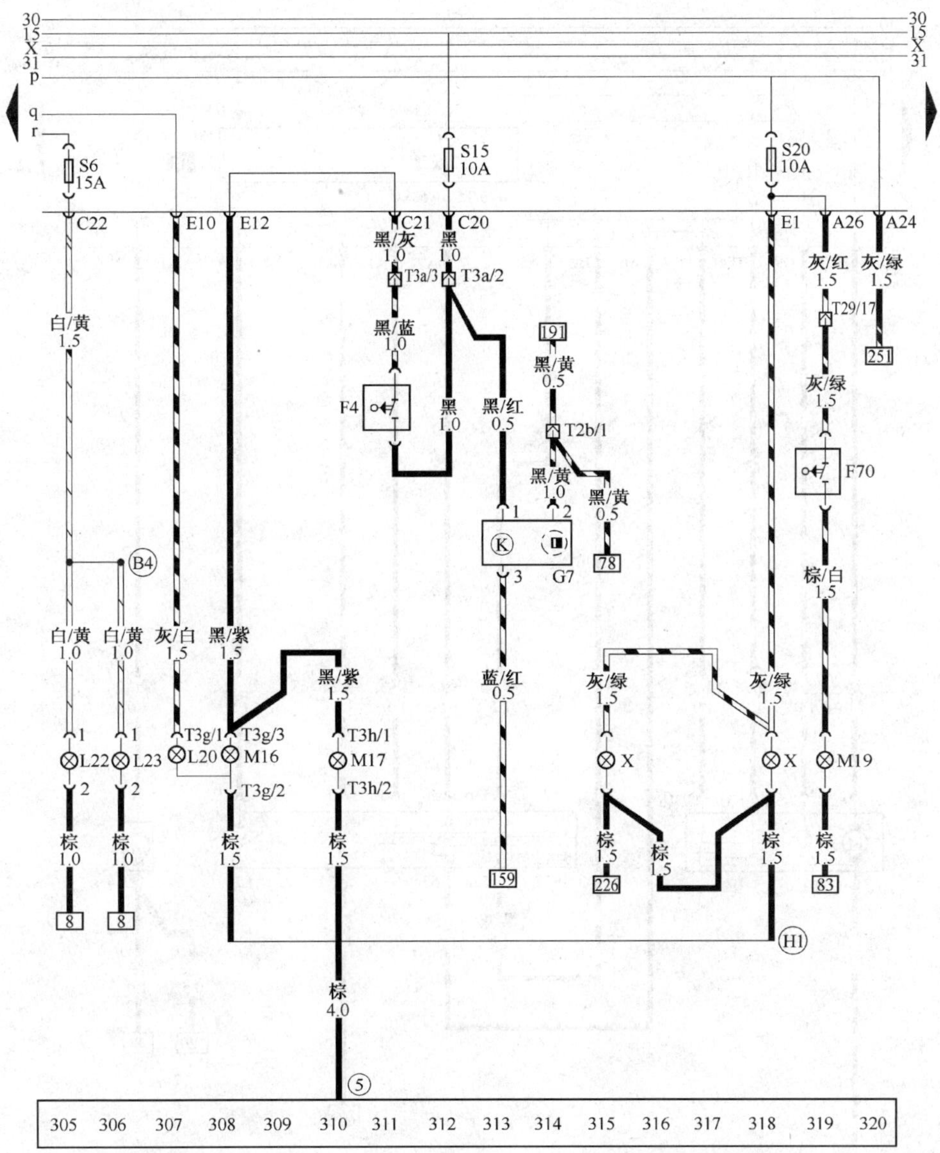

图A-20 桑塔纳2000GSI型轿车雾灯、倒车灯、牌照灯、杂物箱照明灯、车速传感器电路图

F4—倒车灯开关；F70—杂物箱照明灯接触开关；G7—车速传感器；L20—后雾灯；L22—左前雾灯；L23—右前雾灯；M16—左倒车灯；M17—右倒车灯；M19—杂物箱照明灯；S6—前雾灯熔丝（15A）；S15—倒车灯、车速传感器熔丝（10A）；S20—牌灯、杂物箱照明灯熔丝（10A）；T2b—发动机线束与仪表板线束插头连接（2针，在左倒车灯上）；T3a—发动机线束与前照灯线束插头连接（3针，在中央线路板后面）；T3g—尾部线束与左倒车灯插头连接（3针，在左倒车灯上）；T3h—尾部线束与右倒车灯插头连接（3针，在右倒车灯上）；T29—仪表板线束与仪表板开关线束插头连接（29针，在组合仪表下方）；X—牌照灯；⑤—接地点（在中央线路板右侧星形接地爪上）；

Ⓑ4—正极连接线（在前照灯线束内）；Ⓗ1—接地连接线（在尾部线束内）

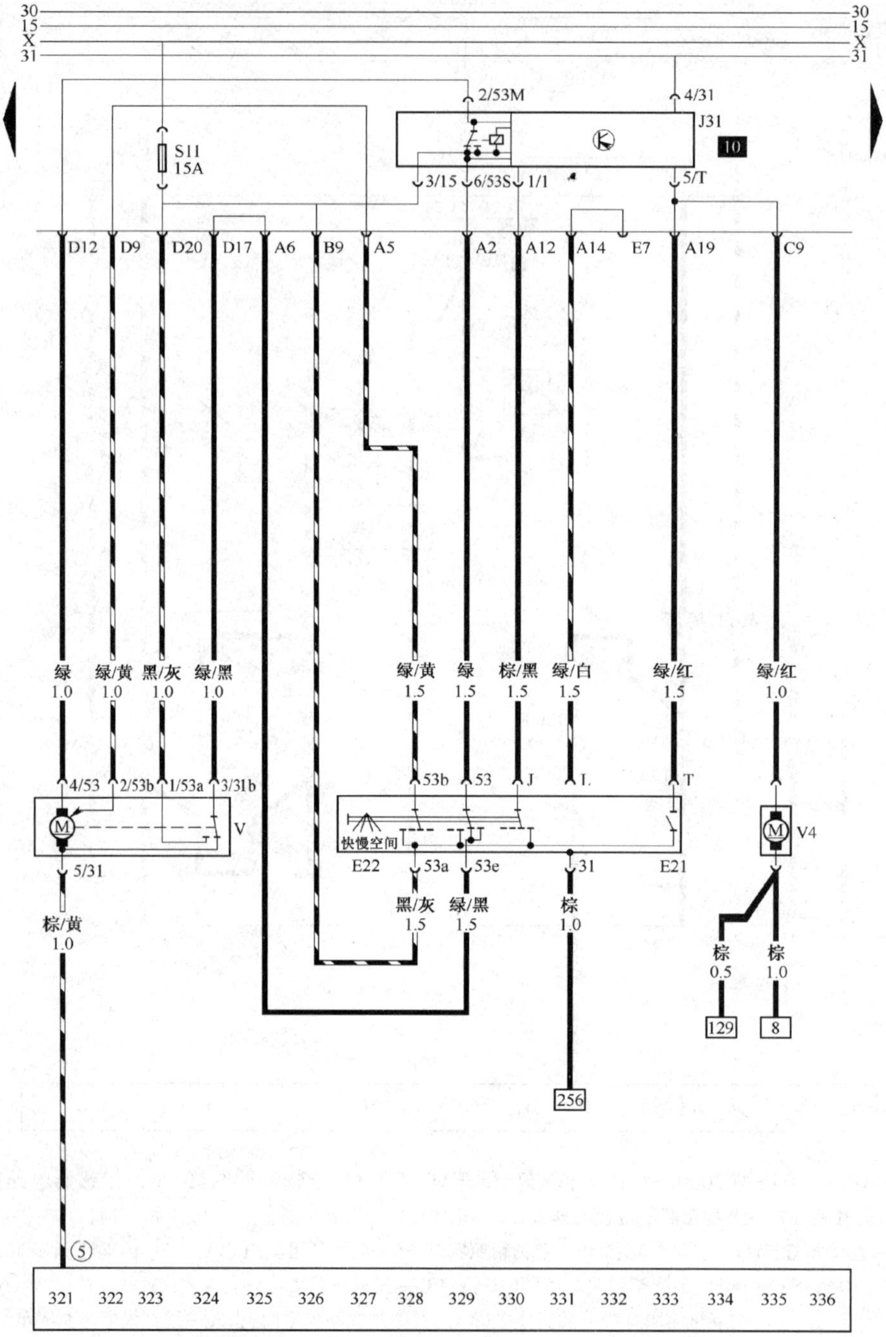

图 A-21　桑塔纳 2000GSI 型轿车前风窗刮水器、前风窗清洗器电路图

E21—前风窗清洗泵开关；E22—前风窗刮水器开关；J31—刮水继电器；S11—前风窗刮水器、清洗器熔丝（15A）；V—前风窗刮水器电动机；V4—前风窗清洗泵；⑤—接地点（在中央线路板右侧星形接地爪上）

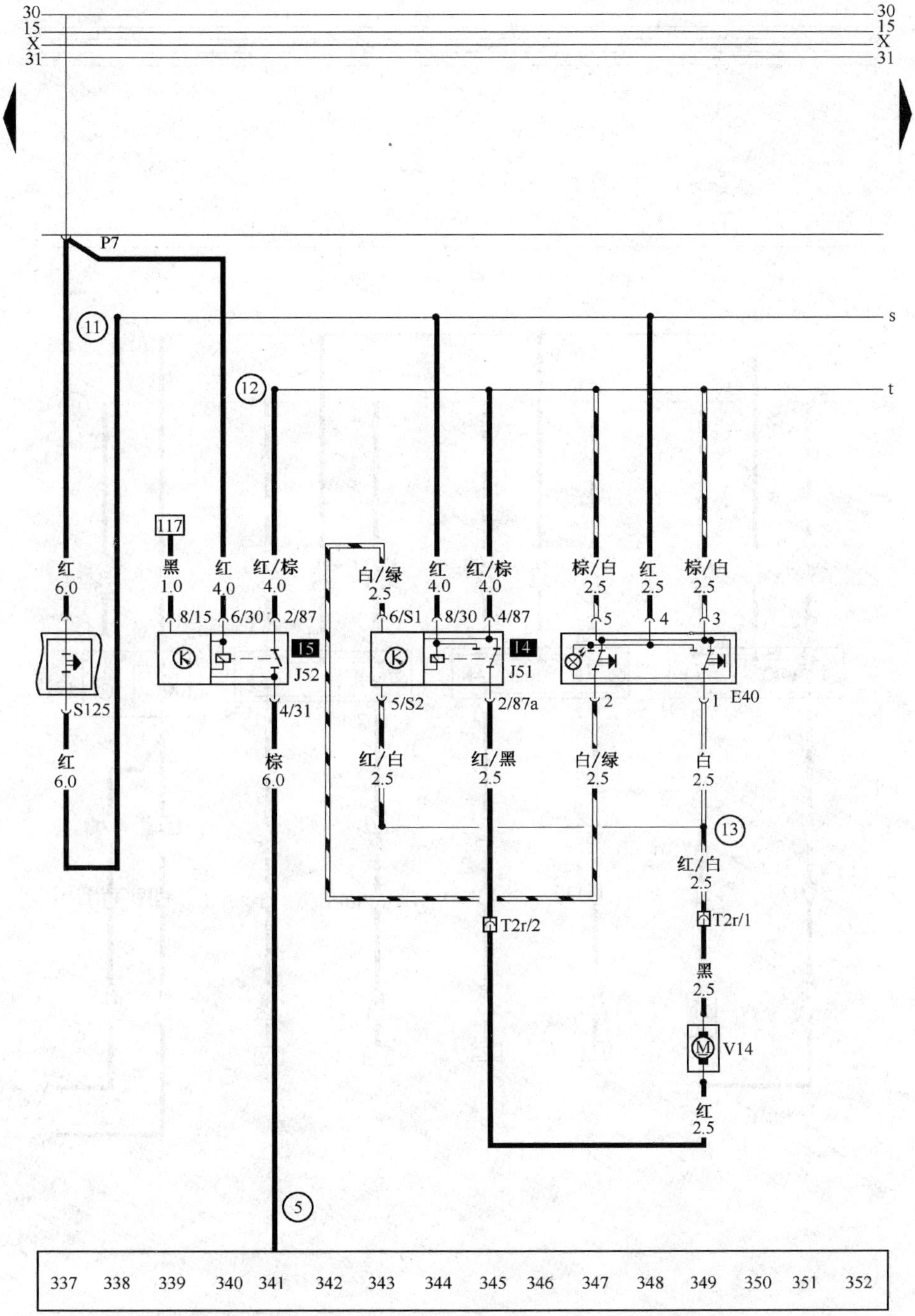

图 A-22 桑塔纳 2000GSI 型轿车电动摇窗机电路图

E40—摇窗机开关；J51—摇窗机自动下降继电器；J52—摇窗机延时继电器；S125—电动摇窗机执保护器；T2r—电动摇窗机线束与电动摇窗机插头连接（2 针，在左前门内）；V14—左前摇窗机电动机；⑤—接地点（在中央线路板右侧星形接地爪上）；⑪—正极连接线（在电动摇窗机线束内）；⑫—连接线（在电动摇窗机线束内）；⑬—连接线（在电动摇窗机线束内）

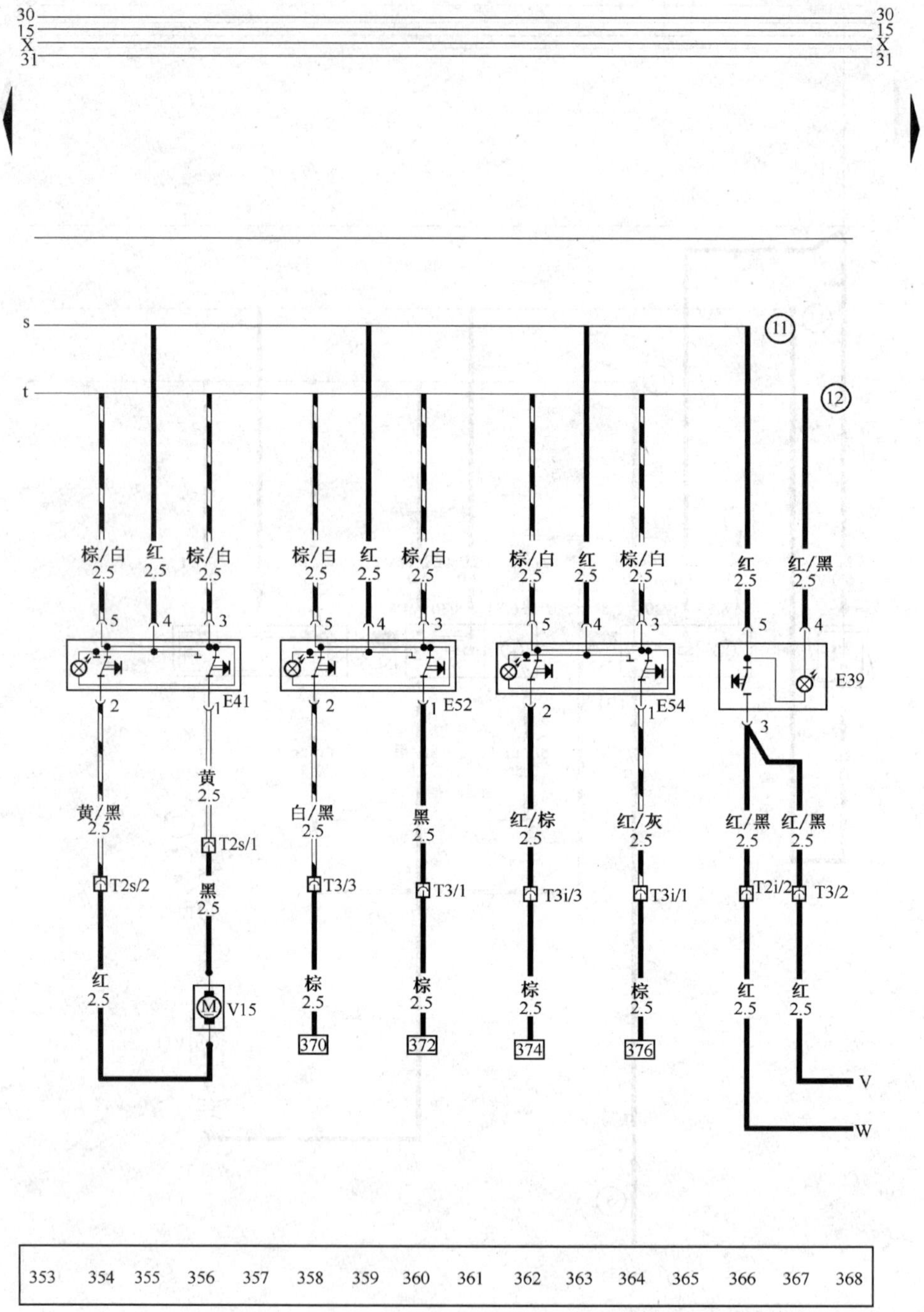

图 A-23 桑塔纳 2000GSI 型轿车电动摇窗机电路图

E39—摇窗机安全开关（后门）；E41—摇窗机开关（左前）；E52—摇窗机开关（左后）；E54—摇窗机开关（右后）；T2s—电动摇窗机线束与电动摇窗机插头连接（2 针，在右前门内）；T3—电动摇窗机线束与左后摇窗机插头连接（3 针，在左后门内）；T3i—电动摇窗机线束与右后摇窗机插头连接（3 针，在右后门内）；V15—右前摇窗机电动机；⑪—正极连接线（在电动摇窗机线束内）；⑫—连接线（在电动摇窗机线束内）

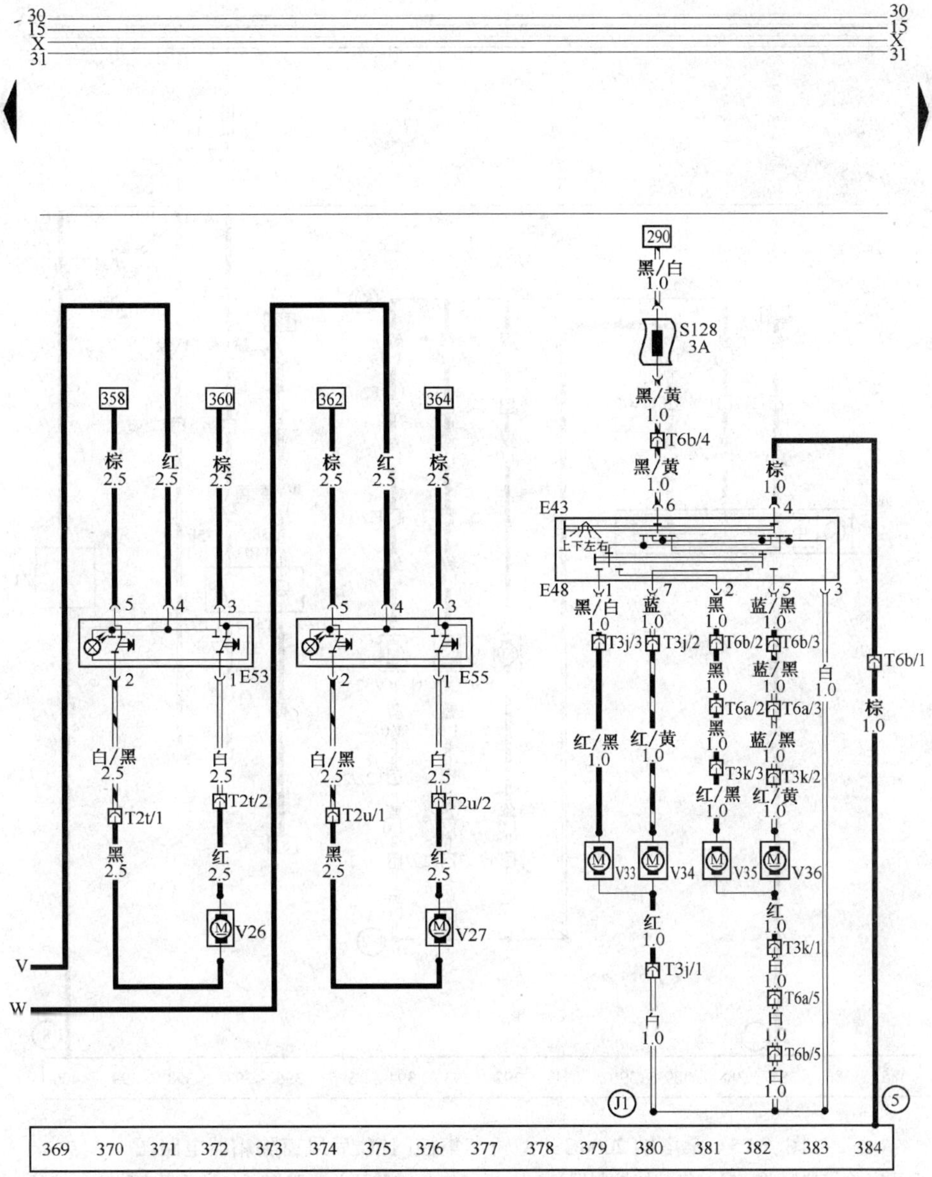

图 A-24 桑塔纳2000GSI型轿车电动摇窗机、电动后视镜电路图

E43—电动后视镜调节开关；E48—电动后视镜转换开关；E53—左后门上摇窗机开关；E55—右后门上摇窗机开关；S128—电动后视镜熔丝(3A)；T2t—左后摇窗机开关与摇窗机电动机插头连接(2针，在左后门内)；T2u—右后摇窗机开关与摇窗机电动机插头连接(2针，在右后门内)；T3j—左前门线束与左电动后视镜插头连接(3针，在左前门内)；T3k—右前门线束与右电动后视镜插头连接(3针，在右前门内)；T6a—电动后视镜线束与右前门线束插头连接(6针，在杂物箱右侧)；T6b—电动后视镜线束与右前门线束插头连接(6针，在中央线路板左侧)；V26—左后摇窗机电动机；V27—右后摇窗机电动机；V33—左电动后视镜上下调节电动机；V34—左电动后视镜左右调节电动机；V35—右电动后视镜上下调节电动机；V36—右电动后视镜左右调节电动机；⑤—接地点(在中央线路板右侧星形接地爪上)；(J1)—连接线(在左前门线束内)

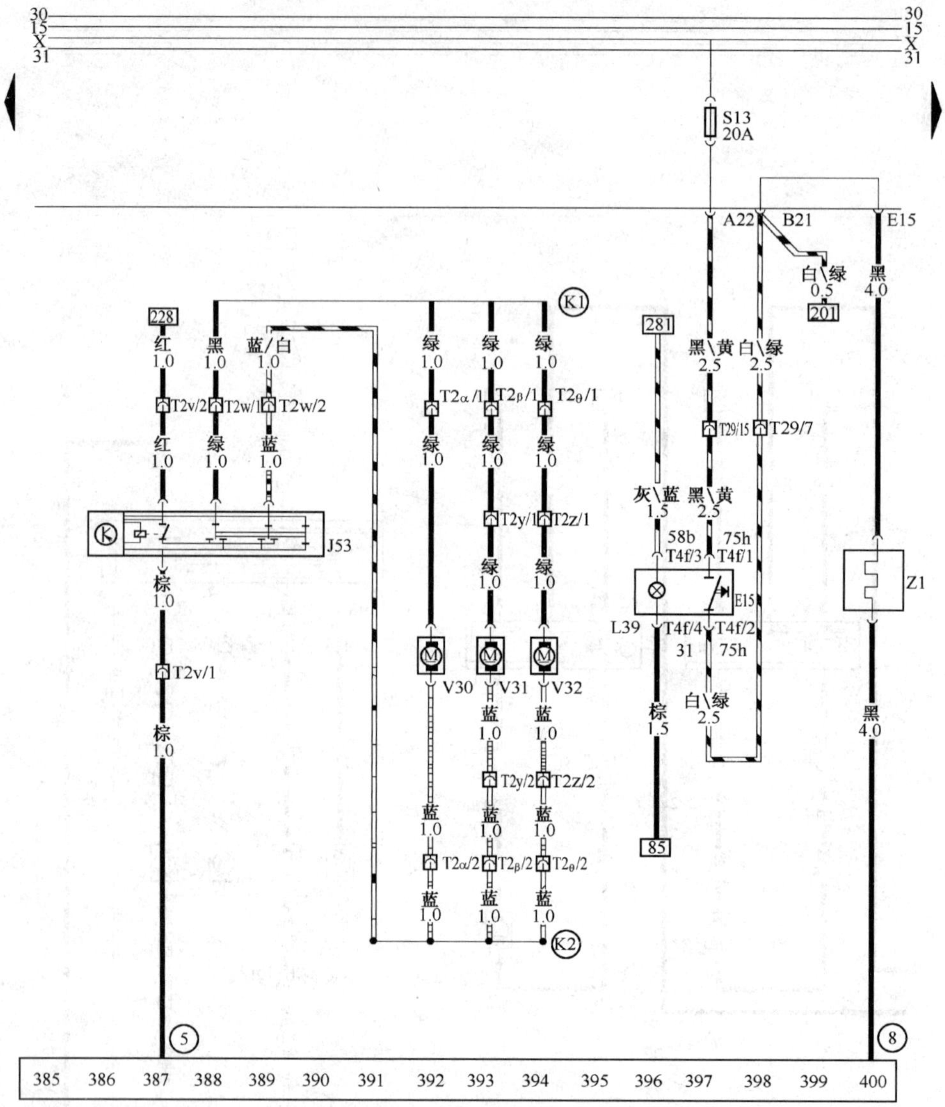

图 A-25　桑塔纳 2000GSI 型轿车集控门锁、后风窗除霜器电路图

E15—后风窗除霜器开关；J53—集控锁控制器；L39—后风窗除霜器开关照明灯；S13—后风窗除霜器熔丝（20A）；T2v—左前门集控锁附加线束与集控门锁线束插头连接（2 针，在左前门内）；T2w—左前门集控锁附加线束与集控门锁线束插头连接（2 针，在左前门内）；T2x—右前门集控锁附加线束与集控门锁线束插头连接（2 针，在右前门内）；T2y—左后门集控锁附加线束与左后门附加线束插头连接（2 针，在左后门内）；T2z—右后门集控锁附加线束与右后门附加线束插头连接（2 针，在右后门内）；T2β—左后门附加线束与集控锁线束插头连接（2 针，在驾驶人座椅外侧地毯下）；T2θ—右后门附加线束与集控锁线束插头连接（2 针，在副驾驶座椅外侧地毯下）；T4f—仪表板开关线束与后窗除霜器开关插头连接（4 针，在后窗除霜器开关上）；T29—仪表板线束与仪表板开关线束插头连接（29 针，在组合仪表下方）；V30—右前集控锁电动机；V31—左后集控锁电动机；V32—右后集控锁电动机；Z1—后风窗除霜器；⑤—接地点（在中央线路板右侧星形接地爪上）；⑧—接地点（在左组合后灯左侧车身上）；Ⓚ1—连接线（在集控门锁线束内）；Ⓚ2—连接线（在集控门锁线束内）

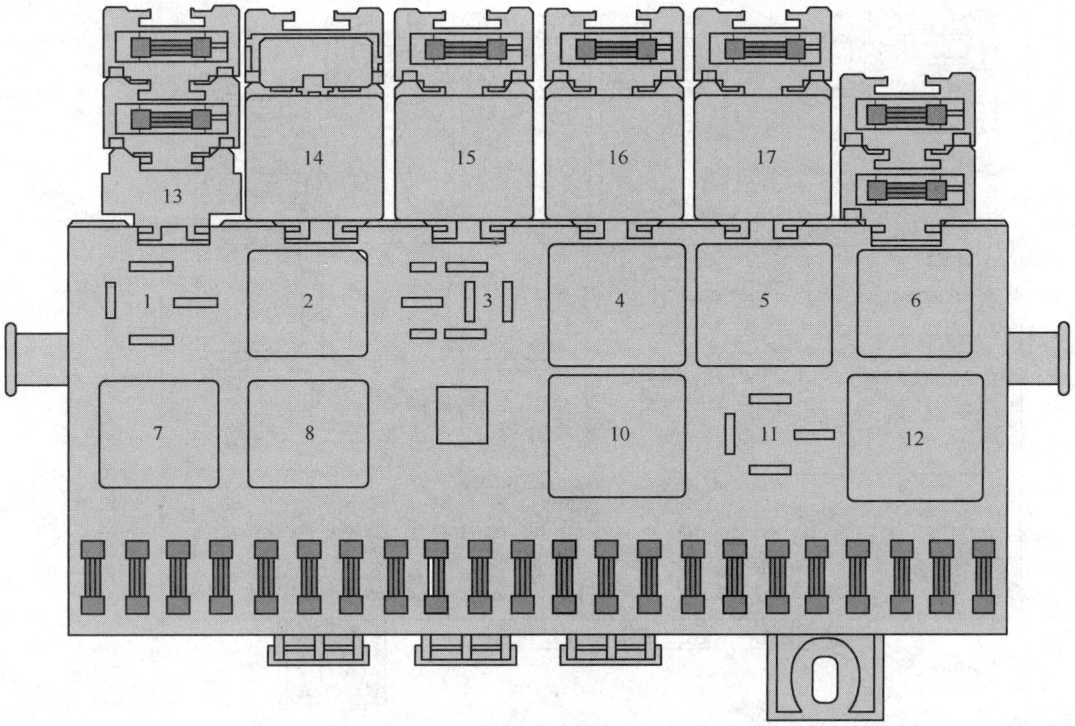

继电器位置	名　称	产品序号	备　注
1			空　位
2	燃油泵继电器	167	
3			空　位
4	冷却液液位控制器	42a	
5	空调继电器	13	
6	喇叭继电器	53	
7	雾灯继电器	15	
8	X-接触继电器	18	
9			空　位
10	刮水继电器	19	
11			空　位
12	转向灯继电器	21	
13			诊断线插座
14	摇窗机自动下降继电器		
15	摇窗机延时继电器		
16	内顶灯延时继电器	ZBC 955 531	
17	压缩机切断继电器	147	

图 A-26　桑塔纳2000继电器位置和名称

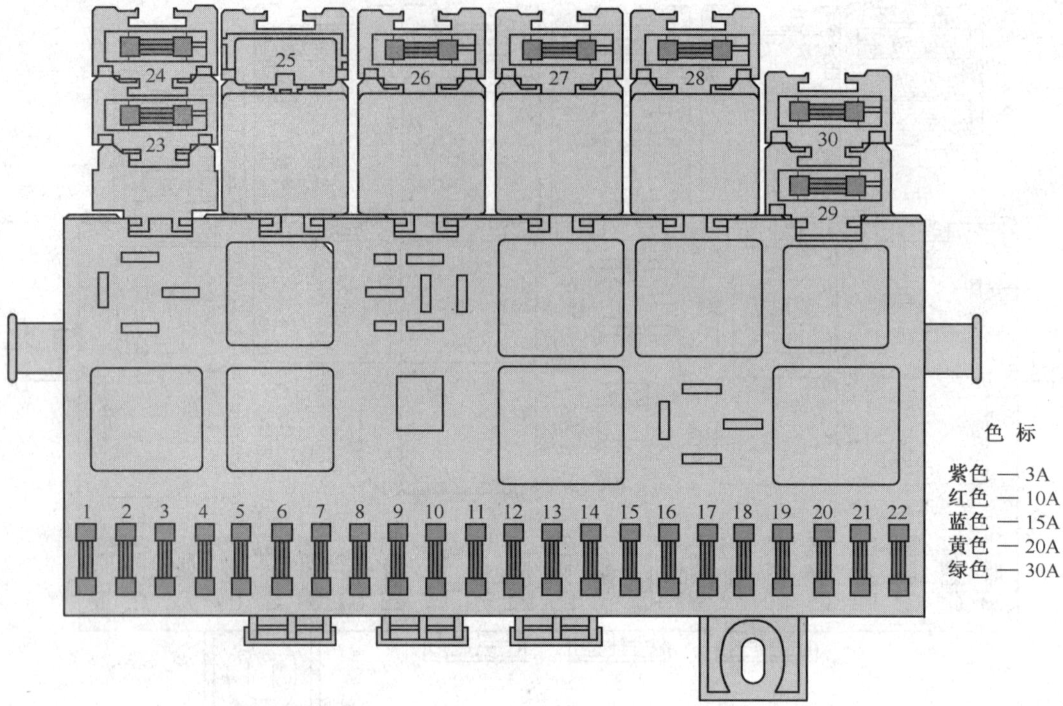

保险丝名称		容量	保险丝名称		容量
S1	散热风扇(不开空调时)	30 A	S16	喇叭	15 A
S2	制动灯	10 A	S17	发动机控制单元	10 A
S3	点烟器、集控门锁、数字钟、内顶灯、后阅读灯、行李箱灯、遮阳板灯	15 A	S18	喇叭继电器、灯光开关、ABS 警告灯	10 A
S4	报警灯	15 A	S19	收放机、转向灯、防盗器控制单元	10 A
S5	燃油泵	10 A	S20	牌照灯、杂物箱照明灯	10 A
S6	前雾灯	15 A	S21	左前大灯(近光)	10 A
S7	左尾灯、左前停车灯	10 A	S22	右前大灯(近光)	10 A
S8	右尾灯、右前停车灯、发动机舱照明灯	10 A	S123	喷嘴、空气质量计、炭罐电磁阀、氧传感器加热	10 A
S9	右前大灯(远光)	10 A	S124	后雾灯	10 A
S10	左前大灯(近光)	10 A	S125	电动摇窗机热保护器	
S11	前风窗刮水器、清洗泵	15 A	S126	空调鼓风马达	30 A
S12	电动摇窗机、ABS 控制单元	15 A	S127	自动开线	10 A
S13	后窗除霜器	20 A	S18	电动后视镜	3 A
S14	空调继电器	20 A	S129	ABS 液压泵	30 A
S15	倒车灯、车速传感器	10 A	S130	ABS 电磁阀	30 A

图 A-27 桑塔纳 2000 保险丝名称和容量

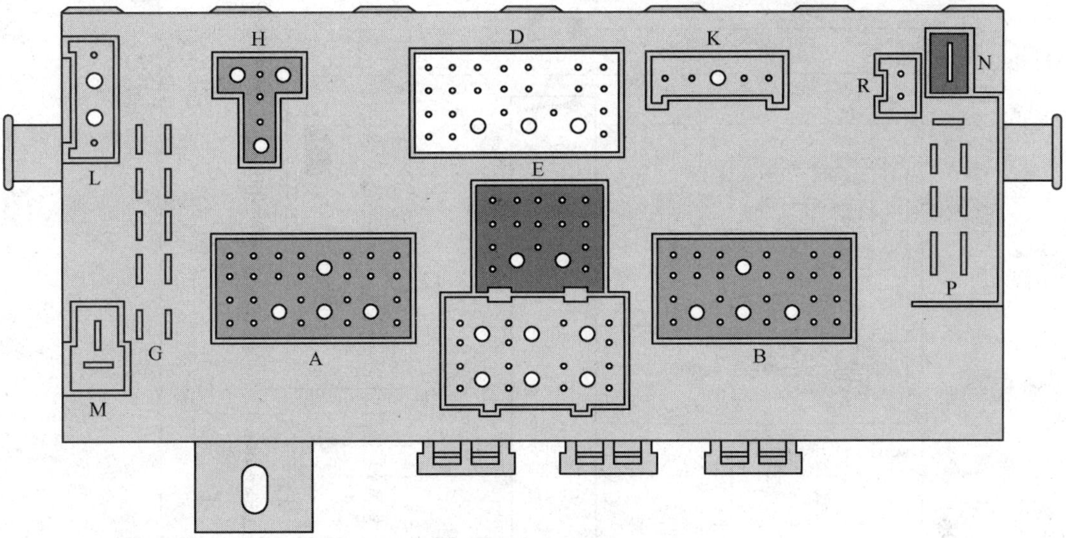

组合插头代号	用于接线的线束名称	插座颜色
A	仪表板线束	蓝 色
B	仪表板线束	红 色
C	前大灯线束	黄 色
D	发动机线束	白 色
E	尾部线束	黑 色
G	连接单个插头	不 定
H	空调操纵线束	棕 色
K	空位	
L	连接喇叭继电器(在仪表板线束内)	灰 色
M	空位	
N	单个插头	黑 色
P	连接单个插头	不 定
R	空位	

图 A-28 桑塔纳 2000 中央电器背面板插头和线束名称

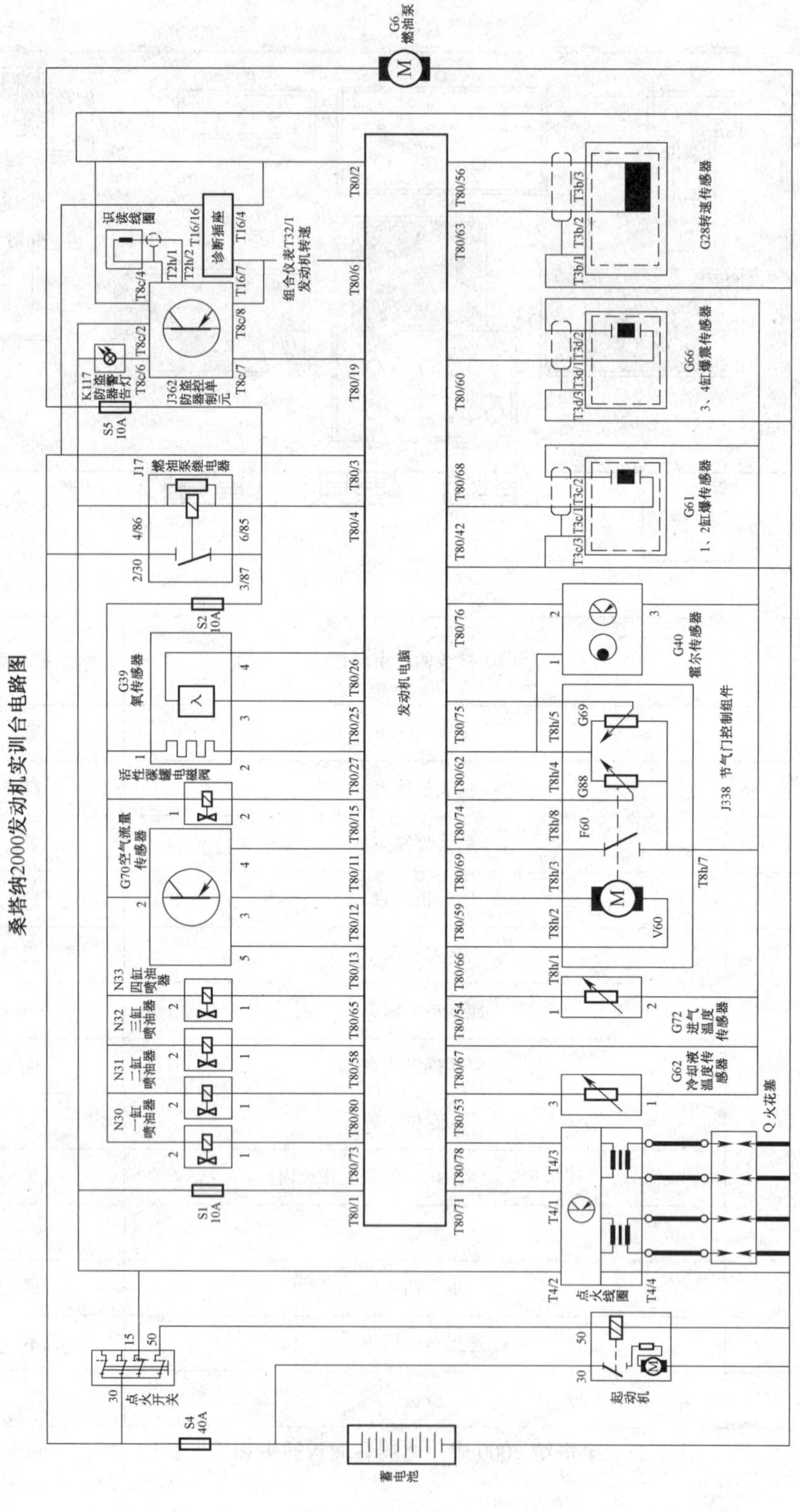

图 A-29 桑塔纳 2000 发动机实训台电路图

附录 B

捷达2006年型/EOBD车型安装位置及电气线路图

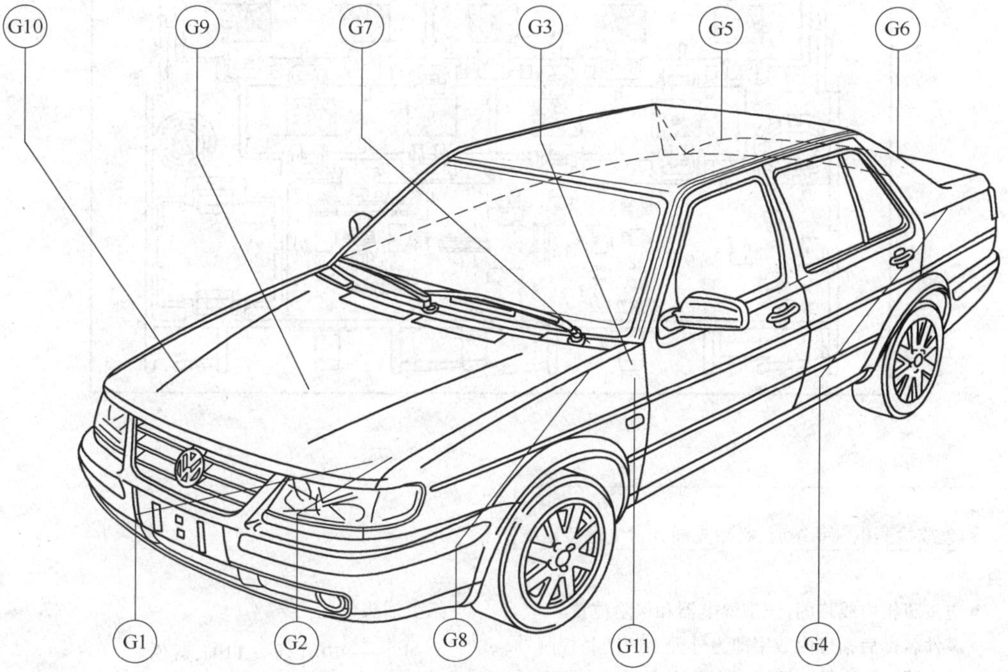

接地点	位 置	用 电 器
G1	蓄电池—车身	左转向灯,洗涤电机,喇叭,鼓风机,左大灯,左雾灯左前转向灯,左侧转向灯
G2	变速箱—车身	ABS(ECU8,ECU24)
G3	继电器支架旁车身	雨刮开关/继电器,转向开关,大灯开关/继电器,自诊断组合仪表,警报闪光继电器,A/C 继电器,点烟器,里程表,ABS 控制灯,雾灯开关/继电器
G4	行李舱左侧	燃油泵,牌照灯,行李箱灯
G5	行李舱右侧	后风窗加热
G6	行李舱锁下部	左尾灯,右尾灯,高位刹车灯
G7	前流水槽左侧	ECM(1,2),TCM1
G8	左前翼子板 (A 柱下)	风扇,ZKG(加热,曲轴箱通风),ECM120,空调离合器,空调控制器,防盗控制器(4,5),点火线圈,多功能开关,起动断开开关
G9	气缸盖上	温度传感器
G10	右前纵梁,前大灯线束	右大灯,右雾灯,右前转向灯,右侧转向灯
G11	继电器支架旁车身处	电动后视镜开关,左前中央门锁,室内灯

图 B-1　接地点位置与接地点说明

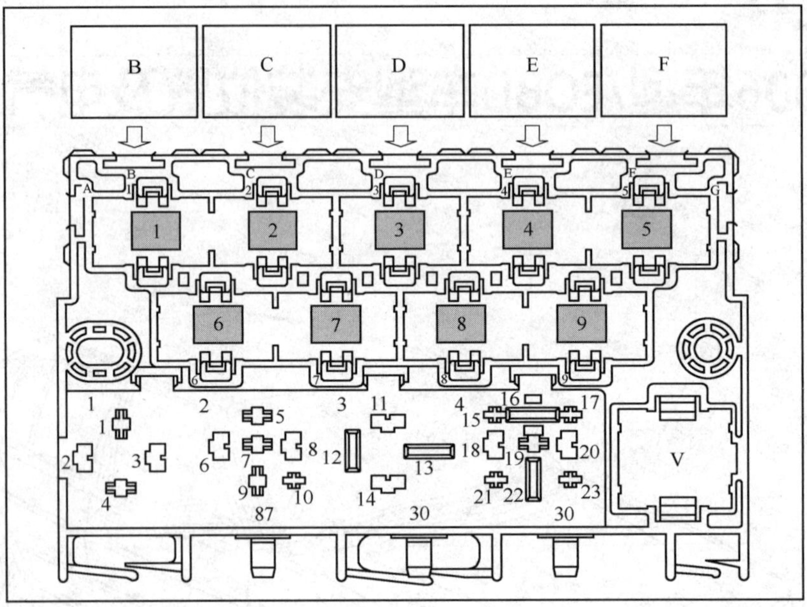

注意！
修理或检测电气系统时，必须先断开蓄电池接地线

说明：

- 应按照相应线路图，识别继电器和保险位置
- 零件名称后括号内数字即为外壳上的产品控制号
- 继电器支架上的配置因车内装置不同而有所不同

支架上继电器位置：

2——清洗-刮水自动间歇继电器(19)
3——X 触点卸荷继电器(18)
4——燃油泵继电器(167)
V——喇叭继电器(53)

附加电器位置：(个别位置变化以实车为准)：

B——起动锁止及倒车继电器 *(175)
C——S111 电动窗供电保险丝
S112 中控锁/电动窗控制单元供电保险丝
D——雾灯继电器(53)
E——大灯继电器
F——主供电继电器(458)

说　明：*——仅适用于自动变速车

支架上插头位置：

1——10 孔插头 T10a，蓝色
2——10 孔插头 T10b，棕色
3——10 孔插头 T10c，黑色
4——10 孔插头 T10f，灰色
5——6 孔插头 T6b，粉色
6——10 孔插头 T10d，红色
7——10 孔插头 T10g，橙色
8——6 孔插头 T6c，棕色
9——10 孔插头 T10e，紫色

图 B-2　继电器位置及说明

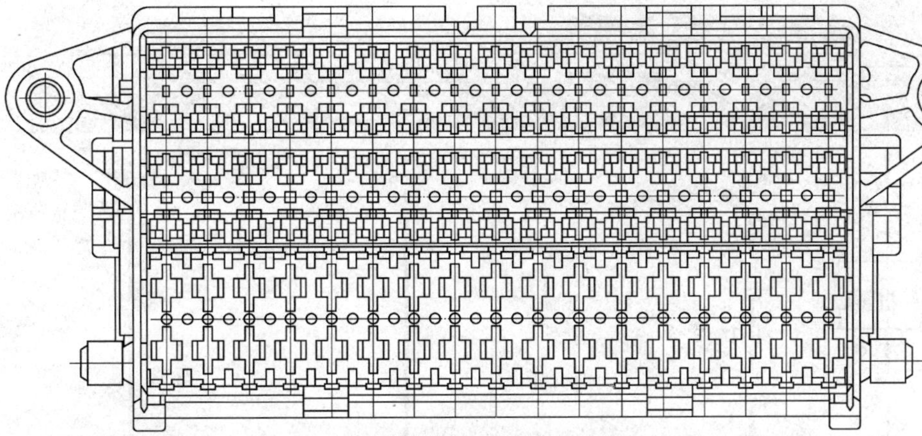

编号	用　电　器	电流(A)	编号	用　电　器	电流(A)
S1	左近光灯	10	S26	收音机 SU 电源	10
S2	右近光灯	10	S27	出租车(GPS)	10
S3	牌照灯;灯光开关照明	10	S28	自动变速箱控制器;多功能开关	10
S4	ABS 控制器;ABS 指示灯	10	S29	警报灯;组合开关	15
S5	氧传感器;碳罐电磁阀;曲轴箱通风加热电阻	10	S30	防盗控制器;发动机控制器;自动变速箱控制器	10
S6	防眩后视镜	10	S31	诊断	10
S7	右前驻车灯;右后驻车灯	10	S32	出租车	10
S8	左前驻车灯;左后驻车灯	10	S33	出租车	10
S9	压力开关	10			
S10	电动后视镜;电动窗/中央锁控制器	5	S35	雨刮继电器及组合开关;循环风电磁阀	15
S11	左远光灯;远光灯指示	10	S36	鼓风机;风扇控制器	30
S12	右远光灯	10	S37	燃油泵	20
S13	喇叭及喇叭继电器	10	S38	温度开关;空调继电器	30
S14	倒车灯;倒车灯开关	15	S39	收音机(单碟 CD)	
S15	防盗控制器;发动机控制器;加热电阻(曲轴箱通风);车速传感器	10	S40	喷油嘴	10
			S41	制动踏板开关;离合器开关;朱继电器	10
S16	仪表指示	10	S42	空调控制器	
S17	转向灯;遇险警报开关	10	S43	雾灯;雾灯开关;雾灯继电器	15
S18	行李箱电子开关	10			
S19	空调控制器	5			
S20	行李箱灯及开关	10	S46	制动开关及制动灯	10
S21	点烟器;组合仪表;室内灯	15			
S22	收音机	10	S48	后风窗加热	20
S23	空调电磁离合器	10			
S24	灯光开关	5			
			S51	主供电继电器	20

主保险丝盒上:

S01—发动机 …… 110A
S02—中央继电器支架 …… 110A
S03—风扇控制器,诊断仪器 …… 40A
S04—ABS 阀 …… 40A
S05—ABS 泵 …… 30A
S06—空调 …… 30A

图 B-3　保险丝位置及说明

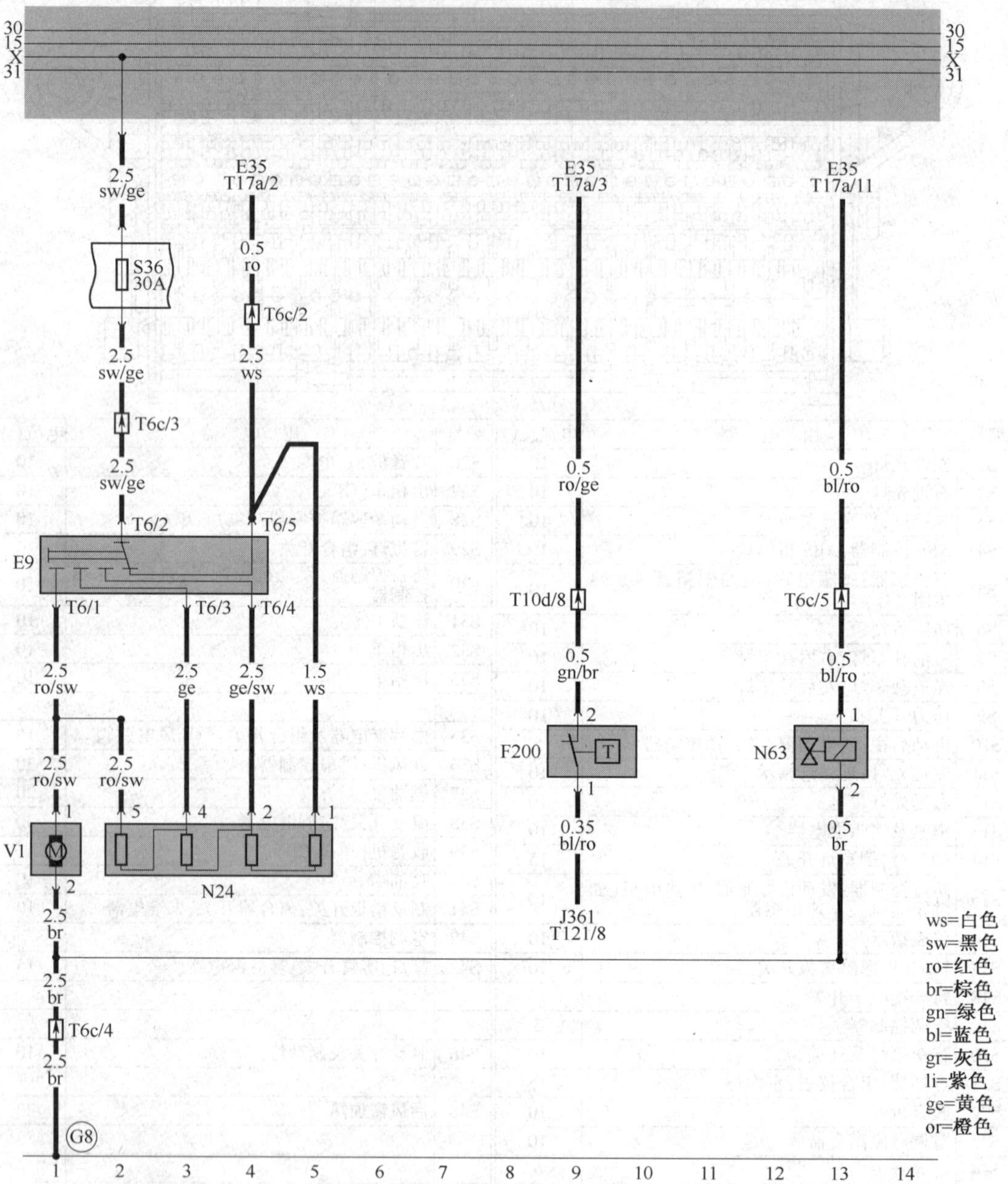

E9—鼓风机开关
E35—空调开关
F200—温度开关
J361—Simos发动机控制单元
N24—调速电阻
N63—空调内循环风扇
V1—鼓风机
T6—6孔插头
T6C—6孔棕色插头，继电器支架上
T10d—10孔红色插头，继电器支架上

G8 — 接地线，左前翼子板(A柱下)

图 B-4 捷达 2006 年型/EOBD 车型鼓风机、鼓风机开关、调速电阻、温度开关、空调内循环风扇电路图

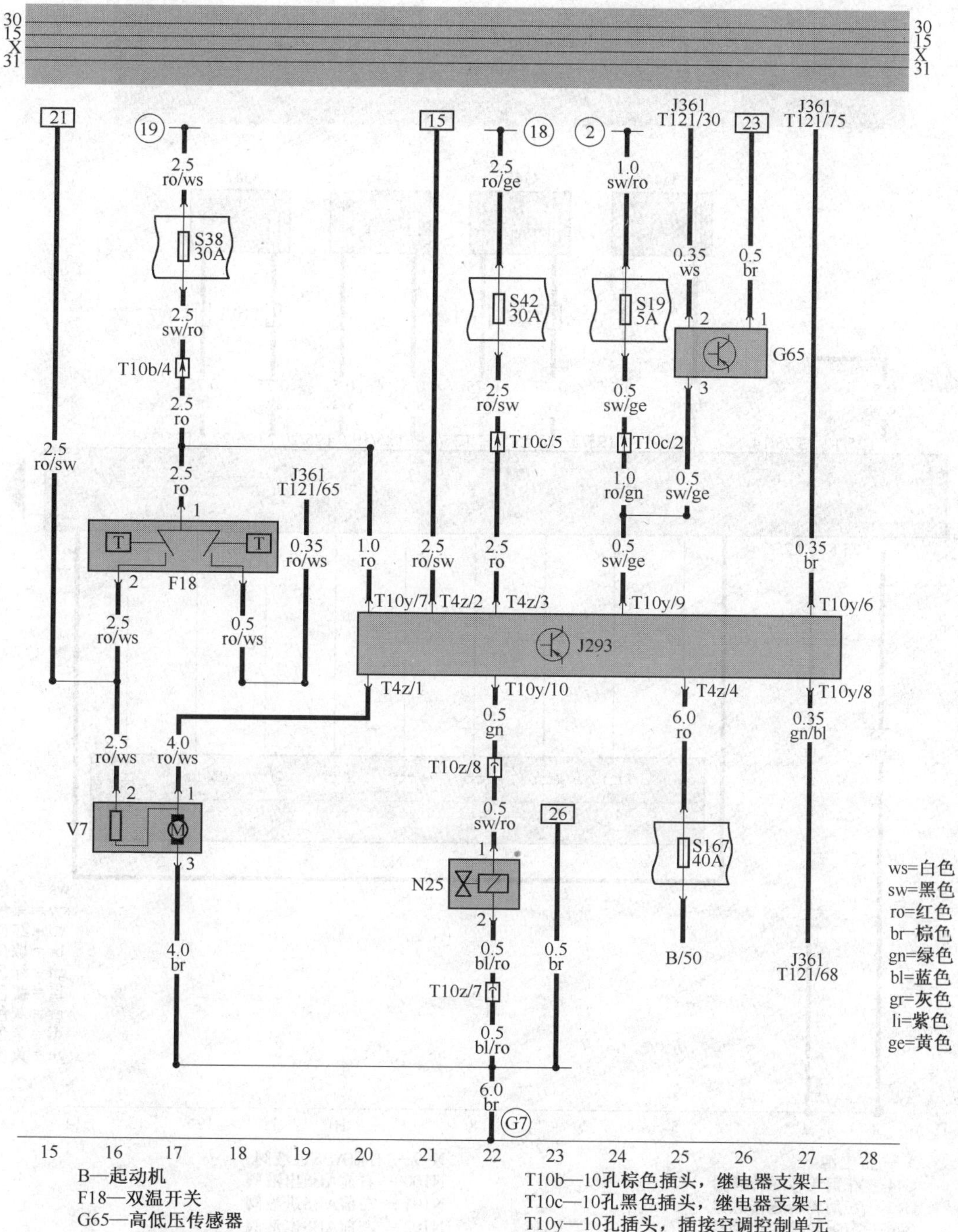

B—起动机
F18—双温开关
G65—高低压传感器
J293—空调控制单元
J361—Simos发动机控制单元
N25—电磁离合器
V7—散热器风扇
T4Z—4孔插头，插接空调控制单元

T10b—10孔棕色插头，继电器支架上
T10c—10孔黑色插头，继电器支架上
T10y—10孔插头，插接空调控制单元
T10z—10孔对接插头，空调线束内
② —正极连接(15)，车身线束内
⑲ —正极连接，车身线束内
⑱ —螺栓连接(30)，在继电器支架上
G7 —接地点，前流水槽左侧

图 B-5 捷达 2006 年型/EOBD 车型高低压传感器、空调控制单元、双温开关、散热器风扇、电磁离合器电路图

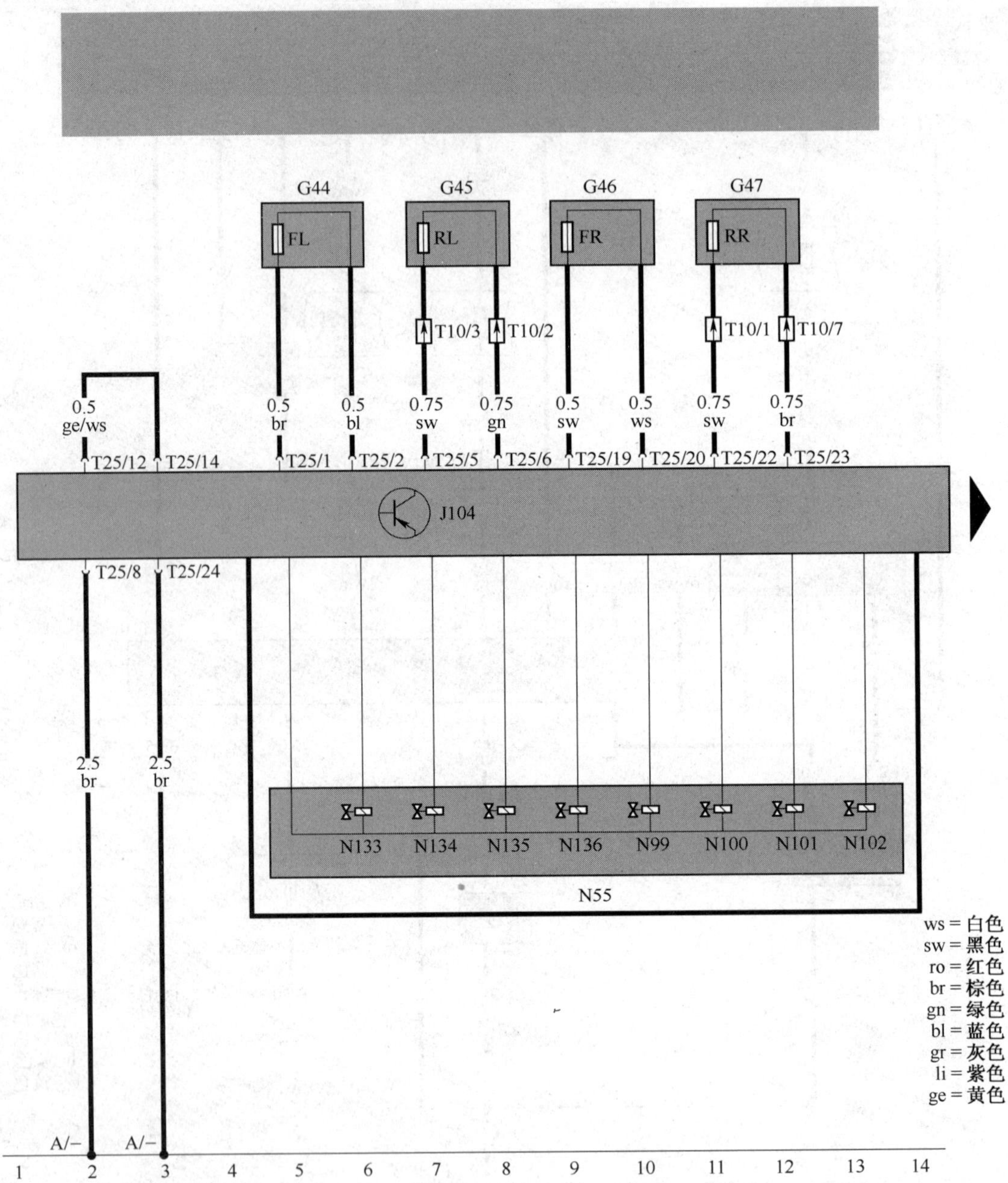

A— 蓄电池
G44— 左前轮转速传感器
G45— 左后轮转速传感器
G46— 右前轮转速传感器
G47— 右后轮转速传感器
J104— ABS控制单元
N55— ABS油压控制单元
T10— 10孔插头，ABS单元旁
T25— 25孔插头

N99— 右前ABS进液阀
N100— 右前ABS出液阀
N101— 左前ABS进液阀
N102— 左前ABS出液阀
N133— 右后ABS进液阀
N134— 左后ABS进液阀
N135— 右后ABS出液阀
N136— 左后ABS出液阀

图 B-6 捷达 2006 年型/EOBD 车型 ABS 控制单元、转速传感器电路图

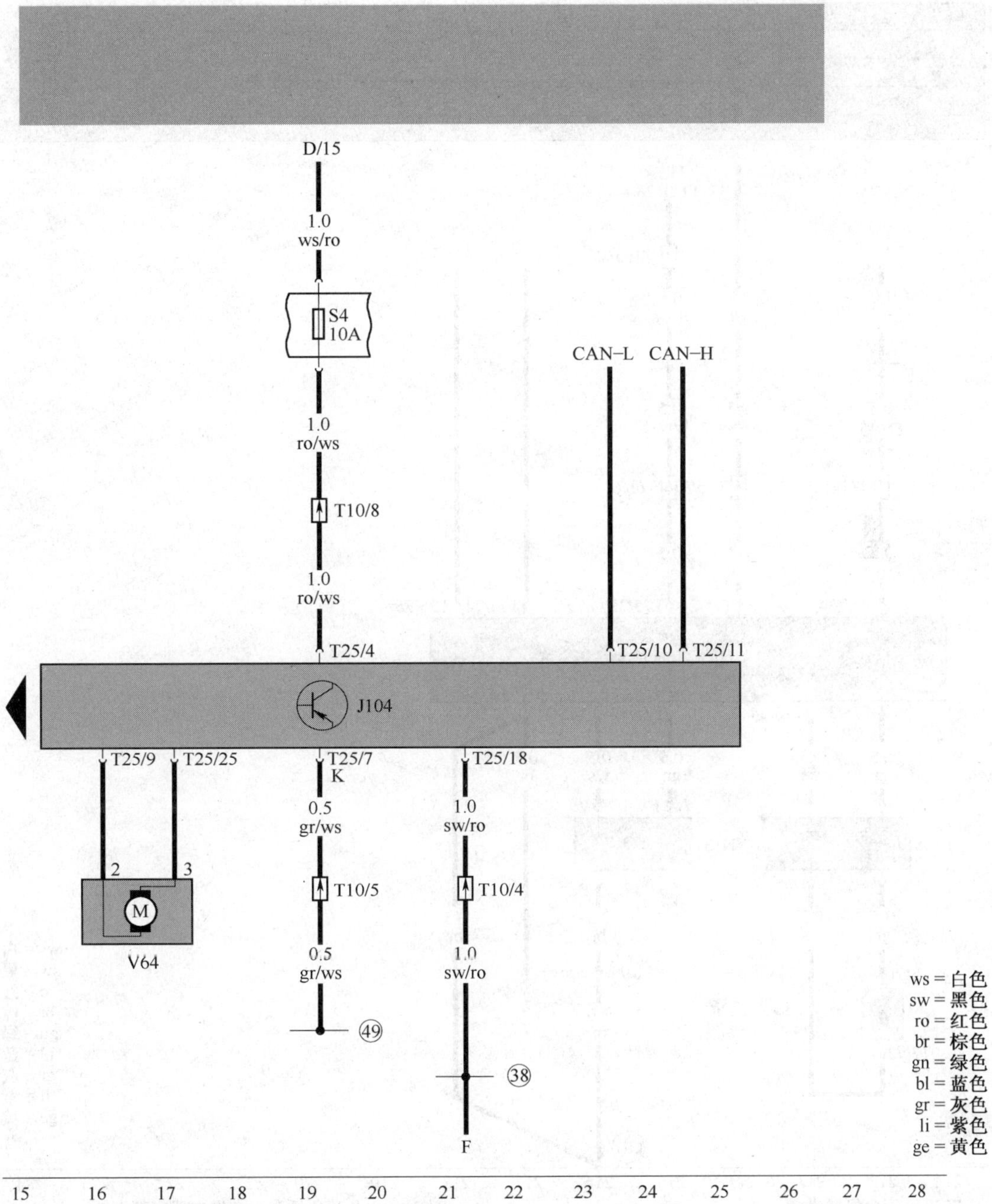

F — 手制动开关
J104 — ABS控制单元
T10 — 10孔插头，AVS单元旁
V64 — ABS液压泵
② — 正极连接，车内线束内
㊳ — 线束连接，车内线束内
㊾ — 连接，车内线束内

图 B-7 捷达 2006 年型/EOBD 车型 ABS 控制单元、ABS 液压泵电路图

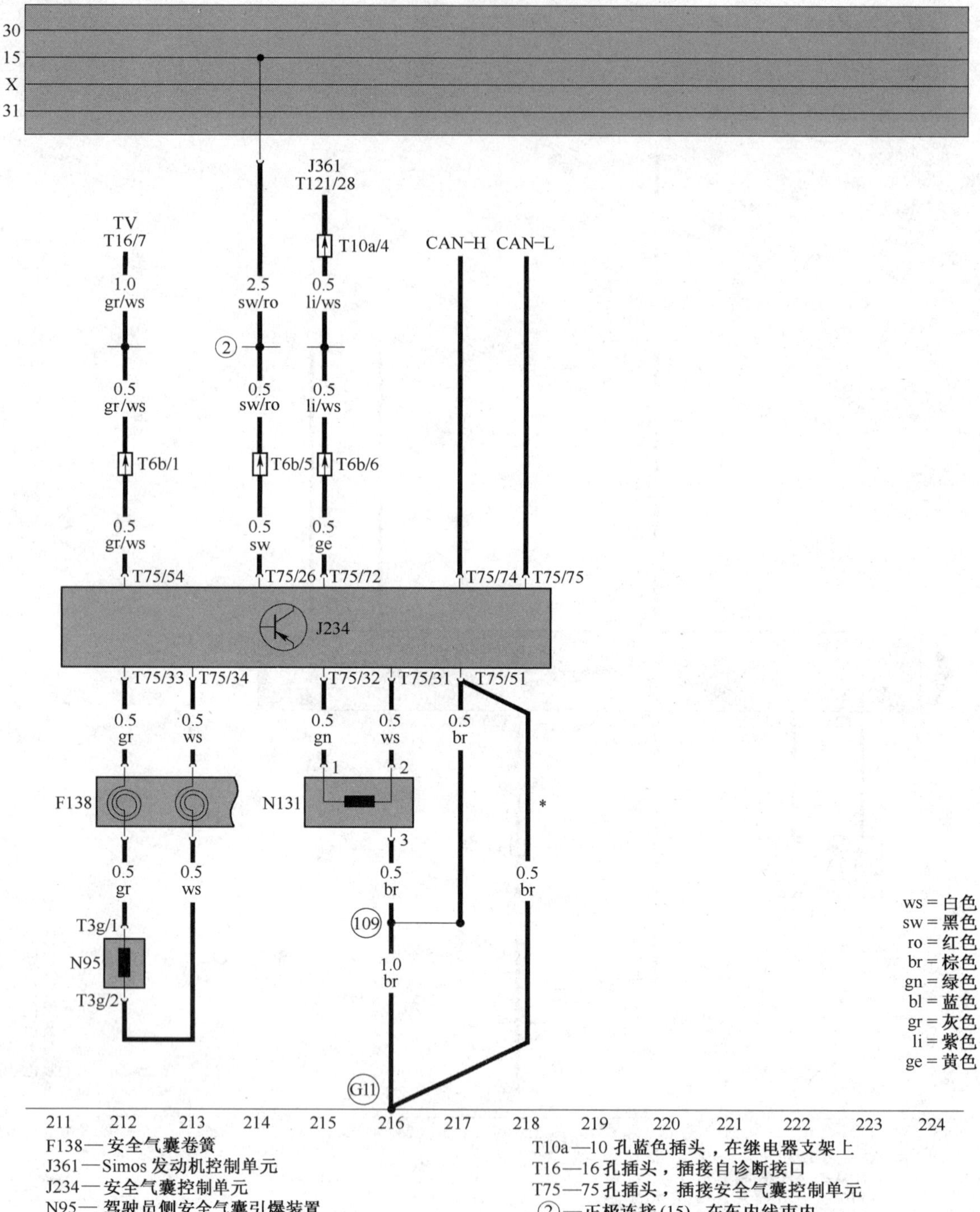

F138— 安全气囊卷簧
J361—Simos 发动机控制单元
J234— 安全气囊控制单元
N95— 驾驶员侧安全气囊引爆装置
N131— 副驾驶员侧安全气囊引爆装置
TV— 自诊断接口
T3g—3 孔插头，插接驾驶员侧安全气囊引爆装置
T6b—6 孔粉色插头，在继电器支架上
T10a—10 孔蓝色插头，在继电器支架上
T16—16 孔插头，插接自诊断接口
T75—75 孔插头，插接安全气囊控制单元
②—正极连接(15)，在车内线束内
(109)— 接地连接，在安全气囊线束内
(G11)— 接地点，在A柱下方
* — 适用于仅装备司机正面安全气囊的车辆

图 B-8 捷达 2006 年型/EOBD 车型安全气囊电路图

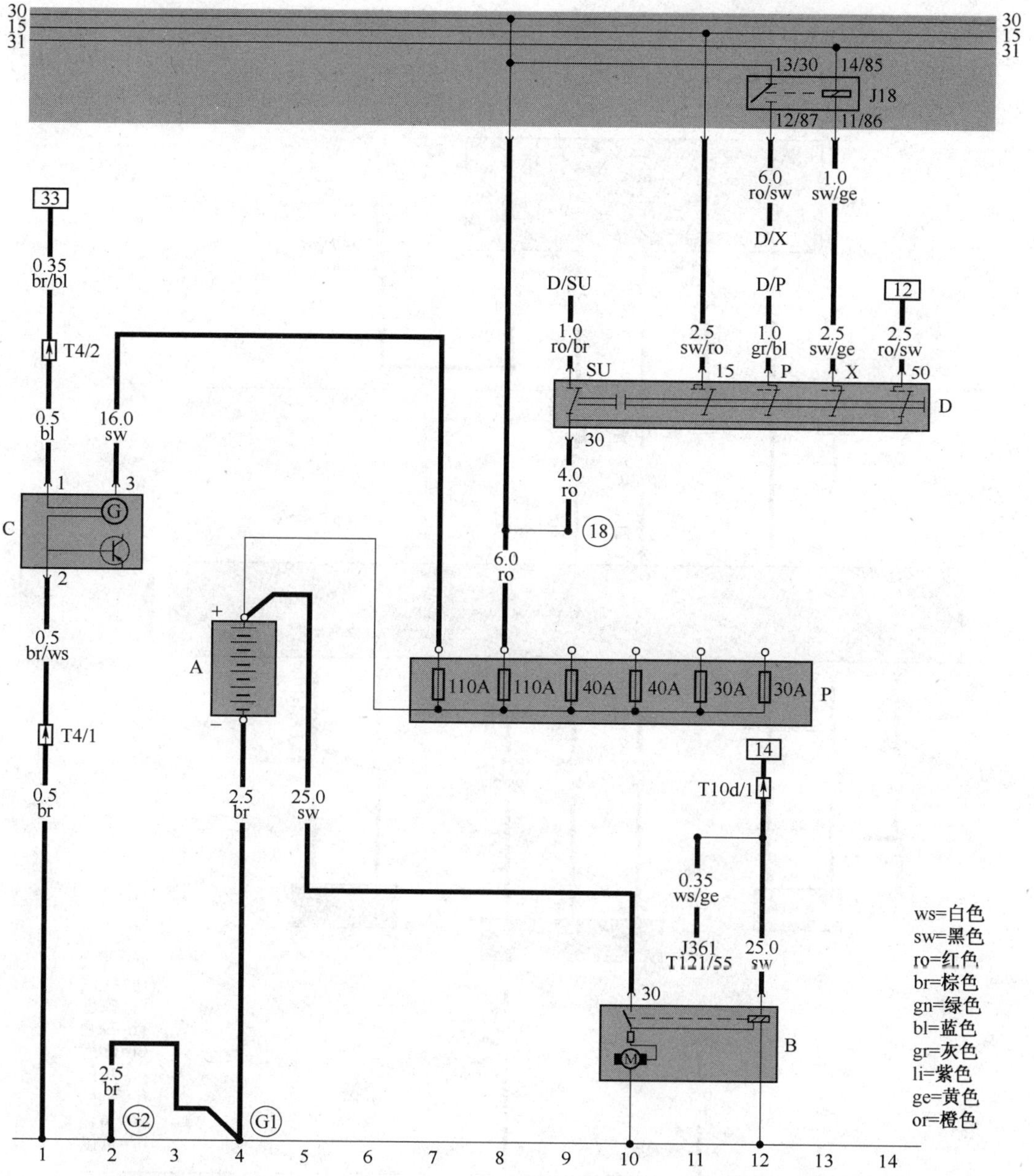

A—蓄电池
B—起动机
C—发电机
D—点火开关
J18—X触点卸荷继电器
J293—空调控制器
J361—Simos发动机控制单元
P—主保险丝盒，位于蓄电池上方
T4—4孔插头
T10c—10黑色插头，继电器支架上
T10d—10红色插头，继电器支架上

(1)— 连接，在车内线束内
(18)— 螺栓连接(30)，在继电器支架上
(G1)— 接地点，蓄电池一车身
(G2)— 接地线，变速箱

图 B-9 捷达 2006 年型/EOBD 车型蓄电池、发电机、点火开关、X 卸荷继电器电路图

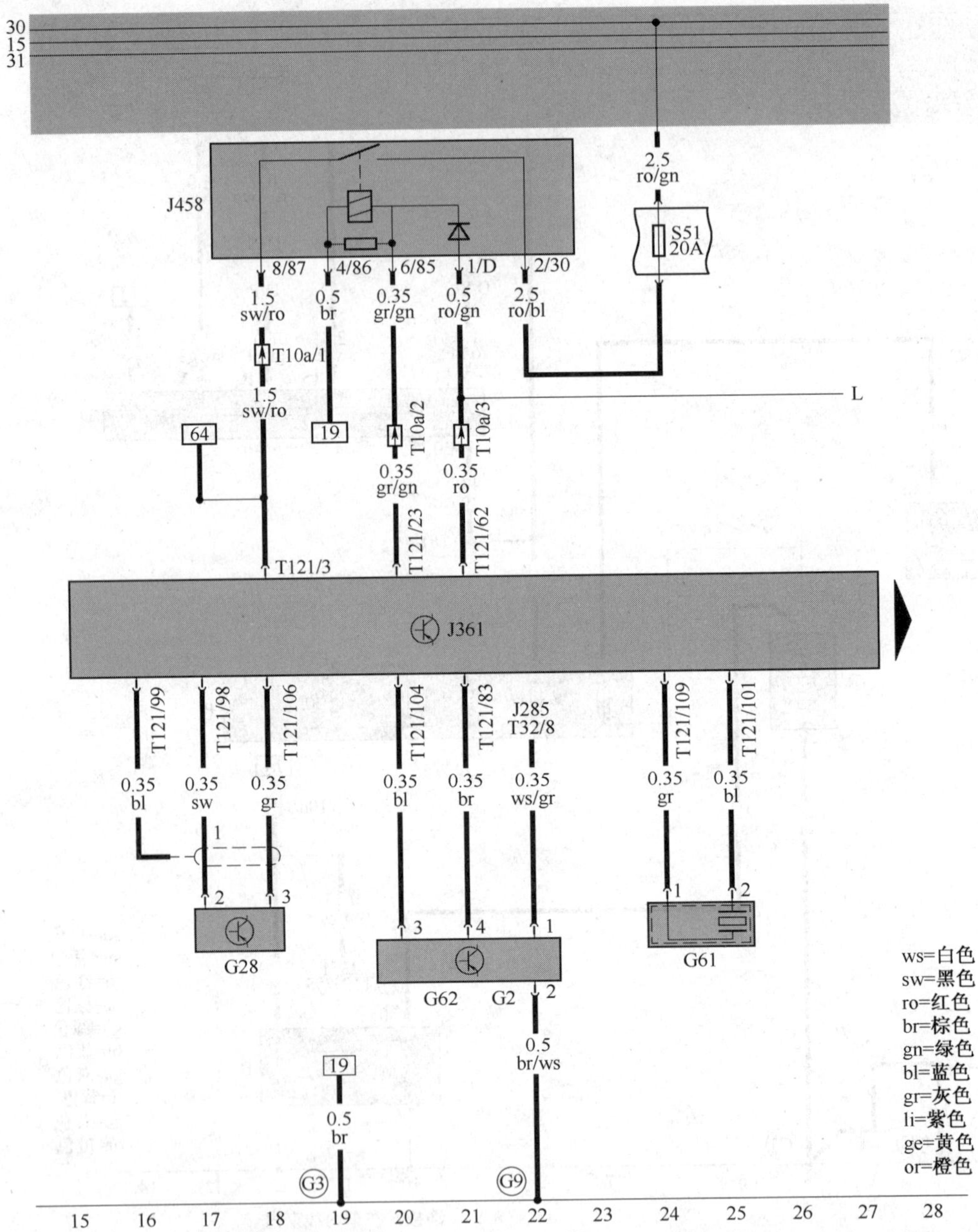

G2 — 冷却液温度传感器(仪表)
G28 — 发动机转速传感器
G61 — 爆震传感器
G62 — 冷却液温度传感器(发动机)
J285 — 组合仪表
J361 — Simos发动机控制单元
J458 — 主供电继电器
T10a — 10孔插头，蓝色，继电器支架上

(G3) — 接地点，左前翼子板(A柱下)
(G9) — 气缸盖上

图 B-10　捷达 2006 年型/EOBD 车型发动机控制单元、主供电继电器、转速传感器、爆震传感器电路图

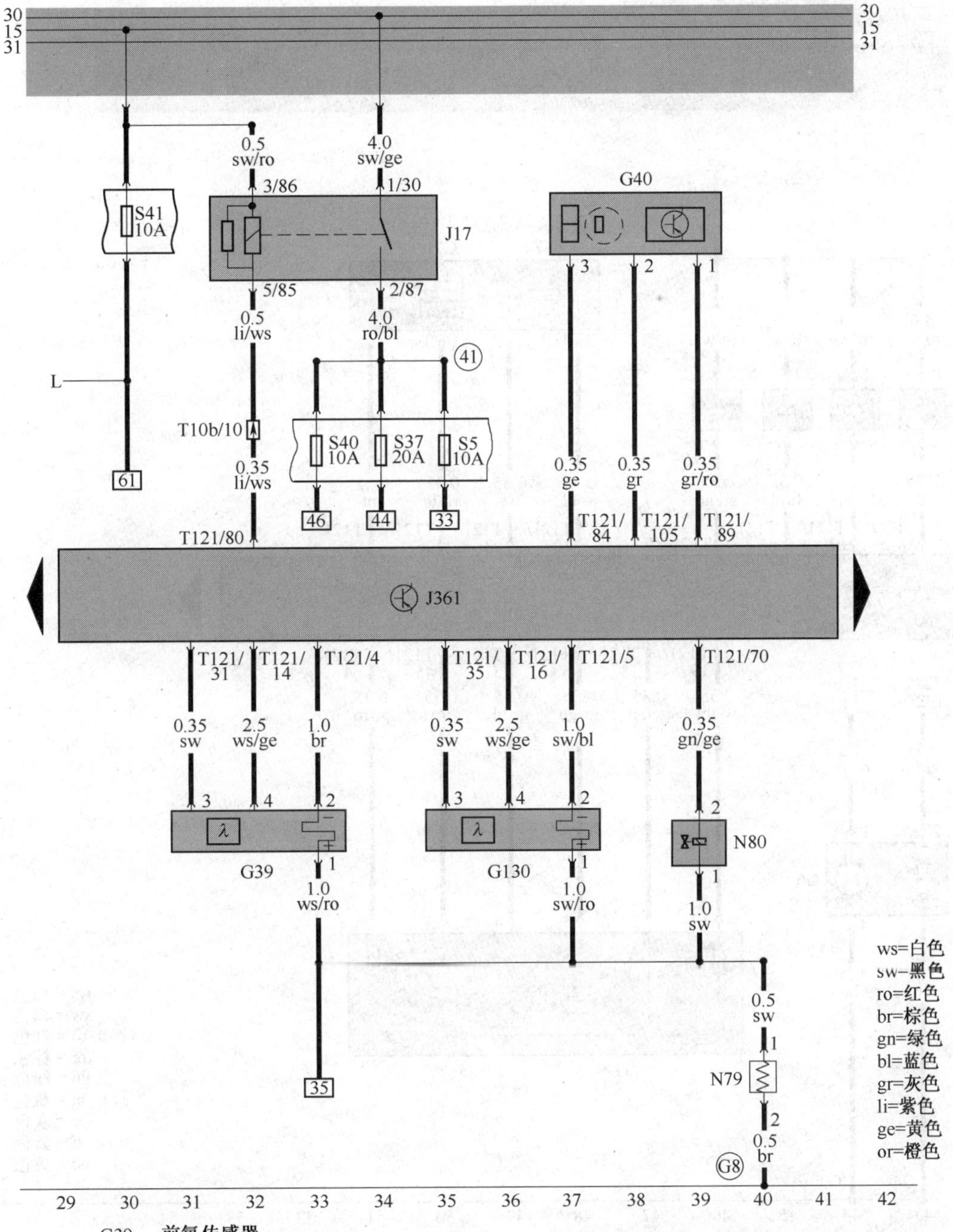

G39 — 前氧传感器
G40 — 凸轮轴位置传感器
G130 — 后氧传感器
J17 — 油泵继电器
J361 — 发动机控制单元
N79 — 曲轴箱通风加热电阻
N80 — 活性炭罐电磁阀

T10a — 10孔插头，蓝色，继电器支架上
T10b — 10孔插头，棕色，继电器支架上
(41) — 连接，车内线束内
(G8) — 接地点，左前翼子板(A柱下)

图 B-11 捷达 2006 年型/EOBD 车型发动机控制单元、燃油泵继电器、氧传感器、活性炭罐电磁阀电路图

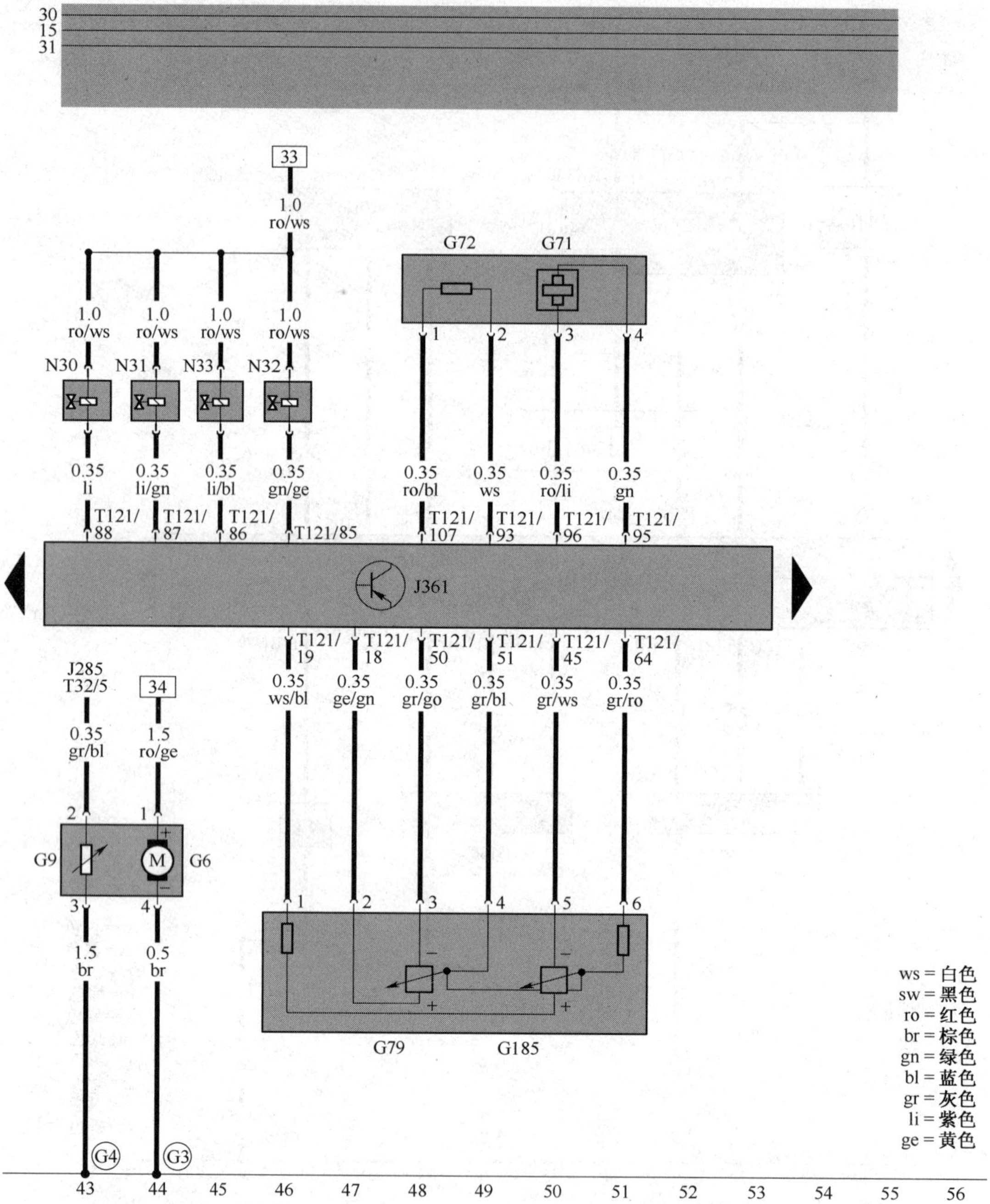

ws = 白色
sw = 黑色
ro = 红色
br = 棕色
gn = 绿色
bl = 蓝色
gr = 灰色
li = 紫色
ge = 黄色

G6 — 燃油泵
G9 — 油位传感器
G71— 进气压力传感器
G72— 进气温度传感器
G79— 油门踏板位置传感器1
G185— 油门踏板位置传感器2
J361— Simos发动机控制单元
N30 — 1 缸喷油器
N31 — 2 缸喷油器
N32 — 3 缸喷油器
N33 — 4 缸喷油器
(G3) — 接地点，左前翼子板（A柱下）
(G4) — 接地点，行李舱左侧

图 B-12 捷达 2006 年型/EOBD 车型发动机控制单元、燃油泵、油门踏板位置传感器、喷油器电路图

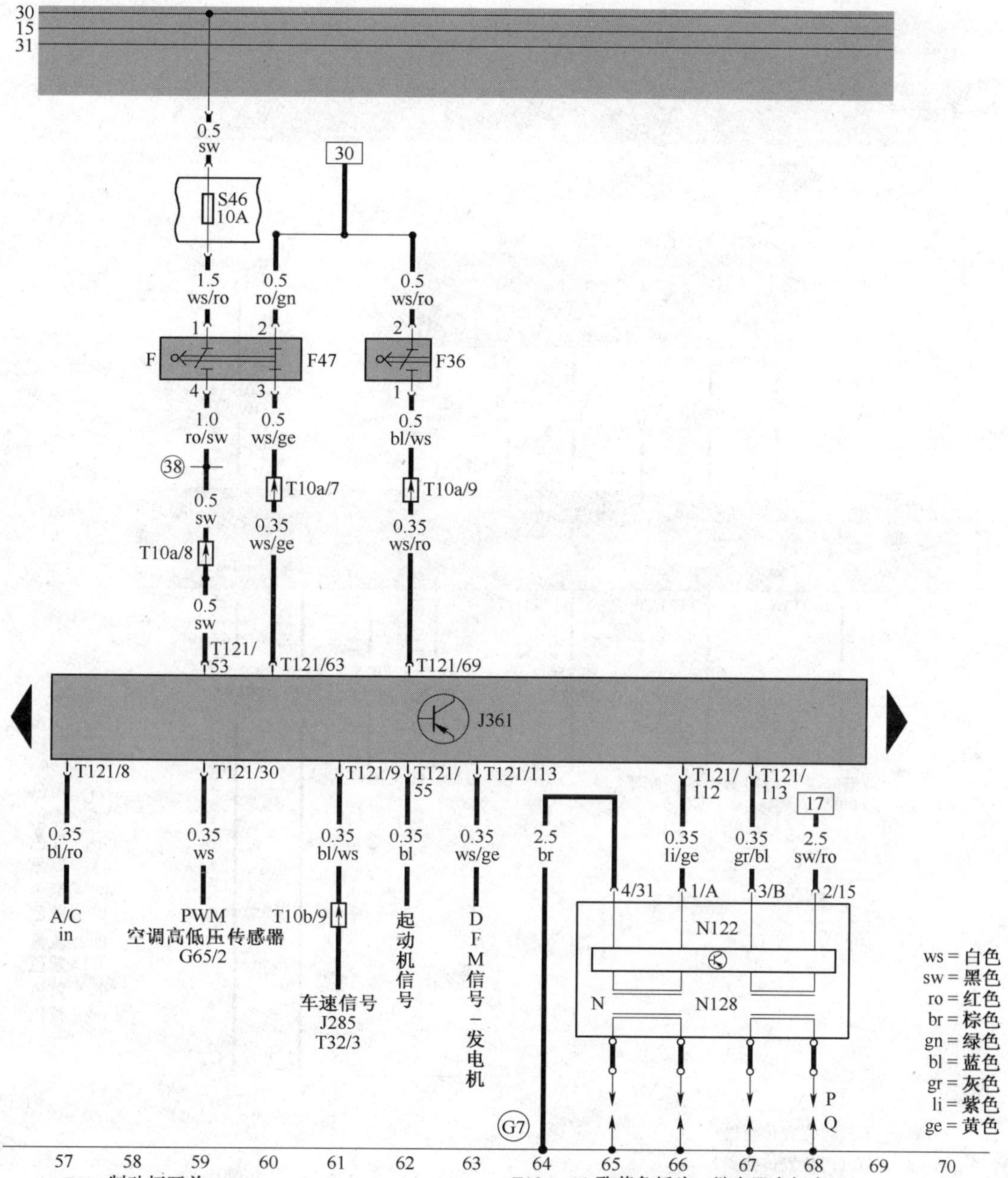

F— 制动灯开关
F36—离合器踏板开关
F47—制动踏板开关
G65—高低压传感器
J285—组合仪表
J361—Simos发动机控制单元
P— 火花塞插头
Q—火花塞
N122— 末级功率放大器，与N,N128一体
N,N128— 次级点火线圈

T10a—10 孔蓝色插头，继电器支架上
T10b—10 孔蓝色插头，棕色，继电器支架上
(38) — 连接，车内线束内
(G7) — 接地点，前流水槽左侧

图 B-13　捷达 2006 年型/EOBD 车型发动机控制单元、点火线圈、制动踏板开关、离合器踏板开关电路图

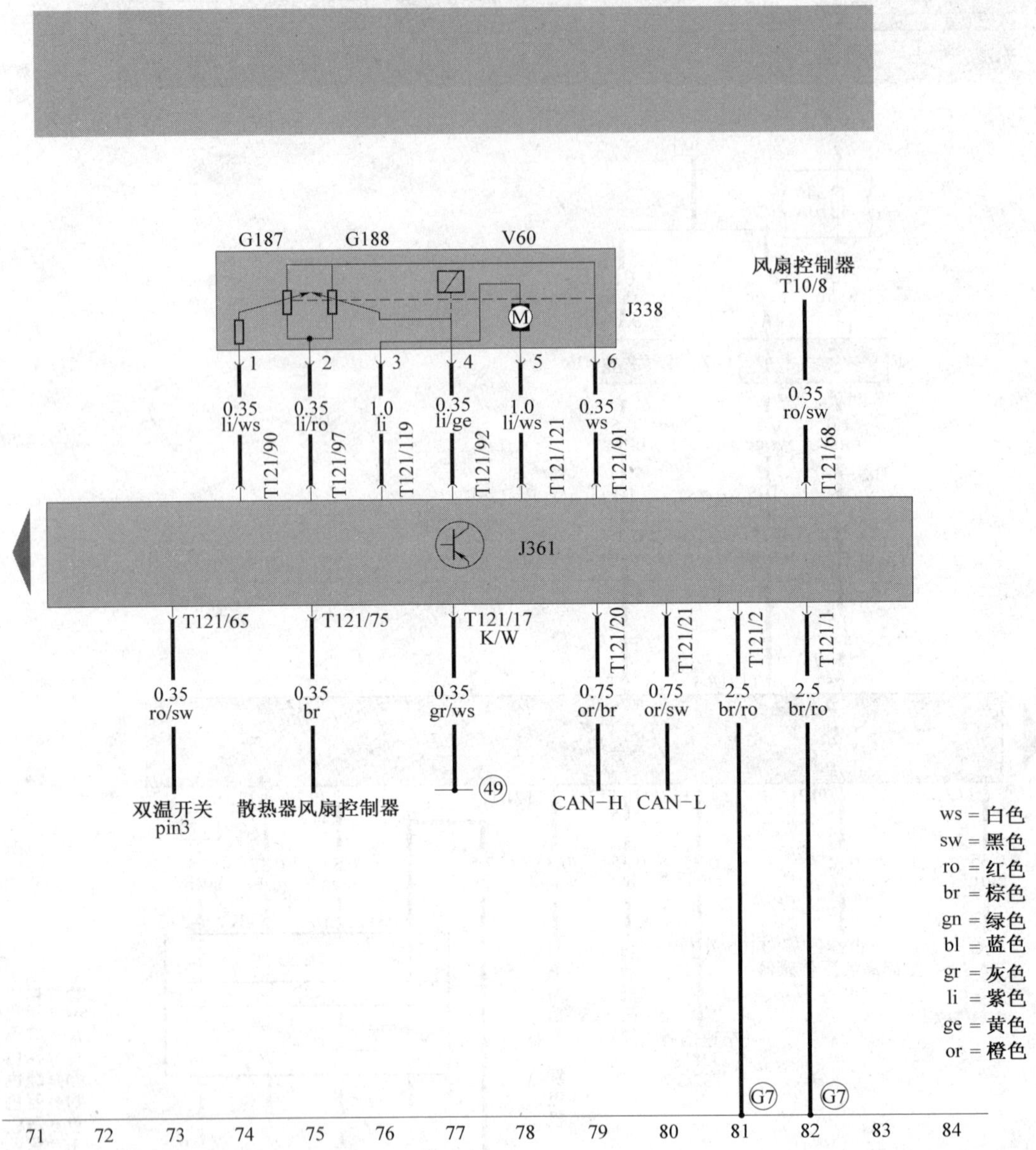

G187 — 节气门位置传感器1
G188 — 节气门位置传感器2
J338 — 节气门控制单元
J361 — Simos发动机控制单元
T10a — 10孔蓝色插头，继电器支架上
V60 — 节气门翻板电机
(49) — 自诊断K线连接
(G7) — 接地点，前流水槽左侧

图 B-14　捷达 2006 年型/EOBD 车型发动机控制单元、节流阀体电路图

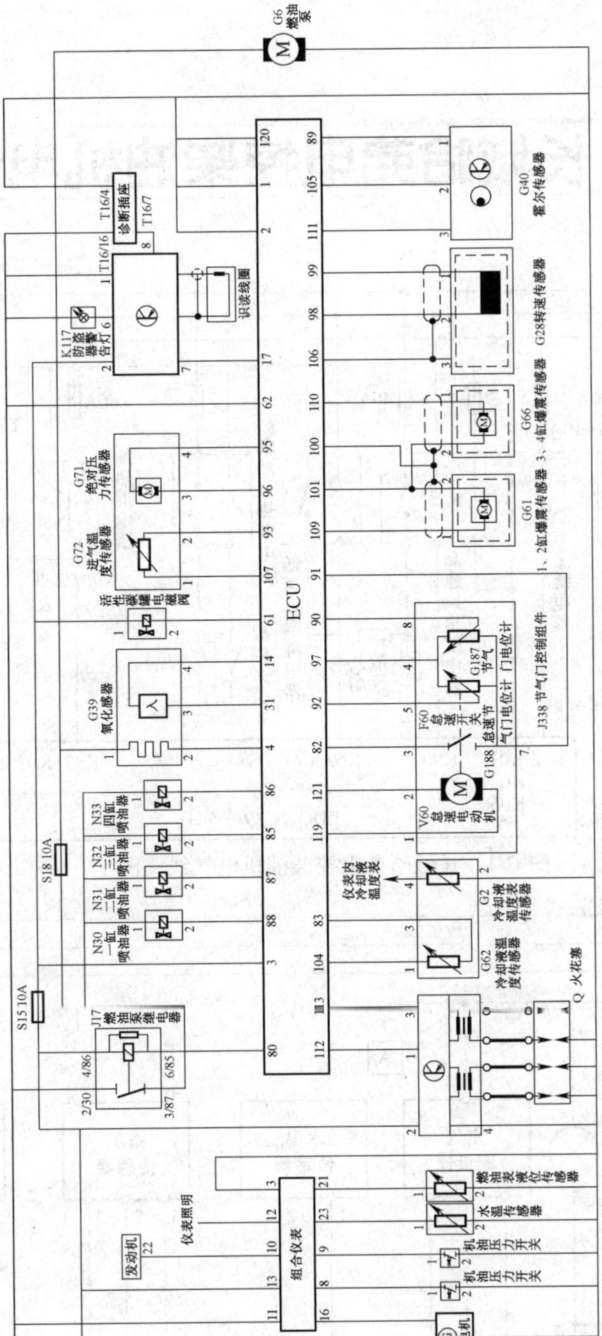

图 B-15 捷达汽油发动机实训台电路图

附录C

长城哈弗电控柴油机电气线路图

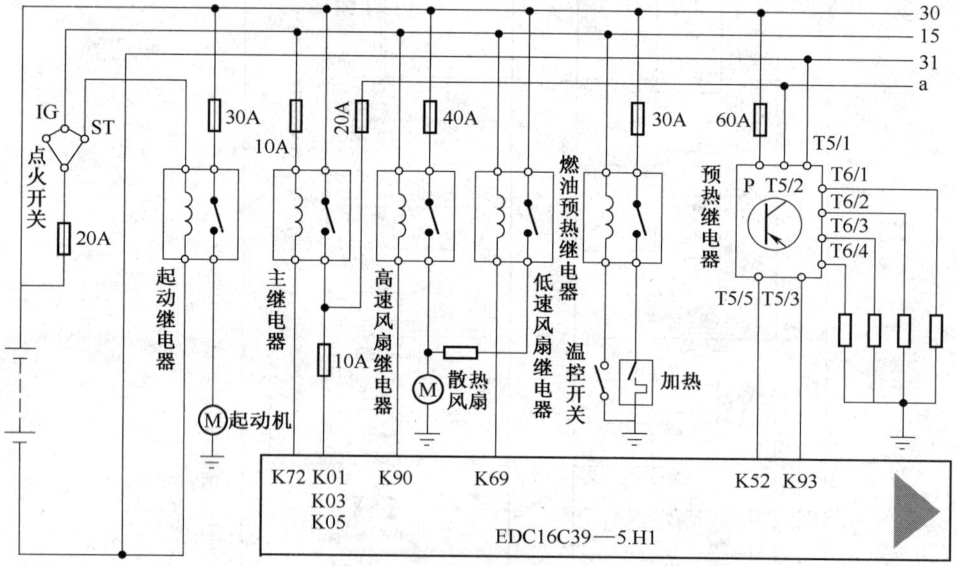

图 C-1　长城哈弗电控柴油机电气线路图 1

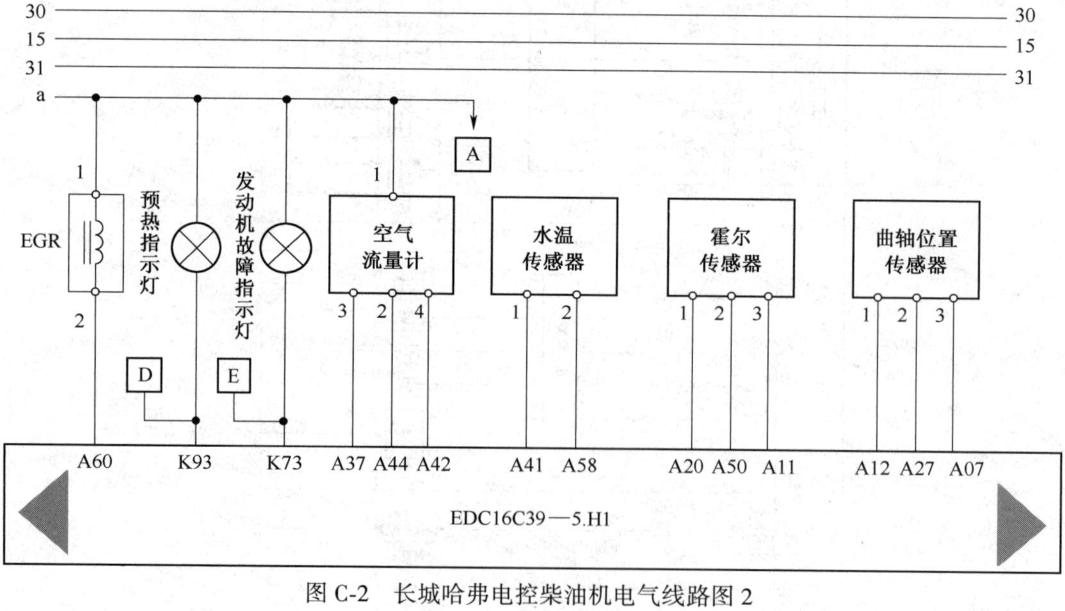

图 C-2　长城哈弗电控柴油机电气线路图 2

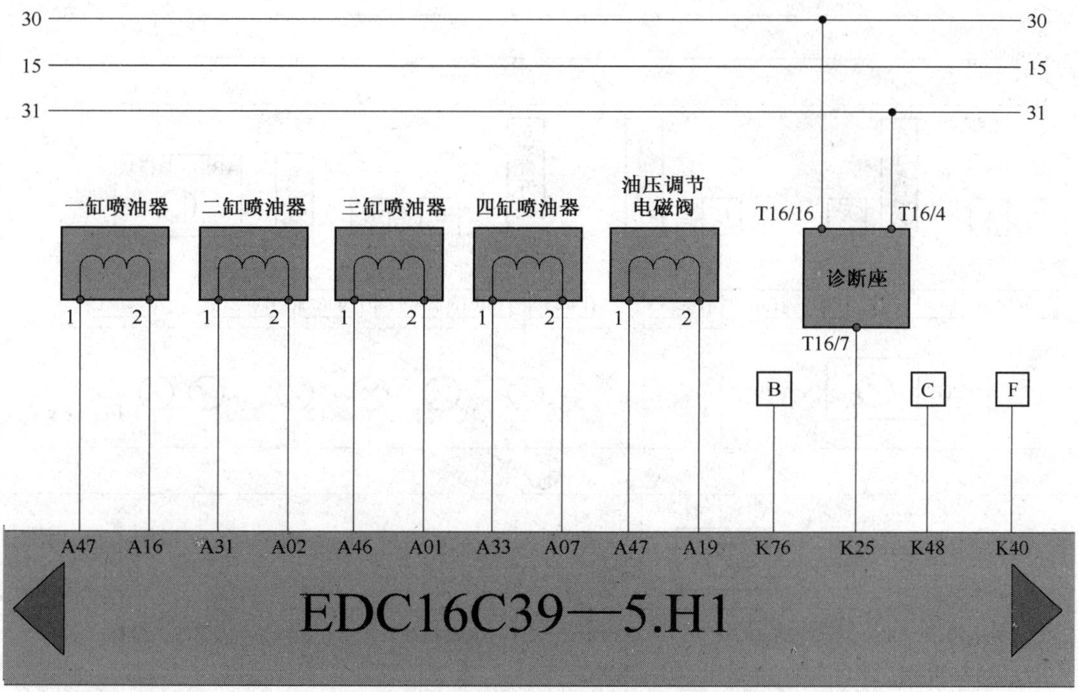

图 C-3 长城哈弗电控柴油机电气线路图 3

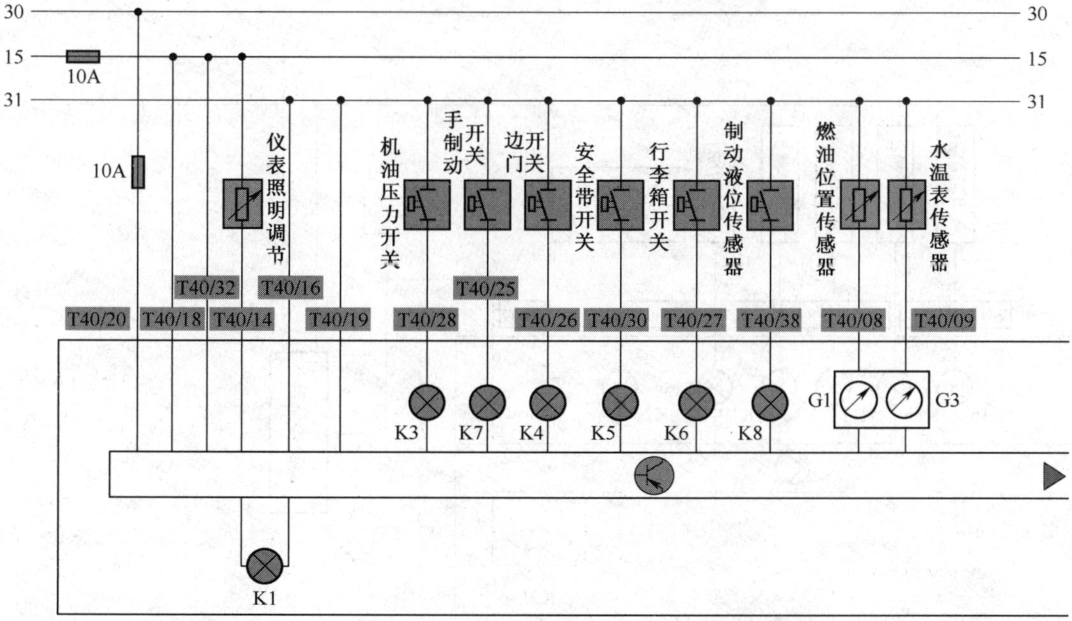

K1—仪表照明灯 K3—机油压力指示灯 K4—车门指示灯 K5—安全带指示灯 K6—行李箱指示灯
K7—手制动指示灯 K8—制动液位指示灯 G1—燃油表 G3—水温表

图 C-4 长城哈弗电控柴油机电气线路图 4

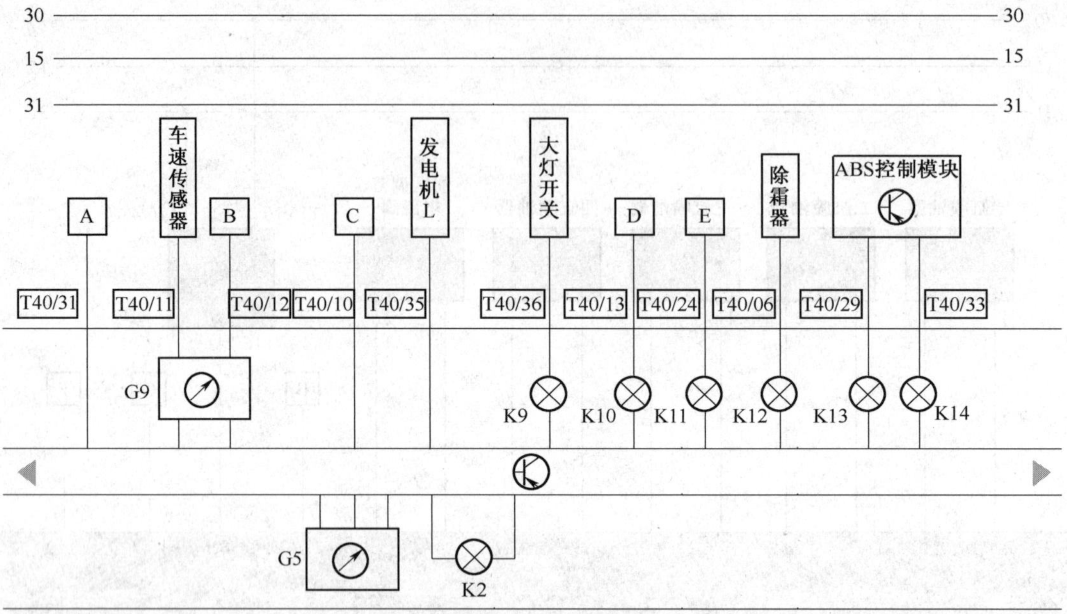

K2—充电指示灯 K9—小灯指示灯 K10—预热指示灯 K11—发动机故障指示灯 K12—除霜器指示灯 K13—ABS指示灯 K14—EBD指示灯 G5—转速表 G9—车速表

图 C-5 长城哈弗电控柴油机电气线路图 5

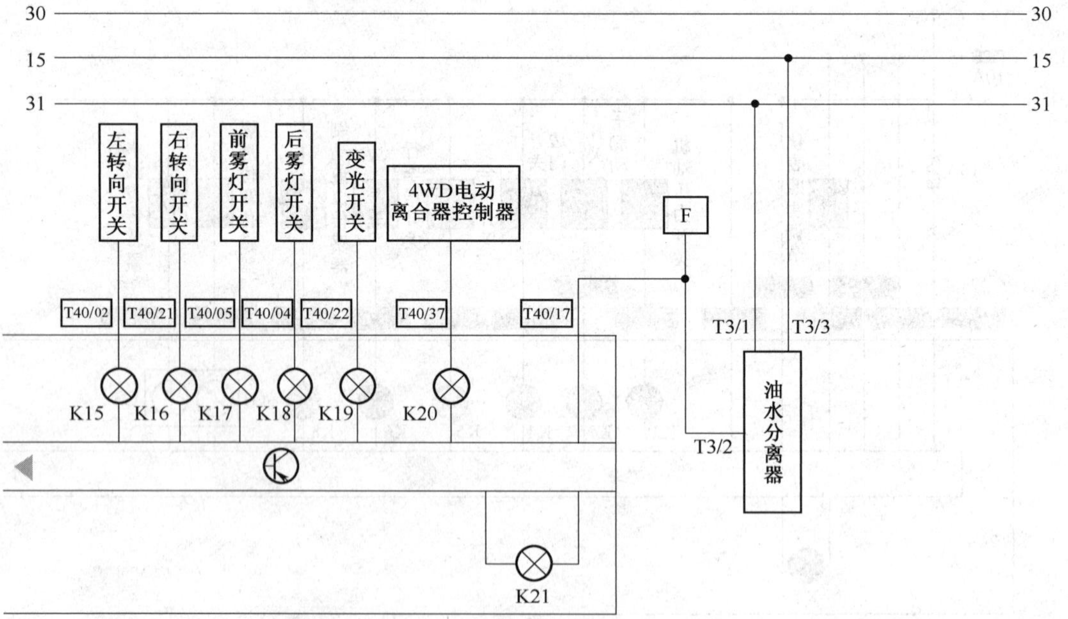

K15—左转向指示灯 K16—右转向指示灯 K17—前雾灯指示灯 K18—后雾灯指示灯 K19—远光指示灯 K20—4WD指示灯 K21—油水分离器指示灯

图 C-6 长城哈弗电控柴油机电气线路图 6

参考文献

[1] 董继明．汽车电器检测与维修实训[M]．北京:机械工业出版社,2009.
[2] 舒华,姚国平．汽车电器设备与维修[M].3 版．北京:北京理工大学出版社,2010.
[3] 张军．汽车舒适与安全系统检修[M]．北京:人民邮电出版社,2009.
[4] 范爱民．汽车空调结构原理与维修[M]．北京:机械工业出版社,2013.
[5] 李俊玲,周旭．汽车电气设备的构造与检修[M]．北京:人民邮电出版社,2010.
[6] 阳小良,谭本忠．汽车维修工实训教程(高级)[M]．北京:中国劳动社会保障出版社,2009.
[7] 杨洪庆,陈晓．汽车电器设备原理与检修一体化教程[M]．北京:机械工业出版社,2013.
[8] 明光星,孙宝明．汽车电器设备原理与维修实务[M]．北京:北京大学出版社,2011.
[9] 赵小宛．汽车中控门锁与防盗[M]．北京:高等教育出版社,2008.
[10] 岳杰．汽车电器常见维修项目实训教材[M]．北京:人民邮电出版社,2008.
[11] 吴喜骊,蒋芳．汽车车身电子控制技术[M]．北京:北京理工大学出版社,2010.
[12] 李春明,刘燕莉．汽车故障诊断方法与维修技术[M]．北京:北京理工大学出版社,2009.
[13] 罗富坤．汽车故障检测与诊断[M]．北京:中国劳动社会保障出版社,2010.
[14] 蒋家旺,方俊．大众汽车电控系统检修一体化教材[M]．北京:机械工业出版社,2013.